*Untersuchungen
zur deutschen
Literaturgeschichte
Band 68*

D1718217

Mit anhaltendem Dank
für das Gelernte —
die Tiefenstruktur der
Arbeit ist von den Lehren
der Adorno-Seminare
stark geprägt!
6.10.93 Thomas Zabka

Thomas Zabka

Faust II – Das Klassische und das Romantische

Goethes ›Eingriff in die neueste Literatur‹

Max Niemeyer Verlag
Tübingen 1993

Die Deutsche Bibliothek – CIP-Einheitsaufnahme

Zabka, Thomas: Faust II – das Klassische und das Romantische : Goethes ›Eingriff in die neueste Literatur‹ / Thomas Zabka. – Tübingen : Niemeyer, 1993
(Untersuchungen zur deutschen Literaturgeschichte ; Bd. 68)
NE: GT

ISBN 3-484-32068-0 ISSN 0083-4564

© Max Niemeyer Verlag GmbH & Co. KG, Tübingen 1993
Das Werk einschließlich aller seiner Teile ist urheberrechtlich geschützt. Jede Verwertung außerhalb der engen Grenzen des Urheberrechtsgesetzes ist ohne Zustimmung des Verlages unzulässig und strafbar. Das gilt insbesondere für Vervielfältigungen, Übersetzungen, Mikroverfilmungen und die Einspeicherung und Verarbeitung in elektronischen Systemen. Printed in Germany.
Druck: Weihert-Druck GmbH, Darmstadt
Einband: Hugo Nädele, Nehren

Meinen akademischen Lehrern Karl Robert Mandelkow und Ulrich Wergin danke ich für unzählige Anregungen, der Studienstiftung des deutschen Volkes und der Fazit-Stiftung für die finanzielle Unterstützung, meinen Freunden Gustav Falke und Peter Matussek für die kritische Lektüre des gesamten Manuskripts und meiner Mutter, Maria Zabka, für die sorgsame Korrektur.

Hamburg, im April 1993

Inhalt

Einleitung

Gegenstand der Arbeit und Forschungskritik

"Daß der alte Zwiespalt zwischen Klassikern und Romantikern sich endlich versöhne", ist nach Goethes Selbstdeutung der "Hauptsinn" des Helena-Aktes im *Faust II.*[1] Eckermanns Überlieferung zufolge sagt er, daß auch in den "früheren Akten das Klassische und Romantische anklingt und zur Sprache gebracht wird, damit es, wie auf einem steigenden Terrain, zur Helena hinaufgehe, wo beide Dichtungsformen entschieden hervortreten und eine Art von Ausgleichung finden".[2] Die vorliegende Studie kommentiert erstmals am gesamten *Faust II* die vielen Bezüge zu klassischen und romantischen Positionen. Zugleich werden Anspielungen auf andere, vor allem politisch-ökonomische Kontroversen des damaligen Geisteslebens in ihrer Parallelität zur literarischen Auseinandersetzung untersucht.

Diese Rekonstruktion legt keinen verstaubten, nur unter musealen Gesichtspunkten interessanten Gegenstand frei. In der Literatur der Goethezeit geht es vielmehr um Probleme des Subjekts und der Gesellschaft in der bürgerlichen Welt, die bis heute aktuell sind. Die Kulturwissenschaften und die Psychologie stehen noch immer vor der Frage, ob das Individuelle in einer symbolischen Ordnung zwanglos aufgehoben werden kann. Und die Sozialwissenschaften wollen wissen, ob Gesellschaften durch gemeinsam gesetzte Ziele eine Integration erfahren können oder ob ihre geschichtliche Entwicklung unweigerlich durch eine ziellose Interaktion von Teilsystemen zustande kommt. Die Klassik wollte mit ihrem Kunstideal dem ins Unendliche strebenden Subjekt und der desintegrierten Gesellschaft das Bild einer freien Beschränkung der Einzelkräfte in einem harmonischen Ganzen entgegensetzen. Die Frühromantik verschob dieses Ideal in eine unerreichbare Ferne und

1 27. September 1827 an Iken; HAB 4, S.249. Zur Zitierweise vgl. die Vorbemerkung im Literaturverzeichnis.

2 Eckermann, S.268 (16. Dezember 1829).

brachte so die unversöhnte Subjektivität und das Fragmentarische zur Geltung. Der *Faust II* vermittelt zwischen diesen beiden Tendenzen.

Die Versöhnung von Klassik und Romantik sollte nach der Absicht Goethes zur Werkschicht jener Bedeutungen gehören, die nicht offen zutage treten, sondern "hineingeheimnisset"[3] sind: Das begonnene Werk, so schreibt er während der Arbeit am 3. Akt, "ist zwar von der Art, daß es in die neueste Literatur eingreift, daß aber auch niemand, wer es auch sei, eine Ahnung davon haben durfte. Ich hoffte, da es zur Schlichtung eines Streites gedacht ist, große Verwirrung dadurch hervorgebracht zu sehen".[4] Wenn Klaus F. Gille die Vermittlung von Klassik und Romantik im *Faust II* eine "vom deutschen Publikum weitgehend verweigerte Autorintention" nennt,[5] so trifft er den Sachverhalt nicht vollständig: Goethe hat jene Rezeptionsverweigerung, die "Verwirrung" über den "Hauptsinn", selbst gewollt. Diese eigenartige Intention wird im Schlußabschnitt der vorliegenden Untersuchung gedeutet.

Wie tief die "Verwirrung" in der Faustforschung der letzten fünfzig Jahre noch sitzt, zeigen gerade die wenigen Arbeiten, in denen literarische Bezüge erörtert werden. Zum einen gelingt es der Einflußforschung nicht, ihre Ergebnisse mit dem Hauptstrom der Forschung, der Sinninterpretation, zu verbinden. So nennt Horst Rüdiger den *Faust II* in geradezu eschatologischem Duktus eine "'Wiederbringung aller Dinge' im Weltprozeß der Literatur", doch die postulierte "innige Durchdringung von Angeeignetem und Ureigenem" kann er nicht aufzeigen.[6] Zum anderen schreibt die Einflußforschung einen Dualismus von Geschichts- und Gegenwartsbezügen fest, weil sie den auktorial verbürgten Eingriff in die *neueste* Literatur zugunsten der Allusionen an die Weltliteratur vom Altertum bis zur Renaissance ignoriert. Das zeigt sich etwa in Horst Römers Spezialuntersuchung zur Idyllik im *Faust II,* wo neben dem Traditionszitat auch die Zerstörung der idyllischen Verhältnisse durch die frühkapitalistische Landgewinnung im 5. Akt kommentiert wird. Römer konstatiert einen Kontrast von Geschichte und Gegenwart, ohne ihn jedoch befriedigend zu deuten. Daß "Goethe in seinem Werk so ausführlich das Ende der Idylle nachweist, um sich dann der Idyllik zur Konstitution desselben Werkes wie selbstverständlich zu bedienen", liege daran, daß der Autor sich die Gegenwart durch den Geschichtsbezug

---

3 27. Juli 1828 an Zelter; HAB 4, S.292.
4 3. Juni 1826 an Zelter; HAB 4, S.193.
5 Gille (1985), S.253.
6 Rüdiger (1964), S.194. Zur "Wiederbringung" vgl. Apostelgeschichte 3, 21.

"erträglich" gemacht habe.[7] Dieser psychologische Erklärungsversuch ist keine Interpretation des Werkes. Vernachlässigt wird der textuelle Zusammenhang von Traditionszitat und Gegenwartsdarstellung. Er besteht darin, daß die Zerstörung der realen Idylle und die Rückbesinnung auf die Idylle als Dichtungsart zwei Seiten derselben Medaille sind: Symptome der modernen Welt. Dem Interpreten bleibt dies verborgen, weil er übersieht, daß die Idyllik im Helena-Akt ein Rekurs zweiter Potenz ist. Der *Faust II* bezieht sich nicht unmittelbar auf Antike und Mittelalter, sondern auf deren Erweckung durch die Klassiker und Romantiker der zeitgenössischen Literatur und Ästhetik.[8] Nur wenn man die literarischen Rekurse selbst als Darstellungen des Zeitgeistes versteht, kann der Dualismus von Geschichtsbezug und Zeitkritik überwunden werden.

So wie die Einflußforschung in ihrer Fixierung auf partielle Bezüge nicht den Weg zu einem einheitlichen Sinn findet, bleiben umgekehrt für die immanente Interpretation die literarischen Bezüge akzidentiell. Wilhelm Emrichs 1943 erschienene Studie *Die Symbolik von Faust II* überragt die meisten der älteren Sinninterpretationen darin, daß sie den Text nicht in außerliterarische Gedanken übersetzt. Emrich nahm die Idee ästhetischer Autonomie ernst und las den *Faust II* als einen "dichterische[n] Daseinsentwurf",[9] der "nicht durch einen 'Punkt außerhalb' [...] geprägt und chiffriert" ist, sondern sich als "immanente, produktive Symbolik" entfaltet.[10] Zwar benennt die *Symbolik von Faust II* wie keine zweite Studie die – so heißt es im Untertitel – "Vorformen" der ein-

---

7 Römer (1976), S.162.

8 Zehn Jahre nach Römers Untersuchung erschien 1986 Buschendorfs Studie zu Rekursen auf die Traditionen von Idyllik und Melancholiedarstellung in den *Wahlverwandtschaften*. In dieser Studie wird die "Projektion von Bildern" vergangener Zeiten (S.34) ebenfalls als psychische "Schutzvorrichtung" des Autors "gegen die Übermacht der unerschlossenen, bedrohlich oder furchterregend wirkenden Realität" bezeichnet (S.42). Auch hier gilt jene Projektion als Abwendung von der zeitgeschichtlichen Realität, nicht etwa als deren literarische Reflexion. Wegen seiner Fixierung auf die übermächtige Vergangenheit bleibt Buschendorf in Goethes Roman die Sedimentierung der modernen Welt ebenso unerschlossen wie das problematische Verhältnis dieser Welt zur Tradition.

9 Emrich (1964), S.419.

10 A.a.O., S.19. Emrich faßt keineswegs alle Stellen des Textes als Symbole auf, sondern meint mit "Symbolik" die Erhebung des Einzelnen in einen höheren Sinn des Ganzen. "Manchmal sind es Allegorien", sagt er gerade über Figuren, die er für zentral hält, etwa den Knaben Lenker. "Aber selbst die Prägung der Allegorie mit dem Signum des Begriffs entzieht sie noch nicht dem Geheimnis des Höheren", begründet Emrich seine Symbolinterpretation von Allegorien (S.89). Bereits im *Faust*-Buch ist die Symbolik also ein "Oberbegriff" für Symbol *und* Allegorie, wie Emrich später schreibt (1960, S.55). Die Kritik von Schlaffer (1981), Emrich konzediere Allegorien lediglich, "um gewisse Schwächen des Werks zu erklären und zu entschuldigen" (S.8f.), ist gegenstandslos.

zelnen Passagen und Figuren, doch all diese Prätexte stammen wiederum nur von Goethe selbst. Emrich zielt auf die Rekonstruktion einer geradezu privatsprachlichen "Symbolwelt, die sich im Laufe einer jahrzehntelangen dichterischen Entfaltung Goethes herausgebildet hat",[11] und nicht auf das Verständnis des Werkes im Kontext jener "neuesten Literatur", in dem Goethe selbst es sieht. Emrich unterstellt dem späten Goethe literarische Autarkie, eine Art geistige Selbstversorgung. Wie falsch das ist, zeigt eine von Frédéric Soret überlieferte Äußerung aus Goethes letztem Lebensjahr:

> Alles, was ich gesehen, gehört und beobachtet, habe ich gesammelt und ausgenutzt. Meine Werke sind von unzähligen verschiedenen Individuen genährt worden, von Ignoranten und Weisen, Leuten von Geist und von Dummköpfen [...]; ich habe oft geerntet, was andere gesät haben, mein Werk ist das eines Kollektivwesens, das den Namen Goethe trägt.[12]

Emrichs Beschränkung auf auktorial Verwurzeltes geht am kollektiven Charakter der literarischen Bezüge vorbei. Weil die "Vorformen" goetheanisiert werden, kann auch – wie sich im einzelnen zeigen wird – der aus ihnen destillierte "Sinn" nicht den Einzelbedeutungen angemessen sein.

Mit der Überschreitung der werkimmanenten Interpretationsmethode wurde nach 1970 auch Emrichs Deutung für ungenügend erklärt, weil sie die Immanenz des *Faust II* nur in Richtung auf eine Immanenz des goetheschen Gesamtwerks überschreitet. Einige Interpreten sahen nun in der Sozial- und Wirtschaftsgeschichte das Substrat des Werksinns.[13] Allerdings schütteten sie das Kind mit dem Bade aus, indem sie den von Emrich gewonnenen Begriff literarischer Autonomie wieder preisgaben und weniger nach den eigentümlichen Gesetzen und Strukturen der Weltgestaltung im Werk fragten als nach der dargestellten Welt selbst sowie nach theoretischen Erklärungsmodellen, die Goethe literarisch vorweggenommen habe. So zählt Thomas Metscher in seinem Essay *Faust und die Ökonomie* wirtschaftliche, politische und gesellschaftliche Wirklichkeits- und Theoriefragmente auf, die der *Faust II* angeblich widerspiegelt.[14] Die bei Metscher gänzlich fehlende Kategorie ästhetischer Vermittlung will Heinz Schlaffer in seiner Arbeit *Faust zweiter Teil. Die Allegorie des 19. Jahrhunderts* zurückgewinnen. Auch er sucht nach der Sedimentierung der modernen Ökonomie im Werk und findet sie in der

---

11 Emrich (1964), S.19f.
12 Soret, S.146 (17. Februar 1832).
13 An dieser Stelle werden nur Gesamtdeutungen des *Faust II*, also keine Spezialuntersuchungen einzelner Szenen erwähnt.
14 Metscher (1976).

"Mummenschanz" des 1. Aktes. Dort seien "allegorische Verhältnisse" gestaltet,[15] so wie Karl Marx sie in der Theorie der Tauschwertabstraktion beschreibt: In "einer künstlichen Sinnlichkeit" dienten "die Figuren [...] der Illusion von Abstrakta"; so seien "die Gärtnerinnen [...] ein Attribut der Waren geworden, die sie verkaufen sollen". Das von ihnen dargestellte Abstraktum sei der unsinnliche Tauschwert.[16] Mit dieser Argumentation unterläuft Schlaffer jedoch die gesuchte poetische Vermittlung: Er rechnet die ästhetische Form, die Allegorie, der vermeintlich dargestellten Wirklichkeit zu. Die literarischen Allegorien des *Faust II* spiegeln bei Schlaffer die Allegorien der Wirklichkeit bloß wider. Diesen Mangel an poetischer Vermittlung versucht Schlaffer dadurch zu kompensieren, daß er den Begriff des allegorischen Gegenstands um einen Begriff der allegorischen Kunstform ergänzt. Er greift auf Goethes Verständnis der Allegorie als bildliche Darstellung des Begriffs zurück und behauptet, der Autor habe sein vortheoretisches Wissen über die moderne Ökonomie literarisch versinnbildlicht. Dadurch erhält die Allegorie eine doppelte Funktion: Einerseits spiegelt sie reale Allegorien wider, andererseits vermittelt sie ökonomisches Wissen. Mit der zweiten Wendung unterstellt Schlaffer Goethe einen Marxismus avant la lettre. Zudem restauriert er das von Emrich überwundene Deutungsparadigma veranschaulichter Gedanken und bezeichnet sämtliche Figuren des Dramas als Sinnbilder disparater Begriffe, etwa das Mütterreich als "Allegorie der Geschichte".[17] Mit der allegorischen Wirklichkeit der Moderne hat dies nun gar nichts mehr zu tun. Die Allegorie als Form des Werkes steht der Allegorie als Eigenschaft des Sujets unvermittelt gegenüber.[18]

Jochen Hörisch hat diesen Dualismus von Form und Inhalt bemerkt und vorgeschlagen, im *Faust II* nicht unmittelbar nach allegorischen Wa-

---

15 Schlaffer (1981), S.79.

16 A.a.O., S.72f. Zur Kritik von Schlaffers ökonomischer Argumentation vgl. u. Kapitel II.5, Abschnitt a).

17 A.a.O., S.104.

18 A.a.O., S.168. Vgl. MuR 1112. Daß die poetische Allegorie neben dem allegorischen Gegenstand nur herläuft, ihn aber nicht ästhetisch vermittelt, scheint Schlaffer selbst Unbehagen zu bereiten. Deshalb vollzieht er im vorletzten Kapitel eine plötzliche Kehrtwendung: Der *Faust II* stelle die "Erfahrung von Allegorie" dar, reproduziere poetisch aber "nicht die Allegorie selbst", heißt es dort. In Klammern denkt Schlaffer weiter: "Zu erwägen wäre, ob sich nicht deshalb die Goethesche Allegorie 'symbolisch' auffassen ließe: wird, wie in der Moderne, die Wirklichkeit vom Bergiff regiert [...], so muß ein poetisches Verfahren, das von der Wirklichkeit ausgeht – wie es die 'symbolische' Kunst ja soll – [...] zur Allegorie greifen" (S.169). Diese zur Nebenbemerkung depotenzierte Überlegung konvergiert genau mit Emrichs Beobachtung der symbolisch behandelten Allegorien. Vgl. Emrich (1964), S.89.

renformen zu suchen, sondern nach allegorischen Denkformen.[19] Diese Kritik überwindet zum einen Schlaffers unverhältnismäßig starke Akzentuierung ökonomischer Motive, zum anderen seine Annahme einer auktorialen Begriffs-Allegorese, denn die allegorischen Denkformen müssen ja nicht Goethes Kopf entstammen. Auch Jens Kruse wendet in seiner strukturalistischen *Faust II*-Deutung gegen Schlaffer ein, man brauche nicht die Ebene vermeintlich bezeichneter ökonomischer Sujets (die Signifikate) zu untersuchen, um in dem bezeichnenden Text (den Signifikanten) Strukturen der Tauschwertabstraktion zu finden. Vielmehr solle die "Genese" der ökonomischen "Wertform" an den "Zeichenverhältnissen" selbst aufgezeigt werden.[20] Kruses Nachweis einer "Strukturanalogie" von "ästhetischem Diskurs" und Ökonomie im *Faust II*[21] krankt allerdings an einem Gebrechen des klassischen Strukturalismus: die Struktur ist aus der sprach- und literaturgeschichtlichen Bewegung herausgerissen; das in einem bestimmten historischen Augenblick eingespielte Verhältnis der Zeichen zueinander wird hypostasiert und dann, wie Christine Bierbach in ihrer Saussure-Kritik zeigt, einem szientistischen Wissenschaftsmodell einverleibt.[22] So untersucht Kruse weder am Gegenstand der Ökonomie noch dem der Kunst die historischen Denk- und Sprachzusammenhänge, in denen der *Faust II* steht; davon losgelöst betrachtet er allein die geronnenen Strukturen. Diese ungeschichtliche Hypostase ermöglicht in einem zweiten Schritt die szientistische Behandlung, nämlich die Induktion eines allgemeinen Gesetzes. Kruse zeigt, daß die Schönheit Helenas im 3. Akt die Entfaltung des Häßlichen zur Bedingung hat, von dem sie dann abstrahiert. Dasselbe Verhältnis bestehe im 5. Akt zwischen Schuld und religiöser Verklärung sowie im ersten Akt zwischen dem Tauschwert und dem Fetischcharakter von Waren und Personen: diese verbergen das rationale ökonomische Kalkül in einer künstlichen Sinnlichkeit. Helena und Maria ähneln der Warenform darin, daß sie "Fetischbild einer von Häßlichkeit und Gewalt gekennzeichneten Gesellschaftsordnung" sind.[23] Daß in den ökonomischen, künstlerischen und religiösen Idealbildern von deren konträren Bedingungen – vom Profit, vom Häßlichen und von der Schuld – abstrahiert wird, sei das Strukturgesetz des *Faust II.* Dieses allgemeine Gesetz

---

19 Schlaffer habe es sich erspart, auf die "These vom konstitutiven Zusammenhang zwischen Tausch- und Denkabstraktion", die nach Sohn-Rethel eine "Pointe" der Marxschen Warenanalyse sei, "näher einzugehen". Hörisch (1982), S.358.

20 Kruse (1982), S.129.

21 A.a.O., S.263.

22 Bierbach (1978), S.161,167ff.

23 Kruse (1982), S.434.

führt Kruse nun einseitig auf die Ökonomie zurück; diese generiere auch die anderen Abstraktionen.[24] Die Arbeit schwankt zwischen dem Erkenntnisprimat der sprachlichen Struktur und deren apriorischer Einbindung in ein marxistisches Basis-Überbau-Modell, das Kruse zu verwerfen vorgibt.[25] In beiden Fällen wird die Selbständigkeit der Sujet-Bereiche nicht ernstgenommen. Das Verhältnis von Häßlichem und Schönem, von Schuld und Verklärung hat in Ästhetik und Religion seine eigene Geschichte und läßt sich weder mit der modernen Ökonomie unmittelbar analogisieren noch auf sie zurückführen. Untersucht werden muß der Eigensinn aller Bereiche.[26]

Einflußforschung, Symbolinterpretation und sozialhistorische Auslegung lassen in ihren unterschiedlichen Mängeln ein gemeinsames Desiderat erkennen: eine Untersuchung von Anspielungen auf zeitgenössische Texte – vor allem aus dem Bereich Kunst, Literatur und Ästhetik, aber auch aus dem Bereich Wirtschaft und Gesellschaft. Diesem Desiderat will die vorliegende Arbeit abhelfen. Mit dem Kommentar textueller Zeitbezüge wird ein neues Paradigma gewählt, das nicht von der früheren Forschung isoliert ist, sondern hilft, die anderen Paradigmen sinnvoller weiterzuverfolgen. Nämlich erstens, die Anklänge an ältere Kunst und Literatur im zeitgeschichtlichen Kontext zu sehen, zweitens, den Zusammenhang zwischen ästhetischen und politisch-ökonomischen Motiven durch werkexterne Textbezüge zu erhellen, und drittens, die literarische Form des Werkes aus Struktur und Bedeutung der verschiedenen Anspielungen und Zitate heraus zu verstehen. Das Ziel dieser Arbeit ist eine Gesamtdeutung des *Faust II*.[27]

---

24 Bei dem künstlerischen Versuch, die Schönheit "den ökonomischen Verhältnissen" entrinnen zu lassen (a.a.O., S.262), sei sie dem Fetischcharakter der Ware anverwandelt worden; analog sei in der Schlußszene "der Versuch, den Kapitalismus himmlisch zu transzendieren, noch von dessen Gewalt gekennzeichnet" (S.431). Kruse leitet die poetische Struktur aus der ökonomischen ab, und zwar aufgrund der Annahme, auch die Figuren aus Kunst und Religion bezögen sich inhaltlich insgeheim auf die wirtschaftliche Realität.

25 A.a.O., S.47.

26 Unbefriedigend bleibt in diesem Zusammenhang der Versuch von Wieland (1992), im Vergleich mit Hegels *Ästhetik* eine ästhetische Theorie aus dem *Faust II* zu extrahieren. Gerade Hegels Vorlesungen beziehen sich bei der Bestimmung der klassischen und romantischen Kunstform ähnlich eng wie Goethes Altersdrama auf die entsprechende zeitgenössische Diskussion. Anstatt den unterschiedlichen Reflex auf diese Diskussion in beiden Werken zu untersuchen, vergleicht Wieland nur die jeweiligen Resultate, nämlich die ästhetischen Grundideen beider Autoren und reaktiviert dabei im Fall Goethes das Deutungsparadigma einer versifizierten Kunstweisheit.

27 Dies scheint allerdings nicht die Forderung des Tages zu sein. Die Faust-Forscher des letzten Jahrzehnts beschränken sich auf Spezialuntersuchungen und Werkkommentare. Programmatisch schreibt Breuer (1980/81), in der *Faust*-Forschung

Zur Methode – Intentionalismus oder Intertextualität ?

Die eingangs zitierte Äußerung Goethes über den "Hauptsinn" könnte einer autorintentionalen Interpretation zugrunde gelegt werden. Der intendierte Sinn wäre dabei als Vorannahme im hermeneutischen Prozeß zu formulieren.[28] Die Versöhnung von Klassik und Romantik sowie das poetische Verbergen dieser Vermittlung mit dem Effekt einer Verwirrung der Rezipienten müßte als das Allgemeine an den einzelnen Textstellen identifiziert oder gegebenenfalls in zirkulärer Rückkehr zum Allgemeinen modifiziert werden. Aus zwei Gründen sei aber schon bei der Formulierung einer Vorannahme bedacht, daß die Autorintention nicht mit dem Allgemeinen, dem Sinn des Textes identisch sein kann.

Erstens vermag kein Autor alle Bedeutungen, die seinem Text innewohnen, zu intendieren. Jedes historisch gewachsene Ausdrucksmedium enthält kollektive semantische Potentiale, über die möglichst weitgehend zu verfügen das Ziel, nicht aber der Anfang der Textkonstitution sein kann. Auch wenn Autoren ihre Texte willentlich vereindeutigen, ist im Moment der Veröffentlichung und Rezeption das über die Intention hinausgehende kollektive Potential der Bedeutungen wiederhergestellt. Der Intentionalismus kann diesen Einwand abwehren, indem er das genannte Phänomen als eine Differenz "zwischen der vom Autor intendierten und der vom Autor [...] verwirklichten Bedeutung" bezeichnet.[29] Wenn jedoch das Bedeutungskonzept des Autors selbst den Gedanken enthält, daß ein bestimmter eindeutiger Sinn nicht das Ziel der literarischen Produktion sein kann, so werden die bestimmten Intentionen, die der Autor formuliert und in denen der Intentionalismus das Fundament der Deutung sieht, untergraben. Genauso verhält es sich im Falle des *Faust II.* Goethe relativiert seine Formulierung des "Hauptsinns", indem er zu Eckermann sagt, das Werk sei "als Ganzes immer inkommensurabel", da es, "gleich einem unaufgelösten Problem, die Menschen zu wie-

---

seien "weiterführende Gesamtkonzepte vorerst wohl nicht zu erwarten, wären auch voreilig. Wenn neue Akzente gesetzt werden können, dann am ehesten von bisher meist überlesenen Leitworten und Einzelversen her" (S.23). Diese kaum aus der Sache herrührende Indisposition zur Gesamtinterpretation erhebt mit einem gewissen Recht den Anspruch auf intersubjektive Gültigkeit: Ein Teil der Forschergemeinschaft scheint sich derzeit emphatisch auf pure Philologie zu beschränken und dem offenen Gedanken abzuschwören, der größere Zusammenhänge sucht.

28 Hirsch (1972), S.318f. Zur Kontroverse um die autorintentionale Methode vgl. den Forschungsbericht von Danneberg/Müller (1983).

29 Danneberg/Müller (1983), S.124.

derholter Betrachtung immer wieder anlockt".[30] Diese Äußerung widerspricht der Rede vom Hauptsinn. Um den Widerspruch zu deuten, muß man den Horizont des Intentionalismus überschreiten.

Zweitens unterstellt der Intentionalismus, der Autor sei "völlig frei in dem, was er intendiert".[31] Dieser Begriff völliger Willensfreiheit ist in den Philosophien Heideggers und Adornos, aber auch im symbolischen Interaktionismus George Herbert Meads und seiner Nachfolger kritisiert worden. Auf das Problem der Autorintention lassen sich die kritischen Positionen folgendermaßen fokussieren: Die Intention eines Sprechakts entsteht und existiert nicht in der Autonomie des Subjekts, sondern innerhalb der sprachlichen Interaktion – hier: im Prozeß der literarischen Wechselwirkung –, also in der Semiose selbst. Der Wille ist nicht das Erste und kann auch nie vollständig zum Privileg des subjektiven Verständnisses werden. Der Willensbegriff des Intentionalismus impliziert, daß die transsubjektiven Bedingungen von Sprechen und Handeln im Moment der Entscheidung ihre determinierende Kraft zugunsten der eigenen Kraft des Subjekts verlieren; das Subjekt wird nach dem Bild des Schöpfers vorgestellt. Jenseits der Subjektphilosophie wird Willensfreiheit als keine absolute mehr gedacht, sondern – in Adornos *Negativer Dialektik* – als eine "bestimmte Negation"[32] einzelner Determinanten, die nicht durch die apriorische Autonomie des Subjekts möglich ist, sondern dadurch, daß es im Kraftfeld verschiedener Determinanten und Handlungsmöglichkeiten steht. Freiheit, nämlich Freiheit von kausaler Determination, entsteht nach Heidegger durch eine Öffnung für die Vielheit der Möglichkeiten.[33] Auch die Autorintention bildet sich in der Auseinandersetzung mit den verschiedenen Bedingungen und Möglichkeiten der Textkonstitution. In der Struktur des literarischen Textes, nämlich in der bestimmten Vermittlung von literarischen Einflüssen, zeigt sich die Offenheit des Autors für die Vielfalt der Bedingungen, d.h. seine Freiheit von bloßer literaturgeschichtlicher Determination. Es zeigt sich mit anderen Worten der poetische Wille oder die Intention. Sie tritt selbst erst in der detaillierten Textinterpretation zutage. Die auktorialen Deutungen der eigenen Intention können nach diesen Überlegungen zwar in die Vorannahme der Autorintention einfließen, aber nur als eine wichtige Deutung neben anderen. Der metho-

---

30 Eckermann, S.339 (13. Februar 1831).
31 Danneberg/Müller (1983), S.124.
32 Adorno (1970ff.), Bd.6, S.230.
33 "Freiheit ist die Unverborgenheit der Möglichkeiten selbst und hat an dieser ihr Maß", kommentiert Hagestedt (1993) Heideggers Freiheitsbegriff (S.290).

dische Wert intentionaler Selbstinterpretationen ist ein heuristischer: der Autor kann zur Formulierung einer hermeneutischen Vorannahme seiner Intention hinleiten, er ist unter Umständen – und im Fall Goethes wird sich das bestätigen – "a good guide".[34]

Die Intention zeigt sich also erst am Verhältnis eines Werks zu seinen Determinanten. Weil diese Determinanten andere Texte und Gedanken sind, eignet sich das Konzept der Intertextualität, der 'Interaktion' von Texten, als Beschreibungsmodell. Von den unterschiedlichen intertextualistischen Modellen ist hier der Ansatz Julia Kristevas besonders interessant, weil diese Autorin zum einen nach der sozialhistorischen Bedeutung intertextueller Bezüge fragt, zum anderen vom empirischen Autor nicht einfach abstrahiert, sondern seine methodologische Überschätzung durch die intentionalistisch verfahrende Literaturwissenschaft historisch zu erklären versucht. Aus einem kurzen Referat sollen methodische Schlußfolgerungen für die Untersuchung des *Faust II* gezogen werden.

Nach Kristeva "verbirgt" und "verhüllt" der bürgerliche Schriftsteller die "diskursiven Ursprünge des literarischen Faktums", nämlich dessen Verwurzelung in der sozialen Kommunikation. Ähnlich wie – nach der Marxschen Analyse – in der Ware alle Spuren ihrer Herstellung verborgen sind, tilge der Autor als Produzent die Eigengestalt der textlichen Einflüsse, seines Arbeitsmaterials. Schon am Beginn der bürgerlichen Literatur schließe der "gesellschaftliche Text [...] von seinem Forum jede Produktion aus, um sie durch das Produkt [...] zu ersetzen; so ist die Herrschaft der *Literatur* die Herrschaft des *Marktwerts*".[35] Damit gehe die Fiktion einher, alle textuellen Einflüsse würden "zusammengehalten durch das (schreibende) *Subjekt*, welches ein der Expression vorangehendes Signifikat ausdrückt, und zugleich durch das Prinzip dieser *Expression*, die das Zeichen selbst stiftet".[36] In Wahrheit finde der Autor jedoch Zeichen und Texte vor und arbeite mit ihnen, ohne sie seiner Aussage restlos anverwandeln zu können. Schreiben sei keine creatio ex nihilo; und weil der "Dynamismus"[37] der verschiedenen Prätexte im

---

34 So formuliert William K. Wimsatt; zit. nach Danneberg/Müller (1983), S.380.

35 Kristeva (1971), S.494. Mit dem "gesellschaftlichen Text" ist nicht die Gesamtheit der Texte gemeint, sondern die Gesamtheit einer historischen Gesellschaft, die für uns immer die Form von Texten hat.

36 A.a.O., S.497.

37 Ebd.

Werk nie stillstehe, sondern stets "Werden" und "Prozeß" bleibe,[38] sei der "Eindruck" des "Abschlusses des Werkes ein trügerischer".[39]

Wird an einem Werk nur die immanente Abgeschlossenheit, die fixe Struktur betrachtet, so folgt die Analyse nach Kristevas Kritik selbst dem Paradigma der identischen und Identität stiftenden Autorsubjektivität. Um die "höhere", nämlich die "soziale" und "ästhetische" Ebene "einer textuellen Struktur" zu erfassen, müsse die Interpretation untersuchen, "wie ein Text die Geschichte 'liest' und sich in sie hineinstellt." Genau dieses Verwertungsverhältnis zu früheren Texten, "dieses textuelle Zusammenspiel, das innerhalb eines einzigen Textes abläuft", heißt "Intertextualität".[40] Das "neue Ganze" eines Textes "setzt sich den Ausgangs-Ganzheiten entgegen. Es hat eine Funktion, die es an andere diskursive Manifestationen der Epoche bindet; und diese Funktion bewirkt, daß das Zeitalter [...] eine mehr oder weniger festgelegte diskursive Einheit hat, die sie von der vorhergehenden Epoche unterscheidet".[41] Das Verhältnis des neuen Textes zu den Prätexten ist nicht so zu verstehen, als würden die "Ausgangs-Ganzheiten" mimetisch-objektivierend dargestellt. Texte beziehen sich auf Prätexte, die sie selbst herstellen. Das meint Kristeva mit dem "Zusammenspiel, das innerhalb eines einzigen Textes abläuft". Untersuchungsgegenstand sind deshalb immer die Prätexte als Momente und Konstituentien des Textes selber.[42] Auch das wörtliche Zitat ist eine Form des im Text hergestellten Prätextes. Rohstoffe sind im Produkt keine Rohstoffe mehr, sondern Bestandteile des Produkts, auch dann, wenn ihre ursprüngliche Beschaffenheit noch erkennbar ist.

Ein solcher methodischer Stellenwert wird den Prätexten auch in dieser *Faust*-Studie zugeschrieben. Klassisches und Romantisches gelten, auch wo es sich um Zitate handelt, als Momente des Werkes selbst. Die Gegenüberstellung entsprechender Passagen mit früheren Texten der Goethezeit, solchen Schillers oder der Frühromantiker etwa, hat in erster Linie Belegfunktion: Die Passagen sollen als klassische oder romantische ausgewiesen werden. Die textuellen Außenbezüge können neben Zitaten auch direkte Anspielungen oder bloß zufällige Ähnlichkeiten sein, die

---

38 A.a.O., S.490.

39 A.a.O., S.505.

40 A.a.O., S.500.

41 A.a.O., S.501f.

42 Für Culler (1981) ist es die Aufgabe der Intertextualität, "to look at the specific presuppositions of a given text, the way in which it produces a pre-text, an intertextual space whose occupants may or may not correspond to other actual texts" (S.111). Die Unterstellung solcher Korrespondenzen ist jedoch heuristisch unverzichtbar, soll die Intertextualität in literarhistorischen Begriffen bestimmt werden.

z.B. dadurch entstanden, daß Goethe bei der Gestaltung des Romantischen auf ähnliche Quellen zurückgriff wie die Romantiker selbst. Daß es sich um bestimmte Formen des Fremdbezugs wie Zitat oder Allusion handelt, wird in dieser Untersuchung häufig behauptet. Der Nachweis solch hoher intertextueller "Selektivität" und "Referentialität"[43] ist jedoch für die *Bezeichnung* der internen Prätexte als klassische bzw. romantische allein nicht erforderlich; er dient vielmehr der *Interpretation* der Intertextualität als negative Abgrenzung, positive Anerkennung usw.

Die Bezeichnung der Prätexte als klassische oder romantische ergibt sich allerdings nicht aus dem bloßen Textvergleich, sondern erfordert selbst schon interpretatorische Voránnahmen. In diesem Punkt gilt es, den semiotischen Ansatz der Kristeva-Schule hermeneutisch zu überschreiten. Innerhalb jenes Modells führen semantische Bestimmungen in einen unendlichen Regreß: Statt die Bedeutung der Prätexte und den Sinn des intertextuellen Bezugs zu identifizieren, soll die Lektüre, wie Renate Lachmann schreibt, "den Text auf einen Abgrund" oder "Ungrund von Prätexten" zutreiben.[44] Denn die Semantik der Prätexte konstituiert sich ihrerseits in einem intertextuellen Verweisungszusammenhang, der zur Intertextualität des späteren Textes hinzugehört. Wer allerdings nicht nur jenen Abgrund beschreiben, sondern die Texte auch deuten will, muß an irgendeiner Stelle den Sinn der Prätexte fixieren und aus der Kette von Rückverweisen lösen. Genau das lehnt Kristeva ab: Die "sprachliche Seinsweise" des Zeichens dürfe nicht aus dem intertextuellen Zusammenhang genommen, auf ein unabhängig davon existierendes Signifikat zurückgeführt und als "ideologische Seinsweise erläutert" werden. Eine solche Fixierung ist aber unvermeidlich: So muß Kristeva in ihrer eingenen Untersuchung nolens volens den vorbürgerlichen Charakter des Mittelalters voraussetzen, um Texten der Renaissance eine frühe bürgerliche Struktur ablesen zu können.[45] Man kann sogar noch einen Schritt weitergehen und anmerken, daß der unterstellte Sinn von Prätexten unweigerlich zu Sinnunterstellungen bezüglich des Textes selber führt. Denn in dem Theoriezusammenhang, dem die erste Vorannahme ent-

---

43 Nach Pfister (1985), geht es bei der "Selektivität" darum, "wie pointiert ein bestimmtes Element aus einem Prätext als Bezugsfolie ausgewählt und hervorgehoben wird" und "auf welchem Abstraktionsniveau" der Prätext "sich konstituiert" (S.28). Bei der "Referentialität" wird unterschieden, ob sich die Texte "vorgegebener Texte oder Diskurstypen entweder einfach bedienen oder aber auf sie referieren" (S.26).

44 Lachmann (1990), S.49.

45 Ebd.

stammt, findet sich meist auch die nächste. Mit Kristevas Deutungsfolie verhält es sich nicht anders. Ihr Nachweis der bürgerlichen Produktionsweise in literarischen Texten geht über die behauptete rein "semiologische Einstellung"[46] weit hinaus, denn sie entlehnt der Marxschen Theorie die Vorannahmen für beide Epochen. Auch die Untersuchung der klassisch-romantischen Intertextualität im *Faust II* enthält zwangsläufig Vorannahmen über die Bedeutung des Klassischen und des Romantischen, die es zu formulieren gilt.

In einem weiteren Punkt muß über Kristeva hinausgegangen werden. Ihre These, "die Funktion der Schrift als Arbeit" an den Prätexten sei in der gesamten bürgerlichen Literatur "zerstört, latent, nicht verstanden, nicht ausgesprochen",[47] steht im Widerspruch zu Goethes Aussage, daß sein Werk "in die neueste Literatur eingreift". Auch innerhalb der Kristeva-Schule wird die Verdrängungs-These kritisiert. So unterscheidet Renate Lachmann zwischen "latente[r]" und "intendierte[r] Intertextualität", je nachdem, ob sie sich unterhalb der vom Autor organisierten "Textoberfläche" oder auf dieser selbst manifestiert.[48] Der späte Goethe zählt zu den wissentlich und willentlich verfahrenden "intertextualistischen Autoren".[49] Seine Äußerungen über den Eingriff in die neueste Literatur mit dem Ziel einer klassisch-romantischen Versöhnung leiten hin zu der Vorannahme einer vom Autor intendierten Intertextualität des *Faust II.* Die weiteren Vorannahmen über die Bedeutung der klassischen und romantischen Prätexte sollen nun umrissen werden.

Das Klassische und das Romantische

Die Idee Goethes und Schillers zur Zeit der Weimarer Klassik war es, im Kunstwerk eine Ordnung zu gestalten, in der sich das Einzelne aus innerem Impuls und ohne künstlerischen Zwang zum Ganzen fügt. Damit sollte das Werk nicht nur ein Bild der idealen Gesellschaft geben, sondern auch eines der idealen Persönlichkeit, die sich frei in eine sittliche Gemeinschaft einfügen kann, weil ihre unterschiedlichen Momente wie Pflicht und Neigung bzw. Vernunft und Sinnlichkeit ebenfalls zwanglos verbunden sind. Die Klassiker wollten mit der Kunst einem Zustand der modernen Gesellschaft entgegenwirken, in dem die einzelnen ihre jewei-

---

46 A.a.O., S.502.
47 Kristeva (1971), S.494.
48 Lachmann (1990), S.57.
49 A.a.O., S.73.

ligen Interessen verabsolutieren. Eine zwanglose Vermittlung des divergierenden Partikularen ist das gesellschaftliche und künstlerische Ideal. Die Werke sollen ein Bild der hergestellten Vermittlung geben. In diesem Sinne muß der klassische Symbolbegriff verstanden werden. Weil in den Symbolen die zwanglose Fügung der Einzelheiten auf eine harmonische Ordnung des Ganzen verweist, schließen sie, wie Goethe schreibt, "Totalität in sich".[50] Symbolisch sind im Kunstwerk einzelne Inhalte, nämlich Gegenstände, Personen, Handlungsabläufe und Sprachfiguren; symbolisch ist zugleich die formale Ordnung, in der die unterschiedliche Semantik und Expressivität der Momente aufgehoben sein soll. Das Urbild des Weimarer Kunstideals ist die griechische Götterstatue: Sie ist zum einen als Kunstwerk in sich harmonisch, zum anderen verbindet sie die Darstellung der einzelnen menschlichen Gestalt mit der Darstellung der Totalität, nämlich der Götterwelt. In diesem Sinne eines Urbilds, nicht eines konventionell verbindlichen Vorbilds ist die Weimarer Klassik klassizistisch.

Die klassische Idee wird in den Werken des mittleren Goethe exponiert und bereits in Fage gestellt: Die Realisierbarkeit erscheint als ein offenes Problem, wie der erste Teil dieser Studie zeigen wird. Die Romantik radikalisiert die bei Goethe immanent angelegte Klassik-Kritik zu einem programmatischen Gegenkonzept. Friedrich Schlegel bezeichnet alle strengen klassischen Formen als lächerlich. Während das klassische Symbol das Ganze in sich schließen sollte, depotenziert die romantische Poesie durch Kritik und Ironie jeden Idealisierungsversuch zu einem unvollkommenen und bloß allegorischen Hinweis auf das transzendente, unerreichbare Ideal der Darstellung. Die "progressive Universalpoesie" soll all die begrenzten Kunstformen verbinden und die "Aussicht auf eine ständig wachsende Klassizität" eröffnen, die aber nie mit dem Klassischen konvergieren kann.[51] In der Hochromantik wird dann zunehmend die christliche, speziell die mittelalterliche Kunst zum Paradigma erhoben. Denn dort findet sich die formale Intention der Frühromantik auf inhaltlicher Ebene wieder: das Urbild der Romantik ist die Christusfigur, die – ähnlich der antiken Götterstatue – den einzelnen Menschen und Gott zugleich darstellt, die aber als Mensch vergänglich ist und in der Rückkehr zu Gott auf das transzendente Ideal verweist. Weil Autoren wie die Brüder Schlegel mit "romantischer" Kunst die Kunst des Mittelalters meinen, kann man die Hochromantik,

---

50 16. August 1797 an Schiller; HAB 2, S.279.

51 Vgl. vor allem das 116. und 238. Athenäumsfragment sowie das 60. Lyceumsfragment; KA II, S.182f., 204 u.154.

die in der historischen Romantik ihr Urbild sucht, analog zum Klassizismus als Romantizismus bezeichnen.[52]

Auch wenn Goethe die harmonische Ordnung des Symbols künstlerisch reflektiert und in Frage stellt und wenn umgekehrt die romantischen Autoren die Idee der vollendeten Kunstgestalt nicht wirklich preisgeben, läßt sich doch eine Differenz der beiden Richtungen in den weltbildlich verankerten Darstellungszielen bestimmen: Das Bemühen um eine Aufhebung von subjektiver Idee und willkürlicher Phantasie im objektiven, mit der Realität vermittelten Werk kann man klassisch nennen, das Negieren oder unendliche Verzögern einer solchen Aufhebung romantisch. Diese Differenz gehört zum Selbstverständnis der Goethezeit. So sagt Schelling in den Vorlesungen über die Methode des akademischen Studiums von 1803: "Es möchte sich beweisen lassen, daß, soweit die historische Kenntnis nur immer zurückgeht, schon zwei bestimmt verschiedene Ströme von Religion und Poesie unterscheidbar sind." Der eine "hat, nachdem er durch den gesamten Orient geflossen, im Christentum sein bleibendes Bett gefunden [...]; der andere in der griechischen Mythologie [...] die höchste Schönheit geboren." Während in der antiken "Naturreligion" die Idee vollkommen in der Natur erscheint, schaut das Christentum "Gott in der Geschichte" an.[53] Die Anschauung zeigt zum einen am Gegenstand der Leidensgeschichte, daß Gott in der vergänglichen Natur nicht vollkommen bei sich selber sein kann; zum andern zeigt die Ausrichtung auf das kommende Reich Gottes, daß die Geschichte noch nicht vollendet ist. Entsprechendes gilt für die poetischen Formen: Während die Klassik auf die reale Gestalt des Ideals zielt, betont die Romantik die Unvollkommenheit und Progressivität der Gestaltungen. Im Rekurs auf diese weltbildliche Differenz ist eine idealtypische Unterscheidung der beiden Richtungen nach wie vor sinnvoll, obwohl – wie schon Ernst Robert Curtius sagte – die Literatur der Goethezeit in ihrer empirischen Fülle "durch den Divisor Klassik-Romantik nicht teilbar" ist.[54]

Schelling fügt seiner Typisierung der beiden Ströme die Bemerkung hinzu, daß "in dieser Beziehung keine absoluten Gegensätze existieren".[55] Die auch "bei beiden Schlegel auf Vermittlung angelegte Konstruktion des geschichtlichen Gegensatzes von klassischer und romantischer Poe-

---

52 In diesem Sinne spricht Goethe von "Klassizismus und Romantizismus". – MuR 346, ebenso zu Eckermann, S.309 (21. März 1830).

53 SW I,5, S.298f.

54 Curtius (1969), S.274.

55 SW I,5, S.298.

sie"[56] nimmt im Faust II die Gestalt einer "Dialektik von Klassik und Romantik" an.[57] Dabei werden das unendliche Streben und die Sehnsucht des Subjekts an das endliche Ideal und die Impulse der Desintegration an die Vorstellung einer zwanglosen Ordnung rückvermittelt.

Übersicht und Ergebnisse

Kapitel I.1. zeigt die Krise des Klassischen in den ab 1797 entstandenen *Faust I*-Passagen einschließlich des *Helena-Fragments*. Schiller klagt das Klassische am Faust ein. Er glaubt, mit der Einführung der idealen Person Helena und des antiken Tragödienverses könne auch das ganze Drama zu einer harmonischen Ordnung kommen. In Goethes Arbeit zeigt sich hingegen die Undurchführbarkeit des klassischen Modells. Die formalen Gestaltungsprobleme hängen inhaltlich zusammen mit dem Charakter des Protagonisten, der weder einen inneren Ausgleich sucht, noch sich zu einem Teil des Ganzen machen möchte, sondern der seine Partikularität zum Ganzen der Menschheit "erweitern" will und doch weiß, daß dieses Ziel nie vollkommen erreichbar ist. Fausts unendliches Streben und seine "Selbstheit" widersprechen dem klassischen Ideal. Formal führt dieser Widerspruch zu einer Vermischung epischer und dramatischer Elemente. Auch in Kapitel I.2. geht es um die Exposition und immanente Kritik des Weimarer Kunstideals. Gegenstand ist hier nicht Schillers, sondern Goethes eigene Programmatik, nämlich seine Begriffe "Stil" und "Symbol". Die Krise des klassischen Modells zeigt sich besonders deutlich in dem formal strengsten der Weimarer Dramen, der *Natürlichen Tochter* von 1803: Die einheitstiftende symbolische Figur, die natürliche Tochter Eugenie, belehnt eine vollends desintegrierte Gesellschaft mit dem falschen Schein der Harmonie. Wegen dieser Trennung vom wirklichen Wesen der Gesellschaft wird die symbolische Figur zur Allegorie. In Kapitel I.1. liegt der Akzent stärker auf der subjekttheoretischen, in Kapitel I.2. stärker auf der sozialhistorischen Bedeutung des Klassischen und seiner Krise. Die doppelte Annäherung an diesen Zusammenhang ist Voraussetzung für die Interpretation des nachklassischen Hauptwerks.

---

56 Malsch (1977), S.387.

57 Dieses Diktum bezieht Ernst Behler (1972) etwas vage auf die gesamte Goethezeit (S.18).

Im zweiten Teil der Arbeit, in dem es um das Verhältnis von Klassischem und Romantischem im *Faust II* geht, werden zunächst die Textpassagen, deren Sujet Kunst und Literatur sind, der Reihenfolge ihrer Entstehung nach interpretiert. Die Betrachtung des Helena-Aktes in Kapitel II.1. führt schon zu einem zentralen Ergebnis der Arbeit: Während das klassische Ideal untergeht, weil in seiner Darstellung eben jene subjektive Willkür ausgegrenzt ist, auf der es selbst beruht, sind die romantische Kunst und die romantische Mythologie, die diesen Untergang zu ihrer Sache machen und von der Jenseitigkeit des Ideals ausgehen, doch auf dessen endliche Darstellung angewiesen. Kapitel II.2. untersucht Fausts Gang zu den Müttern und die Erscheinung der Helena im 1. Akt. Diese Passage erweist sich als eine Satire auf den poetischen Subjektivismus, den Goethe an der Frühromantik kritisiert. Kapitel II.3. interpretiert den 2. Akt. Die Mängel der subjektivistischen Poetik werden dort überwunden, indem sich das Subjekt den in der Mythologie objektivierten menschlichen Geist aneignet. Aber auch am Ende der "Klassischen Walpurgisnacht" kann die Sehnsucht des romantischen Subjekts nicht befriedigt werden. Erst die Schlußszene des 5. Aktes – Gegenstand von Kapitel II.4. – bringt mit der ganz ins Jenseits verlegten Marienfigur ein Ideal, in dem die romantische Sehnsucht nach dem Unendlichen aufgehoben ist. Allerdings bleibt Maria von Ironie nicht verschont: in der Schlußszene wird die ästhetische Unvollkommenheit des romantischen Ideals ausgesprochen. Kapitel II.5. untersucht die ökonomischen und gesellschaftspolitischen Motive im *Faust II.* Die Dialektik von Klassik und Romantik wird in diesem Sujetbereich gespiegelt: Die Versuche, das alte Gemeinwesen zu sanieren oder ein neues zu gründen, sind ebenfalls gegen die Verselbständigung der Einzelkräfte gerichtet. Doch auch diese Versuche basieren auf partikularen Interessen, während die vermeintlich auf eine Auflösung der Gesellschaft zielenden Kräfte ihrerseits ordnende Momente enthalten.

Der dritte Teil bezieht die Ergebnisse der *Faust-II*-Interpretation wieder auf die im ersten Teil dargestellten Voraussetzungen. Kapitel III.1. erörtert die Konsequenz der Dialektik von Klassischem und Romantischem für die Problematik des Subjekts, dessen unendliches Streben vom Ideal positiv beschränkt werden sollte, sowie für die dramatische Struktur des *Faust II.* Kapitel III.2. kommt auf den Zusammenhang von sozialer Desintegration und Ordnung sowie auf das Verhältnis von Symbol und Allegorie zurück. Das Bild einer idealen Gesellschaft kann der *Faust II* nicht mehr entwerfen, denn im Detail ist nichts anderes als das Verfehlen aller Ideale sein Thema. Auch hier siegt die Allegorie über das Symbol. Gleichwohl verweisen die einzelnen Allegorien auf ein Allgemeines, nämlich auf das Verhältnis von Ideal-Setzung und Ideal-Zerstörung, das in den verschiedenen Bereichen wie Kunst, Naturphilosophie und Politik wiederkehrt. Goethes letztes Drama gibt ein Bild der geistigen bzw. sprachlichen Situation der Zeit: Es spiegelt und verbindet die verschiedenen eigenständigen Wertsphären der modernen Welt, die entkoppelten Diskurse der bürgerlichen Öffentlichkeit wie Kunst und Ökonomie. Dadurch werden die einzelnen Formen, die in bezug auf das Ideal Allegorien sind, zu Symbolen des Geisteslebens: Sie machen ein Allgemeines der Epoche anschaulich. Der Schlußabschnitt reflektiert die literarische Modernität des *Faust II*: Eine unterschwellige, fast kryptische Verweisungsstruktur zwischen einzelnen Stellen, ohne die der Zusammehang des Ganzen nicht faßbar ist, und eine Fülle von Anspielungen und Zitaten, ohne deren Kenntnis die Bedeutung des Einzelnen kaum verständlich wird, weisen auf den literarischen Modernismus des 20. Jahrhunderts voraus. Die Phänomene literarischer Modernität im *Faust II* reflektieren das drohende Scheitern eines gesellschaftlich-kulturellen Projekts der Moderne, dem die Klassik mit ihrer Idee einer zwanglosen Ordnung verpflichtet ist.

I. Voraussetzungen: Die Krise des Klassischen

I.1. Klassisches Ideal und moderne Subjektivität – *Faust I* und *Helena-Fragment*

Daß die Faust-Figur im ersten Teil des Dramas ein "nichtklassischer" Charakter ist, hat Werner Keller überzeugend dargelegt: "In seinem 'Winckelmann'-Aufsatz bestimmte Goethe den griechisch-klassischen Menschen durch drei Wesensmerkmale: heitere Diesseitigkeit, Einssein mit der Natur und geistig-sinnliche Totalität. Fausts Existenzform ist dessen gerades Gegenteil: Er ist melancholisch-weltflüchtig, unendlichkeitssüchtig und in sich gespalten".[1] In dem nichtklassischen Charakter des Protagonisten sieht Keller die Gründe für die formale Disparatheit des Dramas: Die 1790 am Ende der frühklassischen Phase als "Fragment" herausgegebenen Szenen habe Goethe auch in der programmatischen Phase der Weimarer Klassik nicht abzurunden und mit der 1800 entstandenen ersten Helena-Szene zu koppeln vermocht: "Die 'Urhelena', im hohen Stil der alten Tragödie täuschend ähnlich dargestellt, konnte in die vorliegenden Partien nicht integriert werden, und die von Schiller erhoffte 'Synthese des Edlen mit dem Barbarischen' wollte nicht glücken".[2] Keller schließt daraus, "daß Goethe den ersten Teil nur weiterführte und zu einem notdürftigen Abschluß brachte, um den zweiten Teil des Dramas schreiben zu können" – und zwar als Neubeginn, der nur ans klassizistische *Helena-Fragment* anknüpft, nicht an den nordisch-chaotischen *Faust I*.[3] Leuchtet Kellers Wort von der nichtklassischen Faust-Figur auch ein, so können doch seine Aussagen über die mangelnde Einheit des Dramas nicht bestätigt werden. In diesem Kapitel wird sich zum einen zeigen, daß die nach 1797 geschriebenen *Faust I*-Passagen – gemessen an der klassischen Poetik – keine notdürftige Einheit herstellen, sondern eine avancierte Weiterführung und Überwindung

1 Keller (1978), S.26.
2 A.a.O., S.15. Das Schillerzitat stammt aus dem Brief vom 23. September 1800 an Goethe; GA 20, S.820.
3 Keller (1978), S.26.

der Goethe-Schillerschen Gattungsbestimmungen enthalten, und daß zum anderen das *Helena-Fragment* nicht wirklich klassizistisch konzipiert, sondern auf eine Negation des Klassizismus angelegt ist. Der klassische Goethe bleibt nach 1797 nicht, wie Keller meint, hinter den eigenen poetologischen Forderungen zurück, sondern nimmt den nichtklassischen Gehalt seines *Faust* zum Anlaß, die Probleme des Klassischen auszugestalten.

Fausts angestrebte Selbsterweiterung zur schaffenden Natur und zur "ganzen Menschheit" kann zunächst im Kontext einer Subjektivismus-Kritik verstanden werden, die schon in der Sturm-und-Drang-Zeit virulent ist und die in Herders Kritik der "Selbstheit" auf den Begriff gebracht wird (a). Schillers dualistisches Menschenbild gibt dem Autor des *Faust* ab 1797 einen Anstoß, das Motiv der Selbsterweiterung wiederaufzugreifen (b) und es neu zu perspektivieren: Schillers Theorie der ästhetischen Versöhnung der menschlichen "Duplizität" (c) dient Goethe als Folie einiger Passagen des *Faust I* (d) und des *Helena-Fragments* (e). In beiden Fällen mißlingt die ästhetische Versöhnung; das Ideal der vollständigen und gattungsreinen Durchgestaltung wird aufgegeben zugunsten eines neuen dramatischen Gesamtentwurfs, der epische und dramatische Formen verbindet. Im *Helena-Fragment* ist bereits der zentrale Inhalt des Helena-Aktes im *Faust II* angelegt: die Vermittlung zwischen dem klassischen Schönheitsideal und seiner Negation durch das Häßliche.

a) Selbstheit – Faust und Herder

Der *Urfaust* und das *Faust-Fragment* zeigen die Spuren einer Moraldiskussion, die vorwiegend in pietistischen Kreisen geführt wurde. Ihr Anlaß ist die voranschreitende Entkopplung des einzelnen aus dem gemeinschaftlichen Handlungsgefüge und die Verabsolutierung des jeweiligen Ichs. Die pietistische Hochschätzung des Gemeindegedankens und die Kultur wechselseitiger Gefühlsbekundungen begünstigen eine frühe Kritik am bürgerlichen Subjekt, das seine isolierten Interessen kalkülartig verfolgt, und bewirken – wie Max Weber sagt – "eine Schwächung jener 'Hemmungen', welche die rationale Persönlichkeit des Calvinisten gegenüber den Affekten schützte".[4] So wendet sich Herder in seiner 1788 erschienenen Schrift *Liebe und Selbstheit* gegen die neuzeitliche Selbstverabsolutierung und entwickelt die Idee einer einschränkenden und zu-

---

4 M. Weber (1965), S.133.

gleich identitätsbildenden Wirkung der Liebe[5] zu Menschen und Gegenständen:

> Die Natur hat schmale Grenzen um jedes *Einzelne* gezogen; und es ist der gefährlichste Traum, sich unumschränkt zu denken, wenn man eingeschränkt ist; sich Despot des Weltalls zu glauben, wenn man von nichts als einzelnen Almosen lebet. [...] Die allgemeinsten Cosmopoliten sind meist die dürftigsten Bettler: sie, die das ganze Weltall mit Liebe umfassen, lieben meistens nichts, als ihr enges Selbst.[6]

Herders Text ist eine Antwort auf die 1770 erschienene *Lettre sur les désirs* des François Hemsterhuis.[7] Der Grundgedanke des niederländischen Neuplatonikers ist, daß nur eine Liebesvereinigung mit Gott der menschlichen Seele wahrhaft angemessen wäre. Im Bereich der Materie scheitere die "völlige Vereinigung" mit den geliebten Gegenständen und Menschen, nach der die Seele strebe, an der Angewiesenheit auf die körperlichen "Organe". Jeder "Genuß" führe deshalb zu "Überdruß". Einzig "in der geistigen Anschauung des höchsten Wesens dürfte eigentlich kein Überdruß entstehen, weil wir uns da in keiner absoluten Unmöglichkeit finden, uns mit ihm vollkommen zu vereinigen. Die Gleichheit scheint hier vollkommen".[8] Weil aber eine solche Verschmelzung, die "Gleichsetzung des Schaffenden und Erhaltenden mit dem Geschaffenen und Erhaltenen" bzw. die "Identifizierung Gottes" mit seinen "Objekten", eine "Unmöglichkeit" ist, kann "die Seele in ihrem Verlangen" nach Vereinigung nur "eine fortwährende Annäherung" in Form einer "Hyperbel" erreichen.[9] Hemsterhuis ist der Überzeugung, "daß das ganze sichtbare oder sinnliche Universum sich gegenwärtig in einem erzwungenen Zustand befindet, in welchem es ewig nach Vereinigung strebt und doch immer aus isolierten Einzelheiten zusammengesetzt bleibt", und er nennt deshalb die Vorstellung "einer Kette eng verbundener Wesen" einen trügerischen "schönen Schein".[10]

Herder weist die Vorstellung zurück, Gott sei das einzig adäquate Liebesobjekt der Seele. Er sieht darin den Ausdruck einer gefährlichen Neigung der einzelnen, aus dem universellen Zusammenhang ausscheren und die Position des Ganzen selbst einnehmen zu wollen. Darum kritisiert Herder die Ambition, "Despot des Weltalls" zu sein, und wertet nicht nur die leibliche Individuation zum angemessenen Ort der Seele

---

5 Timm (1974) verweist in diesem Zusammenhang auf den Liebesbegriff des Johannes-Evangeliums, der in der Goethezeit eine starke Aufwertung erfuhr (S.9f.).
6 Herder, Sämtliche Werke, Bd.15, S.323.
7 Vgl. die Darstellung von Herders Hemsterhuis-Kritik bei Timm (1974), S.291-299.
8 Hemsterhuis, Philosophische Schriften Bd.1, S.51ff.
9 A.a.O., S.69f.
10 A.a.O., S.66.

auf, sondern auch die partikulare Menschenliebe zu der einzig möglichen Verschmelzung mit Gott. Das Streben von einem Genuß zum nächsten – nach Hemsterhuis eine defizient bleibende Annäherung an die Wesensvereinigung mit Gott – faßt der Spinozist Herder positiv, weil ihm die raumzeitliche Beschränkung selbst als Manifestation der Gott-Natur gilt:

> Wie gut hat es also die Vorsehung gemacht, daß sie das Saitenspiel unserer Empfindungen nur nach und nach, in sehr verschiedenen Klängen und Arten wecket, daß sie unsere Sehnsucht jetzt auffordert, jetzt einschränkt [...], überall aber, auch nach dem süßesten Genuß, auf unser armes Ich zurückwirft, sagend gleichsam: "Du bist doch ein eingeschränktes, einzelnes Geschöpf! Du dürstest nach Vollkommenheit, aber du hast sie nicht! Verschmachte nicht am Brunnen dieses einzelnen Genusses, sondern raffe dich auf und strebe weiter!"[11]

Die Beschränkung der einzelnen Seele durch andere Wesen ist kein Mangel, sondern die Bedingung ihrer Existenz: "Selbst wenn ich mich, wie der Mystizismus will, in Gott verlöre, und ich verlöre mich in ihm, ohne weiteres Gefühl und Bewußtsein *meiner*, so genösse Ich nicht mehr, die Gottheit hätte mich verschlungen, und genösse statt meiner." Die Begrenzung erst konstituiert die Seele, nur im einzenen unvollkommenen Genuß findet sie ihre Identität.[12]

In dieser von der Spinoza-Lektüre um 1784 beeinflußten Position sieht Hermann Timm eine Vermittlung zwischen dem "anthropologischen Polaritätsdenken" der Aufklärung, für das "die Welt [...] im heillosen Widerstreit" endet, und dem "Einheitsglauben des Sturm-und-Drang".[13] Bereits in der Erdgeist-Erscheinung des 1775/76 entstandenen *Urfaust* bekundet sich sowohl der Einheitsglaube des Sturm-und-Drang als auch die Kluft zwischen der "Gottheit" und dem "Geist, den du begreifst" (512ff.):[14] Der Wunsch, unmittelbare Identität mit der Allheit zu finden, schlägt in die Erfahrung der Dualität um. Faust fühlt sich zunächst ganz dem Erdgeist "hingegeben" (480) und nennt sich vor ihm "deinesgleichen" (500). Der Erdgeist reagiert auf diesen Versuch, die raumzeitlichen Begrenzungen abzustreifen und sich als "Despot des Weltalls" (Herder) zu vergotten, mit dem Hinweis auf die Schranken der Erfahrung: "Du gleichst dem Geist, den du begreifst,/ Nicht mir" (512f). In diesem Umschlag ist bereits die Kritik am "Mystizismus" enthalten: Faust kann in der gesuchten Vereinigung mit dem Erdgeist

---

11 Herder, Sämtliche Werke, Bd.15, S.321.

12 Ebd.

13 Timm (1974), S.277.

14 Der *Faust* wird nach Bd. 3 der Hamburger Ausgabe zitiert; alle Versangaben in Klammern ohne die Abkürzung V. beziehen sich auf den *Faust*.

keine Identität finden, er stürzt zusammen (vor 514). Die Verzweiflung am Stoff der Welterfahrung und der Dualismus zwischen erfülltem Unendlichem und schlechtem Endlichem sind nur die Konsequenzen aus einem ursprünglichen Mystizismus der Allheits-Unmittelbarkeit. Im Aufweis dieses Zusammenhangs nimmt der Urfaust Herders Hemsterhuis-Kritik vorweg. Der dramatische Entwurf zeigt also genau den Bedarf an einem Konzept auf, das – wie die Idee der positiven Beschränkung – zwischen der Dualitätserfahrung und dem Einheitsstreben vermittelt.

Das 1790 veröffentlichte *Faust-Fragment* greift dieses mittlerweile gefundene Konzept auf, allerdings nicht im ausschließlich positiven Sinne. Faust macht zwar die Erfahrung positiver Beschränkung, nimmt aber zuletzt doch eine Hemsterhuissche Haltung ein.[15] Bloß vorübergehend wird der Protagonist zum Adepten des Herderschen Liebesbegriffs, wenn er in "Wald und Höhle" seinesgleichen nicht mehr im göttlichen Erdgeist sieht, sondern in den Gegenständen der Natur. Die Selbstintegration in die "Reihe der Lebendigen" läßt ihn in die "tiefe Brust" der Natur "Wie in den Busen eines Freunds" schauen und lehrt ihn seine "Brüder/ Im stillen Busch, in Luft und Wasser kennen" (3223ff.). Nur in der beschränkenden Reihe ist die Identität des einzelnen gesichert und erfahrbar: "Und wenn der Sturm im Walde braust und knarrt/ Die Riesenfichte stürzend Nachbaräste/ Und Nachbarstämme quetschend niederstreift/ Und ihrem Sturz dumpf hohl der Hügel donnert,/ Dann führst du mich zur sichren Höhle, zeigst/ Mich dann mir selbst, und meiner eignen Brust/ Geheime tiefe Wunder öffnen sich" (3228ff.). Faust findet in der Naturmetaphorik eine Sprache, um die Gefahr der Selbstheit zu reflektieren: Der stürzende Fichtenstamm gehört, als ein Bild des – wörtlich – zerscheiternden einzelnen, in den Kreis der Natur, die vor diesem Scheitern zugleich Schutz gewährt. Entscheidend ist aber, daß der vor seiner isolierten Selbstheit in Sicherheit gebrachte Faust von den beschränkenden Gegenständen wieder zu sich "selbst" und den Wundern seiner "eignen Brust" zurückkehrt, ohne in der menschlichen Gemeinschaft wirklich zu einer positiven Selbstbeschränkung durch Liebe zu gelangen. Er flieht vor der Verantwortung, die er mit dem Verhältnis zu Margarethe auf sich genommen hat, in die Natur. Dort kann er eine Brüderschaft mit den anderen Wesen einsam und folgenlos imaginieren. Weil Faust sein Selbst nicht wirklich mit den anderen vermittelt, erweist sich für ihn die "Reihe der Lebendigen", wie die "Kette eng verbundener Wesen"

---

15 Goethe hatte "alle Wercke des Hemsterhuis" schon Ende 1784 gelesen (11. November an Knebel, HAB 1, S.495) und war natürlich auch mit Herders Position vertraut.

bei Hemsterhuis, als falscher "Schein": Als Mephisto ihn an die unglückliche Geliebte erinnert, verwandelt sich für Faust die "Wonne" der Naturerfahrung "In Nichts" (3241/45). Die Einsicht, "daß dem Menschen nichts Vollkommnes wird" (3240), ist nicht positiv, sondern negativ: Wie in der *lettre sur les désirs* ist die Welt nun wieder "aus absolut isolierten Individuen zusammengesetzt", die mit der Unvollkommenheit ihrer ersehnten Verschmelzung nicht glücklich werden, sondern nur gemeinsam daran "zugrunde gehn" können (3363).

Wenn Faust erkennt, "daß dem Menschen nichts Vollkommnes wird", so folgt dieses Diktum nicht Herders positiver Wertung der Begrenztheit, sondern Hemsterhuis' Abwertung des einzelnen Genusses vom Standpunkt der Unendlichkeitssehnsucht aus. Die Verse "So tauml' ich von Begierde zu Genuß,/ Und im Genuß verschmacht' ich nach Begierde" (3249) entsprechen einer Stelle aus Hemsterhuis' Dialog *Aristaios.* "DIOKLES. [...] bist du, wenn du den Gegenstand deines Verlangens erstickt, verschlungen hast, zufrieden, oder wolltest du ihn wieder aufleben machen? ARISTAIOS. Sicherlich wollte ich das. DIOKLES. Aber, mein lieber Aristaios, beweist dies nicht, daß der Genuß nur vorübergehend und unvollständig gewesen ist?"[16] Schon im Genuß wird dessen Unvollkommenheit spürbar, und dieser Verdruß weckt das Bedürfnis, erneut zu begehren. Fausts Taumel zwischen Begierde und Genuß folgt – trotz der Erfahrung der Schranken – Hemsterhuis' Auffassung, daß die irdischen Genüsse nie das eigentliche Begehren nach Wesensverschmelzung befriedigen können. Als Goethe später für den *Faust I* die große Lücke zwischen Fausts Dialogen mit Wagner und Mephisto schließt, greift er das Hemsterhuis-Motiv des rastlosen Wechsels zwischen Begierde und Genuß wieder auf. In dem Bewußtsein, daß kein Objekt "eines Menschen Geist, in seinem hohen Streben" (1676) angemessen sein kann, verlangt Faust nach "Speise, die nicht sättigt" (1678); im "Rollen der Begebenheit" sollen "Schmerz und Genuß, Gelingen und Verdruß/ Miteinander wechseln wie es kann" (1755ff.). Die beiden Seiten fallen im Taumel ihres Wechsels zum Oxymoron zusammen: "Dem Taumel weih' ich mich, dem schmerzlichsten Genuß,/ Verliebtem Haß, erquickendem Verdruß" (1766f.). Schon der Faust des *Fragments* will die weltlichen Genüsse durchstreben, um sich an sein altes Ziel, die Erweiterung zum Ganzen, anzunähern – wohl wissend, daß die endgültige Verschmelzung unmöglich ist:

---

16 Hemsterhuis, Philosophische Schriften, Bd.2, S.98.

Und was der ganzen Menscheit zugeteilt ist
Will ich in meinem innern Selbst genießen,
Mit meinem Geist das Höchst' und Tiefste greifen,
Ihr Wohl und Weh auf meinen Busen häufen,
Und so mein eigen Selbst zu ihrem Selbst erweitern,
Und, wie sie selbst, am End' auch ich zerscheitern. (1770ff.)

Durch den Einspruch des Erdgeists ist Faust von seiner Selbstverabsolutierung nicht geheilt, vielmehr erneuert er sie im Durchlaufen der Endlichkeit, indem er zwar nicht mit Gott, wohl aber mit der gesamten Menschheit verschmelzen will. Weil er überzeugt ist, daß kein Genuß zur Vollkommenheit führen kann, meint er, mit Margarethe "zugrunde gehn" und mit der ganzen Menschheit "zerscheitern" zu müssen.[17]

"Wald und Höhle" und die Pakt-Szene bringen gegen die Idee der positiven Beschränkung die übermächtige Realität des modernen, isolierten und sich verabsolutierenden Subjekts zur Geltung, dem die Selbstintegration in die "Reihe der Lebendigen" als ein unrealisierbares Ideal gilt. Damit ist jene Idee im *Faust I* aber keineswegs verabschiedet. Der "Prolog im Himmel" führt sie sogar nochmals aus, wenn der Herr zu den Erzengeln sagt: "Das Werdende, das ewig wirkt und lebt,/ Umfaß' euch mit der Liebe holden Schranken" (346f.).[18] Faust hingegen befindet sich nach Mephistos Bericht in eben dem unbefriedigten Zustand, wo alle Beschränkung bloß negativ ist. "Vom Himmel fordert er die schönsten Sterne/ Und von der Erde jede höchste Lust,/ Doch alle Näh' und alle Ferne/ Befriedigt nicht die tiefbewegte Brust" (304ff.). Aus diesem "verworren[en]" Zustand will der Herr Faust in die "Klarheit führen" (318f.) – bei dieser Klarheit kann es sich nur um die Lehre der "holden" Beschränkung durch Liebe handeln, die den "echten Göttersöhne[n]" (344) verkündet wird. Mephisto hat im Plan des Herren die Aufgabe, Faust mit dem beschränkten Genuß zu versöhnen – wie es in "Wald und Höhle" geschieht – und ihn gleichzeitig vom Beharren im positiv erfahrenen Einzelnen abzuhalten: "Des Menschen Tätigkeit kann all-

---

17 Die Pakt-Szene des *Faust I* nimmt somit programmatisch vorweg, was in der Szene "Wald und Höhle" des *Faust-Fragments* erst das Erfahrungsresultat der Weltfahrt ist. Darin kann kein aus dem Abstand der Arbeitsphasen resultierender 'Webfehler' gesehen werden, weil die beiden Stellen gedanklich genau aufeinander bezogen sind. Aus Antizipationen wie dieser spricht eher Goethes Geringschätzung der dramatisch-psychologischen Folgerichtigkeit im *Faust I.* Ein weiteres Beispiel ist die Antizipation von Fausts Hinahme des Scheiterns: Seine Weltfahrt-Losung, er wolle mit "der ganzen Menschheit" am Ende "zerscheitern" (1773ff.), nimmt den früher geschriebenen, aber szenisch späteren Ausruf aus "Wald und Höhle" vorweg, es möge Margarethes "Geschick auf mich zusammenstürzen/ Und sie mit mir zugrunde gehn" (3364f.).

18 Schwerte (1980) verfolgt das Motiv der positiv beschränkenden Liebe in beiden Teilen des *Faust*, kommentiert aber den Herder-Bezug nicht.

zuleicht erschlaffen,/ Er wünscht sich bald die unbedingte Ruh'; Drum geb' ich gern ihm den Gesellen zu,/ Der reizt und wirkt und muß als Teufel schaffen" (340ff.). Entsprechend fügt in *Liebe und Selbstheit* die zum Menschen sprechende Vorsehung ihrer positiven Bewertung der "Schranken" die Parole hinzu: "Verschmachte nicht am Brunnen dieses einzelnen Genusses, sondern raffe dich auf und strebe weiter!"[19] Bedeutsam ist nun, daß das Programm des Herren im *Faust I* nicht greift. Was er für "verworren" hält, den Dualismus von unvollkommenem irdischem und unerreichbarem göttlichem Genuß, gerinnt in der Pakt-Szene zu einem klaren weltanschaulichen und lebenspraktischen Modell, mit dem Faust seine gesamte weitere Existenz definiert. Dieses Modell entspricht der Selbstverabsolutierung und Weltakkumulation des modernen Subjekts. Faust wertet die Schranken des einzelnen Genusses stets negativ, und das Streben wird ihm zum Selbstzweck – so wie bei Hemsterhuis der einzelne Genuß jene Unvollkommenheit markiert, die in der hyperbelförmigen Reihung der Genüsse nie restlos reduziert werden kann. Die faustische Welthaltung ist der Maßstab, an dem die Realisierbarkeit von Herders Entwurf geprüft wird. Das Drama bringt im Prolog die Idee der beschränkenden Liebe positiv zur Geltung und zeigt deren Grenzen in der *Faust*-Handlung auf.

In der Arbeitsphase ab 1797 erweist sich der *Faust* dann erneut als Maßstab für ein anderes theoretisches Modell, das ebenfalls in dem Dualismus der unvollkommenen materiellen und der unrealisierbaren rein-geistigen Existenz des Menschen vermitteln will: Schillers Theorie der Kultur und des Kunstschönen. In diesem Bezug zeigt sich zugleich die inhaltliche und konzeptionelle Einheit des *Faust-Fragments*, des *Faust I* und des *Helena-Fragments*.

b) Zwei Triebe – Faust und Schiller

Im Juni 1797, als Goethe die Arbeit am *Faust* wieder aufnimmt, bittet er Schiller, ihm "die Forderungen, die Sie an das Ganze machen würden, vorzulegen". Goethes sehr vage Erwähnung eines "Plans, der eigentlich nur eine Idee ist",[20] veranlaßt Schiller dazu, sogleich eines seiner zentralen Philosopheme geltend zu machen: "Die Duplizität der menschlichen Natur und das verunglückte Bestreben, das Göttliche und Physische im

---

19 Herder, Sämtliche Werke, Bd.15, S.321.
20 22. Juni 1797; GA 20, S.361f.

Menschen zu vereinigen, verliert man nicht aus den Augen".[21] Gemeint ist dies als Aufforderung, das verunglückte Bestreben Fausts weiterzugestalten und schließlich doch jene "Vereinigung" literarisch darzustellen. Wenn Goethe das Drama Schillers Ideen auch nicht unterordnet, so hat er doch dessen theoretische Beschreibung der "Duplizität" von Vernunft und Sinnlichkeit aufgegriffen, wie sie in den 1795 veröffentlichten Briefen *Über die ästhetische Erziehung des Menschen*[22] entfaltet ist. Schiller rekurriert dort gleichfalls auf das Phänomen der Selbstheit. Über den Menschen im "physischen Zustand", in dem die Sinnlichkeit über die Vernunft dominiert, heißt es im 24. Brief: "Nie erblickt er andre in sich, nur sich in andern, und die Gesellschaft, anstatt ihn zur Gattung auszudehnen, schließt ihn nur enger und enger in sein Individuum ein" (S.389). Man könnte diesen Satz als einen Kommentar zum *Faust-Fragment* lesen, dessen Protagonist sein "eigen Selbst" zu dem der "ganzen Menschheit" "erweitern" will (1770/74) und dabei doch nur sich selbst genießt. Wie Faust wird auch Schillers "physischer Mensch" von der Natur und den Mitmenschen nicht 'hold beschränkt' im Sinne Herders; im Gegenteil gibt jede Schranke der Selbstverabsolutierung neue Nahrung. Für den Autor des *Faust* konnte Schillers Theorie zum Bezugspunkt werden, weil sie das Scheitern des Liebes-Konzepts begründet und eine andere Lösung des Problems anbietet, in der die Kunst als Vermittlerin bedeutsam wird.

Die geschichtsphilosophische Intention Schillers ist es, den Übergang vom physischen Zustand in einen "moralischen Zustand" im Sinne von Kants "Reich der Zwecke" vorzuzeichnen. "Der Mensch in seinem physischen Zustand erleidet bloß die Macht der Natur; [...] und er beherrscht sie in dem moralischen" (S.388). Im moralischen Zustand sollen Geist und Natur in Einklang kommen, und damit meint Schiller die vom Sittengesetz auferlegte Pflicht und die sinnliche Neigung. Der "reine Mensch" im Idealzustand vereinigt Moralgesetz und Naturimpulse zwanglos in sich. Er wird "repräsentirt durch den Staat", denn auch im idealen Staat ist das Gesetz mit den individuellen Interessen versöhnt: "nur weil das Ganze den Theilen dient, dürfen sich die Theile dem Ganzen fügen" (S.316f.). Weil aber der menschliche Dualismus praktisch nie aufgehoben werden kann, muß der moralische Zustand eine Idee

---

21 23. Juni 1797; GA 20, S.363.

22 Im folgenden kurz: *Briefe*. Die Seitenangaben im Text beziehen sich in diesem Kapitel auf Bd. 20 der Nationalausgabe. Auf diese Weise werden auch Schillers ebenfalls in Bd. 20 enthaltenen Schriften *Über Anmut und Würde* sowie *Über naive und sentimentalische Dichtung* zitiert.

bleiben. "Das höchste, was die Erfahrung leistet, wird in einer Schwankung zwischen beiden Prinzipien bestehen, wo bald die Realität bald die Form überwiegend ist" (S.360). Einzig im ästhetischen Schein soll der ideale Zustand erfahrbar sein, weshalb Schiller den ästhetischen Zustand als ein Mittelglied zwischen dem physischen und dem moralischen Zustand bezeichnet. Darüber mehr im nächsten Abschnitt.

Wegen der praktischen Unerreichbarkeit der idealen Harmonie von Vernunft und Sinnlichkeit herrscht nach Schillers Diagnose in der historischen Gegenwart eine depravierte Moralität: die Natur bequemt sich nicht zwanglos unters Sittengesetz, sondern wird unterdrückt. Der einseitigen Herrschaft der Natur im physischen Zustand steht die einseitige Herrschaft der Vernunft in dem unvollkommenen moralischen Zustand gegenüber, den Schiller "Barbarei" nennt. Er ordnet den beiden defizienten Seinsweisen verschiedene Charaktere zu: "der Mensch kann sich [...] auf eine doppelte Weise entgegen gesetzt seyn: entweder als Wilder, wenn seine Gefühle über seine Grundsätze herrschen; oder als Barbar, wenn seine Grundsätze seine Gefühle zerstören" (S.318). Wildheit und Barbarei stellen sich im psychologischen Subjekt als die je einseitige Herrschaft eines von zwei Trieben dar, mit denen Schiller die beiden Seiten der menschlichen "Duplizität" als "Kräfte in der empfindenden Welt" bestimmt (S.331). Der "Formtrieb [...] geht aus von dem absoluten Daseyn des Menschen oder von seiner vernünftigen Natur", sein Ziel ist die Identität oder "Harmonie" des Menschen in der "Verschiedenheit seines Erscheinens" in Raum und Zeit; zugleich dringt der Formtrieb darauf, daß dieses "Ewige und Nothwendige" der Persönlichkeit "wirklich sey". Da die Überhebung der Person über die Bedingungen ihres Erscheinens dasselbe ist wie ihre "Freyheit" (S.345ff.), gilt der Formtrieb zugleich als "der reine moralische Trieb" (S.335). Der Stofftrieb hingegen "geht aus von dem physischen Daseyn des Menschen oder von seiner sinnlichen Natur", er betreibt die Auflösung der Identität in Raum und Zeit: die "Persönlichkeit" und damit auch die Freiheit des Menschen "ist solange aufgehoben, als ihn die Empfindung beherrscht" und "zur Materie" macht. Der Formtrieb ist allerdings auf den Stofftrieb angewiesen, um überhaupt zu erscheinen: "da alle Form nur an einer Materie, alles Absolute nur durch das Medium der Schranken erscheint, so ist es freylich der sinnliche Trieb, an dem zuletzt die ganze Erscheinung der Menschheit befestiget ist" (S.344f.). Gleichwohl zielt der Formtrieb, wenn er "die Herrschaft führt", auf "die höchste Erweiterung des Seyns", in der "alle Schranken" der Materie "verschwinden" (S.347). Es ist der Stofftrieb, der solche "Vollendung unmöglich macht. Mit unzerreißbaren Banden fesselt er den höher strebenden Geist an die Sinnenwelt, und von ihrer freyesten Wanderung ins Unendliche ruft er die Abstraktion in die Grenzen der Gegenwart zurücke" (S.345). Ähnlich spricht Faust über das Verhältnis des "einen Triebs" zum "andern", also seiner "zwei Seelen" (1110ff.): "Die eine will sich von der andern trennen;/ Die eine hält, in derber Liebeslust,/ Sich an die Welt mit klammernden Organen;/ Die andre hebt gewaltsam sich vom Dust/ Zu den Gefilden hoher Ahnen" (1113ff.).

Mit Fichtes Begriff der "Wechselbestimmung" (S.352)[23] skizziert Schiller ein ideales Verhältnis beider Triebe, in dem "die Wirksamkeit des einen die Wirksamkeit des anderen zugleich begründet und begrenzt". Der Mensch "soll nicht auf Kosten seiner Realität nach Form, und nicht auf Kosten der Form nach Realität streben; vielmehr soll er das absolute Seyn durch ein bestimmtes, und das bestimmte Seyn durch ein unendliches suchen" (S.352f.). Dieses Ideal – es entspricht dem "moralischen Zustand" – wird verfehlt, wenn eine Seite dominiert. Bestimmt die Vernunft einseitig die Sinnlichkeit, ohne zugleich von ihr bestimmt zu werden, so erfährt der Mensch – nach Schillers Typologie ein Barbar – seine Person nicht an der Schranke der Realität. Bestimmt umgekehrt die Sinnlichkeit einseitig die Vernunft, so erfährt er – der Wilde – die Welt nicht als identisches Subjekt (vgl. S.349ff.). Nach Mephistos Rede im "Prolog im Himmel" schwankt Faust unvermittelt zwischen beiden Extremen und kann deshalb keine Befriedigung erlangen: "Vom Himmel fordert er die schönsten Sterne/ Und von der Erde jede höchste Lust" (304f.). Was Schiller im 24. Brief über den unter der Vorherrschaft des Stofftriebs depravierten Formtrieb sagt, kann geradezu als die Vorlage einiger nach 1797 entstandener *Faust*-Passagen gelten:

> Auf den Flügeln der Einbildungskraft verläßt der Mensch die engen Schranken der Gegenwart, in welche die bloße Thierheit sich einschließt, um vorwärts nach einer unbeschränkten Zukunft zu streben [...]. Mitten in seiner Thierheit überrascht ihn der Trieb zum Absoluten – und da in diesem dumpfen Zustande alle seine Bestrebungen bloß auf das Materielle und Zeitliche gehen, und bloß auf sein Individuum sich begrenzen, so wird er durch jene Foderung bloß veranlaßt, sein Individuum, anstatt von demselben zu abstrahiren, ins Endlose auszudehnen, anstatt nach Form nach einem unversiegenden Stoff, anstatt nach dem Unveränderlichen nach einer ewig dauernden Veränderung und nach einer absoluten Versicherung seines zeitlichen Daseyns zu streben (S.390f.).

---

23 Zum Fichte-Einfluß in den Briefen vgl. die Darstellung von Pott (1980). Zum Begriff der Wechselbestimmung S.51ff.,56ff.

Wenn der Formtrieb Faust zu den "Gefilden hoher Ahnen", den Göttern, hebt, so sehnt er sich doch nur nach "neuem, buntem Leben" in "fremde[n] Länder[n]" (1121ff.). Wie bei Schiller auf den "Flügeln der Einbildungskraft" nur die Schranken der jeweiligen Gegenwart überwunden werden, enthebt ein "schöner Traum" Faust "auf des Geistes Flügeln" nur über die begrenzte Lokalität, die – wäre der Flug real möglich – sein Streben nicht mehr "hemmte" (1080). Fausts Identifikation mit dem "göttergleichen Lauf" (1080) der Sonne und der Wunsch, "ihr ew'ges Licht zu trinken" (1086), zielt – in Schillers Worten – zwar darauf, das "Individuum [...] ins Unendliche auszudehnen". Doch Faust will sich gar nicht zur Sonne, dem Göttlichen, erheben, sondern nur ihrer raumzeitlich schrankenlosen Bewegung folgen und mit ihr den Erdkreis umrunden. Entscheidend ist, daß Faust sich gerade nicht mit dem Licht der Sonne vergleicht, das die Gegenstände erleuchtet und erkennbar macht, sondern nur wieder mit dem Stoff, der das Licht aufnimmt ("trinkt"). Indem er sich bloß rezeptiv verhält, verfehlt er die bestimmende Kraft des vernünftigen Formtriebs.

Daß Faust "anstatt nach Form nach einem unversiegenden Stoff" (Schiller) strebt, motiviert im unmittelbaren Anschluß an diese Passage das Auftreten Mephistos in Gestalt des Pudels. Von ihm verlangt Faust den unerschöpflichen Stoff, will "jedes Wunder gleich bereit" finden. Schillers "ewig dauernde Veränderung" kehrt in Fausts Wunsch nach dem "Rauschen der Zeit" und "Rollen der Begebenheit" wieder (1753ff.). Der "absolute[n] Versicherung seines zeitlichen Daseins" entspricht der Umstand, daß Faust gerade im permanenten Wandel, nicht in der Unwandelbarkeit der Persönlichkeit seine Identität zu finden glaubt: "Nur rastlos betätigt sich der Mann" (1759). Die von Schiller beschriebene "Foderung [...], sein Individuum [...] ins Endlose auszudehnen", war bereits im *Fragment* von 1790 gestaltet, nämlich in Fausts Wunsch, sein "eigen Selbst" zu dem der "ganzen Menschheit" zu "erweitern" (1774/70). Dies ist das Scharnier, in das die späteren, von Schiller beeinflußten Passagen sich zwanglos einfügen.

In den *Briefen* fand Goethe also eine in sich schlüssige Diagnose jenes problematischen Charakters, der die raumzeitliche Beschränkung nicht im Sinne von Herders Postulat – und auch von Schillers Ideal – positiv als Bedingung seiner Identität versteht, sondern als eine Einengung, die im Zuge rastloser Weltaneignung und Selbsterweiterung reduziert werden soll. In diesem Zusammenhang erwähnt Schiller – wie oben zitiert – das Phänomen der Selbstheit, nämlich die narzißtische Projektion des eigenen Selbst auf die angeeignete Welt, die der selbstische Mensch nicht als Schranke in sich hineinnehmen kann: "Nie erblickt er andre in sich, nur sich in andern"; und wie Herder den vermeintlichen Despoten des Weltalls einen armseligen Bettler nennt, schreibt Schiller über den Selbsterweiterer, der sich zum Allgemeinen der Menschheit aufspreizt: "die Gesellschaft, anstatt ihn zur Gattung auszudehnen, schließt ihn nur enger und enger in sein Individuum ein" (S.389).

Dieser Einschluß in die raumzeitliche Individuation nach der scheiternden Ausdehnung läßt den Menschen die Ungewißheit des Zeitlichen erleiden, die in der Selbsterweiterung gerade überwunden werden sollte: "Die ersten Früchte, die er in dem Geisterreich ärntet, sind [...] Sorge und Furcht, beydes Wirkungen der Vernunft, nicht der Sinnlichkeit, aber einer Vernunft, die sich in ihrem Gegenstand vergreift und ihren Imperativ unmittelbar auf den Stoff anwendet" (S.391). Dieses sorgenreiche Ende der weltlichen Selbsterweiterung wird ganz ähnlich im *Faust* thematisiert, und zwar – wie so vieles – bereits vor der Weltfahrt: in Fausts zweitem Monolog in der Szene "Nacht", der sich an den *Urfaust*-Dialog mit Wagner anschließt. Faust kommentiert dort zunächst das Scheitern der Erdgeistbeschwörung. Dabei bestimmt er sich einseitig über die Gottesebenbildlichkeit und erfährt den einschränkenden Stoff nicht positiv als identitätsstiftend, sondern negativ als äußerlich: "Dem Herrlichsten, was auch der Geist empfangen,/ Drängt immer fremd ein fremder Stoff sich an" (634f.). Anschließend wird in überraschenden und psychologisch kaum motivierten Versen die Abwendung des faustischen Strebens vom "Ewigen" und die Hinwendung zum "Zeitenstrudel" vorweggenommen (641ff.) – dem entsprechen in der Pakt-Szene die Verse "Das Drüben kann mich wenig kümmern" (1160) und "Stürzen wir uns in das Rauschen der Zeit" (1754). Darüber hinaus antizipiert Faust in der Szene "Nacht" nicht nur das Streben durch den Zeitenstrudel, sondern – wie gesagt – auch dessen Scheitern: "Wenn Phantasie sich sonst mit kühnem Flug/ Und hoffnungsvoll zum Ewigen erweitert,/ So ist ein kleiner Raum ihr nun genug,/ Wenn Glück auf Glück im Zeitenstrudel scheitert" (640ff.) – dem entspricht in der Pakt-Szene der Vers "[...] am End' auch ich zerscheitern" (1775). Nach dem Streben zum Ewigen scheitert auch das Streben durch die Zeit. Unmittelbar anschließend folgt dann, wie bei Schiller, die Passage über Sorge und Furcht: "Die Sorge nistet gleich im tiefen Herzen,/[...]/ Du bebst vor allem, was nicht trifft" (644/650).

Das gemeinsame Problem in Goethes *Faust* und Schillers *Briefen* ist, wie die raumzeitlichen Schranken vom Individuum positiv verstanden werden können und nicht bloß als auszuräumende Hindernisse, an denen zu scheitern Sorge, Furcht, Resignation und Zerstörung bedeutet. Herders Idee der Liebe hatte sich als unzureichend erwiesen; Fausts Liebe zur Natur und zu Margarethe endet im Selbstgenuß und in der Erfahrung des ewigen Ungenügens. Die neue Lösung der Weimarer Klassiker ist nun die Wechselbestimmung von Vernunft und Sinnlichkeit bzw. Form- und Stofftrieb in der Kunst. Schiller bezeichnet die Vorherrschaft des Stofftriebs über den Formtrieb, worin der Mensch die "Sinnenwelt" nicht tätig selbst bestimmt und formt, sondern sie nur passiv "in sich aufnimmt", als einen "dumpfen Zustand" (S.394). Befreit der Formtrieb sich von dieser Dominanz des Stofftriebs, so manifestiert er sich in "Denken und Thun" (S.391) und prägt dem Stoff seine Form auf. Schiller schreibt über das ideale "Wechselverhältnis beider Triebe": Der Mensch "soll empfinden, weil er sich bewußt ist, und soll sich bewußt seyn, weil er empfindet" (S.353). Doch in der Praxis könne dieses Ideal nicht erreicht werden, mit einer Ausnahme: Allein "die Schönheit verknüpft zwey Zustände miteinander, die einander entgegengesetzt sind, und niemals eins werden können" (S.366). In dem 1797 oder 1800 entstandenen Schema, das Wolfgang Binder die "klassische Faust-Konzeption" genannt hat,[24] plant Goethe eine verblüffend ähnliche Überwindung der faustischen Welthaltung durch das Schöne: "Lebensgenuß der Person von außen gesucht: in der Dumpfheit Leidenschaft: Erster Teil. Tatengenuß nach außen und Genuß mit Bewußtsein, Schönheit: Zweiter Teil".[25] Der Ausgangszustand heißt jeweils "dumpf"; dort wird der Genuß passiv hineingenommen bzw. von außen gesucht. Der ideale Zustand verbindet beide Male in der Erfahrung des Schönen Genuß bzw. Empfindung mit Tat und Bewußtsein.

Ähnlich wie das *Faust-Fragment* Herders Lösungsvorschlag auf die literarische Probe stellt, unterziehen der *Faust I* und das *Helena-Fragment* die klassische Idee der Vermittlung durch Schönheit – und damit die klassische *Faust*-Konzeption selber – einer gründlichen Revision. Dieser literarische Prozeß kann erst nachgezeichnet werden, wenn das Problem von Schillers Schönheitsbegriff bestimmt ist.

c) Schönheit als Versöhnung – Das Kunstideal

Die Kunst hat ihren Ort in Schillers Theorie der Kultur. In der Kultur sollen sich die beiden Seiten des Menschen, Sinnlichkeit und Vernunft,

24 Binder (1968).
25 WA I,14, S.287.

getrennt ausbilden und zugleich vermitteln, also von dem sich entwickelnden Subjekt in ihrer wechselseitigen Bestimmtheit erfahren werden (S.326). Die Erfahrung des Schönen gibt dem Menschen eine Idee der vollkommenen Synthese. Ausgehend von diesem wirkungsästhetischen Gedanken gelangt Schiller zu seiner vereinigungsphilosophischen Produktionsästhetik.

Wirkungsästhetisch unterscheidet Schiller in "schmelzende" und "energische Schönheit"; die Synthese ist das "Idealschöne" (S.361). Mit seinen Wirkungsweisen soll das Schöne die beiden einseitigen Bestimmtheiten des Menschen negieren, nämlich "in dem Wilden die Natur in Fesseln legen und in dem Barbaren dieselbe in Freyheit setzen" (S.336). Die Schönheit setzt wegen ihres Scheincharakters die "Begierde" außer Kraft, die – wie es in der Schrift *Über Anmut und Würde* (1793) heißt – "für den Geist erschlaffend ist" (S.302). Diese Wirkungsweise ist "energisch": sie rührt aus der bestimmenden Kraft des Geistes. Diese Kraft bleibt aber nur latent, denn zugleich setzt das Schöne die akuten Verstandesbestimmungen außer Kraft und wirkt "schmelzend": es spricht die Sinnlichkeit an, ohne wiederum gleich die Begierde zu wecken. Das Schöne bringt also Form in den sinnlichen Stoff und Stoff in die geistige Form, indem es jeweils die Triebenergie des einseitigen Bestimmens neutralisiert[26] und – in den Begriffen der Kantischen Ästhetik – Zweckmäßigkeit ohne Verstandeszweck und Wohlgefallen ohne sinnliches Interesse schafft. In beiden Fällen negiert das Schöne die einseitige Bestimmtheit und erweckt zugleich die unterdrückte Bestimmbarkeit durch das jeweils andere Moment. Der Mensch erfährt im ästhetischen Zustand seine doppelt "unbegrenzte Bestimmbarkeit" (S.375). In diesem Zustand der Freiheit ist der nach Schiller unvermeidliche innermenschliche Konflikt außer Kraft gesetzt. Das "Idealschöne" als die Synthese von schmelzender und energischer Schönheit (S.361) vergönnt dem Menschen die "vollständige Anschauung seiner Menschheit", nämlich den Vorschein jener idealen Harmonie von Vernunft und Sinnlichkeit, die in der Praxis nicht realisierbar ist: "Der Gegenstand, der diese Anschauung verschaffte, würde ihm zu einem Symbol seiner ausgeführten Bestimmung [...] dienen" (S.353) und ihn auf dieses Telos hinleiten.

Mit dem Satz, der schöne Gegenstand sei ein Symbol der ausgeführten Bestimmung, knüpft Schiller an Kants Ästhetik an und geht zugleich darüber hinaus. In der *Kritik der Urteilskraft* (1790) heißt es: "das

---

26 Weil die doppelte Neutralisierung der Triebenergie nicht aus dem energetischen Nichts kommen kann, führt Schiller als dritten den "Spieltrieb" ein (S.353).

Schöne ist das Symbol des Sittlichguten".[27] Im ästhetischen Urteil sieht Kant eine Analogie zum moralischen: wird in diesem "die Freiheit des Willens als Zusammenstimmung des letzteren mit sich selbst nach allgemeinen Vernunftgesetzen gedacht", so wird in jenem "die Freiheit der Einbildungskraft [...] mit der Gesetzgebung des Verstandes als einstimmig vorgestellt".[28] Der Gegenstand der Einbildungskraft gilt als schön, wenn er den Verstandesgesetzen entspricht, der Wille als sittlich, wenn er mit dem Moralgesetz übereinstimmt. In dieser Analogie wird weder der Verstand mit der praktischen Vernunft direkt verglichen noch die Einbildungskaft mit dem Willen. Allein die Regeln, denen das moralische und das ästhetische Urteil folgen, sind analog, weil in beiden Fällen eine Übereinstimmung von Freiheit und Gesetzmäßigkeit herrscht. Allerdings hat diese Analogie eine systematische Funktion in Kants Philosophie. Sie soll eine Brücke schlagen zwischen Sinnlichkeit und Moral. Von der "unmittelbar[e]" Erfahrung des Schönen in der "reflektierenden Anschauung" wird der Mensch zum Begriff des Guten hingeleitet. Diese Brücke sei "dem gemeinen Verstande" geläufig, etwa wenn er die Erfahrung des Schönen in moralischen Kategorien ausdrückt: "[...] selbst Farben werden unschuldig, bescheiden, zärtlich genannt, weil sie Empfindungen erregen, die etwas mit dem Bewußtsein eines durch moralische Urteile bewirkten Gemützustandes Analogisches enthalten". Also schreibt Kant: "Der Geschmack macht gleichsam den Übergang vom Sinnenreiz zum habituellen moralischen Interesse, ohne einen zu gewaltsamen Sprung, möglich".[29]

Ganz so leicht, wie Schiller ihn nahm, hatte Kant sich diesen Sprung dann wohl doch nicht vorgestellt: Aus der Analogie wird der Schein von Identität. Der von der Einbildungskraft erfaßte Stoff soll nicht bloß zweckmäßig, also verstandesgemäß organisiert sein, sondern tatsächlich den Gesetzen der moralischen Vernuft entsprechen: die Einzelheiten des schönen Gegenstands verbinden sich im Idealfall zwanglos zum Formgesetz des Ganzen; der Stoff soll in der Form nicht denaturiert und die Gestalt vom Stoff nicht deformiert werden. Diese Identifikation von Schönheit und Sittlichkeit ermöglicht überhaupt erst die Rede vom schönen Staat. Schiller übersteigert Kants Wort vom Schönem als dem Symbol des Sittlichguten mit der Losung, Schönheit sei "Freiheit in der

27 KdU, B 256.
28 KdU, B 259 .
29 Ebd. Zur Wirkungsgeschichte dieses Kantischen Gedankens vgl. Marquard (1962), Freier (1974).

Erscheinung".[30] In der Erfahrung der Schönheit projiziert die Einbildungskraft die Idee einer vollständig nach dem Moralgesetz organisierten Realität auf ihren Gegenstand. Und das ist nun genau die Anschauung der "ausgeführten Bestimmung" des Menschen. "Wir dürfen also nicht mehr verlegen seyn", schreibt Schiller im 25. Brief mit direktem Bezug auf Kants "gleichsam" geschehenden "Übergang" vom Sinnenreiz zum moralischen Interesse, "einen Übergang von der sinnlichen Abhängigkeit zur moralischen Freyheit zu finden, nachdem durch die Schönheit der Fall gegeben ist, daß die letztere mit der ersteren vollkommen zusammen bestehen könne" (S.397). Schiller verwirklicht hier seine Absicht, die einseitig "subjectiv rational[e]" Ästhetik Kants zu überwinden und sie mit einem "sinnlich objectiv[en]" Schönheitsbegriff zu verbinden.[31] Die Verbindung von praktischer Vernunft und Sinnlichkeit entsteht nicht wie bei Kant durch den formalen und subjektiven Analogieschluß, sondern herrscht im objektiven ästhetischen Schein.

Problematisch ist diese Objektivität dort, wo der Schein als eine Realität angesehen wird. Grundsätzlich geht Schiller zwar davon aus, daß die Synthese von Geist und Sinnlichkeit auch im Kunstwerk nie vollkommen möglich ist – gemäß der Formel aus dem 16. Brief: "Die Schönheit in der Erfahrung [...] wird ewig eine doppelte seyn" (S.360). Auch die Kunstproduktion muß – wie alle menschliche Praxis – ohne Aussicht auf ein stabiles Gleichgewicht zwischen der Dominanz des Stoffes und der Dominanz der Form alternieren. Darum beschreibt Schiller die Symbolbildung als ein Schwanken zwischen der Form des Ganzen und den einzelnen Stoffen.[32] Schiller gerät jedoch immer wieder in Versuchung, für die Endstufe des hergestellten Idealschönen einen vollkommenen Stillstand des Schwankens zu postulieren: In der höchsten Form moderner Literatur – so heißt es in der 1795 entstandenen Schrift *Über naive und sentimentalische Dichtung* – soll "aller Gegensatz der Wirklichkeit mit dem Ideale [...] vollkommen aufgehoben" sein. "Ruhe wäre also der herrschende Eindruck dieser Dichtungsart", der sentimentalischen Idylle, "aber Ruhe der Vollendung, nicht der Trägheit; eine Ruhe, die aus dem Gleichgewicht, nicht aus dem Stillstand der Kräfte,

---

30 23. Februar 1793 an Körner (Kallias-Briefe); NA 26, S.199,200.

31 25. Januar 1793 an Körner (Kallias-Briefe); NA 26, S.176. In der Einleitung zur *Ästhetik* rühmt Hegel deshalb Schillers Pionierleistung bei der Kant-Überwindung: "Es muß Schiller das große Verdienst zugestanden werden, die Kantische Subjektivität und Abstraktion des Denkens durchbrochen und den Versuch gewagt zu haben, über sie hinaus die Einheit und Versöhnung denkend als das Wahre zu fassen und künstlerisch zu verwirklichen" (HW 13, S.89).

32 Vgl. Wergin (1988), S.227f.

die aus der Fülle, nicht aus der Leerheit fließt" (S.281). Diese Ausrichtung auf klassische Vollendung birgt in sich die Gefahr klassizistischer Erstarrung, wenn – wie in einigen Dichtungen Schillers – die Unerreichbarkeit der Vollendung nicht mitreflektiert wird.[33]

Die Maxime der vollkommenen Synthese von Form und Stoff beschränkt Schiller nicht auf solche Kunstwerke, deren Sujets – wie im Fall der Idylle – selber schön sind. Es ist vielmehr das anspruchsvolle Ziel der gemeinsam mit Goethe erarbeiteten Gattungspoetik, *jedem* Stoff eine ideale poetische Form zuzuweisen und damit eine Produktion von Kunstwerken einzuleiten, deren Idealität vom Gegenstand unabhängig ist. Sowohl die epische als auch die dramatische Dichtung, fordern Goethe und Schiller, müssen auf verschiedene, doch jeweils ausgewogene Weise "dem Gesetze der Einheit und dem Gesetze der Entfaltung" dienen – also dem Recht der Form und dem Recht des Stoffes.[34] Das *Faust*-Drama sollte nun – der klassischen Konzeption nach – in doppelter Hinsicht zum Schönen geläutert werden: zum einen inhaltlich, indem Faust in der Konfrontation mit Helena zu "Genuß mit Bewußtsein" fähig wird und so vom unendlichen Streben nach Stoff zur Realisierung des idealen Gleichgewichts gelangt; zum anderen formal, indem der Faust-Stoff in eine adäquate Form gebracht wird, die – zumindest nach Schillers Vorstellung – zu dramatischer Reinheit im Sinne der klassischen Gattungspoetik gesteigert werden kann, und zwar durch die Kulmination des Dramas in der Helena-Handlung.

---

33 Bei der Arbeit an der *Braut von Messina* (1803) mußte Schiller freilich die Erfahrung machen, daß ein ideales, stabiles Gleichgewicht in der Gestaltung sich nicht einstellen wollte. In der Vorrede zu diesem Drama, der Schrift *Über den Gebrauch des Chores*, schreibt er deshalb: "Wenn die zwei Elemente der Poesie, das Ideale und Sinnliche nicht innig zusammenwirken, so müssen sie neben einander wirken, oder die Poesie ist aufgehoben. Wenn die Waage nicht vollkommen inne steht, da kann das Gleichgewicht nur durch eine Schwankung beider Schalen hergestellt werden". Beispielsweise soll die "Reflexion", die in "Absonderung" von der Handlung den "allgemeinen Begriff" ausspricht, durch die sinnlich reizvolle Sprache des Chores "mit poetischer Kraft aus[ge]rüstet" werden (NA 10, S.13). Im Chor darf das sinnliche Moment der Sprache einseitig von der Form bestimmt werden. Mit diesem Schwanken zwischen einseitig form- und stoffbestimmten Passagen wird Schiller seiner Vermittlungsidee im Detail untreu. Eine konsequente poetische Wechselbestimmung müßte die Reflexion dem Spiel der Handlung und der bestimmenden Kraft des Stoffes unterwerfen, anstatt sie im Chor davon abzusondern.

34 *Über epische und dramatische Dichtung.* HA 12, S.249.

d) Einbruch des Epischen – Unversöhntes in der Form

Als Schiller am 23. Juni 1797 von der "Duplizität der menschlichen Natur" im *Faust* spricht, fügt er hinzu: "und weil die Fabel ins Grelle und Formlose geht und gehen muß, so will man nicht bei dem Gegenstand stille stehen, sondern von ihm zu Ideen geleitet werden". Goethes Einbildungskraft werde sich wohl oder übel "zum Dienst einer Vernunftidee bequemen müssen".[35] Schiller zielt nicht nur auf die Überführung der Duplizität in die Vernunftidee menschlicher Vollkommenheit, sondern auch auf die strenge Überformung des formlosen Stoffes. Am 26. Juni gesteht Schiller allerdings: "mir schwindelt ordentlich vor der Auflösung. [...] Was mich daran ängstigt, ist, daß mir der Faust seiner Anlage nach auch eine Totalität der Materie nach zu erfordern scheint, wenn am Ende die Idee ausgeführt erscheinen soll, und für eine so hoch aufquellende Masse finde ich keinen poetischen Reif, der sie zusammenhält. Nun, Sie werden sich schon zu helfen wissen".[36] Als Goethe ihm gut drei Jahre später das *Helena-Fragment* vorliest, glaubt Schiller, den poetischen Reif des ganzen *Faust* zu erkennen: "Gelingt Ihnen diese Synthese des Edlen mit dem Barbarischen, wie ich nicht zweifle, so wird auch der Schlüssel zu dem übrigen Teil des Ganzen gefunden sein, und es wird Ihnen alsdann nicht schwer sein, gleichsam analytisch von diesem Punkt aus den Sinn und Geist der übrigen Partien zu bestimmen und zu verteilen. Denn der Gipfel, wie Sie ihn selbst nennen, muß von allen Punkten des Ganzen gesehen werden und nach allen hinsehen".[37] Zehn Tage zuvor hatte Schiller seine Intentionen bereits sehr präzise formuliert: "Das Barbarische der Behandlung, das Ihnen durch den Geist des Ganzen aufgelegt wird, kann den höhern Gehalt nicht zerstören und das Schöne nicht aufheben, nur es anders spezifizieren und für ein anderes Seelenvermögen zubereiten." Das Idealschöne der Helena hätte sich, ganz im Sinne der *Briefe*, je nach der Disposition der anderen Figuren als schmelzend oder als energisch zu erweisen. Da Schiller, wie viele, in Goethes Nähe originäres Griechentum witterte, hielt er die Überformung des Fauststoffes vom Gipfel der *Helena* aus für unproblematisch: "Es ist ein sehr bedeutender Vorteil, von dem Reinen mit Bewußtsein ins Unreine zu gehen, anstatt von dem Unreinen einen Aufschwung zum Reinen zu suchen, wie bei uns übrigen Barbaren der Fall ist. Sie müssen

---

35 GA 20, S.363.
36 GA 20, S.365.
37 23. September 1800; GA 20, S.820.

also in Ihrem Faust überall Ihr *Faustrecht* behaupten".[38] Teilt man die Annahme nicht, in des Dichters reiner Hand werde sich das Wasser schon ballen,[39] so wird aus Schillers Satz die Aufforderung, das Faustrecht des *Barbaren* zu üben – nämlich einseitig und mit poetischem Zwang den Fauststoff durch die Form des klassischen Dramas zu bestimmen.

Goethe war sich dieser Problematik bewußt und verließ sich keineswegs aufs eigene Griechentum. In der "klassischen Faustkonzeption" schreibt er: "Streit zwischen Form und Formlosem. Vorzug dem formlosen Gehalt vor der leeren Form. Gehalt bringt die Form mit; Form nie ohne Gehalt. Diese Widersprüche, statt sie zu vereinigen, disparater zu machen".[40] Das Formlose der Faust-Szenen erhält den Vorzug vor der ihnen äußerlichen Form des klassischen Dramas. Im Übrigen, so Goethes Reflexion, gibt es an sich das Formlose gar nicht: formlos kann ein Gehalt nur am Maß einer ihm fremden Form erscheinen. Aufgabe des Autors war es, die 'mitgebrachte' Form der *Faust*-Szenen zu finden. Die "klassische Faust-Konzeption" läßt sich also als eine Reaktion auf Schillers 1800 formulierte Forderung nach klassischer Überformung verstehen. Dennoch scheint der Entwurf bereits dem Diskussionszusammenhang des Sommers 1797 zu entstammen. Seinerzeit hatte Goethe sich nämlich bei der Suche nach einem "poetischen Reif" sehr gut und auf recht überraschende Weise "zu helfen" gewußt: "bei dem Ganzen, das immer ein Fragment bleiben wird", so beantwortet er Schillers Frage nach dem Reif, "mag mir die neue Theorie des epischen Gedichts zu statten kommen".[41] Der Fauststoff ist dem Epischen geneigter als dem Dramatischen – so Goethes wahrhaft zündender Gedanke zur Form-Stoff-Problematik seines Dramas. Ob die "klassische Konzeption" nun von 1797 oder von 1800 stammt: in jedem Fall bestimmt Goethe jene Form, die der – gemessen am klassischen Drama – "formlose" Faust-Gehalt mit sich bringt, als eine epische.[42] Der Widerspruch, der dispara-

---

38 13. September 1800; GA 20, S.814f.

39 In diese Metapher kleidet Goethe im *Westöstlichen Divan* die Idealisierung dichterischer Reinheit, die auch in Schillers Theorie des Naiven virulent ist. Vgl. HA 2, S.16.

40 WA I,14, S.287.

41 27. Juni 1797; GA 20, S.366. Man muß also nicht erst den Begriff Brechts an den *Faust* heranführen, um von einem epischen Drama sprechen zu können.

42 Binder (1968) hält das spätere Entstehungsdatum für wahrscheinlicher, weil Goethe erst im Frühjahr 1800 brieflich die geplante Zweiteilung des *Faust* erwähnt, von der auch im Konzept die Rede ist (S.65). Denkbar ist jedoch, daß Goethe schon 1797 eine Zweiteilung beschloß, dies aber Schiller und seinem Verleger Cotta verschwieg, die auf einen baldigen Abschluß des gesamten Dramas hofften. Für 1797 spricht auch Goethes Briefäußerung an Schiller vom 1. Juli des Jahres: "Meinen Faust habe ich, in Absicht auf Schema und Übersicht, in der Geschwindigkeit recht vorgeschoben" (GA 20, S.371).

ter gemacht, nicht vereinigt werden soll, ist der zwischen epischer und dramatischer Form.

Tatsächlich bezieht sich das Schema auch in Zusammenhängen des Gehalts auf die gemeinsam mit Schiller 1797 entwickelte Gattungspoetik. Goethe notiert: "Lebensgenuß der Person von außen gesucht [...]? Erster Teil. Tatengenuß nach außen [...]? Zweiter Teil".[43] In der Gattungspoetik heißt es: "das epische Gedicht stellt vorzüglich persönlich beschränkte Tätigkeit, die Tragödie persönlich beschränktes Leiden vor; das epische Gedicht den außer sich wirkenden Menschen: Schlachten, Reisen, jede Art von Unternehmung, die eine gewisse sinnliche Breite fordert; die Tragödie den nach innen geführten Menschen, und die Handlungen der echten Tragödie bedürfen daher nur wenigen Raums".[44] Der geplante zweite Teil des *Faust* scheint den idealen epischen Stoff abzugeben: der Protagonist handelt aktiv nach außen. Gleichwohl ist im zweiten Teil die Verbindung mit dem klassischen Drama geplant. Dieses Problem wird im nächsten Abschnitt erörtert, hier interessiert zunächst der erste Teil. Der Konzeption zufolge ist Fausts Genuß dort ein von außen gesuchter und somit, im Gegensatz zum Tatengenuß, ein passiv erlittener. Insofern wäre die Konstellation des ersten Teils doch eine dramatische. Freilich spielt sich die dramatische Konstellation in einer epischen Breite des Stoffes ab. Diesem Widerspruch, den Goethe "disparater" gemacht hat, muß genauer nachgegangen werden.

Die Innenführung in der "Tragödie" – und diese Bezeichnung trägt der *Faust I* – geschieht durch die Konfrontation des Menschen mit der Schwelle des Schicksals. An ihr prallt sein in tragischer Verblendung für Aktivität gehaltenes Handeln ab und erweist sich als Leiden. Auch für Goethe ist der "Zusammenhang von Fatalität und Verblendung" ein Hauptmerkmal des Tragischen.[45] Ganz im Sinne dieser Bestimmung scheint sich Fausts vermeintlich tätige Selbsterweiterung während der Erdgeist-Beschwörung in ein Erleiden der Schicksalsschwelle zu verkehren. Ähnlich glaubt er später bei der Selbsterweiterung zur "ganzen Menschheit" das "Geschick" zu spüren, an dem Margarethe und – seiner Befürchtung nach – er selbst "zugrunde gehn" müssen (3364f.). Doch genau hier zeigt sich das untragische und – gemessen an der klassischen Typologie – undramatische Moment des *Faust*. Der Protagonist geht ebensowenig an der Erdgeisterscheinung wie am Tod Margarethes zugrunde; er strebt statt dessen weiter im "Rollen der Begebenheit" (1755). Die Erd-

43 WA I,14, S.287.
44 HA 12, S.250.
45 Szondi (1974), Bd. 2, S.63. – Vgl. 26. April 1797 an Schiller; GA 20, S.341.

geistbeschwörung, die als bloße Exposition des tragischen Konflikts mißverstanden werden könnte, bringt diesen Konflikt bereits in Gänze zur Entfaltung; alles weitere ist die Modifikation dieses Konflikts in der Breite des Stoffes. Darin ist der *Faust* nach klassischem Verständnis episch. Während, wie Schiller schreibt, der "Zweck" des epischen Dichters "schon in jedem Punkt seiner Bewegung" liegt,[46] setzt der dramatische Dichter "seinen Zweck in die Folge und an das Ende". Die Wahrheit des Dramas zeigt sich erst in der "Kausalität" des Ganzen, die des Epos schon in der "Substantialität" des Einzelnen.[47] Daß im *Faust* eine epische Abfolge analoger Konflikte überhaupt darstellbar ist, liegt daran, daß die Figur gar nicht im klassisch-dramatischen Sinne scheitert. Die "Substantialität" der einzelnen Szenen ist eine untragische. Fausts Scheitern ist letztlich nicht vom erhabenen Schicksal gezeitigt, sondern von seiner Selbstheit, der Verabsolutierung seines Individuums. Die Schranke, die er erfährt, ist nicht absolut negativ im Sinne des Schicksalsbegriffs. Sie ist latent positiv im Sinne der "holden Schranken" von Natur und Gesellschaft. Faust wird an der Schranke nicht wirklich vernichtet, sondern in eine falsche Selbstdefinition der Vernichtetheit getrieben, die eine ebenso extreme Verkennung ist wie die Selbstverabsolutierung. Weil es gar keine absolute Schicksalsschranke gibt, die Faust erfahren könnte, sind ihm immer neue Anläufe zur Selbsterweiterung erlaubt, an deren Ende dann immer wieder das pseudotragische Scheitern steht. Dies zeitigt die epische Struktur.[48]

Schon im *Urfaust* wird diese Pseudotragik ironisiert, wenn der eintretende Wagner über den hohen Ton der Erdgeistbeschwörung mutmaßt: "Ihr last gewiß ein griechisch Trauerspiel". Wagners Wunsch, davon rhetorisch zu "profitieren", da heutzutage "Ein Komödiant [...] einen Pfarrer lehren" könne (523ff.), spielt vordergründig auf die Vermischung der Begriffe "komisch" und "tragisch" in der mittelalterlichen Gattungspoetik an.[49] Die hintergründige Bedeutung aber ist die komische Wirkung von Fausts Tragik. Seine Entgegnung "Ja, wenn der Pfarrer ein Ko-

---

46 21. April 1797 an Goethe; GA 20, S.334.

47 25. April 1797 an Goethe; GA 20. S.340.

48 Requadt (1972), erblickt in dem Wechsel von "Ausbreitung und Einschränkung" nicht nur die Grundbewegung der Faust-Figur, sondern auch das Strukturgesetz des *Faust I.* Indem Requadt das schon von Goethe selbst naturphilosophisch universalisierte Pulsieren des Herzmuskels zwischen Systole und Diastole auf "Architektur" und "Konfiguration" des Dramas überträgt (S.61), findet er zwar ein treffendes Bild für die Offenheit und Gleichmäßigkeit der epischen Struktur, doch weil er die Naturwüchsigkeit dieser Bewegung nicht in Frage stellt, entgeht ihm, daß im Scheitern der selbstischen "Ausdehnung" die "Substantialität" (Schiller) des Werkes liegt.

49 Vgl. Szondi (1974), Bd. 2, S.28.

mödiant ist" (528), zielt genau auf diese Komik des Ernsten und fällt auch auf den Sprecher zurück: Zwar nicht als Pfarrer, wohl aber als pantheistischer Magier ist er ein Komödiant. So wie die dramatische Form durch Wiederholung ins Epische übergeht, spielt der – wegen seiner Wiederholbarkeit unechte – tragische Inhalt ins Komische hinein.

Schillers Gedanke, die Breite des Stoffes könnte vom Gipfel der *Helena* aus dennoch zur kausalen Folgerichtigkeit der reinen Dramenform umgestaltet werden, stellt sich auf der inhaltlichen Ebene als die Intention dar, im dramatischen Höhepunkt Fausts Schwanken zwischen den Extremen der menschlichen "Duplizität" und sein Verfehlen der positiven Beschränkung zu überwinden. Der *Faust* wäre dann ein nichttragisches Drama. In formaler Hinsicht würde die epische Struktur, die den dramatischen Konflikt perpetuiert und aufhebt, in einem dramatischen Zielpunkt höherer Stufe kulminieren, in dem sie dann selber aufgehoben wäre. Mit dem Abschluß des *Faust I* hat Goethe eine solche Lösung verworfen.

Um die Bedeutung der episch-dramatischen Mischform im ersten Teils der "Tragödie" ganz ermessen zu können, muß noch ein Schritt weiter zurückgegangen und nach der ursprünglichen Intention der klassischen Gattungsreinheit gefragt werden. Aufschlußreich ist in diesem Zusammenhang eine Äußerung Goethes über das Phänomen, "daß wir Moderne die Genres so gern zu vermischen geneigt sind", obwohl die Künstler "eigentlich die Kunstwerke innerhalb ihrer reinen Bedingungen hervorbringen sollten". Das "Streben der Zuschauer und Zuhörer, alles völlig wahr zu finden", so mutmaßt Goethe, sei Schuld daran, daß in der Dichtung "alles zum Drama, zur Darstellung des vollkommen Gegenwärtigen hindrängt. So sind die Romane in Briefen völlig dramatisch, man kann deswegen mit Recht förmliche Dialoge, wie auch Richardson getan hat, einschalten". Umgekehrt bestehe die Neigung, Romanhandlungen aus der Distanz des Erzählerischen zu nehmen und "den Gegenstand auf dem Theater zu sehen".[50] Sehr präzise beschreibt Goethe zwei literarische Formen, die der neuen Gattungspoetik diametral widersprechen: Der Briefroman ist unmittelbarer schriftlicher Ausdruck der Innerlichkeit, zu der nach klassischer Forderung die Bühnenhandlung mit ihrem "nach innen geführten Menschen" vermittelnde Distanz schaffen soll. Das aktionsreiche Drama führt dagegen unmittelbar den "außer sich wirkenden Menschen" vor Augen, der nun in den Abstand des Erzählten gerückt werden soll. Was Goethe dem Interesse des Publi-

---

50 23. Dezember 1797 an Schiller; GA 20, S.472.

kums zuschreibt, die Neigung zur Unmittelbarkeit, ist nichts anderes als eine Tendenz der vorklassichen Literatur: im Briefroman findet die Innerlichkeit des modernen Subjekts, im Drama des Sturm-und-Drang das bürgerliche Bedürfnis nach selbstbestimmter Tätigkeit adäquaten Ausdruck. *Die Leiden des jungen Werther* und der *Urfaust* sind für beide Seiten die besten Beispiele; allerdings wird in beiden Fällen die Subjektivität, nämlich die Ausdrucksunmittelbarkeit Werthers und der Tatendrang Fausts, bereits in eine sprachliche Distanz gerückt.[51] So verweist der Erdgeist Faust nicht nur auf seine raumzeitliche, sondern auch auf seine sprachliche Beschränktheit durch den "Geist, den du begreifst" (512). Der Wunsch nach unmittelbarer und totaler Wirkung wird zurückgewiesen an den vermittelnden Begriff. Die Unmittelbarkeits-Kritik verstärkt sich in der klassischen Gattungspoetik nun zum programmatischen Gegenentwurf. Das bereits eingespielte Verhältnis von Form und Inhalt wird umgekehrt. Die im Briefroman unmittelbar zu Wort kommende Innerlichkeit soll sich an den dramatischen Dialog vermitteln, und die dramatische Aktion des Sturm-und-Drang soll im epischen Erzählen aus der Unmittelbarkeit herausgenommen werden.

Im Rahmen dieser gattungspoetischen Überlegungen denkt Goethe auch über die angemessene Form des im Sturm-und-Drang wurzelnden *Faust* nach. Vom Standpunkt der neuen Poetik aus mußte Fausts Tätigkeit, seine rastlose und zerstörerische Selbsterweiterung, in eine literarische Distanz gerückt werden. Innerhalb der Gattung Drama hätte diese Distanzierung durch die Innenführung des Protagonisten geschehen müssen, eben durch die positive Beschränkung seines Strebens nach Stoff bzw. durch die Vermittlung seines Genusses mit Bewußtsein. Genau diese Beschränkung plant Goethe in der "klassischen Faust-Konzeption" für den zweiten Teil. Doch der erste Teil, insbesondere die Pakt-Szene, schreibt die Selbsterweiterung der Figur programmatisch fest. Zwischen der geplanten Beschränkung durch das Schöne und den Losungen der Weltfahrt besteht ein Widerspruch, den Goethe nicht ausräumt, sondern den er gelten läßt und durch die Zweiteilung klar hervorhebt. Das Streben des modernen Subjekts wird ausdrücklich *nicht* auf die Beschränkung durch das Schöne hin perspektiviert, sondern bleibt ästhetisch

51 Nach Forget (1984), wird der Wunsch, im Brief die volle Repräsentation des Inneren herzustellen, in Goethes Briefroman problematisiert. Werthers Annäherung an das "volle Bild" schlage stets um in die Verzweiflung über den "toten Buchstaben". Aufgabe des Romans sei es, Werthers "Illusion über die Macht des Bewußtseins [...] zu analysieren" (S.145). Die Vergegenwärtigung von Werthers Geist wird nach Forget unterminiert durch die Vermittlung im Buchstaben, der eine unüberwindliche Differenz zur raumzeitlichen Gegenwart markiert.

unversöhnt. Goethe verwirft Schillers Vorschlag, vom Gipfel der Helena-Szenen aus "gleichsam analytisch [...] den Sinn und Geist der übrigen Partien" zu bestimmen.

Keineswegs aber schlägt der Autor die klassische Idee der Distanzierung durch Gattungswahl in den Wind. Im Gegenteil. Weil Faust sich im ersten Teil nicht in einen nach innen geführten Charakter verwandeln läßt, muß die Distanz zu seiner perpetuierten Selbsterweiterung auf jene Weise hergestellt werden, die in der klassischen Typologie für einen derart in die Breite gehenden Stoff vorgesehen ist: durch epische Behandlung. Deshalb nimmt Goethe die dramatischen Fragmente wieder auf mit der Bemerkung, daß ihm dabei "die neue Theorie des epischen Gedichts zu statten kommen mag". Entsprechend heißt es in der ersten Fassung der 1797 oder 1800 entstandenen "Abkündigung", einem von drei Entwürfen zu einem *Faust*-Epilog: "Des Menschen Leben ist ein episches Gedicht:/ Es hat wohl Anfang, hat ein Ende,/ Allein ein Ganzes ist es nicht".[52] Die einzelnen dramatischen Szenen erhalten eine typisch epische Abfolge; Goethe verbindet die unmittelbare dramatische mit der distanzschaffenden erzählerischen Form.[53] Ein Ganzes entsteht nicht, denn das Faustische Streben läuft nicht auf einen Kulminationspunkt zu, in dem es negativ durch das Schicksal oder positiv durch das Schöne beschränkt würde.

Episch ist der *Faust I* nicht allein durch die Breite des Stoffes und das Fehlen einer dramatischen Entwicklungslinie. Goethe hat zudem verschiedene Strategien benutzt, mit denen der epische Dichter – der klassischen Gattungspoetik zufolge – Distanz zur Unmittelbarkeit der Aktion schafft. Gleich zu Beginn wird in der "Zueignung" der Stoff in die Vergangenheit gerückt: "Ihr naht euch wieder, schwankende Gestalten,/ Die früh sich einst dem trüben Blick gezeigt" (1f.) – der Gattungspoetik zufolge besteht ein wesentlicher Unterschied zwischen epischer und dramatischer Dichtung darin, "daß der Epiker die Begebenheit als vollkommen vergangen vorträgt und der Dramatiker sie als vollkommen gegenwärtig darstellt".[54] Die Gegenwart des Erzählten ist eine erinnerte.

---

52 Die spätere Fassung lautet: "ein ähnliches Gedicht". WA I,15/1, S.344 und 15/2, S.188.

53 Auch Schiller weist darauf hin, daß die Distanzierung nicht die Unmittelbarkeit auslöschen darf. Das Epos solle nicht nur "den Charakter des Vergangenseins" betonen, sondern müsse auch "das Geschehene" sinnlich "vergegenwärtigen" und dadurch "zu dem Drama herunterstreben". Umgekehrt müsse das Drama "immer zu dem epischen Charakter hinauf streben". (26. Dezember 1797 an Goethe; GA 20, S.472). Schiller steht aber nicht – wie Goethe – vor der praktischen Notwendigkeit, dramatische und epische Formen tatsächlich zu vermischen.

54 HA 12, S.249.

Der Schlußvers der vierten Stanze thematisiert direkt dieses epische Verfahren der nachträglichen Vergegenwärtigung, während der vorletzte Vers die unmittelbare Gegenwart entrückt: "Was ich besitze, seh' ich wie im Weiten,/ Und was verschwand, wird mir zu Wirklichkeiten" (31f.). Hier spricht ein literarisches Subjekt, das wie der Erzähler im Roman auf die Figuren blickt und sich an den Leser – oder vielmehr den Zuschauer – wendet. Im "Vorspiel auf dem Theater" problematisiert der Dichter die poetische Unmittelbarkeit und schafft damit Distanz zu jenen dramatischen Szenen, die einst mit trübem Blick geschaffen wurden: "Ach! was in tiefer Brust uns da entsprungen,/ was sich die Lippe schüchtern vorgelallt,/ Mißraten jetzt und jetzt vielleicht gelungen,/ Verschlingt des wilden Augenblicks Gewalt" (67ff.). Der Direktor verkündet wenig später auf seine Weise das Programm des epischen Dramas: "Gebt ihr ein Stück, so gebt es gleich in Stücken!/ Solch ein Ragout, es muß euch glücken;/[...]/ Was hilft's, wenn Ihr ein Ganzes dargebracht,/ Das Publikum wird es euch doch zerpflücken" (99ff.). Und schließlich beschreibt gar die Lustige Person den Dramatiker als antiken Rhapsoden: "Doch ins bekannte Saitenspiel/ Mit Mut und Anmut einzugreifen,/ Nach einem selbstgesteckten Ziel/ Mit holdem Irren hinzuschweifen,/ Das, alte Herrn, ist eure Pflicht" (206ff.). Während Zueignung und Prolog die epische Distanz explizit thematisieren, schaffen die anderen für den *Faust I* neugeschriebenen Passagen – mit Außnahme der beiden "Studierzimmer"-Szenen – Abstand zur Faust-Handlung, indem sie die Grundmotive reflektieren und dabei den philosophischen Zusammenhang berühren ("Prolog im Himmel", "Vor dem Tor") oder vom dramatischen Geschehen gezielt wegführen ("Walpurgisnacht", "Walpurgisnachttraum").

Die Form des *Faust I* ist nicht so durchgängig "nichtklassisch", wie Werner Keller sagt. Auch kann von einer "notdürftigen Einheit" keine Rede sein.[55] Vorklassisch ist natürlich die unmittelbare Aktionsdramatik der älteren Szenen. Dezidiert klassisch im Sinne der Gattungspoetik ist jedoch die epische Vermittlung dieses Unmittelbaren. Aus der Vermittlungsidee resultiert also eine Verletzung der klassischen Gattungsreinheit: die Mischform. Das Epische substituiert jene originär dramatische Distanz, zu der die Faustfigur nicht gelangen kann. Der Einbruch des Epischen markiert die Unversöhntheit seines Charakters, die Konstanz der Selbstheit und des Strebens.

---

55 Keller (1978), S.26.

e) Sieg des Häßlichen – Unversöhntes im Gehalt

Es stellt sich die Frage, wie in dem geplanten zweiten Teil gelingen sollte, was sich im ersten als unmöglich erwies. Aus der "Klassischen Faust-Konzeption" muß man schließen, daß Goethe in der Fortsetzung wirklich eine dramatische Folgerichtigkeit im Sinne der klassischen Typologie herstellen wollte. Das hätte bedeutet, der Forderung Schillers zu entsprechen und die Handlung formal in den Helena-Passagen, inhaltlich in einer positiven Beschränkung des faustischen Strebens kulminieren zu lassen und den Versuch zu unternehmen, das epische Sujet des "außer sich wirkenden Menschen"[56] dramatisch zu überformen. Selbst wenn dies die Intention von 1797 gewesen sein sollte, so zeigt doch bereits die *Helena*-Dichtung von 1800 ein entgegengesetztes Resultat: Das Schöne verliert seine bestimmende Kraft und wird – entgegen Schillers Gewißheit – "verbarbarisiert". Die versöhnende Wirkung des Kunstideals, die Goethe im eigenständigen ersten Teil zugunsten der epischen Distanz preisgibt, wird auch in dem begonnenen zweiten Teil negiert.

Skrupel faßten den Autor, als er das sprachlich streng klassizistische Fragment – es ist nach griechischen Vorbildern gestaltet und enthält eine Reihe von Anspielungen auf Aischylus und Euripides[57] – mit der 'nordischen' Fausthandlung verband: "Nun zieht mich aber das Schöne in der Lage meiner Heldin so sehr an, daß es mich betrübt, wenn ich es zunächst in eine Fratze verwandeln soll".[58] Helena entspricht – und das macht das Schöne ihrer Lage, d.h. ihrer Situation aus – dem Ideal der "nach innen geführten" Person, die den unmittelbaren, gegenwärtigen Ausdruck ihres Inneren sich versagt: "Der Tochter Zeus' geziemet nicht gemeine Furcht" (V.95; 8647.);[59] statt dessen nimmt sie die absolute Schranke, das von den "Unsterblichen" bestimmte "Schicksal" (V.35; 8531), ungerührt hin: "wir Sterblichen ertragen das" (V.81; 8586). Der Typologie entsprechend, zeigt im *Helena-Fragment* "die Tragödie persönlich beschränktes Leiden".[60] Diese Idealität des dramatischen Ausdrucks wird nun aber gefährdet durch die Konfrontation mit jenen "grausen Nachtgeburten" (V.143; 8695), als deren Repräsentant Mephisto in der Phorkyas-Maske auftritt. Das "Entsetzen", das Helena bei der Begegnung mit Phorkyas

---

56 HA 12, S.250.

57 Vgl. die Übersicht bei Petersen (1979), S.210ff.

58 12. September 1800 an Schiller; GA 20, S.814.

59 Die erste Zahl bezieht sich auf die Verszählung des *Helena-Fragments* in WA I,15/2, S.72ff. Die zweite Zahl verweist auf den entsprechenden Vers im 3. Akt des *Faust II*.

60 HA 12, S.250.

faßt, ist so "grauenvoll", daß sie "erschüttert" aus der Dunkelheit des Menelaos-Palastes wieder "ans Licht" tritt. (V.97ff.; 8649ff.). Sie vertraut darauf, daß ihr der Lichtgott die innere Ausgeglichenheit und Distanz wiedergibt: "Die grausen Nachtgeburten drängt der Schönheitsfreund,/ Phöbus, hinweg in Höhlen oder bändigt sie" (V.143f.; 8695f.). Diese apollinische Gewißheit entspricht genau der Antwort Schillers auf Goethes Befürchtung, das Schöne an Helenas Lage in eine "Fratze" verwandeln zu müssen: "Lassen Sie sich aber ja nicht durch den Gedanken stören, wenn die schönen Gestalten und Situationen kommen, daß es schade sei, sie zu verbarbarisieren. [...] Das Barbarische der Behandlung, das Ihnen durch den Geist des Ganzen auferlegt wird, kann den höhern Gehalt nicht zerstören und das Schöne nicht aufheben, nur es anders spezifizieren und für ein anderes Seelenvermögen zubereiten".[61] Schiller glaubt fest daran, daß das Idealschöne unter allen Bedingungen schmelzend auf das Barbarische und energisch auf das Wilde wirken kann. Für ihn ist das "Reine" des Ideals ebenso ungefährdet wie für Helena die reinigende Kraft des mit der Schönheit verbündeten göttlichen Lichts. Die im schönen Charakter ein für allemal ins Gleichgewicht gekommene Wechselbestimmung von Geist und Sinnlichkeit soll nach Schillers Idee die Faustische Barbarei auflösen. Daraus ergibt sich seine anvisierte Lösung des Formproblems: es werde möglich, "gleichsam analytisch von diesem Punkt aus den Sinn und Geist der übrigen Partien zu bestimmen".[62]

Schillers Kalkül kann aber nicht aufgehen, weil seine Überzeugung von der Reinheit des Schönen und von dessen schmelzend-energischer Kraft abstrakt gegen das "Barbarische" gesetzt ist. *Abstrakt* in der ursprünglichen Bedeutung: beim Auftritt des Schönen sollen die bereits manifesten Erscheinungen des Häßlichen *abgezogen* werden; Schiller möchte im Schönen die einseitigen Bestimmungen des Form- und des Stofftriebs nicht bestimmt negieren, sondern suspendieren, um dagegen das Ideal vollendeter Bestimmtheit aufrichten zu können. Das "Reine" bleibt dem "Unreinen" deshalb äußerlich und kann nicht wahrhaft vermitteln. Schon in Helenas Rede zeigt sich die Gefahr, daß Phöbus die "grausen Nachtgeburten" gar nicht befriedend "bändigt", sondern sie nur "hinweg in

61 13. September 1800 an Goethe; GA 20, S.814.

62 23. September 1800 an Goethe; GA 20, S.828. Wie ein Kommentar zu Schillers Forderung an die *Helena* liest sich folgender Satz aus Adornos *Ästhetischer Theorie* (1970ff., Bd. 7): "Nach der herkömmlichen Ästhetik widerstreitet jenes Element [des Häßlichen, T.Z.] dem das Werk beherrschenden Formgesetz, wird von ihm integriert und bestätigt es dadurch samt der Kraft subjektiver Freiheit im Kunstwerk gegenüber den Stoffen" (S.74f.).

Höhlen" drängt (V.144; 8695). Der Chor bringt diese Abstraktheit nun in ein schlagendes Bild: er beschreibt die Erfahrung reiner Schönheit als eine Absehung von den Schatten. Phorkyas dürfe sich vor Phöbus "immer" zeigen, "Denn das Häßliche/ Sieht er nicht,/ Wie sein heiliges Aug/ Niemals den Schatten sieht.// Aber uns nötigt/ Ein trauriges Geschick/ Zu dem Augenschmerz,/ Den das Verwerfliche/ Schönheitsliebenden rege macht" (V.193ff.; 8736ff.). Nur in der Idee – so dürfte die Metapher des göttlichen Lichts hier zu verstehen sein – herrscht keine Beeinträchtigung des Schönen durch das Häßliche; dort schwindet dieses vor jenem dahin. Wenn dagegen die Choretiden – als die "Schönheitsliebenden" der Erscheinungswelt – den Widerstand des Häßlichen als Schmerz empfinden, so verweisen sie auf die Materialität, die Endlichkeit der Kunst selber: die Werke entstehen nicht in idealer Tätigkeit, sondern sind allen Problemen der Erscheinungswelt ausgesetzt. Die Passage ist gegen den idealistischen Schönheitsbegriff gerichtet; sie kritisiert implizit auch die Stilisierung Goethes zum Schöpfer aus Reinheit: Schiller erklärt den Autor der *Helena* zum naiven Dichter, aus dem die Idee spricht; zum Schöpfer, der mühelos "von dem Reinen mit Bewußtsein ins Unreinere"[63] geht und der – selbst ein Phoebus – bei der Gestaltung des Schönen ohne Widerstand die Schatten des Häßlichen beseitigen kann. Die Bemerkung, daß Phöbus' "heiliges Aug/ niemals den Schatten sieht", erweist sich als Einwand gegen die Idee allmächtiger Schönheit: tatsächlich könnte ein Betrachter, der in der Lichtquelle stünde, keine Schatten wahrnehmen – und zwar nicht etwa, weil die Schatten nicht existierten, sondern weil die angenommene Perspektive des Lichts, also der reinen Schönheit, extrem einseitig, extrem abstrakt ist.

Es wäre nun immer noch denkbar, daß die schmerzvolle Auseinandersetzung zwischen dem Schönen und dem Häßlichen doch in der Bannung und Befriedung des Barbarischen und Wilden endet, so wie Goethe es in der *Novelle* gestaltet hat. Das *Helena-Fragment* nimmt aber einen anderen Verlauf. Die Protagonistin versuchte angesichts des Häßlichen zunächst, ihren schönen Gleichmut durch die Identifikation mit der Perspektive des Phöbus zu wahren; der Chor wies diese Identifikation als idealistische Selbsttäuschung zurück, konnte aber die Selbstdeutung des Schönen, dem das Häßliche einfach nur "entgegensteht", nicht überwinden. Deshalb verliert nun der Chor bei der Beschimpfung der Phorkyas die – wie Goethe sagt – Schönheit der "Lage": "Ja! so höre denn,/ Wenn du frech/ Uns entgegenstehst,/ Höre Fluch und Schelten/

---

63 23. September 1800 an Goethe; GA 20, S.820.

Aus dem Munde der glücklich/ Von den Göttern Gebildeten" (V.203ff.; 8749ff.). Indem die Choretiden dem Impuls des unmittelbaren Ausdrucks nachgeben, verstoßen sie nicht nur gegen die dramatische Innenführung, sondern auch gegen die von Kant aufgestellte und von Schiller erweiterte Formel, derzufolge das Schöne Symbol des Sittlichen sei, da es den Übergang vom Sinnenreiz zum moralischen Interesse herstelle. Phorkyas nimmt deshalb das Aus-der-Rolle-Fallen des Chores sofort zum Anlaß, jener Formel fundamental zu widersprechen: "Alt ist das Wort, doch bleibet wahr und hoch der Sinn:/ Daß Scham und Schönheit nie zusammen, Hand in Hand,/ Den Weg verfolgen auf des Menschen Lebenspfad" (V.217ff.; 8754ff.). Wird nun der Schönheit die moralische Kraft abgesprochen, so kann ihr auch keine "energische" Wirkung auf den einseitig vom "Stofftrieb", der Sinnlichkeit, bestimmten Menschen mehr zugeschrieben werden. Im Gegenteil: "Wähnt ihr, daß ich nicht wisse, welch Geschlecht ihr seid?/ Du kriegerzeugte, schlachterzogne junge Brut?/ Du männerlustige, verführt verführende,/ Entnervende des Bürgers und des Kriegers Kraft?" (V.238ff.; 8775ff.).[64] Phorkyas benennt die Schönheit selbst als Ursache jener Erschöpfung, die der Chor zuvor dem Häßlichen zugeschrieben hatte: "Ausgeburt du des Zufalls,/ Du verworrener,/ Du erschöpfter Kraft/ leidige, hohle Brut" (V.213ff.; im *Faust II* gestrichen).

Man muß hierbei mitbedenken, daß Faust, dessen "Formtrieb" unter der Dominanz des "Stofftriebs" depraviert ist, nach den Worten des Herren im "Prolog im Himmel" "verworren" (308) handelt, wodurch seine Tätigkeit "allzuleicht erschlaffen" kann (340). Er wäre der "energischen Schönheit" bedürftig, und genau darauf zielt Schiller, wenn er sagt, Goethe möge in der *Helena* das Schöne "für ein anderes Seelenvermögen zubereiten". Indem Phorkyas die Schönheit selbst für die Erschöpfung verantwortlich macht, vertritt sie nicht einfach nur eine diametrale Gegenposition zur moralischen Kraft des Schönen. Sie siedelt vielmehr mit der Erschöpfung ein Moment im Schönen selber an, das bei der abstrakten Setzung des Schönen gegen die Erscheinungen des Wilden und des Barbarischen einseitig dem Häßlichen zugeschrieben wurde. Die Schönheit soll – nach Schillers Theorie – die Erschöpfung der Wildheit "energisch" suspendieren, aber diese geforderte Wirkung sieht von dem sinnlichen Moment der Schönheit ab, die auf den Barbaren "schmelzend" wirken soll und daher unbestreitbar ein Moment sinnlicher Bestimmung

---

64 Hier wird deutlich, daß Phorkyas' Schmähung des Schönen nicht nur gegen den Chor gerichtet ist, sondern auch gegen Helena, den Zankapfel des Trojanischen Krieges.

an sich hat. In der Auseinandersetzung zwischen dem Schönen und dem Häßlichen wiederholt sich auf höherer Ebene das, was Schiller mit Fichte "Wechselbestimmung" nennt und dessen stabiles Gleichgewicht er im Schönen ungefährdet realisiert sieht. Das Schöne besitzt aber – weil auch in ihm nur ein unaufhebbares "Schwanken" zwischen den Gegensätzen möglich ist – ein überschießendes, in der vernünftigen Form nicht aufgehobenes Moment sinnlichen Reizes, das erst in der Konfrontation mit dem Häßlichen zutage tritt und bestimmt wird. Dieses "Wilde" an der Schönheit zeigt umgekehrt erst das – von Goethe so genannte – "Barbarische" des Häßlichen.[65] Das Schöne wird bereits zur "Fratze", wenn es das Häßliche schmäht, während zugleich die häßliche Figur die Position einer starren, eben "barbarischen" Moralität annehmen kann.[66] Die "schroff dualistische" Gegenüberstelltung von "häßlich und schön", die Emrich im *Helena-Fragment* erblickt,[67] tendiert in Wahrheit zu einer Dialektik. Die abstrakte Setzung des Schönen gegen das Häßliche wird auf der Ebene des Dialogs verhandelt und entfestigt.

Im Jahr 1800 plante Goethe freilich keinen harmonischen Ausgleich beider Seiten, sondern einen Umschlag des Schönen ins Häßliche – also eine Art negativer Dialektik. Das geht nicht nur aus seiner Äußerung über die Verwandlung des Schönen in eine Fratze hervor. Unmißverständlich ist auch der Untertitel des "Helena im Mittelalter" überschriebenen Fragments: "Satyrdrama. Episode zu Faust". Was als klassische Tragödie beginnt, sollte sich als deren komisches Nachspiel erweisen. Inhaltlich deutet auf diesen Umschlag schon Phorkyas' Rede an den Chor hin: "Wer seid ihr denn, daß ihr des Königs hohes Haus/ Mit der Mänaden wildem Getümmel umtönen dürft?" (V.234f.; 8771f.). Als Begleiterinnen und Verkörperungen der Schönheit scheinen die Choretiden zunächst ganz der Sphäre des "Schönheitsfreunds" Phöbus anzugehören. Ihre konträre Bezeichnung als Mänaden aus dem "wilden" nächtlichen Gefolge des Dionysos entspricht genau der Bezeichnung "Satyrdrama" – eben darin tritt das dionysische Gefolge auf. Goethe findet im antiken Kontext Inhalte und Formen, die das Klassische unterminieren: das Motiv der dionysischen Wildheit negiert die vermeintliche Befriedung von

---

65 Zu denken wäre etwa an den christlichen Sittenkodex, zu dessen Anwalt Mephisto in der "Klassischen Walpurgisnacht" wird.

66 Wenn Schadewaldt (1956), über die *Helena* schreibt: "Die Wirkung der Schönheit ist nicht moralisch, sie ist naturhaft" (S.17), so unterläuft er das gestaltete Problem. Weil Goethe den moralphilosophischen Schönheitsbegriff in das Werk hineinnimmt, kann das Resultat – auch wenn man letztlich eine moralische Indifferenz des Schönen aufzeigen wollte – nicht in der vormoralischen Kategorie des Naturhaften gedeutet werden.

67 Emrich (1964), S.312.

Wildheit und Barbarei in der apollinischen – oder "phöbischen" – Schönheit. Und das Satyrdrama gibt Gelegenheit, die Innenführung der Figuren aufzugeben zugunsten der unmittelbaren Aktion – wie sie schon im rhetorischen Schlagabtausch zwischen Phorkyas und dem Chor sich ankündigt. Daß nicht, wie Schiller es vorschwebte, der gesamte *Faust* dem Gipfel der *Helena*-Dichtung untergeordnet werden sollte, sondern umgekehrt das "Satyrdrama" dem epischen Zusammenhang der übrigen Szenen, belegt die Bezeichnung "Episode zu *Faust*". Im Gegensatz zu Werner Kellers Ansicht, das Drama falle um 1800 in den formlosen ersten Teil und das streng durchgeformte *Helena-Fragment* auseinander, kann eine vollkommen einheitliche Konzeption ausgemacht werden: die *Helena* ist selbst eine dramatische Episode des epischen Dramas.

Daß Goethe nach 1800 sein "Satyrdrama" nicht weiter verfolgte, lag also nicht am Fehlen eines Konzepts. Auch Emrichs These, Goethe habe sich in seinem Konzept verrannt, nämlich in der Sackgasse eines starren Dualismus von Schönem und Häßlichem, erweist sich angesichts der bereits angelegten Dialektik als unhaltbar. Wahrscheinlicher ist, daß es Goethe in seiner spätklassischen Phase an den Mitteln fehlte, der klassischen Schönheit literarisch ebenbürtige Motive entgegenzusetzen, in denen die Negation – nämlich das Christlich-Mittelalterliche und das Dionysische – hätte Gestalt werden können. Dieses Problem hatte sich 1825, als Goethe die *Helena* wieder aufnahm, von selbst gelöst: Das Mittelalter war ebensosehr wie das vorhomerische Altertum – mit Dionysos als dem zentralen Gott – zu einem Paradigma der deutschen Romantik geworden. Diese beiden Romantizismen setzt der 3. Akt des *Faust II* dem Klassischen entgegen. Mit dem Romantischen steht dem klassischen Schönheitsideal dort eine Geisteshaltung gegenüber, die dem unendlichen Streben und der Sehnsucht des modernen Subjekts entspricht. Auf einer komplexen metaliterarischen Ebene stellt der Helena-Akt also jene Auseinandersetzung zwischen dem Ideal und der modernen Subjektivität dar, die das *Helena-Fragment* erst ansatzweise und mit der Perspektive einer Negation des Ideals gestaltet.

I.2. Klassisches Ideal und soziale Desintegration – Goethes Symbolprogramm und *Die natürliche Tochter*

Im ersten Kapitel wurde gezeigt, daß das Kunstideal an der Disposition des modernen Subjekts scheitert, an seinem unendlichen Streben und seiner Selbsterweiterung in die Breite des Stoffes. Dieses Scheitern erwies sich am Einbruch des Epischen ins Dramatische und an der Dominanz des Häßlichen über das Schöne. Der *Faust II*, der zwischen dem Ideal und dessen romantischer Negation vermittelt, läßt sich erst angemessen verstehen, wenn die Krise des Kunstideals während der klassischen Phase in doppelter Hinsicht noch weiter reflektiert wird. Das Problem des selbstischen Individuums muß im Zusammenhang mit dem Problem der gesellschaftlichen Desintegration verstanden werden und die Krise des Schönen als Krise der symbolischen Kunst in eben jenem Zustand des Gemeinwesens. Diese Reflexionen werden sich ähnlich eng an Texten Goethes orientieren wie die Überlegungen im ersten Kapitel; nur muß der *Faust* hier vorübergehend verlassen werden.

In seinen Überlegungen zum künstlerischen Stil konstatiert Goethe eine Trennung des individuellen Ausdrucks von der allgemeinen Sprache. Dies läßt sich aus dem Zustand der frühen bürgerlichen Gesellschaft heraus verstehen (a). Die notwendige künstlerische Stiftung eines Bezugs zwischen Einzelnem und Allgemeinem führt zu Goethes Symbolkonzept. An symbolischen Gegenständen in Natur und Gesellschaft soll eine harmonische und zwanglose Ordnung der Momente erfahrbar sein (b). Die Kunst stellt Symbole dar; speziell die Literatur problematisiert zugleich deren Realitätsgehalt und fragt danach, ob die freie Integration der Einzelheiten auch in der äußeren Welt existiert (c). So geschieht es im Drama *Die natürliche Tochter*. Eugenie, die symbolische Gestalt und Repräsentantin des klassischen Ideals, steht im Konflikt mit einer partikularisierten Gesellschaft. Wie die Helena des Fragments zur häßlichen Fratze werden muß, wird Eugenie von den egoistischen Kräften funktionalisiert: sie soll einen falschen Schein von Ordnung und Harmonie stiften (d). Dadurch wird das Symbol zu einer willkürlichen, partikularen Setzung, zur Allegorie (e).

a) Einzelnes und Allgemeines – Die nominalistische Situation

In der von Karl Philipp Moritz beeinflußten Schrift *Einfache Nachahmung der Natur, Manier, Stil* kritisiert Goethe 1787 den Vorrang des künstlerischen Selbstausdrucks vor der Darstellung des Gegenstands. Diese Haltung, die "Manier", habe ihre Ursache in einem Ungenügen, das der Künstler bei der einfachen Nachahmung verspürt: "es verdrießt ihn, der Natur ihre Zeichen [...] nur gleichsam nachzubuchstabieren; er erfindet sich selbst eine Sprache, um das, was er mit der Seele ergriffen, wieder nach seiner Art auszudrücken".[68] Hierin zeigt sich, mit Adorno zu sprechen, der "künstlerische Nominalismus" des Sturm-und-Drang: Goethe "hatte es mit der Schwierigkeit einer auf subjektive Erfahrung zurückgeworfenen Dichtung aufzunehmen: sich zu objektivieren ohne Teilhabe an irgend sie tragender Objektivität".[69] Die einfache Nachahmung wird nämlich in dem Moment als defizient erfahren, wo der Künstler die tradierte Formensprache nicht mehr selbstverständlich teilt und sie auch nicht innovativ verwenden kann. Erst in diesem Moment wird deutlich, daß die ästhetische Selbstobjektivierung ein Vorgang jenseits der Mimesis ist, nämlich eine Sprache voraussetzt, die weder mit der Natur noch mit dem Subjekt unmittelbar identisch ist. Folgerichtig erfindet der Künstler in diesem Zustand "sich selbst [...] eine Sprache, in welcher sich der Geist des Sprechenden unmittelbar ausdrückt und bezeichnet".[70] Der künstlerische Nominalismus, sagt Adorno, verficht "die Suprematie des Besonderen und Einzelnen übers Allgemeine und den Begriff".[71] Daraus folgt, daß – wie Goethe schreibt – "jeder Künstler dieser Art die Welt anders sehen, ergreifen und nachbilden" muß.[72]

In dieser Vereinzelung ist für Goethe die problematische Selbstheit virulent: Das Individuelle scheint im neu gefundenen Ausdruck ganz selbständig zu sein, doch insgeheim verdankt es sich einem Allgemeinen, das nur im Ausdrucksmedium noch nicht zu fassen ist. Diesem Mangel soll die Kunst abhelfen. Der Künstler, der "sich selbst eine Sprache" macht, verspürt nämlich zugleich die "Bemühung, sich eine allgemeine Sprache zu machen". Diese Aufgabe erfüllt nun nach Goethe der "Stil". Während die Kunst im Stande der Manier an ihren Gegenständen nur einzelne "charakteristische Formen" hervorhebt, um die partikulare Subjektivität auszudrücken, überwindet sie auf der Stufe des Stils diese Partikularität und gelangt dahin, "daß sie die Reihe der Gestalten übersieht und die verschiedenen charakteristischen Formen nebeneinan-

68 HA 12, S.30f.
69 Adorno (1970ff., Bd.11), S.501.
70 HA 12, S.31.
71 Adorno (1970 ff., Bd.11), S.502.
72 HA 12, S.31.

derzustellen und nachzuahmen weiß".[73] Die Entfaltung des Individuellen wird nicht abgebrochen oder gar widerrufen, sondern im neuen Allgemeinen des Stils aufgehoben: Die charakteristischen Formen der Manier werden vermittels des Wissens in eine Reihe gebracht und nachgeahmt. Diese Nachahmung höherer Stufe richtet sich nicht unmittelbar-mimetisch auf die Natur, sondern auf deren subjektive Aneignung, also auf das, was für sich genommen Manier wäre. Goethes Frühklassik markiert einen "kritische[n] Realismus", der durch den künstlerischen Nominalismus hindurchgegangenen ist.[74] Von der Warte des Stilbegriffs aus kann Goethe die einfache mimetische Nachahmung selbst als eine Art Manier beschreiben, nämlich als die partikulare Sprache "von ruhigen, treuen, eingeschränkten Menschen", denen die Defizienz des vorgeordneten Sprachmediums mangels subjektiven Ausdruckswillens noch nicht aufgegangen ist. Umgekehrt nennt Goethe die Manier ausdrücklich eine "Art der Nachahmung".[75] Diese scheinbare Nachlässigkeit in der Terminologie ist in Wahrheit dialektisch: Gelangt der Stil über die subjektive Einseitigkeit hinaus zur "Reihe" der "verschiedenen charakteristischen Formen", dann ist auch jede einzelne Manier ein Moment dieser höheren Nachahmung. Die Gegensätze Nachahmung und Manier werden auf der Stufe des Stils identisch.

Goethes Überlegungen zum Stil markieren eine historische Situation, in der der Selbsterfahrungsraum des Subjekts keinen selbstverständlichen Bezug zu dem gesellschaftlich Allgemeinen mehr hat. Diesen Bezug soll die Kunst wiederherstellen. Die Theorien von Reinhart Koselleck und Jürgen Habermas zur modernen bürgerlichen Öffentlichkeit werfen ein Licht auf diesen Zusammenhang. Koselleck interpretiert in *Kritik und Krise* die folgenreiche Trennung des absolutistischen Staates von der bürgerlichen Gesellschaft. Mit dem Ausgang der Religionskriege im 17. Jahrhundert zogen sich die Staaten in eine Wertneutralität zurück und fungierten fortan als reine Ordnungsmächte. Religion und Moral wurden zur Privatangelegenheit, zur Familiensache. Zunehmend nutzte das Bürgertum die ihm konzedierte moralisch-religiöse Sphäre zur Selbst-

73 A.a.O., S.32.

74 Matussek (1992) expliziert diese treffende Formel an der hochklassischen Phase; "Goethes Begegnung mit Schiller" habe dort eine "subjektorientierte Wendung" herbeigeführt (S.288f.). Der bei Goethe an verschiedenen Stellen entstehende Eindruck eines "naive[n] Realismus" der Frühklassik (S.260) ist aber, wie der 1789 entwickelte Stilbegriff zeigt, nicht vorherrschend: die Subjektivität wird von Anfang an reflektiert. Goethes mitunter naiv erscheinende Betonung des objektiven und gegenständlichen Moments kann als eine Strategie bei der Negation und Aufhebung einseitiger Subjektivität verstanden werden.

75 HA 12, S.31.

verständigung. "Der Aufbruch der bürgerlichen Intelligenz erfolgt aus dem privaten Innenraum".[76] Jürgen Habermas untersucht in der Studie über den *Strukturwandel der Öffentlichkeit* die wichtige Rolle der Literatur des 18. Jahrhunderts bei diesem sozialen Aufbruch des Bürgertums. In den literarischen Zirkeln, wo "sich die Subjektivität kleinfamilial-intimer Herkunft mit sich über sich selbst verständigt",[77] entsteht eine "Parität der Gebildeten", eine formelle Gleichheit. Sie nimmt Prinzipen des modernen Rechts, "Generalität und Abstraktheit", und damit die spätere *formale* Organisation der bürgerlichen Gesellschaft vorweg: "Das öffentliche Räsonnement des bürgerlichen Publikums vollzieht sich im Prinzip unter Absehung von allen sozial und politisch präformierten Rängen nach allgemeinen Regeln, die, weil sie den Individuen als solchen streng äußerlich bleiben, der literarischen Entfaltung ihrer Innerlichkeit; weil sie allgemein gelten, dem Vereinzelten; weil sie objektiv sind, dem Subjektivsten; weil sie abstrakt sind, dem Konkretesten einen Spielraum sichern". Die sprachliche Selbstversicherung der Individuen verdankt sich der kollektiven Unterstellung eines übersubjektiven formalen Gleichheitsprinzips, in dem nach Habermas überdies die handlungsleitende Idee einer freien Einigung der verschiedenen individuellen Meinungen durch die "Kraft des besseren Arguments" verankert ist.[78] In den literarischen Zirkeln wird also jenes Allgemeine, das der individuellen Expression überhaupt erst Raum gewährt, als ein formales Prinzip immer schon vorausgesetzt. Die Darstellung von Habermas macht verständlich, warum Goethe die künstlerische Manier, in der das Subjekt sich zum obersten Prinzip erklärt, überwinden will: Die vorausgesetzte Allgemeinheit soll auch in der Semantik der Kunstwerke als "allgemeine Sprache" erfahrbar sein.

Habermas' Überlegungen zur Aufgabe des ästhetischen Diskurses im 18. Jahrhundert werden in einem entscheidenden Punkt der Position der Weimarer Klassik nicht gerecht: in der Frage, wie die einzelnen Expressionen in eine allgemeine Sprache zurückgeführt werden sollen. Habermas lokalisiert in der damaligen Öffentlichkeit bereits jene Konsensidee, deren Aktualität er dann in seinen späteren Schriften zu begründen sucht. Der Konsens soll mehr sein als eine Technik der Konfliktregulierung nach Art juristischer Urteile und Vergleiche. Während das moderne Recht "zugeschnitten" ist "auf die strategische Rationalität zweckrational handelnder Rechtssubjekte", die "ohne sittliche Rücksichten ihre Interes-

---

76 Vgl. Koselleck (1973), S.41.
77 Habermas (1962), S.69.
78 A.a.O., S.72f.

sen verfolgen",[79] zielt der moralische Diskurs seiner Idee nach auf die Suspendierung strategischen Handelns und auf eine zwanglose Einigung bei divergierenden Interessen. Der moralische Diskurs kann aber nur stattfinden, wenn er – wie in der frühen bürgerlichen Öffentlichkeit – mit einem ästhetischen Diskurs vermittelt ist, in dem Interessen und Bedürfnisse sprachlichen Ausdruck finden. "Die innere Natur wird in dem Maße kommunikativ verflüssigt und transparent gemacht, wie Bedürfnisse über ästhetische Ausdrucksformen sprachfähig erhalten oder aus ihrer [...] Vorsprachlichkeit erlöst werden können". Dies ist nur durch einen "freien Zugang zu den Interpretationsmöglichkeiten der kulturellen Überlieferung" möglich, namentlich zu den expressiven Formen der Künste.[80] Die Verflüssigung der individuellen Expression in den Formen einer allgemeinen künstlerischen Sprache – auf die auch Goethe zielt– hat nach Habermas bereits im 18. Jahrhundert die Funktion, individuelle Interessen zu formulieren und die formal-rationale Interessenvermittlung im Diskurs vorzubereiten. In Goethes Stilkonzept hat die Kunst eine andere Aufgabe. Die "allgemeine Sprache" herzustellen bedeutet hier mehr als die Formulierung des Individuellen in allgemeinen Standards zum Zwecke der Bedürfnisartikulation. Der Stil, der auf eine harmonische Reihung der charakteristischen Formen und der Manieren zielt, soll die zwanglose Verbindung des Individuellen und die Aufhebung der Partikularität – in der Diskursethik erst das Telos der Kommunikation – in den einzelnen Kunstwerken erfahrbar machen. Die Kunst nimmt der klassischen Idee nach einen Metastandpukt zur bürgerlichen Öffentlichkeit ein: sie symbolisiert deren Ziel, die freie, gewaltlose Ordnung der einzelnen.

b) Symbolische Gegenstände in Natur und Gesellschaft

Das Drängen auf die Erfahrung einer Vermitteltheit des Partikularen in anschaulichen Gegenständen kann man als den wichtigsten Impuls beim Übergang vom Sturm-und-Drang zur Weimarer Klassik bezeichnen.[81] Diese Erfahrung soll nicht auf einer willkürlichen Syntheseleistung des Subjekts beruhen, sondern auf der Beschaffenheit der Objekte selbst.

---

79 Habermas (1976), S.264.
80 A.a.O., S.88.
81 Die Kritik der Unmittelbarkeit gehört zu Goethes Sturm-und-Drang schon fest hinzu (vgl. Mann (1939)) und kann deshalb den Übergang zur Klassik nicht allein initiiert haben.

Darum ist die höhere Rückwendung auf die "Gegenstände", auf "die Eigenschaften der Dinge und die Art, wie sie bestehen",[82] die entscheidende Bewegung des Stilkonzepts. Künstlerische Sujets, die durch ihre eigene Beschaffenheit einer stilistischen Darstellung entgegenkommen, nennt Goethe 1797 in dem vielzitierten Symbol-Brief an Schiller "symbolische Gegenstände":

> [...] es sind eminente Fälle, die, in einer charakteristischen Mannigfaltigkeit, als Repräsentanten von vielen anderen dastehen, eine gewisse Totalität in sich schließen, eine gewisse Reihe fordern, ähnliches und Fremdes in meinem Geiste aufregen und so von außen wie von innen an eine gewisse Einheit und Allheit Anspruch machen.[83]

Symbole lassen die "Totalität" und zugleich die Beschränkung des einzelnen Gegenstands in der "Reihe" erfahren. Sie zeigen das Allgemeine an, in dem das verselbständigte Einzelne wieder aufgehoben ist. Sie sind das Substrat des Stils auf seiten des Objekts. Symbolische Gegenstände sind schöne Gegenstände, denn die zwanglose Aufhebung des Einzelnen im Allgemeinen gilt Goethe – wie sich gleich zeigen wird – als Kriterium von Schönheit. Die Erfahrung des Schönen oder des Symbolischen ist an natürlichen und gesellschaftlichen Gegenständen möglich, beide Sphären sollen aufeinander verweisen: Das Naturschöne ist für Goethe, ähnlich wie für Kant und Schiller, Symbol des Sittlichen. Umgekehrt sollen gesellschaftlich-sittliche Phänomene die Eigenschaft natürlicher Schönheit besitzen. Zunächst wird nun die Bedeutung des Schönen in Natur und Gesellschaft, anschließend die Funktion der Kunst aufgezeigt.

Goethes klassischer Begriff des Naturschönen erinnert an Kants Gedanken der Zweckmäßigkeit. Ein Tier sei "häßlich", schreibt Goethe 1794, wenn "durch die Beschränktheit der organischen Natur auf Einen Zweck [...] das Übergewicht eines und des andern Glieds bewirkt" wird, "so daß dadurch der willkürliche Gebrauch der übrigen Glieder gehindert werden muß". Bei einem schönen Tier hingegen "stehen die Glieder alle in einem solchen Verhältnis, daß keins das andere an seiner Wirkung hindert, ja daß vielmehr durch ein vollkommenes Gleichgewicht derselbigen Notwendigkeit und Bedürfnis versteckt, vor meinen Augen gänzlich verborgen worden, so daß das Tier nur nach freier Willkür zu handeln und zu wirken scheint".[84] Die Zwecke konkurrieren nicht,

---

82 HA 12, S.32.

83 16. August 1797 an Schiller; HAB 2, S.297.

84 HA 13, S.21f. Den Text *Inwiefern die Idee: Schönheit sei Vollkommenheit mit Freiheit, auf organische Naturen angewendet werden könne* legte Goethe dem Brief an Schiller vom 30. August 1794 bei. Es handelt sich offenbar um die Aneignung

die gesamte Organisation erscheint vielmehr in sich zweckmäßig. Goethe unterscheidet zwischen zwei Formen der Willkür: Im ersten Fall hemmt die Willkür des einen Glieds die des anderen; ein Zustand der Unfreiheit und negativen Beschränkung ("Beschränktheit") entsteht. Im anderen Fall gleichen die verschiedenen Momente der Willkür einander harmonisch aus; ein Zustand der Freiheit entsteht, dessen Bedingung die wechselseitige positive Beschränkung ist.

Von dieser Beschränkung ist ausdrücklich in dem Gedicht *Metamorphose der Tiere* die Rede, an dem sich zentrale Gedanken von Goethes Naturbetrachtung explizieren lassen.[85] Die Schranken seien von der Natur schon gesetzt, heißt es dort: Sie "beschränkte jegliches Leben" (V.7), indem sie jeder Gattung ein "Urbild" (V.15) vorgab. Es steckt die "heiligen Kreise lebendiger Bildung" ab: "Diese Grenzen erweitert kein Gott, es ehrt die Natur sie:/ Denn nur also beschränkt war je das Vollkommene möglich" (V.30ff.).[86] Die "harmonisch[e]" Bewegung (V.21) und "geordnete Bildung" (V.27) trägt nun in sich einen Gegenimpuls, der die Ordnung aufzulösen droht. Es ist "die Kraft der edlern Geschöpfe" (V.29), also der höher organisierten Tiere: "Doch im Inneren scheint ein Geist gewaltig zu ringen,/ Wie er durchbräche den Kreis, Willkür zu schaffen den Formen/ Wie dem Wollen". Der Geist der Willkür "drängt [...] sich vor zu diesen Gliedern, zu jenen,/ Stattet mächtig sie aus, jedoch schon darben dagegen/ Andere Glieder, die Last des Übergewichtes vernichtet/ Alle Schöne der Form und alle reine Bewegung" (V.33ff.). Das entspricht genau dem 1794 formulierten Begriff des Häßlichen. In den anschließenden Versen hat Goethe sein Lieblingsbeispiel der anatomischen Beschränkung versifiziert, nämlich die Tatsache, daß ein Tier entweder die volle Zahnreihe oder ein Gehörn, nicht aber beides haben kann. Die Natur beschränkt gewissermaßen durch ihren begrenzten Kalziumetat die einseitige Ausbildung; in dem "Mangel anderswo" (V.42) rächt sich der Wille, die Schranken des Urbilds zu überwinden.

---

und Variation eines Gedankens, den Schiller im Gespräch darlegte – vgl. Schillers Antwort vom 31. August (GA 20, S.18ff.).

85 HA 1, S.201ff. Im folgenden mit der Versangabe zitiert. Die Hexameter sind vermutlich 1798/99 als Teil eines geplanten großen Naturgedichts entstanden. Goethe veröffentlichte sie erst 1820 in den *Heften zur Morphologie.*

86 Dies ist auch die Losung der klassischen Poetik selbst: "Vergebens werden ungebundne Geister/ Nach der Vollendung reiner Höhe streben", heißt es in dem um 1800 entstandenen Sonett über *Natur und Kunst*, und: "In der Beschränkung zeigt sich erst der Meister" (HA 1, S.245).

Mag dieser Gedanke im einzelnen Fall auch prätentiös erscheinen,[87] so liegt sein Ernst in der grundsätzlichen Doppelsinnigkeit von Goethes Naturbegriff und dessen historischer, moralisch-praktischer Implikation. Die Morphologie verbindet zwei "Vorstellungsarten" von der Natur.[88] Nach der ersten wird alles "Gebildete [...] sogleich wieder umgebildet", so daß man eigentlich "nicht von Gestalt sprechen" kann.[89] Diese Vorstellungsart zeigt, daß die klassische Weltanschauung die des Sturm-und-Drang nicht bloß negiert, sondern sie dabei zu bewahren versucht.[90]: Der Satz von der permanenten Umwandlung entspricht dem Denken des frühen Goethe. Die Natur "baut immer und zerstört immer" und "fürs Bleiben hat sie keinen Begriff", heißt es im Tobler-Fragment, das Geist von Goethes Geiste ist.[91] Diese Seite der Natur wird in dem Gedicht *Metamorphose der Tiere* nun "im Innern" der "edlern Geschöpfe" verortet als der "Geist" der "Willkür", der die harmonische Bildung zerstören, den Kreis der Schranken durchbrechen will. Die zweite Vorstellungsart ist die einer Ordnung, die sich "nach ew'gen Gesetzen" (V.14) innerhalb der Permanenz von Werden und Vergehen doch herstellt. Bei Goethes Betrachtung der pflanzlichen Vegetation dominiert dieses zweite Moment, denn der einzelnen Pflanze kann kein Wille zur Auflösung der Ordnung unterstellt werden. Das Moment der Unordnung ist hier bloß als Mannigfaltigkeit virulent. Gesetzlos erscheint nur "die tausendfältige Mischung/ Des Blumengewühls". Die wechselseitige Bekämpfung und Behinderung der Einzelmomente ist kein Kampf in der Natur, sondern ein Problem der ordnenden Nomenklatur: "Viele Namen hörest du an, und immer verdränget/ Mit barbarischem Klang einer den andern im Ohr".[92] Das botanische "Urphänomen" ist eine "Grunderscheinung, inner-

87 Etwa an der Stelle: "Und daher ist den Löwen gehörnt der ewigen Mutter/ Ganz unmöglich zu bilden" (V.46f.). Die monströse Vorstellung des gehörnten Löwen resultiert gerade nicht aus der Naturbetrachtung, sondern aus der vorgängigen Idee. Diese wird an der Natur expliziert, und nur darum gibt es das Negativbeispiel einer unmöglichen Bildung. Der imaginäre Löwe verschafft sich in dem Gedicht ein "Übergewicht" über die wirklichen Tiere, von denen übrigens kein einziges genannt wird. Er trägt, als ihr heimlicher König, die Krone aus Horn. Die "Willkür", der Natur Sittlichkeit abzuschauen, zeitigt einen poetischen "Mangel anderswo".

88 Zu Goethes Begriff der Vorstellungsart vgl. Kleinschnieder (1971).

89 HA 13, S.55f.

90 Vgl. dazu Adornos Bemerkung im *Iphigenie*-Aufsatz (1970ff.,Bd.11): Goethes "Klassizismus ist nicht die entschlossene Gegenbewegung eines geläuterten Menschen gegen sein frühes Werk, sondern dessen dialektische Konsequenz" (S.501). Die Aufhebung der Sturm-und-Drang-Momente im Klassischen bleibt aber – wie sich in den folgenden Abschnitten zeigen wird – problematisch.

91 HA 13, S.45.

92 *Die Metamorphose der Pflanzen* (1798); HA 1, S.199.

halb deren das Mannigfaltige anzuschauen ist".[93] Es vermittelt beide Vorstellungsarten – die ungeordnete Mannigfaltigkeit und die einheitliche Ordnung. In der *Metamorphose der Tiere* vereint das Urphänomen hingegen nicht bloß Mannigfaltigkeit und Einheit, sondern auch Dynamik und Statik, Willkür und Gesetz.[94] In deren sittlichem Einstand besteht die Schönheit von Tieren und Menschen. Wegen dieser – vermeintlichen – Konvergenz des an sich Schönen in der Natur mit dem Begriff des Sittlichen greift Goethe zu der ungewöhnlichen Formulierung *schöner Begriff*: "Dieser schöne Begriff von Macht und Schranken, von Willkür/ Und Gesetz, von Freiheit und Maß, von beweglicher Ordnung,/ Vorzug und Mangel erfreue dich hoch! [...]" (V.50ff.).

Das Gedicht zeigt deutlich den Status der symbolischen Erfahrung in der Natur: Das Partikulare, Willkürliche soll zwanglos als Moment der Ordnung erscheinen. Die Vereinzelung, die der Künstler in der nominalistischen Situation erfährt, scheint hier objektiv überwunden zu sein. Die sozialgeschichtliche Lesart dieses Zusammenhangs muß an die klassische Naturbetrachtung nicht von außen herangetragen werden. Die *Metamorphose der Tiere* enthält an einer didaktischen Kernstelle den ausdrücklichen Verweis zwischen dem Naturschönen und einer sittlichen Ordnung der Gesellschaft: "Keinen höhern Begriff erringt der sittliche Denker,/ Keinen der tätige Mann, der dichtende Künstler; der Herrscher,/ Der verdient, es zu sein, erfreut nur durch ihn sich der Krone" (V.54ff.). Der tätige Mann, also der Bürger, und der Herrscher sollen gleichermaßen das – der Natur abgeschaute – Prinzip positiver Beschränkung realisieren. Das ist ein Zweck der Naturbetrachtung: sie soll helfen, auch die Gesellschaft – etwa Personen und Institutionen – als einen Bereich symbolischer Gegenstände anzuschauen.

Der Herrscher, so ist der *Metamorphose der Tiere* zu entnehmen, verdient seine Krone erst, wenn er die bürgerliche Gesellschaftsidee der Freiheit in Beschränkung repräsentiert. In einem Maskenzug von 1810 heißt es ähnlich: "Nun liebt der Mensch der Ehrfurcht hehre Bande,/ Er fühlt sich frei, wenn er gebändigt lebt;/ Nur will er selbst, er will den Herrn erwählen,/ Dem aber solls an Glück und Prunk nicht fehlen".[95]

---

93 3. Mai 1827 an Buttel; HAB 4, S.231.

94 Wegen des dynamischen Moments sind in Goethes Kategorien der Naturbetrachtung auch geschichtliche Abläufe darstellbar, speziell der Wechsel von Organisation und Auflösung. Ziegler (1956) hat mit dem Hinweis auf diesen Zusammenhang die Ansicht der morphologischen Literaturwissenschaft überwunden, in Goethes Weltanschauung gebe es einen Dualismus von chaotischer Geschichte und geordneter Natur. Vgl. Mandelkow (1988), S.82ff.

95 WA I,16, S.225.

Wird hier die Idee der konstitutionellen Monarchie zwar bereits persifliert, so ist doch die bürgerliche Funktionalisierung des Herrschers ein unhintergehbares Faktum. Herrschaft legitimiert sich allein durch Sittlichkeit – nicht nur, weil der Herrscher als öffentlicher Privatmann das ideale Menschenbild zu verkörpern hat, sondern vor allem, weil bei ihm die verschiedenen Einzelinteressen der Gesellschaft zusammenlaufen. Er soll ihre jeweilige Entfaltung zulassen und im politischen Handeln doch ihre wechselseitige Beschränkung realisieren, wobei er der Idee nach weder einem eigenen noch einem fremden partikularen Interesse folgt, sondern einer im staatlichen Handeln sich realisierenden *volonté générale*.[96] Hier zeigt sich, inwiefern das Naturschöne Symbol einer sittlichen Ordnung ist: auch die ideale Gemeinschaft wäre – wie das schöne Tier – nicht von einem einzelnen, sondern von einem gemeinsamen Zweck bestimmt. Die Weimarer Klassik unterwirft sich nicht der bestehenden Ordnung, sondern sie unterwirft die bestehende Ordnung ihrer Idee. Staat und Herrscher werden betrachtet, als symbolisierten sie diese Idee tatsächlich; zumindest wird versucht, sie dem Ideal praktisch anzunähern.[97]

Herrscher und Adel sollen deshalb die ideale Sozialordnung nach außen repräsentieren, sie erfahrbar machen und mit dem Schein des Naturschönen belehnen. Sie sollen als Symbole agieren. Aus diesem Grund legt Goethe so viel Wert auf den schönen ostentativen Schein. Der "Edelmann", schreibt Wilhelm in den *Lehrjahren*, "darf und soll scheinen".[98] Man beachte genau die Modalverben: das erste konzediert dem Adel Repräsentation, das zweite fordert sie und deutet damit das bürgerliche Interesse an, in dem die Konzession geschieht. Goethe hielt tatsächlich die Anschauung des ostentativen Scheins für ein Mittel, die bürgerlichen

---

96 Der Gedanke vom Staat als einer sittlichen Ordnungsmacht ist nicht nur bei Rousseau und in dem von ihm beeinflußten Denken, sondern auch im deutschen Pietismus bedeutsam. Die Idee der Staatserweckung im pietistischen Patriotismus wurzelt in der hohen Einschätzung der Glaubensgemeinschaft, der Gemeinde. Vgl. G.Kaiser (1961), S.59. Die Staatsidee der Weimarer Klassik ist von beiden Richtungen beeinflußt.

97 Diese Anschauung des Staates zeigt sich deutlich in der *Natürlichen Tochter* (vgl. Abschnitt d) dieses Kapitels) und auch in Novalis' Fragmentensammlung *Glauben und Liebe* (vgl. u. Kapitel II.1, Abschnitt b)). Die Anschauung entspricht ganz der Logik bürgerlicher Einflußnahme, die Reinhart Koselleck am vorrevolutionären Frankreich beschrieben hat: Die sittlich neutralisierte Sphäre des Staates wird an Kriterien gemessen, die sich in dem ursprünglich auf die Privatsphäre beschränkten Moraldiskurs herausgebildet haben. Darum können die bürgerlichen Ordnungsvorstellungen, gerade wenn sie loyal gemeint sind und das bestehende System moralisch zu rechtfertigen suchen, Legitimationsmuster für Kritik und Umsturz des Staates abgeben, der den bürgerlichen Anforderungen gar nicht entsprechen kann.Vgl. Koselleck (1973), S.122ff.

98 HA 7, S.291.

Partikularinteressen zu beschränken. Im Verfall des ostentativen Scheins zur bloßen Etikette sah er eine der Ursachen der Französischen Revolution.[99]

Als das höchste Ziel des Bürgertums gilt in *Dichtung und Wahrheit*, sich einen "persönlichen Adel" zu erwerben.[100] Durch die Harmonie der Person, durch die positive Selbstbeschränkung soll der Bürger ebenfalls die ideale Ordnung repräsentieren. Hierin liegt eine Egalisierungstendenz: Zwar bleibt der Adel die herausgehobene Klasse, die die schöne sittliche Ordnung jederzeit symbolisiern muß, doch der Bürger kann sich diesem – seinem eigenen – Ideal annähern. Persönlichen Adel zeigt er unter anderem darin, daß er sich dem sozialen Adel unterordnet, den er selbst zum Symbol erhoben hat. Goethe sieht folglich keinen Widerspruch zwischen der sozialen Gleichheit und der Subordination unter den Adel: "Die Gleichheit will ich in der Gesellschaft finden; die Freiheit, nämlich die sittliche, daß ich mich subordinieren mag, bringe ich mit mir". Mit Subordination ist keine knechtische Gesinnung gemeint, sondern die Bereitschaft, sich "aus freiem vernünftigem Willen" seiner "Privilegien" zu begeben.[101] Der 'persönlich-adlige' Bürger begrenzt seine partikularen Interessen und verweist symbolisch auf die schöne Ordnung des Ganzen.

Die Zweckmäßigkeit im Naturschönen und die Sittlichkeit im Gesellschaftlich-Schönen verweisen bei Goethe aufeinander. In beiden Fällen erfährt das Subjekt eine zwanglose Beschränkung im Allgemeinen, in dem es allererst seine Identität und Freiheit findet. Auch der Protagonist des *Faust* sollte nach der klassischen Konzeption durch die Erfahrung der Schönheit aus dem dumpfen Zustand der Selbstheit herausgeführt werden. Die sozial und geschichtsphilosophischen Implikationen dieses Programms wären nun umrissen. Allerdings scheitert die klassische Faust-Konzeption. Im folgenden werden darum Problematik und Krise der Symbolerfahrung beleuchtet.

c) Das Ideal als Problem – Zur Objektivität des Symbols

In dem Gedicht *Die Metamorphose der Tiere* gilt die Kunst als ein Medium, das die Symboleigenschaft des Gegenstands ausspricht und zur Gewißheit macht. Über den "schönen Begriff" der "bewegliche[n]

---

99 Vgl. W.Mommsen (1948), S.40.
100 HA 10, S.119.
101 MuR 951f.

Ordnung" heißt es: "Die heilige Muse/ Bringt harmonisch ihn dir" (V.52f.). Und: "Freue dich, höchstes Geschöpf, der Natur! Du fühlest dich fähig,/ Ihr den höchsten Gedanken, zu dem sie schaffend sich aufschwang,/ Nachzudenken. Hier stehe nun still und wende die Blicke/ Rückwärts, prüfe, vergleiche und nimm vom Munde der Muse,/ Daß du schauest, nicht schwärmst, die liebliche volle Gewißheit" (V.57ff.). Die hohe Bewertung der Anschauung im Vergleich mit der Schwärmerei hebt die Objektivität der am Gegenstand erfahrenen Vermitteltheit gegen die Subjektivität einer bloß projizierten Idee ab. Die Schlußwendung des Gedichts stellt also Schwärmerei und Anschauung, Subjektivität und Objektivität einander antithetisch gegenüber. Dem Gedicht fehlt eine Reflexion, die bereits beim klassischen Goethe häufig begegnet und die im Alterswerk grundlegend ist: Auch das Denken der Vermittlung, der "schöne Begriff" selbst, ist eine subjektive Position und konvergiert nicht selbstverständlich mit dem Objekt, dem als Symbol angeschauten Gegenstand. Versteht man allerdings die "volle Gewißheit" nicht als identitätsphilosophisches Dogma, sondern als die sinnliche Gewißheit am Beginn eines Erkenntnisprozesses, so wird das Subjekt-Objekt-Problem in dem Gedicht nicht einfach unterlaufen: Mit der vollen Gewißheit objektiver Schönheit erhält das kritische Denken überhaupt erst sein Material. Erkenntniskritik geht der Kunsterfahrung nicht voran, sondern folgt ihr als Reflexion.

Diesen Stellenwert hat die Reflexion auf das Subjekt-Objekt-Problem in der Naturbetrachung und im Kunstbegriff des späten Goethe. In der Farbenlehre wird die vorausgesetzte Gewißheit – die Totalitätserfahrung, die das Urphänomen des Spektrums gewährt – nachträglich überdacht. Der Regenbogen, heißt es dort, werde eigentlich "mit Unrecht als ein Beispiel der Farbentotalität angenommen: denn es fehlt demselben die Hauptfarbe, das reine Rot [...]. Überhaupt zeigt uns die Natur kein allgemeines Phänomen, wo die Farbentotalität völlig beisammen wäre".[102] Die subjektive Idee macht die Totalitätserfahrung dennoch möglich: sie "führt uns", als "das Bedürfnis nach Totalität, welches unserm Organ eingeboren ist, aus dieser Beschränkung heraus".[103] Auf einer höheren Reflexionsstufe wird aber die subjektive wieder auf die objektive Idee zurückgeführt. Denn Goethe denkt die Subjektivität nicht als unmittelbaren Ausfluß der göttlichen Vernunft. Wie sich das eingeborene Bedürfnis nach Totalität erst im Bezug auf das Objekt zeigt, so

---

102 HA 13, S.503.
103 A.a.O., S.502.

kann auch seine Entstehung nicht unabhängig davon gedacht werden. Wegen dieser Undenkbarkeit objektloser Subjektivität schreibt Goethe in der *Farbenlehre*: "Aus gleichgültigen tierischen Hülfsorganen ruft sich das Licht ein Organ hervor, das seinesgleichen werde, und so bildet sich das Auge am Lichte fürs Licht, damit das innere Licht dem äußeren entgegentrete".[104] Der Gedanke führt das reflektierte subjektive Moment wieder in die ursprüngliche Subjekt-Objekt-Vermittlung zurück. Diese bleibt aber problematisch; die "volle Gewißheit" der Anschauung, die am Ende der *Metamorphose der Tiere* steht, kann die Reflexion nie gewinnen. Das, was in der Natur über das Subjekt hinausgeht, kann von diesem "nur [...] geahndet werden", schreibt Goethe an Christian Heinrich Schlosser.[105] Ob die unüberwindliche Verbergung des Objektiven den vermeintlich objektiven Status der Erfahrung untergräbt oder nicht, kann man nicht wissen. Darum heißt es in den *Betrachtungen im Sinne der Wanderer*: "Wenn ich mich beim Urphänomen zuletzt beruhige, so ist es doch auch nur Resignation; aber es bleibt ein großer Unterschied, ob ich mich an den Grenzen der Menschheit resigniere oder innerhalb einer hypothetischen Beschränktheit meines bornierten Individuums".[106] Letzteres tun eben jene, die den Satz von der Subjektivität aller Erkenntnis dieser selbst voranstellen und daraus die Legitimation ableiten, die Erfahrung willkürlich – und das meint Goethe mit "hypothetisch" – zu beschränken.

Bei der Bewältigung des Subjekt-Objekt-Problems kommt der Kunst eine wichtige Rolle zu. Sie vermittelt die Symbole auf eine dem Problem besonders angemessene, kritische Weise und ist eben nicht die bloße Überbringerin. Bei der Erfahrung symbolischer Gegenstände in der Natur will "der tätige Kuppler Verstand", so heißt es in *Kunst und Altertum*, "auf seine Weise das Edelste mit dem Gemeinsten vermitteln"[107] – nämlich die nur zu ahnende objektive Totalität mit einzelnen empirischen Daten. Diese Verkupplung sei legitim, wenn sie nicht dogmatisch erstarrt, sondern in Bewegung bleibt: "Auch in Wissenschaften kann man eigentlich nichts wissen, es will immer getan sein".[108] Zwischen diesen Überlegungen steht lakonisch die berühmte Sentenz: "Die wahre Vermittlerin ist die Kunst".[109] Und an anderer Stelle heißt es:

---

104 A.a.O., S.323.
105 19. Februar 1815; HAB 3, S.304.
106 MuR 577.
107 MuR 412. Goethe spricht von der Erfahrung der Urphänomene. Sie gelten ihm als die Symbole der Natur: Das "Urphänomen" sei "symbolisch, weil es alle Fälle begreift" (MuR 1369).
108 MuR 415.
109 MuR 413.

"Wem die Natur ihr offenbares Geheimnis zu enthüllen anfängt, der empfindet eine unwiderstehliche Sehnsucht nach ihrer würdigsten Auslegerin, der Kunst".[110] Während der Verstandesbegriff, der die geahnte symbolische Totalität fixiert, nur dann zur Wahrheit tendiert, wenn seine Fixierungen ständig wieder aufgelöst werden und er gegenüber dem Unbestimmbaren "tätig" bleibt, wird die Kunst dem Problem in jedem einzelnen ihrer Bilder gerecht. Ihre

> Symbolik verwandelt die Erscheinung in Idee, die Idee in ein Bild, und so, daß die Idee im Bild immer unendlich wirksam und unerreichbar bleibt und, selbst in allen Sprachen ausgesprochen, doch unaussprechlich bliebe.[111]

Die Idee hat im künstlerischen Symbol zunächst einen subjektiven Status, denn der Künstler selbst "verwandelt die Erscheinung in Idee". Aber bei der zweiten Verwandlung wird der bloß subjektive Charakter der Idee zurückgenommen: Im Bild wird sie in die Ferne des Unsagbaren, des nur zu Ahnenden gerückt, also in einen ähnlichen Status gebracht, wie ihn die objektive Idee der Natur für den Menschen hat.

Eine Depravation der ästhetischen Vermittlung ist für Goethe die Allegorie. Sie überwindet die Verstandesfixierungen nicht und "verwandelt die Erscheinung in einen Begriff, den Begriff in ein Bild, doch so, daß der Begriff im Bilde immer noch begrenzt und vollständig zu halten und zu haben und an demselben auszusprechen sei".[112] Die unendliche Wirksamkeit und Unerreichbarkeit der Idee im Symbol ist, strukturalistisch gesprochen, eine beständige Verschiebung der Signifikate, während diese in der Allegorie fest an die Signifikanten geknüpft sind. Die künstlerische Symbolik zielt also durch eine Bewegung im Zeichen auf die Überwindung von dessen Konventionalität. Sie nähert sich in "würdigster" Form der stets Ahnung bleibenden objektiven Totalität, indem sie beim Wissen um die Subjektivität von Idee und Bild nicht stehenbleibt, sondern im Modus der Inkommensurabilität die subjektive Idee in eine fiktive Darstellung der objektiven Idee verwandelt. Die *Metamorphose der Tiere* wäre diesen Überlegungen zufolge ein allegorisches Gedicht: Dort fehlt die Einsicht, daß der "schöne Begriff" des Sittlichen im Bild des positiv beschränkten Tieres nicht eindeutig ausgesprochen werden dürfte, sondern als Idee "unerreichbar" bleiben müßte. Und zwar gerade deshalb, weil die schnelle Gewißheit sich

---

110 MuR 201.
111 MuR 1113.
112 MuR 1112. Was Goethe über den Begriff sagt, kann auf die Allegorie übertragen werden: auch sie gewinnt an Wahrheit, wenn sie in Bewegung bleibt, wenn partikulare Fixierungen sich wechselseitig relativieren. Im *Faust II* werden Allegorien ganz in diesem Sinne behandelt (vgl. Kapitel III.2).

ebenso schnell als bloß subjektive Idee erweisen kann. Die spezifisch ästhetische Darstellung der objektiven Idee in ihrer Unerreichbarkeit ist die wahre Vermittlung.

Bereits in verschiedenen Werken der klassischen Phase erweist sich die Kunst als "würdigste Auslegerin" der objektiven Idee, weil sie den Realitätsgehalt des Symbols problematisiert und die Idee unbegreiflich erscheinen läßt. So geschieht es beispielsweise im klassischen Roman *Wilhelm Meisters Lehrjahre* (1795/96). Dort verkörpert Natalie, Wilhelms "schöne Amazone"[113] und spätere Gattin, mit äußerer Schönheit zugleich innere Seelenschönheit. Natalies Tante, die "schöne Seele", gesteht in ihren "Bekenntnissen": "ich war nicht karg gegen Arme, ja ich gab oft in meinem Verhältnisse zu viel dahin, aber gewissermaßen kaufte ich mich nur los, und es mußte mir jemand angeboren sein, wenn er mir meine Sorgfalt abgewinnen wollte. Gerade das Gegenteil fand ich bei meiner Nichte".[114] Erst Natalie ist die wahrhaft schöne Seele, weil bei ihr die gute Tat, die Ausrichtung ihrer Existenz auf die bedürftigen anderen, nicht aus einem inneren Konflikt, sondern aus innerer Harmonie geschieht: "Natalien kann man bei Lebzeiten selig preisen, da ihre Natur nichts fordert, als was die Welt wünscht und braucht" – so pflegt der Oheim über sie "zu scherzen".[115] Natalie symbolisiert damit auch das Adelsideal der Turmgesellschaft: der Adel solle sich im Interesse der Allgemeinheit zwanglos seiner Privilegien begeben, denn nur ein befriedetes Allgemeines komme auch dem Adel zugute. In Lotharios Formel: "Man verliert nicht immer, wenn man entbehrt".[116] Natalie ist eine symbolische Figur. Ihre äußere, natürliche Schönheit verweist auf die sittliche Sozialordnung. Der "Scherz" des Oheims über Natalie schafft nun gerade – im Sinne von Goethes späteren Überlegungen – die symbolische Distanz zwischen dem 'Bild' Natalie und der Idee einer natürlichen Sittlichkeit. Die Rede von der seligzupreisenden Natalie ist scherzhaft, weil die menschliche Natur nicht sittlich genannt werden kann, im Fall Natalies es aber doch zu sein scheint. Die Idee bleibt unbegreiflich – trotz des Bildes, von dem sie dargestellt wird. Der Scherz läßt das Problem offen; er legt sich auf den bloß subjektiven Status der erscheinenden Idee ebensowenig fest wie auf den objektiven. Das Verhältnis von Natalie zur Idee ihrer Schönheit bleibt "inkommensurabel".

---

113 Zu diesem Motiv vgl. Schings (1985).
114 HA 7, S.418.
115 A.a.O., S.539.
116 A.a.O., S.430.

Das frühklassische Drama *Iphigenie auf Tauris* (Versfassung 1787) geht bereits einen Schritt weiter: es zeigt den Versuch, die Kluft zwischen Idee und Bild durch Tätigkeit zu überwinden. Dieser Versuch bleibt aber innerhalb des Stückes problematisch und bedarf ebenfalls der "wahren Vermittlung" durch das Poetische. Auch Iphigenie ist eine "schöne Seele" (V.1493),[117] wobei allerdings der hochklassische Zusammenhang von innerer und äußerer Schönheit noch keine sonderliche Bedeutung hat. Iphigenie entwirft ein Selbstbild innerer Reinheit und natürlicher Unschuld. Sie wird deshalb als "heilige Jungfrau" angesprochen (V.65). Die Schuldverstrickung ihrer Sippe, der Tantaliden, gilt ihr als ein "fremder Fluch" (V.84). Im Verlauf des Dramas wird dieses Selbstbild erschüttert. Iphigenie versteht schon sehr früh ihre generative Verstrickung in den Fluch: "Erst eine Reihe Böser oder Guter/ Bringt endlich das Entsetzen, bringt die Freude/ Der Welt hervor" (V.357ff.). Auch ihre eigene Reinheit kann nicht aus dem Nichts kommen. Als Iphigenie am "heimliche[n] Betrug" teilnimmt (V.1920) und selber schuldhaft handelt – sie deckt den von ihrem Bruder Orest geplanten, vom Orakel befohlenen Raub der Diana-Statue dadurch, daß sie den König Thoas belügt – erweist sich ihre Reinheit als eine Idee, deren Realitätsgehalt fraglich ist. Auch hier markiert das Kunstwerk – diesmal im dramatischen Entwicklungsprozeß – den Abstand zwischen der Idee natürlicher Sittlichkeit und dem ästhetischen Bild, dem "Bild der Göttin" (V.2100), zu dem Iphigenie stilisiert wird. Zwischen diesem Abstand vermittelt nun die Lösung des Dramas. Iphigenie versteht, daß ihre eigene Reinheit nur durch Tätigkeit, durch wahrhaftiges Sprechen und nichtegoistisches Handeln Realität werden kann. Sie erkennt das Interesse des Thoas als die Beschränkung ihres eigenen Interesses an und ermöglicht so einen Ausgleich. Das Ende des Dramas stellt jene Versöhnung dar, die nach klassischer Idee auch am Staat, an den Herrschern ostentativ erscheinen soll. Die allgemeine symbolische Bedeutung dieser "neue[n] Sitte" (V.2047; Orest) soll nach Iphigenies Willen darin liegen, daß noch der "Geringste" von Thoas' Untertanen in Theben wie ein "Gott" empfangen wird (V.2158/62). Anders als das bürgerliche Trauerspiel, in dem die Schaubühne als moralische Anstalt fungiert und in dem einzelne Fragen der bürgerlichen Moral verhandelt werden,[118] soll das klassische Drama die objektivierte, am Gegenstand erfahrbare Moral exemplarisch veranschaulichen. Iphigenie mißt darum dem "Friedenszeichen" (V.1986) des

---

117 HA 5, S.48. Im folgenden nur mit Versangabe zitiert.
118 Vgl. Schillers "Schaubühnenrede" von 1783; NA 20, S.89-100.

Thoas eine geradezu kultische Bedeutung bei: "O laß die Gnade wie das heilge Licht/ Der stillen Opferflamme mir umkränzt/ Von Lobgesang und Dank und Freude lodern" (V.1983ff.). Iphigenie und Thoas werden durch die Interaktion zu symbolischen Repräsentanten der Sittlichkeit.

Dieses Resultat des Dramas ist aber nicht die logisch zwingende Folge des intersubjektiven Ausgleichs. Das Handeln der Figuren wird vielmehr an die Objektivität zurückvermittelt, an den Schuldzusammenhang, über den das Subjekt nicht verfügen kann: "Nimmt doch alles ab!/ Das beste Glück, des Lebens schönste Kraft/ Ermattet endlich! Warum nicht der Fluch?" (V.1696ff.). Ipigenies Wunsch, der Fluch möge abnehmen, erfüllt sich am Schluß. Das wahrhaftige Sprechen ist zwar eine Bedingung dafür, daß Thoas in seiner "edlen Tat" (V.2149) von der gerechten Bestrafung der Räuber absieht und daß statt dessen "Gnade" (V.1983) und "Menschlichkeit" (V.1938) siegen. Aber es ist nicht die alleinige Bedingung. Iphigenies subjektive Wahrhaftigkeit ist darauf angewiesen, daß der Fluch ermattet und die Natur des Menschen sich zur Menschlichkeit bequemt.[119] Der König "bändigt" seinen berechtigten "Zorn" (V.2096), und dieser Akt subjektiver Freiheit beruht auf einer unvorhersehbaren Befriedung seiner inneren Natur. Nicht anders verhält es sich am märchenhaften Ende der 1826-28 entstandenen *Novelle*, wo der Gesang und das Flötenspiel des Kindes den "Tyrannen der Wälder" bändigen. Der aus einem Zirkus entlaufene Löwe wirkt dort "nicht wie der Überwundene, denn seine Kraft blieb in ihm verborgen, aber doch wie der Gezähmte, wie der dem eigenen friedlichen Willen Anheimgegebene".[120] Diese unerhörte Begebenheit gebändigter Gewalt bleibt "in-

---

119 Wolfdietrich Rasch (1979) bezeichnet die *Iphigenie* als ein "Drama der Autonomie" und legt deshalb den Begriff der reinen Menschlichkeit formal aus: nicht als natürliche Schuldlosigkeit, sondern als Negation von Heteronomie. Die Einseitigkeit dieser Deutung zeigt sich gerade im theologischen Kontext, den Rasch zu stark aufklärerisch versteht. Wenn die "heilige Jungfrau" (V.65) das Böse "Im ersten Anfall mutig abzutreiben" (V.1878) bereit ist, um "mit reinem Herzen, reiner Hand" ihr Haus "entsühnen" zu können (V.1968f.), wird die alttestamentarische Lehre der naturhaft ererbten Sünde nicht einfach, wie Rasch meint, außer Kraft gesetzt. Die Idee des abnehmenden Fluchs führt die subjektive Befreiung von der Schuldverstrickung vielmehr auf ein objektives Naturgeschehen zurück, dessen Möglichkeit die Erbsündenlehre – im Gegensatz zur Orestie – bloß nicht eröffnete. Das Drama zeigt also die Aufhebung jener subjektiven Idee natürlicher Güte, die Iphigenie anfangs von sich entwirft, in ein objektives Geschehen, das die volle Gewalt des ererbten Fluchs befriedet, anstatt sie subjektivistisch für nichtig zu erklären.

120 HA 6, S.512. Den Stoff der *Novelle* wollte Goethe bereits 1797 in einem epischen Gedicht mit dem Tiel "Die Jagd" behandeln. Möglicherweise vertrug sich das Märchenhafte des Sujets nicht mit dem Ernst der zeitgleichen Intention, die Idee der Sittlichkeit am Gegenstand der schönen Tiere wirklich anzuschauen. Die *Metamorphose der Tiere* ist das allegorische Sediment dieser Intention, erst die *Novelle* deren symbolische Verflüssigung.

kommensurabel", denn die moralische Freiheit ist gebunden an ein unbegreifliches objektives Geschehen. Sowohl im *Iphigenie*-Drama als auch in der *Novelle* bleibt der Zusammenhang zwischen der subjektiven Idee und der Objektivität rätselhaft. Diese scheint jener zu entsprechen, doch ist die Identität beider keine "volle Gewißheit". Die Kunst schwankt zwischen Identität und Nichtidentität.

Der Realitätsgehalt des Ideals bleibt also im Kunstwerk ein offenes Problem. Diese quasi systematische oder logische Aufgabe der Kunst ist die Grundlage der historischen Aufgabe, die der Literatur zukommt: Sie behandelt die Diskrepanz zwischen dem Ideal und der nicht-idealen Realität der bürgerlichen Gesellschaft. Je schwieriger in der äußeren Realität die Erfahrung des Symbolischen und des Schönen ist, desto größer ist im Kunstwerk selbst die Spannung zwischen den symbolischen Gegenständen und jenen Momenten, die den Realitätsgehalt in Frage stellen. Das *Helena-Fragment* ist bis zum Zerreißen von dieser Spannung gekennzeichnet: Auf der einen Seite steht Helena, die nach innen geführte, schöne Figur, die das Weimarer Kunstideal repräsentiert, auf der anderen Seite die von rastloser, egoistischer Selbsterweiterung geprägte Existenzweise Fausts. Goethe deutet das Scheitern des Schönen hier nur an, indem er den Sieg des Häßlichen dialogisch vorbereitet und zu Schiller sagt, er müsse Helena in eine Fratze verwandeln. In dem drei Jahre nach dem *Helena-Fragment* abgeschlossenen Drama *Die natürliche Tochter* (1803) ist der Konflikt zwischen dem Ideal und der modernen Realität in aller Schärfe durchgeführt. Die Krise des Klassischen erscheint hier ausdrücklich in sozialgeschichtlichen Zusammenhängen, so daß eine entsprechende Lesart einmal mehr nicht von außen kommt, sondern innerstes Anliegen der damaligen Zeit ist. Die genaue Lektüre des Dramas macht auch den kritischen Punkt, an dem das *Helena-Fragment* abbricht, in seinen gesellschaftlichen Zusammenhängen verstehbar und eröffnet zugleich die Perspektive einer Rettung des Kunstideals. Dort setzt dann später der *Faust II* wieder ein, in dem auch die politische Welt ähnlich gezeichnet ist wie in der *Natürlichen Tochter*.

d) Das Ideal als Ideologie – Krise des klassischen Gehalts (*Die natürliche Tochter*)

In der Forschung zu Goethes letztem klassischem Drama herrscht weitgehendes Einvernehmen über das Sujet: dargestellt sei die Vorgeschichte der Französischen Revolution. Dieser Konsens stützt sich auf zwei Äußerungen Goethes von 1823. In der "Konzeption der *Natürlichen Tochter*", heißt es in den *Tag- und Jahresheften*, "bereitete ich mir ein Gefäß, worin ich alles, was ich so manches Jahr über die Französische Revolution und deren Folgen geschrieben und gedacht, mit geziemlichem Ernste niederzulegen hoffte".[121] Und in dem Aufsatz *Bedeutende Fördernis durch ein einziges geistreiches Wort* wird das Drama eingereiht in "die grenzenlose Bemühung dieses schrecklichste aller Ereignisse in seinen Ursachen und Folgen dichterisch zu gewärtigen".[122] Wer dieses Sujet voraussetzt, mag mit Hans Mayer ein literarisches "Scheitern" konstatieren: Das Stück scheint sich auf die "Immanenz" des Ancien Régime zu beschränken und den Prozeß der bürgerlichen "Machtergreifung" zu verkennen.[123] Allerdings kann man auch, wie Rudolf Brandmeyer es tut, das "begrenzte Darstellungsziel" positiv anerkennen und zeigen, daß Goethe sich bei seiner partikularen Sicht des Gegenstands "in radikalem Ernst auf den Übergang vom Ancien Régime zur Revolution einließ und die historische Zäsur darzustellen versuchte".[124] In beiden Fällen ergibt sich der eigentümliche Befund, daß der bürgerliche Autor Goethe ein Stück ohne bürgerlichen Gehalt verfaßt hat. Diese Deutung resultiert aus der Annahme, das Drama stehe der gesellschaftlichen Realität mimetisch gegenüber.

Schon Goethes Formulierungen "dichterisch zu gewärtigen" und "was ich [...] geschrieben und gedacht, [...] niederzulegen" sind aber nicht gleichbedeutend mit "einen Gegenstand darstellen". Das Drama gibt nicht in objektivierender Einstellung ein Bild der vorrevolutionären Situation, sondern gestaltet den Konflikt zwischen der Kunst- und Gesellschaftsidee der Weimarer Klassik und einer Situation gesellschaftlicher Desintegration. Goethes "Gewärtigung" der Revolution ist die Interaktion eines ästhetischen Modells mit einer Krisensituation, nicht

121 HA 10, S.449.
122 HA 13, S.39.
123 Mayer (1973), S.40.
124 Brandmeyer (1987), S.66. Um den positiven Ertrag von Goethes beschränkter Sicht auf die "Adelsproblematik der Epoche" geht es auch Vaget (1980), S.211f.

deren Darstellung.[125] Innerhalb des mimetischen Paradigmas kann die Heldin Eugenie nicht als die Verkörperung eben jenes ästhetischen Modells verstanden werden. Sie muß dort als realistische Figur gelten, etwa als Vertreterin eines älteren Adelsideals, das im Absolutismus überlebte: "Sie ist die im Verborgenen aufgewachsene, von der Verfallsgeschichte des Reiches nicht berührte und insofern natürliche Heldin und Tochter einer großen Tradition, die das ursprüngliche Ideal der Einheit von Adel und Monarch bewahrt hat".[126] Diese Bewahrung ist – wie Brandmeyer bemerkt – ein Werk der "Fiktion", da Eugenies Vater, der Herzog, seine Tochter im Sinne seines eigenen Adelsideals erzogen hat – und zwar "analog zum Prozeß der ästhetischen Schöpfung von Wirklichkeit".[127] Die volle Bedeutung dieser Analogie wird deutlich, wenn man eine Verbindung herstellt zwischen Eugenies "Schöpfer" *im* Drama, ihrem Vater, und dem Schöpfer *des* Dramas. Obwohl der Herzog ein Mitglied der höfischen Gesellschaft ist, wird er zur Reflexionsfigur des bürgerlichen Literaten: an seiner ästhetischen Schöpfung zeigt sich die Krise des Ideals. Und jene Kraft, die das Ideal bedroht, erweist sich gleichfalls als eine bürgerliche: als die Verselbständigung und Verabsolutierung von Partikularinteressen. Das Drama stellt auch dieses Motiv an den höfischen Figuren dar, an ihrem allgegenwärtigen Macht- und Besitzstreben.

Im 5. Aufzug wird Eugenie als eine zweite Iphigenie angesprochen, nämlich als Repräsentantin natürlicher moralischer Reinheit und ausgleichender Güte. Der Mönch nennt sie "Ein reines Herz" (V.2748)[128] und rät ihr, durch "Der Unschuld Glück und Wunderkräfte" in der Gefangenenkolonie, dem Ziel ihrer geplanten Verbannung, die "Kraft" der "tiefgebeugten Herzen" zu erwecken und dort genau jene ideale Gemeinschaft zu stiften, zu der sie eigentlich die höfische Gesellschaft ihrer Heimat läutern wollte: "Vereine die Zerstreuten um dich her,/ Verbinde sie einander, alle dir;/ Erschaffe, was du hier verlieren sollst,/ Dir Stamm und Vaterland und Fürstentum" (V.2760ff.). Diese Aufgabe einer sittli-

125 Auch Uerlings (1987), der in einer wahrhaft überfälligen Studie gezeigt hat, wie historisch richtig die Zeichnung des Bürgertums in den beiden letzten Akten ist, bleibt bei der mimetischen Herangehensweise stehen und thematisiert nicht das Verhältnis dieser Bürgerlichkeit zu dem Weimarer Kunstideal. Einzig Wilhelm Emrich (1979) fragt nach der Rolle des künstlerischen "Genius" in der "modernen [...] Gesellschaft" (S.48). Weil er aber beide Begriffe in starrer Entgegensetzung verwendet und auf ihre historische Präzisierung verzichtet, greift seine Fragestellung zu kurz.

126 Brandmeyer (1987), S.72.

127 A.a.O., S.82,79.

128 HA 5, S.249. Im folgenden nur mit Versangabe zitiert.

chen Sozialsynthese knüpft Eugenie von Anfang bis Ende des Dramas an ihre höfische Existenz. Die Partei der Königsgegner mit Eugenies Halbbruder an der Spitze soll durch "Des unbefangnen Herzens reines Wirken" (V.1108) loyal gestimmt werden. "Der Tugend Gegenzauber wirkt gewiß" (V.2065), lautet ihre Losung; und als sie fragt, ob der Halbbruder nicht im Grunde seines Herzens auch "Zur Liebe, zur Vernunft gebildet" sei, antwortet ihr Vater: "Ich traue dir ein jedes Wunder zu" (V.563f.). Eugenie will, daß die "gefugten Elemente" des Reiches sich "wechselseitig [...], mit Liebeskraft,/ Zu stets erneuter Einigkeit umfangen". Sie setzt dieses Gesellschaftsideal – es richtet sich ausdrücklich nicht nur auf den Adel, sondern auf das gesamte "Reich" – dem bestehenden Zustand der Selbstheit entgegen: die Elemente "Fliehen sich und, einzeln, tritt nun jedes,/ Kalt, in sich selbst zurück" (V.2825ff.). In ihrem Sonett – diese Gedichtform signalisiert die Idee poetischer Selbstbeschränkung[129] – preist Eugenie den König entsprechend als "der Liebe Majestät" (V.957). Vor ihm soll jede verselbständigte Partikularität aufgehoben sein: "der einzelne", sagt sie zum Monarchen, "muß vor dir und vor sich selbst verschwinden" (V.297ff.). Wenn die Vorstellung des milden Herrschers und des treuen Untergebenen auch von einem älteren, mittelalterlichen Adelsideal abstammt, so ist dessen Aktualität, um die es in der *Natürlichen Tochter* geht, doch unzureichend erklärt, wenn man sagt, Eugenie sei vom Verfall des Reiches bloß nicht berührt und verkörpere das Ideal auf unzeitgemäß-originäre Weise. In Wahrheit ist Eugenie – wie sich zeigen wird – das Produkt eines bestimmten Erziehungsprogramms ihres Vaters und der Hofmeisterin. Eugenie hat gelernt, daß Adel, Staat und Herrscher eine moralische Aufgabe haben. In einer Zeit der moralischen Neutralität des Staates erfuhr Eugenie in ihrer Erziehung die pietistische bzw. rousseauistische Intention, den Staat als sittliche Ordnungsmacht zu erwecken.[130] Ähnlich wie bei Herder steht in Eugenies Versen der zerstörerischen Selbstheit die beschränkende und einigende Kraft der Liebe gegenüber. Die Protagonistin verlangt vom Adel,

---

129 "In der Beschränkung zeigt sich erst der Meister" besagt das Sonett *Natur und Kunst*, HA 1, S.245.

130 Vgl. Abschnitt a) dieses Kapitels; dazu G. Kaiser (1961), S.39, 59. B. Böschenstein (1990a), weist darauf hin, daß in Goethes Quelle die Verfasserin, Stéphanie-Louise de Bourbon-Conti, ausführlich über ihre persönliche Erziehung durch Rousseau berichtet. Die Rede über Eugenies "alte[n], erste[n], hochgeliebte[n] Freund/ Und Lehrer" (V.1397) sei ein Hinweis darauf: "Goethe hat sie als Tochter Rousseaus gezeichnet" (S.352). Gleichwohl spricht Böschenstein von ihrer "Nichtzugehörigkeit zur Epoche" (S.357). Dem Rousseau-Bezug zum Trotz erscheint Eugenie auch in dieser Deutung einem alt-aristokratischen, nicht modern-bürgerlichen Ideal verhaftet.

vor allem vom Herrscher, daß er diese Kraft verkörpert. Eugenie vertritt die Gesellschaftsidee der Weimarer Klassik – freilich auf naive Weise, denn sie weiß anfangs nicht um die Fiktionalität dieser Idee.

Wie stark Eugenies Sendung ist und wie heroisch sie daran festhält, wird deutlich, als sie einsehen muß, daß ihr Ideal mit der Wirklichkeit in keiner Weise übereinstimmt. Das Verbannungsurteil gegen die natürliche Tochter, die dem Halbbruder im Wege ist, trägt das Siegel des Königs; er scheint ihr daher – als idealer Herrscher – "entschwunden! Was übrig bleibt/ Ist ein Gespenst, das, mit vergebnem Streben,/ Verlorenen Besitz zu greifen wähnt" (V.2836ff.). Sie wird sich der Tatsache bewußt, daß die Institutionalisierung der Sittlichkeit ihr eigenes Werk sein muß. Sie selbst muß im König erst der Liebe Majestät wecken, und zwar erneut durch den Gegenzauber der Tugend: Wenn der revolutionäre "Umsturz" (V.2826) kommt, will sie bereit sein, den König "Und jeden, der mich ungerecht verletzt,/ In böser Stunde hülfreich zu beschämen" (V.2843f.). Die Beschämung liegt darin, daß sie trotz ihrer Verletzung nicht auf Genugtuung dringt, sondern sich dem allgemeinen Schicksal unterordnet. Durch die Rettung des Königs, der sie verbannte, will sie ihn, der auch unter dem Gesetz von Besitzstreben und Selbstheit handelt, auf die Idee der Liebe verpflichten. In dem Mut zu dieser Rettung durch Tugend liegt ihre Heroik. Obwohl Eugenie amazonenhaft "als wie ans Pferd gewachsen" (V.590) auftritt, verkörpert sie nämlich von Beginn an nicht die ältere Heroik des Schwertadels. Wenn sie in der Ankleideszene sagt: "Die Schärpe deutet Krieg, womit sich, stolz/ Auf seine Kraft, ein edler Mann umgürtet", und wenn sie aus diesem Signum das "Mutgefühl" bezieht, "Was mir begegnen kann,/ So prächtig ausgerüstet, zu erwarten" (V.1145f.), so verläßt sie sich doch einzig auf die ihr eigentümliche Kraft der Tugend, und nur das ist ihr Mutgefühl.[131] Ohne sich im Verlauf des Dramas von dieser gewaltlosen Heroik, die nach Aussage des Mönchs "Durch mächt'ges Wort, durch kräft'ge Tat" wirkt (V.2759), auch nur um eine Nuance zu entfernen, nennt sie in ihrem letzten Monolog die geplante Beschämung des Königs "kühn" (V.2841). Das heroische Moment wird in dem Drama also nicht, wie Brandmeyer sagt,

---

131 Auch hierin ist Eugenie eine zweite Iphigenie. Die Heldin des frühklassischen Dramas will nicht "wie Amazonen" das "Recht des Schwertes" den Männern "rauben und mit Blute/ Die Unterdrückung rächen" (V.1910ff.). Wenn sie fragt: "Hat denn zur unerhörten Tat der Mann/ Allein das Recht" (V.1892f.), so zielt auch sie auf ein "kühnes Unternehmen" (V.1913), das gewaltlos ist und die Gegengewalt suspendiert. Heroisch ist, wie im Fall Eugenies, der Mut zu einer fast aussichtslosen Tat. "Was mit unwahrscheinlichem Erfolg/ Der Mutigste begann" (*Iphigenie*, V.1897f.), ist allein wegen des Wagnisses Vorbild für die gewaltlos-sittliche Heroik der Frauenfiguren.

verabschiedet,[132] sondern konserviert: Eugenie bewahrt es in der Wartestellung ihrer bürgerlichen Ehe, in die sie am Ende eintritt, um der Verbannung zu entgehen.

Dem hochklassischen Ideal entsprechend, will Eugenie ihre Wirkung nicht allein durch die innere sittliche, sondern auch durch äußere Schönheit entfalten: durch die physische und durch die Schönheit des ostentativen Scheins. "Die schönste Zierde gab dir die Natur;/ Und daß der Schmuck der Fürstin würdig sei,/ Die Sorge laß dem Vater, laß dem König" (V.336ff.). In Eugenie vereint sich das Naturschöne mit dem schönen Schein sozialer Harmonie. Die ideale Ordnung der Gesellschaft, die sie mit ihrem reinen Wirken symbolisiert, soll in ihrer doppelten Schönheit auch für die "Menge" (V.1061) ästhetisch erfahrbar sein. Als Eugenie den fürstlichen Schmuck anprobiert, den sie bei ihrer Legitimation – sie ist die uneheliche Tochter von Fürstin und Herzog – tragen soll, rät ihr die Hofmeisterin zur Beschränkung auf die Seelenschönheit: "Doch deinem Herzen, deinem Geist genügt/ Nur eigner, innrer Wert und nicht der Schein". Darauf erwidert Eugenie die bekannte Sentenz: "Der Schein, was ist er, dem das Wesen fehlt?/ Das Wesen wär' es, wenn es nicht erschiene?" (V.1064ff.). Sie hält den ostentativen Schein für das natürliche Zeichen ihres guten Inneren, er veranschaulicht "Des unbefangnen Herzens reines Wirken" (V.1108). In der fürstlichen Ostentation bekundet sich darüber hinaus der Anspruch Eugenies, der Schein möge nicht allein ihrem eigenen, sondern dem Wesen der gesamten höfischen Gesellschaft entsprechen. Weil dies nicht zutrifft, ist der Schein falsch: tatsächlich fehlt ihm das Wesen.

Diese Trennung von Schein und Wesen markiert nicht nur eine Diskrepanz zwischen der Gesellschaft und deren Ideal Eugenie, sondern auch einen Widerspruch im Ideal selbst. Eugenie ist das künstliche Erziehungswerk ihres Vaters und somit ein Teil der Gesellschaft, deren Wesen ihrem Schein widerspricht. In Natürlichkeit und Schönheit der Tochter hat der Herzog sein eigenes Ich-Ideal realisiert: "Ein schön entworfnes Bild,/ Das, wunderbar, dich selbst zum zweitenmal,/ Vor deinen Augen zu erschaffen strebt" (V.1518ff.). Eugenie selbst spricht später gegenüber der Hofmeisterin aus, wie künstlich dieses angeblich natürliche Bild einer idealen höfischen Existenz, wie künstlich ihr vermittelndes Sprechen und sogar die vermeintlich angeborene Reinheit ihres Herzens in Wahrheit sind: "Du warst es, der ich dieser Worte Sinn/ Zuerst verdanke, dieser Sprache Kraft/ Und künstliche Verknüpfung; diese

132 Brandmeyer (1987), S.83ff.

Welt/ Hab ich aus deinem Munde, ja, mein eignes Herz" (V.2371ff). Das schöne Bild Eugenie ist ein gezielter Gegenentwurf zur desintegrierten Gesellschaft. Wenn sie den fürstlichen Schmuck anlegt, wird diese von Beginn an willkürliche Fiktion auf den Hof übertragen, so als sei das Idealbild die Erscheinung von dessen Wesen. In dieser Übertragung wird nur die künstliche Verknüpfung universalisiert, die auch schon das innere Problem der Protagonistin selber ist: die Identifikation des väterlichen Entwurfs mit ihrer "Natur". Wie schon in der *Iphigenie* und den *Lehrjahren* wird in der *Natürlichen Tochter* die subjektive Idee natürlicher Sittlichkeit zum Problem. Dieses Problem weitet sich zu einer drastischen Krise des klassischen Ideals aus, weil Eugenie als Symbol der Sittlichkeit für ein Gemeinwesen steht, dessen Wesen in Wahrheit unwiderruflich vom Egoismus bestimmt ist.

Die Gesellschaft der ersten drei Aufzüge ist ein Schauplatz der Privatinteressen. Alle dort vertretenen Stände handeln nach der bürgerlichen Maxime persönlicher Bereicherung, die noch wichtiger ist als der politische Machtgewinn.[133] Der Sekretär strebt stellvertretend für die bürgerlichen Höflinge nach "Stadt"- und "Land"-Besitz (V.670/75), nach "Rente" und Geldvermögen (V.682f.). Auch das Ziel von Eugenies Halbbruder ist, der Schilderung des Sekretärs zufolge, nicht unmittelbar die Usurpation, sondern die Akkumulation von privatem Besitz. Seine Handlungsmaxime ist die "des Reichen": "Genug besitzen hieße darben. Alles/ Bedürfte man!" (V.776ff.). Und "Selbst der Geistliche vergißt,/ Wohin er streben soll und strebt nach Gold" (V.764f.). Um dieses Hauptinteresse durchsetzen zu können, schließen die einzelnen sich zur "Partei" zusammen (V.714, 1109) und verfolgen das politische Ziel, mit "mächtiger Parteigewalt" sich "an die Stelle der Gebietenden/ [...] einzudrängen" (V.1256ff.).

Der Weltgeistliche fragt den Sekretär: "andre streben auch,/ Euch widerstrebend, nach demselben Zweck./ So untergrabt ihr Vaterland und Thron;/ Wer soll euch retten, wenn das Ganze stürzt?" (V.1259ff.). Aus dieser Frage spricht – auch wenn der Weltgeistliche sich anschließend an der Intrige beteiligt – die oben skizzierte Überzeugung, daß jede Individuation Vergesellschaftung und ein Allgemeines voraussetzt, dessen Mißachtung den Untergang des selbstischen Individuums herbeiführen kann. In diesem Sinne will sich die Hofmeisterin den Egoismen der Intriganten zunächst widersetzen und gemahnt an eine höhere Gewalt, die über Schuld und Unschuld richtet (V.851f.). Der Sekretär hält ihren

---

133 So auch Uerlings (1987), S.104ff.

Widerstand angesichts der Stärke und Universalität des partikularen Strebens für aussichtslos und entgegnet: "Hier denke nicht zu raten, nicht zu mildern;/ Kannst du nicht mit uns wirken, gib uns auf" (V.783f.). Auch Eugenie selbst hat nicht die Spur einer Chance, ihren Halbbruder – der in dem Drama nicht einmal auftritt – mildernd zu beeinflussen. Vielmehr wird sie zu "des Haders Apfel" zwischen den "zwei Parteien" (V.1776f.).

Eugenies Vater wechselt nämlich von der Partei der Königsgegner zu den Loyalen: er "Entwirft geheime Pläne, nähert sich/ Dem Hofe wieder und entsagt zuletzt/ Dem alten Groll, versöhnt sich mit dem König", aber nur unter der "Bedingung: dieses Kind/ Als Fürstin seines Stamms erklärt zu sehn" (V.749ff.). Eugenie erhält bei diesem Tausch den "Wert/ Der Erdengüter" (V.758f.); sie ist für den Herzog das Äquivalent eines bestimmten Machtzuwachses. Ihr Vater träumt sogar von der Machtergreifung: Als der Weltgeistliche ihm erzählt, die – in Wahrheit entführte – Tochter Eugenie sei tot, und ihn auffordert, den Schmerz zu begraben, um "im nahen Sturmgewitter" der Revolution "das falsch gelenkte Steuer zu ergreifen" (V.1661f.), lehnt der Herzog dies mit der entlarvenden Begründung ab: "Sie ist dahin, die schmeichlerische Kraft/ Die meinen Geist in holde Träume sang" (V.1677f.) – allein die Kraft der an Eugenie geknüpften Selbstentwürfe vermochte seinen Herrschertraum zu beflügeln. Das Machtstreben des Herzogs wird dessen eigenem Sohn gefährlich, der zudem die Teilung des Erbes mit Eugenie verhinden will. Er läßt die Halbschwester entführen mit dem Ziel, sie kraft des – echten oder gefälschten, das bleibt offen – königlichen Siegels zu verbannen. Ins Kloster soll Eugenie vorsichtshalber nicht gebracht werden, denn: "wir mögen solch ein Pfand/ Der Geistlichkeit nicht anvertrauen, die/ Es leicht als Werkzeug gegen uns gebrauchte" (V.805ff.). Die Protagonistin ist, wie Sigurd Burckhardt treffend sagt, "gänzlich zum Mittel geworden und kann eben darum nicht mehr wahrhaft vermitteln".[134]

Eine allgegenwärtige Form des Interessenhandelns ist die Verstellung. Sie besteht nicht nur im Verbergen bestimmter Interessen, sondern in der heuchlerischen Anerkennung der bestehenden Ordnung. Verdeckt wird eine "Gewalt", die nach dem Urteil der Hofmeisterin "Dem Staate selbst" gefährlich werden kann, wenn die "Schranke der Verstellung" bricht (V.1788f.). Genau in diesem Sinne verstellt sich Eugenies Vater, wenn er die bevorstehende fürstliche Legitimation der Tochter als Stützung des Staates ausgibt. "Das Große wie das Niedre nötigt uns,/

---

134 Burckhardt (1960), S.33.

Geheimnisvoll zu handeln" (81f.), sagt der Herzog gleich im ersten Auftritt zum König. Die Ironie der Szene liegt darin, daß der Herzog sein eigenes Geheimnis, nämlich die Existenz der unehelichen Tochter, dem König zwar anvertraut, daß diese Offenheit aber selbst nur eine Verstellung ist: während der König meint, daß "hier ein Freund dem Freunde" sich nahe, "Verschloßnen Busen traulich öffnend" (V.38f.), verfolgt der Herzog sein Machtkalkül und hält geheim, *warum* er das Geheimnis um Eugenie ausspricht.[135] So ist denn auch die Geste der Subordination, von Eugenie als Aufhebung 'selbstischer' Interessen gemeint, als Handlung ihres Vaters bloße Heuchelei. Während die Tochter dem König "Schwäche" (V.441) demonstrieren will, kommt dies für den Herzog nur in Betracht, "Sobald er unsre Stärke nicht verkennt" (V.442). In der Tat erkennt der König die Stärke des Herzogs – dieser könnte eine wichtige Rolle unter den Königsgegnern spielen – und läßt sich deshalb auf den Handel 'Legitimation Eugenies gegen Loyalität' ein. Vielleicht tut er es auch nur zum Schein – dafür spräche sein Siegel auf dem Verbannungsdekret. Das Stück läßt dies alles offen, denn das Ziel ist nicht die genaue Erhellung der Interessen, sondern die Darstellung eines undurchschaubar bleibenden Geflechts ihrer verstellten Äußerung.

In dieses Geflecht ist auch die natürliche Tochter verstrickt. Die in Eugenie lebendige Idee der höfischen Gesellschaft als einer sittlichen Gemeinschaft wechselseitiger Stützung ist nämlich ein Teil der Verstellung selbst, eine Ideologie, mit der ihr Vater sein Machtstreben für ein Handeln nach allgemeinen Interessen ausgibt. Er möchte, sagt er zu Eugenie in rousseauistischer Wehmut, "ins Paradies,/ Das dich umgab, am Abend wiederkehren,/ Zu deiner Unschuld heil'gem Vorgefühl/ Mich, von der Welt gedrängter Posse, retten" (V.471ff.). Auch wenn der Herzog selbst an die Vision einer durch die Tochter wiedergewonnenen Unschuld glaubt, so ist das doch höchstens die halbe Wahrheit seiner Pläne und daher mindestens eine halbe Lüge. Die Halbwahrheit ist nicht als gezielte Täuschung zu verstehen. Der Herzog scheint an seine hehren Ziele zu glauben; doch weil das Ideal der Liebesgemeinschaft keinerlei Realitätsgehalt und Wirkungskraft hat, muß es automatisch in den

---

135 Allerdings spielt der König die Verstellung mit. Als er längst weiß, wer Eugenie ist, stellt der Herzog sie ihm vor. Der König tut überrascht: "Deine Tochter?" (V.256). Womöglich ist seine erste Überraschung genauso falsch. Ungewiß wird, ob er nicht von Beginn an um die Herkunft Eugenies und um die Pläne ihres Vaters weiß. Der König muß selbst im Parteienstreit taktieren und darum sein Wissen und die eigenen Pläne verbergen: "Geheimnis nur verbürget unsre Taten;/ Ein Vorsatz, mitgeteilt, ist nicht mehr dein", so lautet auch seine Maxime (V.411f.).

Dienst der Partikularinteressen treten. Sie sind das Wesen der Gesellschaft, das der schöne Schein verbirgt. Über diese ideologische Funktion des Ideals täuscht der Herzog sich selbst und die Tochter.[136]

Auf eine solche Weise ideologisch ist nicht allein der Entwurf von Eugenies natürlicher Unschuld, sondern der Naturbegriff in dem Drama überhaupt. Eugenie ist in eben jenem Bereich erzogen worden, den ihr Vater anfangs – in einer für Goethe beispiellos negativen Verwendung des Begriffs – das "Bollwerk der Natur" nennt: "Hier dränget sich der Unzufriednen Stimme,/ Der Unverschämten offne Hand nicht nach" (V.22ff.) – so sagt er zum König und öffnet wenig später zum Schein den "verschloßnen Busen", in Wahrheit aber die fordernde Hand. Die Natürlichkeit dieses Bezirks ist das Allerkünstlichste: ein mit militärischer Metaphorik charakterisierter Schutzwall gegen Schuld und Intrige, zugleich aber selbst eine "Schranke" der Verstellung. Das Ideal der natürlichen Sittlichkeit erweist sich nicht nur als eine willkürliche Setzung, die auf einer rein subjektiven Idee beruht und die Objektivität deshalb verfehlt. Es erweist sich darüber hinaus als eine Ideologie, die im Dienste eben jener Partikularität steht, gegen die sie sich richten sollte.[137]

Die Reichsstadt der beiden letzten Aufzüge ist ein Gegenbild zum Hof. Eugenie findet hier Schutz vor der rechtlosen "Gewalt" (V.1748) ihrer Verbannung. Zum Gerichtsrat, ihrem späteren Gatten, sagt sie in Erwartung eines solchen Schutzes: "Allmächtig ist sie nicht, die obre Macht./ Gewiß! Dir gibt die Kenntnis jener Formen,/ Für Hohe, wie für Niedre gleich verbindlich,/ Ein Mittel an" (V.2067ff.). Das gefundene Mittel ist der Ehevertrag: "Als Gatte kann ich mit dem König rechten" (V.2209). Ein Grundsatz des modernen bürgerlichen Rechts ist in diesen Versen angesprochen: die Generalität. "Seinem Anspruch nach soll das moderne Recht aus allgemeinen Normen bestehen, die grundsätzlich keine Ausnahmen und keine Privilegierungen zulassen".[138] Wenn Eugenie das Rechtsmittel eine "Form" nennt, spricht sie einen zweiten Grundsatz

---

136 Deshalb muß B. Böschenstein (1990b) widersprochen werden, wenn er schreibt, die "Dichotomie von Paradies, wo Eugenie heranwuchs, und krankhafter, lähmender Posse der Welt" sei im Drama "undialektisch" als "unvermittelte Polarität" entfaltet (S.375f.). Die Vermittlung liegt in der immanenten Ideologiekritik des Stückes.

137 Dies verkennt Emrich (1979), wenn er für das "zentrale Thema des Trauerspiels" die Frage hält, ob in der "von ökonomischen Machtinteressen dirigierten Gesellschaft [...] der göttergleiche Genius, der wahrhaft – nicht durch gesellschaftliche Konvention – Wohlgeborene legitim wirken" kann (S.48). Eugenies Wohlgeborenheit ist eine Fiktion von extremer Konventionalität und Funktionalität. Die Frage ist nicht, ob das Ideal legitimierend wirken kann, sondern ob es selbst überhaubt Legitimität hat.

138 Habermas (1976), S.265.

aus: die Formalität. Denn "anstelle einer positiven Regelung über konkrete Pflichten und materielle Gebote" verfährt das moderne Recht "negativ auf dem Wege der Einschränkung von prinzipiell anerkannten Berechtigungen": die "Willkürfreiheit der Rechtspersonen in einem sittlich neutralisierten Bereich privater, aber mit Rechtsfolgen verknüpfter Handlungen wird vorausgesetzt".[139] Die Gewalt der einzelnen, die ihre Interessen verfolgen, wird vom Recht, also mittels der Staatsgewalt, nicht unterbunden, sondern in bestimmten legalen Formen gehalten. Am Beispiel des Ehegesetzes beschreibt der Gerichtsrat die Gewalt, die dem Ehemann aufgrund der bloßen Einschränkung seines privaten Handelns zugestanden wird: auch der "Böse" hat das Recht hinter sich, wenn er als "Tyrann die holde Gattin kränkt" (V.2190ff.). – "Welch Gesetz,/ Welch Tribunal erreicht den Schuldigen?" (V.2197f.).[140] Moralische und rechtliche Schuld sind zweierlei.[141] Die höfische Sphäre der drei ersten und die städtische Sphäre der beiden letzten Aufzüge ähneln und unterscheiden sich zugleich. In beiden Fällen verfolgen alle Gesellschaftsmitglieder ihre Einzelinteressen, zudem eignet ihrem durchgängig von Besitzstreben geprägten Handeln ein deutliches Gewaltmoment. Auch das "Städteleben" ist nach den Worten des Mönchs ein "Pfuhl der Selbstigkeit" und ein "Wust verfeinerter Verbrechen" (V.2772ff.). Die Rechtsschranke führt in der Reichsstadt zu feineren Erscheinungsformen der Gewalt, während diese am Hof allein durch die Parteibildung und die Verstellung der Etikette eingeschränkt wird – also durch informelle Reglements, die im Unterschied zum modernen Recht jederzeit vom Mächtigeren aufgekündigt werden können. Das Drama ist keine "Immanenztragödie innerhalb der Adelswelt",[142] und es zeigt im Gerichtsrat auch nicht die "äußerste Depotenzierung eines Bürgers der Revolutionszeit".[143] In einer Art Gleichzeitigkeit des Ungleichzeitigen führt das Stück vielmehr zwei Phasen der Verbürgerlichung vor: die krisenhafte Prägung eines absolutistischen Staates durch typisch bürgerliche Handlungsorientierungen und die rechtliche Regelung und Einschränkung solcher Orientierungen in einer Handelsstadt.

---

139 A.a.O., S.264.

140 Der vorklassische Schiller hätte auf diese Frage geantwortet: "die Schaubühne": "Die Gerichtsbarkeit der Bühne fängt an, wo das Gebiet der weltlichen Gesetze sich endigt" (NA 20, S.92). Eugenie ist am Ende des Dramas nahe daran, ins bürgerliche Trauerspiel einzutreten (s.u.).

141 Auch Uerlings (1987) zeigt hieran die "Trennung von Legalität und Moralität" (S.109).

142 Mayer (1973), S.40.

143 Brandmeyer (1987), S.99.

Auch in der Sphäre verrechtlichter Gewalt kann Eugenie ihrer Bestimmung, eine sittliche Ordnung zu symbolisieren, nicht folgen. Das einschränkende Recht basiert auf einer unhintergehbaren sittlichen Neutralität seiner Normen. In den ersten Aufzügen scheitert die Gesellschaftsidee des klassischen Symbols an der Übermacht der Partikularinteressen, in den letzten widerspricht ihr die bloße Formalität der Einschränkungen.[144] Gleichwohl wird Eugenie auch hier eine bestimmte ideologische Funktion zugeschrieben. In doppelter Weise soll sie Mängel eines formal-rational durchorganisierten Lebens kompensieren. Erstens in der Stilisierung zur Schicksalskraft. Der Gerichtsrat, der schon länger mit sich "zu Rate" ging und "nach einer Gattin sann", weil er sich in "Vermögen, Stand, Geschäft" doch "einsam" fühlt (V.2158ff.), zögert zunächst, sich "übereilt" zur Ehe mit Eugenie zu "entschließen". Er hält es für "Frefel", die "Unbekannte" zu "wählen" (V.1820ff.), und räsoniert angesichts ihrer Notlage: "In solchem Fall zu werben ist es redlich?" (V.1830). Die schließliche Entscheidung stilisiert er dann jedoch zum Einschuß einer höheren Kraft in sein Leben: "Gefühl", "Augenblick" und "Herz" sagen ihm: "Ein Mann, der dich gesehen, irrt nicht mehr" (V.2150ff.) – "du erschienest, ich empfinde nun/ Was ich bedurfte. Dies ist mein Geschick" (V.2166f.). Das Geschick ist nicht die Suspendierung seiner Kalküle, sondern fungiert als Substitut dort, wo der Verstand selbst nach reiflicher Überlegung keine Antwort findet. Es ist, wie die musikalische Aleatorik am Ende der Serialität, die ultima ratio. Eugenie äußert nach der Rede vom Geschick daher die treffende Vermutung: "Betriegst du dich nicht selbst?" (V.2174). Zweitens soll Eugenie – und das ist hier entscheidend – die bürgerliche Tugend verkörpern, um die sittliche Neutralisierung des zweckrationalen Interessenhandelns in der jeweiligen Privatheit zu kompensieren: "Wenn Tugend, wenn Verdienst den Tüchtigen/ Nur langsam fördern", dann "führt ein edles Weib ihn leicht an's Ziel" (V.2284ff.). Eugenie sieht in dieser privaten tugendhaften Leitung eine Depravation, eine Verfehlung ihrer Aufgabe, das Allgemeine darzustellen: "Der Gatte zieht sein Weib unwiderstehlich/ In seines Kreises abgeschloßne Bahn/[...]/ Aus höhern Sphären lockt er sie hernieder./ Verschwunden ist die frühere Gestalt,/ Verloschen jede Spur vergangner Tage" (V.2295ff.).

Würde Eugenie die Ehe mit dem Gerichtsrat tatsächlich leben, so markierte dies literaturgeschichtlich einen Rückschritt von der symboli-

---

144 Ob und wie Eugenie ihre Idee der Liebesgemeinschaft in der vom bürgerlichen Recht geprägten Sphäre zur Geltung bringen könnte, wird in dem Drama allerdings nicht durchgespielt.

sierten Sittlichkeit des klassischen Dramas in die verhandelte Moralität des bürgerlichen Trauerspiels. In sozial- und geistesgeschichtlicher Perspektive würde man dann sagen können, das klassische Ideal kehre von einem gescheiterten Ausflug in die "höhere Sphäre" des Staates, der eine sittliche Ordnungsmacht nicht werden kann, zu seiner Wiege im bürgerlichen Privatbezirk zurück. Obwohl dieser Rückzug ins Private dem Stellenwert der Moral in der bürgerlichen Gesellschaft entspräche, hat das Drama einen anderen Schluß: Eugenie erfährt nicht, wie Hans R. Vaget meint, eine "Integration" ins bürgerliche Leben.[145] Vielmehr geht sie in die Einsamkeit, verweigert sich ihrem Gatten und wartet auf die "Stunde" hilfreich-beschämender Staatsintervention. Zugleich stellt sie dem Gerichtsrat in Aussicht: "Auch solch ein Tag wird kommen, uns, vielleicht,/ Mit ernsten Banden, enger, zu verbinden" (V.2917f.). Wenn dies kein leeres Versprechen ist, geht sie keine bloße "Zweckehe"[146] ein. Vermutlich verheißt ihr Wort die Synthese beider Zukunftsperspektiven: Die Rückkehr an den Hof und die Verwirklichung der Ehe. In einer Fortsetzung des Dramas hätte es zweifellos Eugenies Ziel sein müssen, nach der staatlichen "Auferstehung" (V.2914) ihren Gatten in den Adelsstand zu erheben.[147] Das "vielleicht" der engeren Bindung bezöge sich auf die Ungewißheit ihrer Heimkehr. Aufgehoben wäre in Eugenies Zukunftsvision der Zwiespalt zwischen bürgerlicher Partikularität und höfischem Gesellschaftszentrum, zwischen individueller Tugend und allgemein-symbolischer Sittlichkeit sowie der literaturgeschichtliche Abstand zwischen dem bürgerlichen Drama der Aufklärung und dem der Klassik. Doch Goethe hat die geplante Fortsetzung nicht geschrieben: Wie hätte Eugenie während eines Umsturzes auch intervenieren sollen?

Das klassische Gesellschaftsideal ist zu einer Ideologie im Dienste allgegenwärtiger und nur negativ durch das formale Recht beschränkter Einzelinteressen geworden. Es hilft, das partikulare Ziel zum allgemeinen zu verklären oder nährt, wo die Schuld des eigennützigen Handelns nicht verdeckt werden kann, wenigstens die Illusion einer möglichen Rückkehr in den paradiesischen Stand der Unschuld. Das Ideal wird schließlich zum Surrogat der öffentlichen Sittlichkeit, zum Leitbild

---

145 Vaget (1980), S.210.

146 Brandmeyer (1987), S.90.

147 Darauf deutet im Schema der Fortsetzung eine Skizze zu der geplanten Annäherungsszene zwischen Eugenie und dem Gerichtsrat: "E. Gefühl ihres Hingebens./ G. Wunsch ihrer würdig zu sein." Anschließend soll der offenbar vor einer höfischen Zukunft stehende "G." den Fehler begehen: "Enthusiastischer Blick in eine neue Carriere". Darauf "E. Entsetzen über die Entdeckung" (WA I,10, S.449).

privater Tugend.[148] In jeder Hinsicht droht es der Verselbständigung des Einzelnen anheimzufallen, gegen die es ursprünglich gerichtet war. Allein der Rückzug Eugenies vom gesellschaftlichen Leben rettet das kritische Potential ihrer Gesellschaftsidee und damit das positive Moment der Ideologie: den falschen Selbstentwurf der Gesellschaft als deren Maßstab.

Das gesellschaftliche Schicksal Eugenies hilft die Bedrohung des Idealschönen im *Faust* zu beleuchten. Die an der *Natürlichen Tochter* aufgezeigte Vereinnahmung des Ideals durch universell gewordene Einzelinteressen ist der geschichtliche Hintergrund jener ästhetischen Unterminierung des Schönen durch das Häßliche, die sich an dem drei Jahre zuvor geschriebenen *Helena-Fragment* zeigte: Die Repräsentantin der Schönheit und der harmonischen Ordnung ist dort abstrakt gegen das Häßliche gesetzt, das für den Schrecken, die Auflösung und die Gewalt der Selbstheit steht. Das Schöne muß zu einer "Fratze" werden, denn gerade in der starren Entgegensetzung wird es insgeheim vom Häßlichen bestimmt. Im *Faust I* findet Goethe keine Lösung dieses Problems: die Wechselbestimmung von Schönem und Häßlichem kommt über die Negation des Ideals nicht hinaus. In der *Natürlichen Tochter* wird der positive Gehalt des Ideals durch dessen Abschottung gegen die feindliche Realität bewahrt. Die Rückvermittlung beider Seiten bleibt dort ein offenes Problem; die ungeschriebene Fortsetzung hätte es lösen müssen. Aber das letzte der Weimarer Dramen lotet die sozialhistorischen Probleme der Klassik besonders tief aus. Rückhaltlos thematisiert es die Krise des Ideals, und das ist die Voraussetzung für dessen Rückvermittlung mit den Gegenkräften im *Faust II*, wo sich eine Dialektik zwischen der klassischen Ordnung und ihrer romantischen Auflösung entwickelt.

e) Vom Symbol zur Allegorie – Krise der klassischen Form (*Die natürliche Tochter*)

Im *Helena-Fragment* war das Schöne abstrakt gegen das Häßliche gesetzt und mußte deshalb zur Fratze, also selbst häßlich werden. Das hatte Folgen für die Form: Der geplante dramatische Höhepunkt, an

---

148 Man kann sagen, daß diese drei werkimmanenten Funktionalisierungen der Eugenie-Figur Funktionalisierungen der Weimarer Klassik in der späteren Rezeptionsgeschichte vorwegnehmen: In ihrem Zeichen wurde die Gegenwart idealisiert, ein Auftrag künftiger Vollkommenheit formuliert oder bloß das alltägliche Handeln normiert.

dem Fausts unendliches Streben durch die Wirkung des Schönen hätte begrenzt werden sollen, wurde zu einer Station innerhalb der epischen Szenenfolge. In der *Natürlichen Tochter* steht das Schönheitsideal den zerstörerischen Kräften ebenfalls antithetisch gegenüber und wird von ihnen bestimmt, indem das Bild des harmonisch geordneten Ganzen zur partikularen Ideologie wird. Auch hier gibt es eine formale Konsequenz, die später im *Faust II* bedeutsam ist: Das Symbol verwandelt sich in eine Allegorie. Dies geschieht auf zweifache Weise.

Bei dem ersten Verwandlungsmodus wird Eugenie von einem Symbol des harmonisch geordneten zu einer Allegorie des fragmentarischen und vergänglichen Lebens. Dieses Scheitern des klassischen Symbols kündigt sich schon in den frühen Vorzeichen des gesellschaftlichen Sturzes der Heldin an. In der Ankleideszene des zweiten Aufzugs erblickt die Hofmeisterin in Eugenies fürstlichem Kleid "Kreusa's tödliches Gewand" (V.1042). Diese Anspielung verweist sehr präzise auf die Gefahr, in die Eugenie durch ihre geplante Legitimation gerät. Kreusa erhielt ihr Gewand, das sich beim Ankleiden entzündete, von der Nebenbuhlerin Medea als Brautgeschenk. Der ostentative Schein, vermeintlicher Ausdruck der schönen harmonischen Ordnung, verwandelt sich in ein Zeichen von tödlichem Zwist. Ähnlich deutet der Herzog Eugenies Reitunfall zu Beginn des Dramas: "Das Ziel erreichst du; doch des falschen Kranzes/ Verborgne Dornen ritzen deine Hand" (V.458f.). Statt des Lorbeers erhält Eugenie eine Dornenkrone, statt des römisch-antiken Zeichens der Verewigung ein christliches Zeichen der Vergänglichkeit.

Eine entsprechende Verwandlung zeigt sich auch an der Parkanlage, die der Herzog zu Ehren seiner Tochter plant und die er nach ihrem vermeintlichen Tod anders abschließen will. An der Stelle, wo sie zunächst stürzte und dann vom König informell bereits erhoben wurde, soll ursprünglich "ein Tempel aufstehn, der Genesung,/ Der glücklichsten, gewidmet": "Zum ew'gen Denkmal weih ich diesen Ort" (V.615ff.). "Der überraschte Wandrer fühlt sich hier/ In's Paradies versetzt. Hier soll kein Schuß,/ Solang' ich lebe, fallen" (V.623ff.). Die verewigte Friedlichkeit des Ortes weist den antikisierenden Tempel für das "Götterbild" Eugenie (V.1535) als Kultstätte jener harmonischen Ordnung aus, die von der Tochter symbolisiert wird: "Ebenmaß und Ordnung will den Raum/ Verherrlichen, der mich so hoch beglückt" (V.1576f.). Das Glück des Herzogs rührt vor allem aus der Tatsache, daß der König Eugenie "an seine Brust geschlossen" hat (V.1575). Als sie entführt wird, damit sich das Glück des Herzogs nicht erfüllt, läßt ihr Vater, der sie für tot hält, die Arbeiten an der Tempelanlage abbrechen: "Halb vollbracht,/ Soll dieser Plan, wie mein Geschick erstarren!/ Das Denkmal nur, ein Denkmal will ich stiften,/ Von rauhen Steinen, ordnungslos, getürmt" (V.1578ff.). Hatte der Park ursprünglich die Aufgabe, die Erfahrung einer harmonisch geordneten Natur künstlerisch zu verewigen, so versinnbildlicht die unvollendete Stätte Unordnung, Zerstörung und Vergänglichkeit. Die Zweige sollen sich "wild verflechten", "Der junge Busch zum Baume sich erheben" (V.1588ff.). Damit ist auf die soziale Konfusion angespielt, die Verflechtung der Bestrebungen und die Erhebung der unteren Stände. Selbst um die erhoffte Position in der Ordnung gebracht, wünscht der Herzog sich Unordnung und Zerstörung herbei: "Verhaßt sei mir das Bleibende, verhaßt,/ Was mir in seiner Dauer Stolz erscheint,/ Erwünscht was fließt und schwankt" (V.1320ff). Daraufhin malt er ein Bild von Flut und Krieg, das der späteren Revolutions- und Untergangsvision des Mönchs (V.2783ff.) ähnelt: Der "Strahl des Himmels" möge "der kühnen Türme sichres Haupt" treffen. "Zertrümmr', entzünde sie und geißle weit,/ Im Stadtgedräng, der Flammen Wut umher" (V.1329ff.). Da Eugenie, Symbol der geordneten Welt und der erhofften hohen politischen Bedeutung des Herzogs, "zerschmettert" ist (V.1507), wünscht ihr Vater sich auch die ganze Welt zertrümmert. Der Park ist als Zeichen der leblosen Welt "Wüste". Er ist der "Trauersitz" (V.1586), in dem der Herzog nun nicht mehr sein Glück, sondern seinen "Schmerz verew'gen" will (V.1569). Tempel und Denkmal des ursprünglichen Plans rekurrieren auf antike Darstellungen der unsterblichen Götter. Nun, da die "Elemente" das "Götterbild" vermeintlich "zerstören", bleibt das Denkmal Fragment, Ruine und versinnbildlicht die Sterblichkeit des in der Welt erschienenen Götterbilds. Der Stilisierung Eugenies zum antiken Ideal folgt – darauf deutet schon die Dornenkrone hin – die Verschiebung dieser Projektion zur Christusfigur.

Mit Vergänglichkeit, Trauer und Ruine ist das Inventar barocker Allegorik zitiert. Der "Kultus der Ruine", den hier der Herzog pflegt, entspricht genau der Einstellung der barocken Dramatiker zu Natur und Geschichte: "Natur schwebt ihnen vor als ewige Vergängnis, in der allein der saturnische Blick jener Generation die Geschichte erkannte. In ihren Denkmälern, den Ruinen, hausen, nach Agrippa, die Saturntiere. Mit dem Verfall, und einzig und allein mit ihm, schrumpft das historische Geschehen und geht ein in den Schauplatz. Der Inbegriff der verfallenden Dinge ist der extreme Gegensatz zum Begriff der verklärten Natur, den die Frührenaissance faßte".[149] Der Herzog verbindet die Denkmalsruine mit dem geschichtlichen Verfall, als den er die drohende Revolution deutet. Er siedelt in der Ruine seine eigene Trauer an. Er verewigt darin – im Gegensatz zur geplanten Verewigung des Augenblicks harmonisch geordneter Natur – die Vergänglichkeit: "Ich fühle keine Zeit, denn sie ist hin,/ An deren Wachstum ich die Jahre maß" (V1592f.). Die Denkmalsruine entspricht dem Bild, das der Weltgeistliche dem Herzog von der angeblich toten Tochter gibt: "Laß mich's verhehlen, wie sie durchs Gebüsch,/ Durch Felsen hergeschleift, entstellt und blutig,/ Zerrissen und zerschmettert und zerbrochen,/ Unkenntlich, mir im Arm, zur Erde hing" (V.1505ff.). Hier wird, wie im Barock, die Leiche selbst zur Allegorie: "der menschliche Körper durfte keine Ausnahme von dem Gebote machen, das das Organische zerschlagen hieß". Denn "die Allegorisierung der Physis kann nur an der Leiche sich energisch durchsetzen".[150] Die "Mortifikation des Leibes"[151] besagt, daß es dem "allegorisch Bedeutenden durch Schuld versagt" ist, "seine Sinnerfüllung in sich selbst zu finden".[152] Auf die *Natürliche Tochter* bezogen: Eugenie, in ihrer vermeintlich natürlichen "Unschuld", partizipiert von jeher an der Schuldverstrikung des Hofes. Ihr Eintritt in die Gesellschaft beginnt mit dem Reitunfall, der – zum Sündenfall stilisiert – den Austritt aus ihrem ohnehin schon künstlichen "Paradies" markiert. Ihre Entfernung aus der Gesellschaft wird schließlich, im Sinne des Barock, zur Zerstörung der schuldigen Natur stilisiert. Der Sinn, die Idee der Sittlichkeit, ist in dem ihn Bezeichnenden, in Eugenie, nicht zu finden. Der allegorische Kult um die tote Eugenie folgt den drei Intentionen, in denen nach Benjamin das Barock auf christliche Motive des Mittelalters zurückgriff, um sich gegen die Synthese von Antike und Christentum der Renaissance zu richten: "Der Kampf gegen die Heidengötter, der Triumph der Allegorie, das Martyrium der Leiblichkeit".[153]

In der Sprache der *Natürlichen Tochter* wird der organische Zusammenhang der Rede durch eine bei Goethe einzigartige, mit Kleist vergleichbare Fülle von Satzzeichen zertrennt: "Wenn, über werdend Wachsendem, vorher,/ Der Vatersinn, mit Wonne brütend, schwebete;/ So stockt, so kehrt in Moder, nach und nach,/ Vor der Verzweiflung Blick,

---

149 Benjamin (1974ff., Bd.1), S.354f. Die Richtigkeit von Benjamins Verständnis der barocken Allegorie kann hier nicht geprüft werden. Entscheidend ist seine Tauglichkeit zur Beschreibung von Barock-Anspielungen in Goethes Drama.

150 A.a.O., S.391.

151 A.a.O., S.396.

152 A.a.O., S.398.

153 A.a.O., S.394.

die Lust des Lebens" (1536ff.). Die Lust der Rede stockt, wo das organische Ideal zerstört ist: "Die, zum großen Leben,/ Gefugten Elemente wollen sich/ Nicht wechselseitig mehr, mit Liebeskraft,/ Zu stetes erneuter Einigkeit, umfangen./ Sie fliehen sich und, einzeln, tritt nun jedes,/ Kalt, in sich selbst zurück" (V.2826ff.). Benjamin gibt verwandte Beispiele für die Vereinzelung der Sprachelemente im barocken Trauerspiel und kommentiert: "Die Sprache des Barock ist allzeit erschüttert von der Rebellion ihrer Elemente".[154] Die Verselbständigung der Sprachelemente in der *Natürlichen Tochter* ist dem Zustand der Gesellschaft analog. Wegen des latenten sprachlichen Zerfalls wird die Rede besonders streng überformt. Eugenies Formel "dieser Sprache [...] künstliche Verknüpfung" (V.2372f.) ist eine genaue Charakterisierung dieser gezwungenen Synthese. Die Sprache des Dramas verhält sich zur Idee des klassischen Stils wie die höfische Verstellung zur Idee der organischen Gemeinschaft. Deshalb kommt auch die starrste Form des klassizistischen Dramas, die Stichomythie, so gehäuft vor. Alles, was die Theaterwirksamkeit der *Natürlichen Tochter* beeinträchtigt, hat seine innere, klassizismuskritische Notwendigkeit.[155]

Die zweite Verwandlung des Symbols in eine Allegorie geschieht im Modus der Desillusionierung. Bei Eugenies Scheitern wird offenbar, daß schon ihrer Erziehung zur Repräsentantin einer harmonischen, zwanglosen Ordnung ein willkürlicher Entwurf zugrunde liegt, der im Sinne von Goethes späteren Definitionen allegorisch ist. Eugenie soll das natürliche Bild der objektiven Gesellschaftsidee geben, doch sie ist nur – wie Goethe über die Allegorie sagt – ein Bild des subjektiven Begriffs,[156] den ihr Vater und die Hofmeisterin von der Idealität haben. Sie ist kein Symbol, bei dessen Erfahrung man das "Besondere lebendig faßt" und dabei "das Allgemeine schaut", sondern eine Allegorie, die entsteht, wenn man zu einem vorausgesetzten "Allgemeinen das Besondere sucht".[157] Eugenie ist der gesuchte Inbegriff einer fälschlich unterstellten allgemeinen Ordnung. Das Klassische erweist sich selbst als allegorisch – nicht im barocken Sinne des Zerfalls und der Vergänglichkeit, son-

---

154 A.a.O., S.381.

155 B. Böschenstein (1990b) spricht in diesem Zusammenhang von einer "Selbstbezweiflung der Klassik" (S.364) und demonstriert die Nähe zur "allegorisierende[n] Sprache der epigonalen Spätform französischer Tragödie", insbesondere zu Voltaires *Tancred*, den Goethe übersetzte (S.350).

156 Vgl. MuR 1112f.; vgl. Abschnitt c) dieses Kapitels.

157 Vgl. MuR 279. Goethe bezeichnet in diesem Zusammenhang Schiller als allegorischen, sich selbst als symbolischen Dichter.

dern im Sinne einer willkürlichen Setzung oder – mit dem Diktum der Protagonistin – einer "künstlichen Verknüpfung".

Dieser rein subjektive Status wird besonders deutlich, als der Herzog beschließt, der barocken Fragmentierung zum Trotz das Bild der Tochter in seinem Inneren als Ganzheit zu bewahren. Auf den Rat des Weltgeistlichen hin imaginiert er Eugenies Wiederauferstehung in "Des Menschen Geist, dem nichts verloren geht,/ Was er, von Wert, mit Sicherheit besessen" (V.1700f.). Im Geist ihres Vaters hat sie "ein unzerstörlich Leben" (V.1711). Während nach ursprünglicher christlicher Vorstellung das ewige Leben ein jenseitiges ist, wird es hier in der subjektiven Innerlichkeit verortet. Das ist nur konsequent. Der Weltgeistliche sagt: "So lebt Eugenie vor dir, sie lebt/ In deinem Sinne, den sie sonst erhub,/ Dem sie das Anschaun herrlicher Natur,/ Lebendig, aufgeregt, so wirkt sie noch,/ Als hohes Vorbild" (V.1702ff.). Daß die postmortal verinnerlichte Eugenie auf dieselbe Weise wirkt wie die lebendige, entspricht genau der Tatsache, daß sie ohnehin nie etwas anderes verkörpert hat als den Geist ihres Vaters. Der Herzog beklagt, "daß die Elemente nun,/ Von keinem Geist der Ordnung mehr beherrscht,/ Im leisen Kampf das Götterbild zerstören", während "über werdend Wachsendem, vorher,/ Der Vatersinn, mit Wonne brütend, schwebte" (V.1534ff.). Der vermeintlich objektive Geist der natürlichen Ordnung ist der subjektive Geist selbst, der wonnig-gluckenhaft brütende Vatersinn. Er "beherrscht" Eugenie, damit sie zum "Götterbild" wird. Dies ist eine Selbstvergötterung, denn ihr "schön entworfnes Bild" stellt zugleich den Vater "selbst zum zweitenmal" dar (V.1518f.). Weil er in Eugenie nie etwas anderes als sich selbst besessen hat, kann sie diesem Geist fürwahr nicht verlorengehen.

Das "hohe Vorbild" Eugenies, sagt der Weltgeistliche, "schützet vor Gemeinem,/ Vor Schlechtem dich, wie's jede Stunde bringt,/ Und ihrer Würde wahrer Glanz verscheuchet/ Den eitlen Schein, der dich bestechen will" (V.1706ff.). Der Herzog stimmt zu und spricht das Schlußwort des dritten Aufzugs: "Du bist kein Traumbild, wie ich dich erblicke;/ Du warst, du bist. Die Gottheit hatte dich/ Vollendet einst gedacht und dargestellt./ So bist du teilhaft des Unendlichen,/ Des Ewigen und bist auf ewig mein" (V.1721ff.). Die böse Ironie dieser Stelle liegt darin, daß der Herzog auf das "Gemeine" und "Schlechte", das auch diese "Stunde bringt", hereinfällt, nämlich auf die Lüge des Weltgeistlichen. Der "eitle Schein" kann deshalb nicht verscheucht werden, weil "ihrer Würde wahrer Glanz" eben doch ein "Traumbild" ist: Die "Gottheit", die Eugenie "vollendet einst gedacht" hatte, ist bloß die väterliche selbst. Die bornierte Subjektivität des Herzogs ist vollends wirklichkeitslos. Der Tod seiner Tochter ist eine Lüge, ihre Wiederauferstehung in seinem Geist pure Imagination; und die Imagination "schützet" ihn tatsächlich, im Sinne einer Abschottung gegen die Realität, vor dem "Gemeinen" der Lüge: Diese kann er weder wahrnehmen noch ahnen, sobald er sich bei der Gewißheit geistiger Bewahrung der Tochter beruhigt. Das Wahnsystem ist geschlossen.[158]

Eugenie, der Idee nach eine symbolische Figur, wird in der Perspektive ihres Vaters zweifach zur Allegorie. Als Lebende und als Wiederauferstandene verkörpert sie eine klassizistisch-allegorische Setzung des Ideals. Als vermeintlich Tote verkörpert sie die barockisierend-allegorische Negation des Ideals. Die beiden allegorischen Bilder alternieren im Bewußtsein ihres Vaters, dessen Entwurf sie ist. Der Ausgang des Dramas eröffnet aber eine andere Perspektive, nämlich die Überwindung der allegorischen Bilder. Eugenie will vom metaphorischen Tod real und nicht nur in der Imagination wiederauferstehen: Sie läßt sich "in Hoffnung einer künft'gen,/ Beglückten Auferstehung [...] begraben" (V.2913f.) – gemeint ist mit dem Grab die bürgerliche Ehe. Beide Perspektiven ihres Vaters werden an die Objektivität gebunden. Zum einen hat die Rede von Eugenies Tod nun eine Berechtigung: für die Symbolfigur einer sittlichen Ordnung ist kein Platz im gesellschaftlichen Leben, weil die Trennung von der Gesellschaft den Tod ihrer Idealität bedeutet. Diese Rede blieb innerhalb der bloß subjektiven Idee unwahr; erst die bestimmte gesellschaftliche Bedeutung bringt das Wahrheitsmoment ans Licht. Das gilt zum anderen auch für das Bild der Wiederauferstehung. Nicht im subjektiven Geist, sondern nur in der Objektivität – wenn auch in ungewisser Zukunft – kann das Ideal zurückkehren. Eugenie plant die Wiedererweckung des Staates durch die Erneuerung ihrer einigenden sittlichen Kraft. Sowohl die Abschottung des subjektiv gesetzten Ideals von der Objektivität als auch die Mortifikation der organischen Harmonievorstellung sollen überwunden werden. Der Fluchtpunkt des Dramas ist eine doppelte Resymbolisierung der Allegorie.

Dieser Fluchtpunkt wird aber nicht gestaltet, sondern nur angedeutet. Die Einsamkeit Eugenies in der Ehe und ihre Trennung von der Gesellschaft, in der das Ideal keine positive Rolle spielt, entsprechen der klassischen Hinwendung zur Objektivität noch nicht. Die Protagoni-

---

158 Der "Vorgang der Vergeistigung, der Vergöttlichung Eugenies" ist also nicht, wie Böschenstein (1990b) sagt, die Tendenz des 3. Aktes selbst (S.383), sondern eine Perspektive, deren Verkehrtheit an dieser Stelle offengelegt wird.

stin setzt sich am Schluß nicht mit der gegebenen, schlechten Wirklichkeit auseinander, die ihren "Tod" herbeigeführt hat, sondern wartet darauf, daß die zerstörerischen Kräfte eines glücklichen Tages einfach suspendiert werden können. Wegen der nur projizierten, nicht verwirklichten Vermittlung mit den Gegenständen enthält Eugenies Stilisierung zur Heiligen[159] das Stigma der Weltlosigkeit.

Der *Faust II* nimmt einen anderen Verlauf. Auch hier stehen sich die willkürliche Setzung des Ideals und seine Negation gegenüber, und zwar innerhalb der Auseinandersetzung von Klassik und Romantik. Aber die Resymbolisierung geschieht nicht durch die Flucht nach vorn in eine bessere Realität, sondern durch einen dialektischen Bezug beider Seiten. Die Romantik repräsentiert jene Kräfte der modernen Welt, die dem klassischen Ideal entgegenstehen. Zugleich zeigt sich innerhalb des Romantischen selbst das Bedürfnis, ein Bild der positiven Beschränkung und der zwanglosen Ordnung im Sinne des klassischen Ideals zu gestalten.

---

159 Brandmeyer (1987), S.87. Auch Iphigenie ist am Ende eine "Heilige" (V.2119), und zwar in der Perspektive Orests. Wie Eugenie plant sie die Erweckung des Herrscherhauses. Orest fällt mit dieser Stilisierung aber auf eine frühere Stufe des Dramas zurück. Arkas nennt Iphigenie zu Beginn "heilge Jungfrau" (V.65), noch bevor sie ihre Schuldverstrickung erfährt und die eigene Lüge entsühnt, um das Haus weihen zu können. Die naturhaft-ursprüngliche, heilige Reinheit wird problematisch. Diesen Prozeß hat Orest, der währenddessen Raub und Flucht vorbereitete, nicht nachvollzogen. Eugenie, zur Passivität verurteilt, hat gar keine Chance, sich einem solch aktiven Vermittlungsprozeß zu stellen. In ihrer Abgeschiedenheit kann sie sich selbst als heilig gelten.

II. *Faust II*: Der klassisch-romantische Widerstreit

II.1. Himmelan steigend, vom Boden gezeugt – Klassische und romantische Poesie im 3. Akt

Die Krise des klassischen Kunstideals resultiert daraus, daß die Symbole der schönen Harmonie und zwanglosen Ordnung abstrakt dem "selbstischen" Subjekt und der desintegrierten Gesellschaft entgegengesetzt werden. Deshalb mißlingt die Vermittlung: Das Schöne wird einseitig vom Häßlichen bestimmt, das Ideal von Partikularinteressen ideologisch benutzt. Der *Faust II* vertieft diese Problematik auf einer metaliterarischen Ebene, indem er zwischen dem klassischen Ideal und der romantischen Negation vermittelt. Wenn Goethe es 1827 als den "Hauptsinn" des Helena-Aktes bezeichnet, "daß der alte Zwiespalt zwischen Klassikern und Romantikern sich endlich versöhne",[1] so bedeutet dies: Das positiv beschränkende Schöne und die harmonische Ordnung sollten in der Darstellung mit der unendlichen Sehnsucht des Subjekts und der – literarischen wie gesellschaftlichen – Fragmentierung verbunden werden. Die Dialektik der beiden Seiten wird sich in der *Faust II*-Interpretation mehrfach herausschälen.

Die Kapitel II.1. bis II.4. untersuchen den Themenkreis Kunst und Mythologie, und zwar in einer Reihenfolge, die der Entstehungsgeschichte entspricht. Kapitel II.5. beleuchtet den Themenkreis Staat und Wirtschaft; dort entspricht die Reihenfolge der Anordnung der Szenen. In dem zuerst entstandenen 3. Akt zeigt sich das Alternieren von Klassischem und Romantischem in zwei Szenenfolgen: Erstens im Übergang Helenas vom Schauplatz der antiken Tragödie (a) zur mittelalterlichen Burg Fausts (b). Zweitens im Untergang der arkadischen Idylle durch Euphorions Tod (c). Bei diesem Untergang gewinnen zentrale Motive der romantischen Deutung antiker Mythen gegenüber klassischen Paradigmen an Bedeutung (d). Der dramatische Verlauf zeigt in wech-

---

1 27. September 1827 an Iken; HAB 4, S.249.

selseitiger Relativierung die Zusammengehörigkeit der konträren Formen (e).

a) Klassik – Helena in der Antike

Im Gegensatz zu Emrichs These, Goethes Arbeit am *Faust II* beginne 1825 mit einem vollständigen Neuansatz und dem "Verschwinden des hochklassischen Dualismus von schön und häßlich",[2] führt der dritte Akt die wechselseitige Bestimmung des Schönen und des Häßlichen fort, die am Ende des *Helena-Fragments* steht. Mit dem Vers "Wie häßlich neben Schönheit zeigt sich Häßlichkeit" (8810)[3] wiederholt der Chor seine dualistische Entgegensetzung phoebischer Lichtgestalten und grauser Nachtgeburten. Phorkyas bescheinigt Helenas Begleiterinnen "Unverstand" (8811), weil sie die Einheit der Gegensätze noch nicht begriffen haben. Im Wissen um diese Einheit bezeichnet Phorkyas eine Choretide als Schwester des Meerungeheuers Scylla (8813), die eine Tochter des Phorkys und somit selbst Schwester der Phorkyaden ist. Eine andere Choretide sei von Harpyen "in Unflat" aufgezogen worden (V.8819) – die Erwähnung der unheilbringenden Vogelwesen variiert den Vorwurf aus dem *Helena-Fragment*, die Schönheit wirke "entnervend" auf die "Kraft" des "Bürgers" und des "Kriegers" (8778). Während des Streites deutet zwar die Wortwahl des Chores auf seine Verschwisterung mit dem Häßlichen hin: "Von Vater Erebus melde, melde von Mutter Nacht" (8812); Unterwelt und Nacht erscheinen durch das Fehlen eines Possessivpronomens nicht allein als Heimat der Phorkyas, sondern als die gemeinsamen 'Eltern' der Streitenden, wenn nicht gar als die Herkunft des Lebendigen überhaupt. Jedoch bestreitet der Chor weiterhin seine akute Bestimmung durch das Häßliche. Den Satz der Phorkyas "Zum Orkus hin! da suche deine Sippschaft auf" (8815) können die Choretiden nicht gelten lassen.

Anders Helena. Während der Chor an dem "unverständigen" Dualismus festhält, macht sie sich im folgenden Dialog ihre Verschwisterung mit dem Gegenteil zueigen. Sie wirft den Streitenden vor, "in sitte-

---

2 Emrich (1964), S.313.

3 Emrich nimmt die Tatsache, daß dieser Vers in einer Handschrift gestrichen ist, als Beleg für seine These vom Verschwinden des hochklassischen Dualismus zwischen schön und häßlich im *Faust II.* Daß die Endfassung den Vers enthält, ist jedoch Beleg für die enge Anknüpfung an das *Helena-Fragment.* Die dort bereits angelegte dialektische Auflösung jenes Dualismus (vgl. Kapitel II.1, Abschnitt e) gewinnt hier volle poetische Gestalt.

losem Zorn/ Unsel'ger Bilder Schreckgestalten hergebannt" zu haben, "Die mich umdrängen, daß ich selbst zum Orkus mich/ Gerissen fühle" (8834ff.). Dem möchte sie zunächst entgehen, indem sie jene Sittlichkeit am Schönen anmahnt, die der Chor leichtfertig aufs Spiel setzte. Es ist die Vorstellung eines harmonischen, einstimmigen Verhältnisses zwischen den Dienern und dem "Herrscherherrn", wobei "Das Echo seiner Befehle [...]/ In schnell vollbrachter Tat wohlstimmig" zu ihm zurückkehrt, während das Echo sich im "Zwist" disharmonisch verselbständigt: "eigenwillig braust es um ihn her,/ Den selbstverirrten, ins Vergebne scheltenden" (8828ff.). Ganz ähnlich wie in der *Natürlichen Tochter*[4] geht innerhalb einer von Selbstheit und Eigensinn beherrschten Situation das Handeln der idealen Figur "ins Vergebne", es ist vergebens. Zugleich besteht in dieser Situation die Gefahr der "Selbstverirrung": der sittliche Herrscher schilt die Diener, obwohl er – als der Spender von Gnaden – den Zwist eigentlich vergeben müßte: "Nicht zürnend, aber trauernd schreit' ich zwischen euch,/ Verbietend solchen Wechselstreites Ungestüm!" (8826f.). Helena verbietet ein Tun, das sie eigentlich vergeben hat. Sie schilt ins *bereits* Vergebne – so die zweite Bedeutung des Wortes. In der Reaktion auf den Streit wird also die bereits bekannte Problematik des Weimarer Idealschönen zitiert, nämlich daß sein Wirken nicht nur gefährdet, sondern insgeheim von den Gegenkräften unterminiert ist. An dieser Stelle wird bereits deutlich, daß der Helena-Akt sich nicht, wie Horst Rüdiger meint, unmittelbar auf die antike "Weltliteratur" bezieht,[5] sondern auf die zeitgenössische Antike-Aneignung der Weimarer Klassik.

Das Ideal einer die Sittlichkeit symbolisierenden Schönheit wird nachhaltig von den "Schreckgestalten" bedroht. Helena muß sich selbst als "Das Traum- und Schreckbild jener Städteverwüstenden" (8840) erkennen, nämlich – mit einem Diktum aus der *Natürlichen Tochter* – als "des Haders Apfel"[6] im trojanischen Krieg. Helena fragt, ob dies "Gedächtnis" oder "Wahn" ist. Die Identität des Ideals steht auf dem Spiel: "War ich das alles? Bin ich's? Werd ich's künftig sein" (8838f.). Phorkyas beschwört daraufhin weitere Motive der Überlieferung, die auf eine dissoziierende Wirkung von Helenas Schönheit deuten: Diese veranlaßte "Liebesbrünstige" zum "kühnsten Wagstück jeder Art"; die Folgen waren "Sklaverei" (8865) und "Leid" (8870).

---

4 Diesen Zusammenhang beider Dramen erwähnt auch Weiss (1989), S.60.
5 Rüdiger (1964), S.178ff.
6 HA 5, S.266 (V.1776).

Schließlich erinnert Phorkyas an eine gegenläufige Überlieferung, die nun vom Schreckbild wieder auf Helenas ursprüngliches Selbstbild des sittlichen, harmonischen Ausgleichs rückverweist:

> Doch sagt man, du erschienst ein doppelhaft Gebild,
> In Ilios gesehen und in Ägypten auch. (8872f.)

Die Sage von der ägyptischen Helena geht zurück auf den Lyriker Stesichoros (um 600 v. Chr.) und besagt, daß Helena von der Schuld am Trojanischen Krieg frei sei, weil sie sich in Wahrheit in Ägypten aufgehalten habe; die Geliebte des Paris in Troja sei hingegen ein Trugbild gewesen. Aufgegriffen wurde diese Variante vor allem von Euripides. Goethe schreibt 1804 in dem Aufsatz *Polygnots Gemälde in der Lesche zu Delphi* über die "Verherrlichung der Helena": "Außerordentliche Menschen [...] bleiben dem Patriotismus eines jeden Volkes immer heilig. Ob solche Phänomene genutzt oder geschadet, kommt nicht in Betracht. [...] So verdiente nach vieljähriger Controvers Euripides gewiß den Dank der Griechen, wenn er sie [Helena, T.Z.] als gerechtfertigt, ja sogar als völlig unschuldig darstellte und so die unerläßliche Forderung des gebildeten Menschen, Schönheit und Sittlichkeit im Einklange zu sehen, befriedigte".[7] Auf die Doppelung von ägyptischer und trojanischer Legende bezieht sich auch der Vers, den Goethe 1825 dem Fragment von 1800 voranstellt: "Bewundert viel und viel gescholten, Helena" (8488). Die bewunderte ägyptische Helena entspricht dem Weimarer Kunstideal, in dem Schönheit die symbolische Verkörperung von Sittlichkeit ist. An die gescholtene trojanische Helena richtet sich – mittelbar über den Chor – Phorkyas, wenn sie sagt, "Daß Scham und Schönheit nie zusammen" bestehen können (8755).[8] Sieht Goethes Helena ihre Identität schon durch die Erwähnung der trojanischen Legende gefährdet, so ist ihre Konfusion bei der Erwähnung des ägyptischen Ideals vollkommen. Denn ihre ursprüngliche Intention, die harmonische Vermittlung zwischen den Streitenden, kann sich nurmehr auf einen höchst partiellen Zweig der Überlieferung stützen, der – in Goethes Worten – von "patriotischen" Interessen bestimmt ist. Phorkyas zitiert noch eine weitere Legende, derzufolge Achill – Gegenstand des hellenischen Patriotismus schlechthin – Helena aus der Unterwelt holte und mit ihr auf der Insel Leuka lebte (8876ff.). Für Helena wird diese Verbin-

---

7 WA I,48, S.109f.

8 Wie schon Schadewaldt (1956) (vgl. Kapitel I.1, Abschnitt e) unterläuft auch Mattenklott (1989), die Dialektik von Sittlichkeit und Gewalt im Schönen, wenn er zum 3. Akt anmerkt: "Das Schöne [...] ist nicht unmoralisch, es ist amoralisch" (S.224).

dung zweier griechischer Idole zum Traum: "Ich als Idol, ihm dem Idol verband ich mich./ Es war ein Traum, so sagen ja die Worte selbst./ Ich schwinde hin und werde selbst mir ein Idol" (8879ff.). Was in der *Natürlichen Tochter* noch aussteht, geschieht hier: die Trägerin des klassischen Kunstideals durchschaut sich selbst als das Idol einer kriegerisch-patriotischen Welt, obwohl ihre Idealität doch gerade auf Versöhnung gerichtet ist. Mit dem Ideal der unschuldigen Helena verdeckten die griechischen Patrioten die Schuld am Trojanischen Krieg. Auch hier ist das Ideal Ideologie, und in dieser Funktion bestimmt es sich als Idol.[9]

Helenas Identitätsverlust führt zu ihrer Ohnmacht. Der Chor sieht darin ein Todeszeichen: "der Königin Seele" sei "schon zu entfliehen bereit", ihre Bindung an die "Gestalt aller Gestalten" ist gefährdet (8904ff.). Doch Helena kommt wieder zu sich und tritt in die Welt der mittelalterlichen "Nachtgeburten" ein, mit denen sie in ihrer Existenz als "Schreckbild" verschwistert ist. Der Tod des Schönheitsideals wird dadurch verhindert, daß es die anfänglich ausgegrenzte Nichtidealität als ein bestimmendes Moment seiner selbst anerkennt. Vor dem Eintritt ins Mittelalter kommt es noch zu einer Variation der bisherigen Entwicklung: Helena wird erneut von der ihr entgegengesetzten Kraft zum Idol erklärt; anschließend zeigt sich aber, daß ihr Leben von dem ausgegrenzten Gewaltmoment bedroht ist. Phorkyas inszeniert diese Variation, nachdem Helena aus der Ohnmacht erwacht. Sie übersteigert den hohen Ton des jambischen Trimeters in ausladend-feierlichen achttaktigen Trochäen:[10] "Tritt hervor aus flüchtigen Wolken, hohe Sonne

---

9 Die Auslegung von Emrich (1964) ist eine gründliche Verfehlung der Idolszene. Diese schildere "den Prozeß schrittweiser Ablösung eines überirdisch zeitlosen Bildes von seinem zeitlichen Sein" (S.316) sowie das "Auftauchen der Kunst im Leben" durch eine "Verdoppelung der Wirklichkeit" (S.324f.). Die Differenz zwischen trojanischer und ägyptischer Helena ist für Emrich die "von Vorgeschichte und 'wahrer' Geschichte, realem Bild und Idol" (S.317). Dem ist entgegenzuhalten, daß das trojanische "Traum- und Schreckbild jener Städteverwüstenden" (8840) ebensowenig ein "reales Bild" ist wie das ägyptische Idol. Beide Bilder liegen auf *einer* Ebene als gegensätzliche Bestimmungen des Schönen und machen dessen Dialektik aus. Hinter Emrichs Fehldeutung steht die Annahme, Goethe habe im *Faust II* "einer ontologischen Welttotalität, eines Anfangs und Endes habhaft" werden wollen und deshalb "einen Anfang in die Antike hinein" projiziert (S.335). Das Kunstwerk zeige diesen Anfang als ein Ursprungsphänomen *in* und nicht *vor* der Geschichte auf, denn "Entwicklung [...] und Ursprung sind [...] ineinander verschränkt" (S.41). Emrich entwertet die trojanische Helena zu einem Phänomen der realgeschichtlichen Entwicklung, das ägyptische Idol überhöht er zum Ursprungsphänomen. Warum aber soll nicht auch das "Schreckbild" den Ursprung bezeichnen?

10 Nach May (1972), bewirkt dieser Verstyp eine "auflockernde Verlebendigung" der Sprache (S.141). Eher wird die Rede durch ihn noch stilisierter. Das neuzeitliche Versdrama, ob in Alexandrinern geschrieben oder in Blankversen, ist jambisch;

dieses Tags,/ Die verschleiert schon entzückte, blendend nun im Glanze herrscht" (8909f.). Helena ist hier wieder, wie schon im Fragment, die phoebische Lichtgestalt. Ihre blendende Herrschaft entspricht genau der bändigenden Kraft, die nach Helenas anfänglicher Überzeugung der "Schönheitsfreund/ Phoebus" über die "grausen Nachtgeburten" besitzt (8695f.). Phorkyas selbst scheint in diesem Sinne gebändigt: "Schelten sie mich auch für häßlich, kenn ich doch das Schöne wohl" (8912). Hierin wird auch der Gegensatz von schön und häßlich, den Emrich im *Faust II* überwunden glaubt, wiederaufgegriffen. Phorkyas inszeniert weiterhin das klassisch-"wohlstimmige" Verhältnis von Herrin und Dienern: "Sagt dein Blick, daß du befiehlest; was befiehlst du? sprich es aus" (8918). Und Helena besinnt sich wieder auf ihren Gleichmut, der sie den ungewissen Schicksalsspruch "ertragen" (8586) läßt: "Doch es ziemet Königinnen, allen Menschen ziemt es wohl,/ Sich zu fassen, zu ermannen, was auch drohend überrascht" (8914f.).

Die Bedrohung geht von dem Befehl des Menelaos aus, eine Opferung vorzubereiten, die nach seiner Ankunft vollstreckt werden soll. Helena muß sich fassen, denn sie "ahnt" die Gefahr, selbst das Oper zu sein (8926). Von dieser schrecklichen Möglichkeit des Schicksals lenkt Helena ab, wenn sie die Opfervorbereitungen im Sinne des sittlichen Ideals umdeutet und funktionalisiert: "Eures Haders frech Versäumnis auszugleichen, seid bereit;/ Eilt, ein Opfer zu bestellen, wie der König mir gebot" (8919f.). Der in Euripides' *Troerinnen* erwähnte Plan des Menelaos, Helena zu bestrafen für ihre Liebschaft mit Paris – deretwegen er Krieg gegen Troja führte – evoziert wieder das nicht-ideale "Schreckbild jener Städteverwüstenden" (8840). Dagegen gibt Helena den Opfervorbereitungen gezielt die Bedeutung eines gewaltlosen Ausgleichs von "sittelosem Zorn" (8834). Sie entscheidet sich für das Selbstbild der idealen Einheit von Schönheit und Sittlichkeit. Allerdings weiß sie nun um die Abstraktheit dieser idolhaften Selbstdefinition und um die noch unbefriedete Gewalt. Sie weiß, daß sie über den Zorn des Menelaos nicht so "blendend [...] herrscht", wie Phorkyas es in angenommen klassizistischer Pose behauptet. Wie Iphigenie muß sie es letztlich dem objektiven Geschehen überlassen, ob das Gewaltmoment ihrer Herkunft über die sittliche Wirkung dominieren wird oder ob sie die schreckliche Absicht des Menelaos bändigen kann. Helenas Beschluß, sich gegenüber dem drohenden Schicksal "zu fassen", markiert keine vor-

---

trochäische Abweichungen, etwa bei eingeschobenen Liedern, zeigen meist gesteigerte Artifizialität an: Innerhalb des Dramas wird von der Rede zum – lyrischen – Vortrag gewechselt.

aufklärerische Heteronomie, sondern – ähnlich wie in der *Iphigenie* –[11] eine nachaufklärerische Einsicht in die Begrenztheit subjektiver Verfügung über das Schicksal. Allerdings bleiben dem Ideal die Gegenkräfte dabei äußerlich. Helenas Selbstbestimmung als ein Idol, das eben jene Gegenkräfte von Gewalt und Schuld zu verleugnen hilft, wird an dieser Stelle dramatisch noch nicht virulent. Dies geschieht erst in Fausts Ritterburg, in die Helena zusammen mit dem Chor flieht, um der drohenden Rache des Menelaos zu entkommen. Es wird sich zeigen, daß dort die literarische Verbindung der Extreme, des Ideals und der dissoziierenden Gewalt, auf die Romantik der Goethezeit anspielt.

b) Romantik – Helena im Mittelalter

Auch in der Begegnung mit Faust wird Helena zum Idol. Dies geschieht im Rahmen einer spezifisch christlichen Ästhetik und Geisteshaltung, die schon in der gotischen Architektur von Fausts Burg zum Ausdruck kommt. "Von außen schaut sie! himmelan sie strebt empor,/ So starr, so wohl in Fugen, spiegelglatt wie Stahl./ Zu klettern hier – ja selbst der Gedanke gleitet ab" (9023ff.). Gert Mattenklott merkt hierzu an, die mittelalterliche Gotik stehe "für die erste moderne Kultur [...], in der das Schöne sich zeigt". Mattenklott fragt nicht nach der Weltanschauung, die mit der gotischen Schönheitsvorstellung verbunden ist, und meint deshalb, der Autor habe vor allem eine "typische Überflußkultur" darstellen wollen.[12] Besseren Aufschluß gibt eine Reflexion aus Goethes Nachlaß, in der es heißt: "Antike Tempel konzentrieren den Gott im Menschen; Mittelalterliche Kirchen streben nach dem Gott in der Höhe".[13] Die Schönheit der gotischen Architektur besteht in einem Verweis auf den unerreichbaren Gott: sie strebt "himmelan" und signalisiert dem Menschen zugleich, daß es zwecklos ist nachzustreben, denn selbst der Gedanke zu klettern gleitet ab.[14] Das Streben nach dem Unendlichen, verbunden mit dem Bewußtsein von der Zwecklosigkeit und

11 Vgl. Kapitel I.2, Abschnitt c).
12 Mattenklott (1989), S.228.
13 MuR 1134.
14 Im Sturm-und-Drang ist die gotische Architektur für Goethe noch nicht Ausdruck des Transzendierens. Sie gewährt vielmehr die – man könnte sagen: klassische – Erfahrung einer harmonischen Totalität und der Einheit von Gott und Welt. "Ein ganzer, großer Eindruck füllte meine Seele", der "aus tausend harmonierenden Einzelheiten bestand", schreibt Goethe 1772 in dem Aufsatz *Von deutscher Baukunst* über seine Erfahrung des Straßburger Münsters, die er eine "irdisch-himmlische Freude" nennt (HA 12, S.11).

dem Scheitern dieses Strebens, ist der zentrale Charakterzug Fausts im ersten Teil des Dramas. Er zeigt sich in dem vergeblichen Wünschen, das Selbst zur "Gottheit" (516) und zur Totalität der "Menschheit" (1770) zu erweitern und der Sonne nachzustreben (1075). Die mittelalterliche Sphäre im 3. Akt des *Faust II* zeigt eine spezifische Aktualität dieser kulturellen Epoche für die moderne Subjektivität, und zwar im Gegensatz zur Aktualität der Antike. Die gotische Architektur ist dem unendlichkeitssüchtigen und von seinem Scheitern überzeugten Subjekt angemessen, die antike Kultur einem Subjekt, das seine Beschränkung auf die Diesseitigkeit und Partikularität positiv anerkennt und das Göttliche in der Immanenz sucht.

Wenn Helena Fausts Burg betritt, wird die Problematik des Weimarer Kunstideals in einer Sphäre thematisiert, die der klassischen Intention widerstrebt. Das zeigt sich vor allem an der Stilisierung Helenas zum Minneideal. Wie Horst Rüdiger zeigt, hat Goethe sich "der vorgeprägten dichterischen Form" des "reifen Minnesangs" bedient, um "die freiwillige Unterwerfung der Gewalt unter die Schönheit darzustellen".[15] So "beugen sich", wie es im Lied des Turmwärters Lynkeus heißt, "Verstand und Reichtum und Gewalt" (9322f.) vor Helena, der "gottgegebnen Frauen" (9221), der "Einzigen" (9229), "Herrin" (9271), "Königin" (9258), der "Sonne" (9224) und "Göttin" (9273). Mit Verstand und Gewalt sind hier Eigenschaften des Kriegers gemeint, der vor der Begegnung mit der hohen Frau "herrisch [...] befahl" oder gar "raubt' und stahl" (9291f.). Der Eroberer wird von Helena, der unerreichbaren Herrin, abgewiesen – "Was hilft der Augen schärfster Blitz!/ Er prallt zurück an deinem Sitz" (9279f.) – und gebändigt: "Schon das ganze Heer ist zahm" (9350), denn "Schönheit bändigt allen Zorn" (9245). Darin, daß Fausts Ritter Helena auf diese Weise "hingegeben" sind (9220), erkennt Rüdiger die "Spannung zwischen dem Germanentum einerseits und dem Christentum sowie den lateinischen Tugenden der pietas und humanitas andererseits", eine Spannung, die "dem gesamten deutschen Mittelalter sein Gepräge" verliehen habe.[16] Dieser Konflikt zwischen germanischer Heroik und christlich-lateinischer Tugend wird im *Faust II* nicht aus historischen Gründen aktualisiert, sondern weil damit ein spezifisch modernes Verhältnis zum Ideal thematisiert werden kann. Die Zähmung der Ritter ist nämlich der Idee des harmonisierenden, wechselstimmigen Ausgleichs von "sittelosem Zorn", die Helena in der ersten Szene

---

15 Rüdiger (1964), S.182.

16 Ebd. Rüdiger stützt sich auf die Arbeit *Heinrich von Morungen e il problema del Minnesang* des italienischen Germanisten Carlo Grünanger, Milano 1948.

aussprach und die der Wirkungsästhetik der Weimarer Klassik verpflichtet ist, antithetisch entgegengesetzt.

Während Helena in der ersten Szene unmittelbar zwischen die Streitenden tritt und mit der Forderung nach einem "Ausgleich" des Haders auf eine positive Beschränkung des gewaltsamen Eigensinns zielt, hat sie in der zweiten Szene eine vollkommen andere Funktion: sie verkörpert eine absolute, negative Schranke der gewaltsamen Partikularität, sie vernichtet alles Einzelne, um der Existenz letztlich doch wieder Sinn zu verleihen. Diese Existenz ist zunächst, nach den Versen des Lynkeus, von einem höchst individuellen Besitzstreben bestimmt, von dem Wunsch, mehr und Besseres zu erbeuten als die anderen: "Und was ein andrer auch besaß,/ Das war für mich gedörrtes Gras" (9299f.). Das Fremde ist keine positive, sondern eine negative Beschränkung des Eigenen; und diese Beschränkung soll durch die Erweiterung des Besitzes gewaltsam überwunden werden. Dies entspricht genau Fausts Programm der Selbsterweiterung. Vor Helena, dem unerreichbaren Minneideal, macht Lynkeus nun die Erfahrung, daß nicht nur der durch andere beschränkte, sondern daß *aller* Besitz gedörrtes Gras ist. Die negative Beschränkung ist absolut: "Das alles hielt ich fest und mein,/ Nun aber, lose, wird es dein./ Ich glaubt' es würdig, hoch und bar,/ Nun seh' ich, daß es nichtig war.// Verschwunden ist, was ich besaß,/ Ein abgemähtes, welkes Gras" (9325ff.).[17] Vor Helena ist "alles leer und alles nichts" (9355), auch das Subjekt, das am Besitz seine Selbstheit nährte: "Drohe nur, mich zu vernichten" (9144). Faust variiert die Worte des Türmers: "Was bleibt mir übrig, als mich selbst und alles,/ Im Wahn das meine, dir anheimzugeben?" (9268f.).

Helena steht aber nicht nur für diese absolute Vernichtung. In einer zweiten Operation belehnt sie den nichtigen irdischen Besitz wieder mit einem höheren Sinn: "O gib mit einem heitern Blick/ Ihm seinen ganzen Wert zurück" (9331f.). So endet das Lied des Lynkeus, und gleich am Anfang heißt es: "Der Reiche bettelt einen Blick,/ Er sieht dich an und fühlt sogleich/ Sich bettelarm und fürstenreich" (9274ff.). Darin ist die Doppelfunktion des – vorgreifend gesprochen: romantischen – Ideals bestimmt: Es koppelt die Erfahrungen absoluter Nichtigkeit und absoluter Sinnfülle. In der nachfolgenden Passage wendet Helena sich – so will es Faust – mit "Blick", "Wort" und "Hand" dem erbeuteten, leblos erscheinenden Besitz zu und legitimiert schließlich die Verteilung des eroberten Landes. Zunächst befiehlt Faust seinen Rittern die künstlerische An-

---

17 Vgl. das Prophetenwort "alles Fleisch ist Gras"; Jesaja 40, 6 und 1. Petrus 1, 24.

ordnung der Beute: "Geh und häufe Schatz auf Schatz/ Geordnet an. Der ungesehnen Pracht/ Erhabnes Bild stell' auf! Laß die Gewölbe/ Wie frische Himmel blinken, Paradiese/ Von lebelosem Leben richte zu" (9337ff.). Die Schätze sind vor dem Ideal als einzelne wiederum wertlos und nichtig: "Besondres Ihr zu bieten,/ Ist unnütz" (9336f.). Nur die Anordnung des leblosen Besonderen schafft eine Mimesis an das Ideal, das über die Endlichkeit alles Besonderen erhaben ist. Von dem Arrangement soll "Höchster Glanz" ausgehen, "nur Göttliche nicht blendend" (9345). Die schöne Ordnung hat eine sakrale Funktion: sie bereitet die nachträgliche Idealisierung der zunächst als nichtig erkannten "lebelosen" Wirklichkeit vor. Entsprechend wird der "Königin" Helena (4977) auch der eroberte Landbesitz anheimgegeben, damit sie ihn an Fausts Helden verteilt und diese als Fürsten legitimiert: "Herzoge soll ich euch begrüßen,/ Gebietet Spartas Königin;/ Nun legt ihr Berg und Tal zu Füßen,/ Und euer sei des Reichs Gewinn" (9462ff.) – "Ihr sucht getrost zu ihren Füßen/ Bestätigung und Recht und Licht" (9480f.). Bestätigung erhält so nachträglich das kriegerische "Wüten" (9446) der Eroberer, "In Stahl gehüllt, von Stahl umwittert,/ Die Schar, die Reich um Reich zerbrach" (9450f.). Helena macht das Heer "zahm" (9350), um seinem Wüten erneute Bestätigung zu verleihen. Wie schroff das legitimierende Ideal und die legitimierte Realität einander gegenüberstehen, zeigt sich an der unterschiedlichen Funktion, die das Schöne in beiden Situationen hat: Vom Krieg berichtet Lynkeus: "Wir schauten – eilig war die Schau;/ Der griff die allerschönste Frau,/ Der griff den Stier von festem Tritt,/ Die Pferde mußten alle mit" (9293ff.). Die allerschönste Frau wird wie das Vieh erbeutet; nachträglich heißt es dann: "Schönheit bändigt allen Zorn" (9245). Im Krieg schätzt ein eiliger Blick ihren Beutewert ab; im Frieden gibt ein Blick der allerschönsten Frau den ganzen Wert der nichtig erscheinenden Beute zurück. Auch in dieser Szene ist die schöne Figur Idol. Während aber die ägyptische Helena die Funktion hatte, die Momente von Schuld und Zerstörung zu verbergen, werden diese Momente in der mittelalterlichen Sphäre in ein alternierendes Verhältnis zu der sinnstiftenden, idealen Situation gezähmter Gewalt gebracht.

Eine weitere Differenz zwischen beiden Idealisierungen zeigt sich im Liebesdialog Faust-Helena, der gemeinhin als vollkommener inhaltlicher Einklang gelesen wird. Helena hatte in der ersten Szene über ihre legendäre Verbindung mit dem Idol Achill gesagt: "Es war ein Traum" (8880). Dieses Wort wiederholt nun Faust: "Es ist ein Traum" (9414). Doch die Stellen unterscheiden sich wesentlich voneinander. Im ersten Fall steht dem Traum- und Idolbild der unschuldigen Helena das

"Traum- und Schreckbild jener Städteverwüstenden" (8840) gegenüber. Beide Bilder rücken dadurch, daß sie einander widersprechen, in die Irrealität; Helenas gesamte Vorgeschichte wird traumhaft, ihre gegenwärtige Existenz unbestimmt. Sie fällt in Ohnmacht. Im zweiten Fall hingegen hat der Traum die Bedeutung einer gesteigerten Gegenwart. Er widerspricht der vorangehenden und auch wieder nachfolgenden kriegerischen Gegenrealität nicht, sondern stiftet überhaupt erst deren Sinn. Faust sagt: "Nun schaut der Geist nicht vorwärts, nicht zurück,/ Die Gegenwart allein", und die zur Reimfindung examinierte Helena ergänzt: "ist unser Glück" (9381f.). Faust sagt in der Wechselrede weiterhin:

> Ich atme kaum, mir zittert, stockt das Wort;
> Es ist ein Traum, verschwunden Tag und Ort. (9413f.)
> [...]
> Durchgrüble nicht das einzige Geschick!
> Dasein ist Pflicht, und wär's ein Augenblick. (9417f.)

Weil für Faust im idealen Augenblick die Kategorien Zeit und Raum – Tag und Ort – suspendiert sind, soll der Geist nicht versuchen, die Gegenwart zu verstehen, zu durchgrübeln.[18] Das Ausscheren aus der raumzeitlichen Kontinuität suspendiert die lineare Rede: das Wort zittert und stockt. Die Worte Fausts widersprechen diametral dem, was Helena in dieser Wechselrede sagt. Von der Ohnmacht wieder erstanden und der eigenen problematischen Identität eingedenk, durchgrübelt sie den gegenwärtigen Augenblick, indem sie seinen zeitlichen und räumlichen Abstand zur Vorgeschichte ausspricht:

> Ich fühle mich so fern und doch so nah,
> Und sage nur zu gern: Da bin ich, da! (9411f.)
> [...]
> Ich scheine mir verlebt und doch so neu,
> In dich verwebt, dem Unbekannten treu. (9415f.)

Gerade weil ihre Vergangenheit selbst widersprüchlich ist, betrachtet Helena das Nahe und Neue, den Augenblick, nicht so isoliert, wie Faust es will. Sie denkt die Gegenwart in adversativem Bezug ("doch") zur Vergangenheit; *ihr* Wort stockt daher nicht: sie spricht ihre Anwesenheit gern aus. Man kann sagen – und es wird sich bestätigen –, daß Fausts Rede im Gegensatz zu der Helenas die romantische Kategorie des Wunderbaren zitiert: Die nichtige Gegenwart verwandelt sich zum

---

18 Weil Faust die Abstraktion vom raumzeitlichen Kontinuum wissentlich vollzieht, ist hier die Bedingung der Wette "Kannst du mich durch Genuß betrügen" (1696) nicht erfüllt. Zudem will er diesen Augenblick nicht festhalten: Die Wendung "und wär's ein Augenblick" ist das genaue Gegenteil des "Verweile doch, du bist so schön" (1700). Auch für Emrich (1964), widerlegt das dichterische Ausscheren aus der Zeitlichkeit den "Verdacht eines Verweilens" (S.344f.).

idealen Zustand auf eine Weise, die dem verständigen Sprechen nicht zugänglich ist, sondern gerade dessen Suspendierung bedeutet.

Das spezielle Verhältnis zum Ideal, das sich in der Szene "innerer Burghof" zeigt, ist – wie gesagt – kein originäres Zitat mittelalterlicher Literatur, so wie auch der Anfang nicht unmittelbar die Antike evoziert. Vielmehr hat Goethe künstlerische und ästhetische Grundhaltungen seiner eigenen Gegenwart thematisiert, in denen das Mittelalter paradigmatisch ist. Die zweite Szene des 3. Aktes enthält innerhalb der Versöhnung von Klassikern und Romantikern, um die es dem Autor ging, die romantische Antithese zur klassischen These der ersten Szene. Die Frühromantiker bezeichnen ausdrücklich eine Haltung als "romantisch", die Friedrich Schlegel im 131. Fragment der *Ideen* (1800) "die Vernichtung des Endlichen, weil es endlich ist", nennt. Ziel der menschlichen Vernunft sei das "Selbstbestimmen ins Unendliche"; und nur in jener Vernichtung, "in der Mitte des Todes entzündet sich der Blitz des ewigen Lebens".[19] Deshalb ist "das Christentum eine Religion des Todes".[20] Im Mittelalter sehen die Autoren der Frühromantik die christliche Negation des Endlichen beispielhaft verwirklicht. Die Epoche wird zum romantischen Paradigma erhoben, denn "unserm Geist und Gemüt", so August Wilhelm Schlegel, liegt "unstreitig die romantische Poesie näher als die klassische", die antike.[21] Die Negation des Endlichen zeigt sich, wie August Wilhelm Schlegel in seinen *Berliner Vorlesungen* über romantische Poesie ausführt, auch am mittelalterlichen Minneideal. Im Gegensatz zur Antike lehnten die "Neueren" es im "Bewußtsein des Unerreichbaren" ab, bei der Darstellung des Göttlichen und Schönen "der Natur noch dienen zu müssen. Alle Sinnlichkeit ward verkleidet, und man bestrebte sich, die Schönheit rein zu vergöttern". Das "Ideal, welches in so manchen Liebesgedichten der Neueren im Hintergrunde steht", ist für Schlegel das "Ideal der Madonna, das [...] die höchste Liebe in himmlischer Verklärung ohne alle irdische Beimischung darstellen soll".[22] Das Irdische gilt auch hier als das Nichtige, das überwunden werden muß. Ganz ähnlich ist das Verhältnis von Minneideal und Madonna im *Faust II* gestaltet. Zentrale Motive in Lynkeus' Gesang an

---

19 KA II, S.269.

20 A.a.O., S.270.

21 KSB IV, S.19. In diesem Sinne meint Goethe – wie viele seiner Zeitgenossen – mit den Begriffen "Klassiker", "klassisch" und "Klassizismus" meist die Aktualität der antiken Kunst und Literatur im gegenwärtigen Bewußtsein, mit den Begriffen "Romantiker", "romantisch" und "Romantizismus" eine entsprechende Aktualität des Mittelalters und späterer christlicher Epochen.

22 A.a.O., S.100.

Helena ähneln dem Marienpreis in der später geschriebenen Schlußszene des 5. Aktes. Lynkeus ist von Helenas "Glanz" so "ganz" geblendet (9239ff.) wie Faust von dem "Glanze" Marias (11955/12094). Helena und Maria werden als "Königin" (9273/ 12102) und "Göttin" (9236/ 12103) apostrophiert. Wie vor Helena das irdische Leben zu "nichts" (9355) wird, löst sich Faust vor Maria von "jedem Erdenbande" (12088). Gibt Helena dem nichtig gewordenen irdischen Leben "seinen ganzen Wert zurück", so transformiert Maria den von den "Elemente[n]" (11959) gelösten Geist Fausts zu "heiligem Leben" (11988), ähnlich wie sie auch den Büßerinnen hilft, sich "zu seligem Geschick [...] umzuarten" (12098). Der Minnegesang des Lynkeus ist eine weltliche Parallele zum späteren Marienlob; dieses steht – mit den Worten Schlegels – im 3. Akt bereits "im Hintergrunde". Der Unterschied zwischen weltlichem und geistlichem Ideal wird sich in der Untersuchung der Schlußszene zeigen.[23]

Nach A.W. Schlegel ist im Mittelalter die christliche Weltverneinung mit einer kriegerischen Haltung untrennbar verbunden: die "ritterliche und christliche Mythologie" ist für ihn die doppelte "Grundlage" der romantischen Kunstform.[24] Der 1802 erschienene erste Teil von Novalis' Roman *Heinrich von Ofterdingen* erweckt die "tiefsinnige und romantische Zeit" zwischen "den rohen Zeiten der Barbarei und dem kunstreichen, vielwissenden und begüterten Weltalter" – also das Mittelalter.[25] Die beschriebene Verschränkung von christlicher Hingabe und ritterlicher Heroik kennzeichnet auch Heinrichs Ansicht über den Krieg: "Die Leute glauben sich für irgendeinen armseligen Besitz schlagen zu müssen, und merken nicht, daß sie der romantische Geist aufregt, um die unnützen Schlechtigkeiten durch sich selbst zu vernichten". Klingsohr ergänzt: "Der wahre Krieg ist Religionskrieg". Der wahre Krieg zielt auf kein bestimmtes, auch kein bestimmtes religiöses Gut, sondern überhaupt auf den "Untergang", und darin liegt sein religiöses Moment.[26] Ziel ist – mit F. Schlegel gesprochen – die Vernichtung des Endlichen, weil es endlich ist. Wie die Krieger bei Novalis, so jagt auch Lynkeus im *Faust II* dem Besitz nach, der sich aber am Ende als nichtig, als "abgemähtes Gras" erweist. Schon während der Eroberung galt ihm aller eigener Besitz, der nicht den fremden überragt, als ein "welkes Gras"; die Begegnung mit der Göttin, vor der das Endliche und Besondere

23 Vgl. Kapitel II.4.
24 A.a.O., S.22.
25 NS 1, S.204.
26 A.a.O., S.285.

nichtig ist, zeigt vollends, daß die Verwandlung aller irdischen Güter in "nichts" das eigentliche Resultat des kriegerischen Eigennutzes ist.

Die romantische Negation des Endlichen läßt sich allerdings auch im Rahmen der von Herder und Goethe verfolgten Idee der positiven Beschränkung verstehen. Sowohl der Tod im Krieg als auch die Selbstaufgabe des treuen Ritters vor dem Minneideal, hinter dem schon das Bild der transzendenten Göttin steht, zeigen die Nichtigkeit der isolierten, endlichen Individualität. In diesem Sinne schreibt Novalis: "Der Tod macht nur dem *Egoismus* ein Ende [...]. Das Zufällige muß schwinden, das Gute muß bleiben".[27] So verstanden ist der Tod ein Hinweis auf die Notwendigkeit, das Reich Gottes, die ideale Liebesgemeinschaft, auf Erden herzustellen. In der romantischen Denkbewegung folgt auf das Todesmotiv – so Hermann Timm – die "poetische Resurrektion des Urchristentums".[28] Überwindung des Egoismus und Errichtung der idealen Gemeinschaft sind ein 'klassisches' Moment der Romantik selbst. Trotz dieser Nähe der Romantik zur Idee der positiven Beschränkung kritisiert Goethe – wie sich zeigen wird – die romantische Negation des Endlichen. Leid und Tod sind für ihn als Gegenstände der Kunst nicht geeignet, zu einer Begrenzung der selbstischen Individualität hinzuleiten. Aus Goethes Ablehnung der romantischen "Selbstquälerei" und des "Transzendierens" spricht die Befürchtung, daß Todessehnsucht und Ablösung vom Irdischen sich verselbständigen, ihren Charakter eines Verweises auf eine ideale Diesseitigkeit verlieren könnten.

Der *Faust II* stellt nach der Negation des Irdischen jenen Schritt dar, der sich auch im romantischen Denken daran anschließt: Die Romantisierung der Welt, d.h. die Herstellung der ursprünglichen Idealität. Dies ist gemeint, wenn die nichtige Welt in der Berührung mit dem Ideal ihren "ganzen Wert" zurückerhält. Eine ähnliche Bewegung erkennt A. W. Schlegel an der mittelalterlichen Dichtung, wenn er 1803 in den *Berliner Vorlesungen* über deren Minneideal sagt, es sei von einem "Bestreben nach Verbindung des Unvereinbaren" gekennzeichnet. Das "Unerreichbare" stellt sich in der schlechten endlichen Realität gleichwohl dar, wird künstlerisch darin erreicht. "Ein unendlich reizender Widerspruch ist in diesem Geist der Liebe".[29] Novalis erhebt diese für den Verstand paradoxe und darum wunderbare Poetisierung zum Programm der Gegenwart: "Die Welt muß romantisiert werden. So findet man den urspr[üng-

---

27 NS 2, S.249.
28 Timm (1979), S.96.
29 KSB IV, S.100.

lichen] Sinn wieder. Romantisieren ist nichts, als eine qualit[ative] Potenzierung. Das niedere Selbst wird mit einem bessern Selbst in dieser Operation identifiziert".[30] Dieses Fragment läßt die Intention erkennen, in der Novalis 1798 die Fragmentensammlung *Glauben und Liebe oder der König und die Königin* verfaßte. Hier soll die Romantisierung des preußischen Königspaares helfen, den "rohe[n] Eigennutz", der verkehrterweise "förmliche Aufnahme" in die "Staatseinrichtung" fand, umzuwandeln in "uneigennützige Liebe". Sie wäre die "ewige Basis" einer "unzertrennlichen Verbindung" gleich der "Ehe", zu der die "Staatsverbindung" dann würde.[31] Durch eine "Transsubstantiation" würde sich der "Thron in ein Heiligtum"[32] verwandeln, König und Königin in eine "himmlische Erscheinung".[33] Novalis läßt keinen Zweifel daran, daß es sich bei der "Transsubstantiation" um eine poetische Anschauungsweise der Welt handelt: "Diese Dichtung drängt sich dem Menschen notwendig auf".[34] Die Romantisierung der Welt im Geiste jener Gemeinschaftsidee, die Klassiker und Romantiker verbindet,[35] ist bei Novalis untrennbar verbunden mit der Einsicht in die Nichtigkeit der Gegenwart. In dem Moment, wo sich die Romantisierung als bloße Fiktion erweist, tritt diese Nichtigkeit deutlich zutage. Entsprechend schreibt Novalis in *Glauben und Liebe* über das königliche Paar: "Wirken diese Genien nichts, so ist die vollkommene Auflösung der modernen Welt gewiß, und die himmlische Erscheinung ist nichts, als das Aufblitzen der verfliegenden Lebenskraft, die Sphärenmusik eines Sterbenden, die sichtbare Ahnung einer bessern Welt, die edlern Generationen bevorsteht".[36]

Den "ursprünglichen Sinn", den man bei dieser "Romantisierung" des preußischen Staates wiederfinden soll, erkennt Novalis im Mittelalter.

---

30 NS 2, S.545.
31 A.a.O., S.495.
32 A.a.O., S.498.
33 A.a.O., S.492.
34 A.a.O., S.489.
35 Das Gedicht *Es ist an der Zeit*, das zu *Glauben und Liebe* gehört, zitiert eindeutig Goethes *Märchen*, in dem sich gleichfalls durch die Negation des Eigennutzes das Gemeinwesen in eine Liebesgemeinschaft mit dem idealen Königspaar im Zentrum verwandelt. Der Titel des Gedichts wiederholt die dreifache chiliastische Losung des *Märchens*. Die zitierten Motive sind die "Brücke", der zum Zeiger einer Sonnenuhr werdende "mächtige Schatten" des Riesen, der "Tempel", die gestürzten "Götzen" der metallenen Könige und das "liebende Paar" (NS 2, S.483; vgl. HA 6, S.238ff.).
36 NS 2, S.492. Die extreme Überhöhung des bestehenden Staates erweist sich darin als Grund der schärfsten Kritik. Je stärker die Idealisierung ist, desto nichtiger erscheint die Realität. Dies mag das Eingreifen der Zensur auf Anordnung des Königs hin erklären. *Glauben und Liebe* konnte erst 1846 veröffentlicht werden.

Dort, so heißt es in der Schrift *Die Christenheit oder Europa* (1799), sei die Menschheit noch durch "Glauben und Liebe" verbunden gewesen, wogegen in der Moderne die Herrschaft von "Wissen und Haben" zur Auflösung dieser Bande führe.[37] Hierbei muß bedacht werden, daß Novalis das Mittelalter nicht als historische Epoche *an sich* faßt, sondern es zu jenen von der Gegenwart hergestellten "Antiken" zählt, die "zugleich *Produkte* der *Vorzeit und der Zukunft*" sind,[38] auf die also eine Idee vom Ursprungs-Telos der Geschichte projiziert wird. Novalis' Darstellung der gegenwärtigen Realität als eine Glaubens- und Liebesgemeinschaft ist also romantisch in einem doppelten Sinne: Erstens als "Romantisieren" – die Einbildungskraft suspendiert die raum-zeitlichen Bedingungen und vollführt das "Wunderbare", die "Transsubstantiation" der gegenwärtigen Erscheinung in ein "Heiligtum". Zweitens als "Romantizismus" (Goethe) – Novalis aktualisiert die poetische Vision "Mittelalter" und mediävalisiert die Gegenwart.

Auch die Hochzeit von Faust und Helena ist in diesem doppelten Sinne romantisch. Mittelalterlich wie die Szenerie ist der "Geist der Liebe" (A.W. Schlegel): Das Ideal als Heiligtum verbindet sich mit der nichtigen Welt. Diese Synthese geschieht als eine säkularisierte "Transsubstantiation", als ein 'Umarten' der Welt im Sinne des Romantisierens. Faust und seine Königin Helena werden durch das wunderbare Verschwinden von Tag und Ort, durch die Leistung der romantischen Einbildungskraft zum idealen Paar. Dabei hat ihre private Liebe, so wie in *Glauben und Liebe* von Novalis, eine ostentative Funktion: "Nicht versagt sich die Majestät/ Heimlicher Freuden/ Vor den Augen des Volkes/ Übermütiges Offenbarsein", so der Chor (9407ff.). Das liebende Paar erblickt vor sich "Der Helden ungetrennten Kreis" (9443), der an die "unzertrennliche Verbindung" bei Novalis erinnert.[39] Die zur "himmlischen Erscheinung" (Novalis), zur "gottgegebnen Frauen" (9221) und "Göttin" (9237) stilisierte Königin spendet dem Kreis "Bestätigung und Recht und Licht" (9481), und genau daraus ziehen die Ritter das Vermögen, die Königin "kräftigst [...] zu schützen" – um wiederum die "Gunst" (9444f.) der Bestätigung zu erlangen.Von Fausts und Helenas wunderbarer Vermählung geht eine einigende Kraft aus, die den bedrohten Thron

---

37 NS 3, S.510.

38 A.a.O., S.248.

39 NS 2, S.493. Am Ende des 4. Aktes wird bei der Verteilung der Erzämter gleichfalls die Idee der mittelalterlichen Treuegemeinschaft zitiert. Während hier im 3. Akt die *literarische* "Romantisierung" der Gegenwart gemeint ist, bezieht sich die spätere Passage auf die *politische* Restauration des Mittelalters. – Vgl. u. Kapitel II, 5, Abschnitt b).

schützt: "Doch Sparta soll euch überthronen,/ Der Königin verjährter Sitz" (9476f.). "Verjährt" bedeutet hier nicht nur alt und ehrwürdig, sondern auch überlebt. Darin liegt eine Anspielung auf die politische Intention des romantischen Modells: Helenas Thron ist so "verjährt" wie die von der Revolution bedrohte Monarchie. Fausts Ritter sind potentielle Rebellen, die Helenas überlebten Sitz ebensogut stürzen könnten. Durch die Romantisierung des Königspaares und durch treue Subordination aber negieren die Helden ihren partikularen Eigennutz und gewinnen doch ein Königreich: "Nun legt ihr Berg und Tal zu Füßen,/ Und euer sei des Reichs Gewinn" (9464f.). Die inhaltliche Nähe dieses Gedankens zur Gesellschaftsidee der Weimarer Klassik ist unübersehbar;[40] ebenso deutlich ist aber die romantische Form des Wunderbaren und die romantische Gestalt des idealisierten Mittelalters, in denen diese – Klassikern und Romantikern gemeinsame – Gesellschaftsidee hier erscheint.

Im romantischen Denken ist, wie erwähnt, die Romantisierung des Endlichen unlöslich an dessen Negation gebunden. Ähnlich im *Faust II*: dort wirkt das "Klassische Menschenpaar"[41] Faust und Helena nichts; Euphorion verkörpert – wie sich zeigen wird – die negierende Tendenz der romantischen Poesie. Euphorion steht für die schon angesprochene, von Goethe befürchtete Verselbständigung der romantischen Weltnegation.

c) Romantische Klassik-Kritik – Arkadien

Auf die Nachricht des bevorstehenden Krieges, mit der Phorkyas in das "einzigste Geschick" Fausts und Helenas hineinplatzt, folgen zwei Reden Fausts in Liedform. Die erste schildert, wie erwähnt, die Verteidigung Spartas und den Schutz der Königin durch die Heerführer, die wiederum von Helena zu Herzogen ernannt werden und von ihr Land sowie "Bestätigung und Recht und Licht" erhalten (9481). Die zweite Rede beschreibt "Arkadien in Spartas Nachbarschaft" (9569), den Ort der bukolischen Schäferidylle. Die hier gemeinte "Weltliteratur" ist nach Horst Rüdiger "die europäische Pastorale".[42] Der "Humanismus" der Renaissance markiert den Höhepunkt dieser Tradition; "auf den Spuren der Klassiker" Horaz, Vergil und Theokrit sowie auf den Spuren "Dantes, Petrarcas,

---

40 Vgl. Kapitel I. 2, Abschnitt b) und d).
41 NS 2, S.492.
42 Rüdiger (1964), S.198.

Bocaccios hat Sannazaro durch die *Arcadia* den Anstoß gegeben und Nachfolge in allen europäischen Zungen gefunden [...]. Das Rokoko und zum Teil noch unsere Klassik stehen im Zeichen dieser Tradition".[43] Daß im Helena-Akt die Ritter "mit Wall und Schutz" (9467) den Krieg von Arkadien fernhalten, ist nach der Einsicht Horst Römers – der die idyllischen Motive nicht nur im 3. Akt, sondern im gesamten *Faust II* untersucht – allerdings ein Verstoß gegen die Tradition: Dieses Geschehen bedeute "nichts anderes, als daß der kriegerisch-heroische Bereich sein Gegenteil, den idyllischen, herstellen und garantieren, daß Arkadien durch seine eigene Negation hervorgebracht werden soll". Die "poetische Theorie" der Idylle schrieb jedoch zu allen Zeiten "die sorgfältige Trennung beider Ebenen vor".[44] Der *Faust II* verletzt allerdings diese Vorschrift nicht einfach, sondern er reflektiert sie: Die Idylle wird als Abstraktion, als Abziehung jenes Gegenteils ausgewiesen, ohne das sie selbst nicht wäre. Das Diktum, mit dem Faust schon im idealen Augenblick die raumzeitliche Entkoppelung des "Traums" beschwor: "Durchgrüble nicht das einzigste Geschick" (9417), variiert er nun, um die "sorgfältige Trennung" (Römer) von Idylle und Krieg zu fordern: "Du flüchtetest ins heiterste Geschick!/ Zur Laube wandeln sich die Thronen,/ Arkadisch frei sei unser Glück!" (9571ff.). Dem Reflexionsverbot dort entspricht die Flucht hier. Die kriegerische Sphäre wandelt sich wie von selbst zur idyllischen, denn es handelt sich um eine Umwandlung in der Fiktion. Die friedliche Hütte ist eine poetische Vision innerhalb des kriegerischen Palastes. Weil der Schauplatz sich rein "phantasmagorisch" von einem Topos zum anderen wandelt, kann Goethe sagen, die äußere "Einheit des Ortes und der Handlung" bleibe gewahrt.[45]

Nun sind Produktion und Rezeption der arkadischen Idylle seit jeher von dem Wissen um deren Irrealität begleitet. Es handelt sich um die

---

43 A.a.O., S.189. Rüdiger untersucht an Fausts Arkadien-Gedicht detailliert die bukolischen Motive und ihre literarhistorische Herkunft (S.187-194). Ebenso Römer (1976), S.140-147.

44 Römer (1976), S.142f. Aus demselben Grund schreibt schon R. Böschenstein (1967), daß die Idylle im Helena-Akt "keine Autonomie" hat (S.13). – Komplizierter deutet Emrich (1964), die Einbettung der Idylle. Er sieht in der Idyllik den "Ursprung", im Krieg hingegen den "Weltlauf" darg estellt (S.339). Diese Deutung widerspricht der von Römer beschriebenen Hervorbringung der Idylle durch ihr Gegenteil nicht, denn nach Emrichs Goetheverständnis zeigt sich jedes Ursprungsphänomen nicht am Beginn, sondern inmitten des Weltlaufs (S.41). Wie schon beim Verhältnis von trojanischer und ägyptischer Helena nennt Emrich aber in unbegründeter Einseitigkeit allein das Phänomen der Unschuld "ursprünglich". Heroik und Idyllik stehen – das zeigt dieser Abschnitt – in ihrer Dialektik so gleichwertig nebeneinander wie die beiden Traumbilder der Helena.

45 22. Oktober 1826 an Boisserée; HAB 4, S.207.

"bloße Erinnerung an ein verlorenes Paradies".[46] Wenn der *Faust II* einen "Widerhall" der idyllischen Tradition von Sannazaro und Tasso bis zu Klopstock und Geßner gibt,[47] so zählt auch jenes Wissen um die gezielt fiktionale Ausgrenzung der kriegerischen Gegenwelt zu den zitierten Traditionsmerkmalen. Daß erstmals der *Faust II* diesen Ausgrenzungszusammenhang innerhalb der idyllischen Tradition explizit darstellt, liegt nach Horst Römer an der neuen Erfahrung, daß in der modernen Welt "alle [...] idyllischen Verhältnisse zerstört" sind, wie es bei Marx und Engels im *Kommunistischen Manifest* heißt.[48] Die Gewalt, mit der Fausts Mannen im 5. Akt den idyllischen Bezirk von Philemon und Baucis niederbrennen, lasse das Genre als unwiderruflich überholt erscheinen. Die Realität, die ja als Ganze der Idylle schon immer widersprach, verliere erst in der Moderne auch all jene Details, die in eine idyllische Fiktion hineinpassen. Diese Überlegung Römers bleibt dem Geschehen im 3. Akt jedoch äußerlich. Sie gibt allenfalls eine psychologische Plausibilierung der Tatsache, daß Goethe die Verkettung der Idylle mit ihrem Gegenteil auch hier so ausdrücklich ins Bewußtsein ruft. Doch Römer kann nicht verständlich machen, warum die arkadische Idylle im Kontinuum des 3. Aktes an der kriegerischen Neigung des Euphorion – "Krieg! ist das Losungswort" (9837) – zugrunde geht. Hieran zeigen sich allgemein die Grenzen der Einflußforschung: Die Verknüpfung zweier Traditionen, die nicht zusammengehören – hier: Idyllik und Heroik –, kann aus dem bloßen Einfluß heraus nicht erklärt werden. Römer verweist statt dessen auf die moderne Wirklichkeit, doch damit wird nun wiederum der *literarische* Konnex beider Seiten, der im 3. Akt allein das Thema ist, nicht verständlich. Daß "Goethe in seinem Werk so ausführlich das Ende der Idylle nachweist, um sich dann der Idyllik zur Konstitution desselben Werkes wie selbstverständlich zu bedienen", muß in einem solchen Dualismus von Traditions- und Gegenwartsbezug in der Tat "Unbehagen" bereiten.[49] Dieses Unbehagen verschwindet, wenn man die Zitation der Idylle *und* ihre Negation auf literarische Tendenzen der Goetheschen Gegenwart zurückführt. Traditions- und Gegenwartsbezug liegen dann auf derselben, nämlich literarischen Ebene; der Zusammenhang von Setzung und Zerstörung der Idylle

---

46 Petriconi (1948), S.179.
47 A.a.O., S.189.
48 Römer (1976), S.157; vgl. Marx/Engels (1962ff., Bd. 4), S.464.
49 Römer (1976), S.161.

macht hier einen Sinn und gibt nicht länger Anlaß zu literaturwissenschaftlichem Mißmut.[50]

Nachdem im Szenarium von Fausts Burg das Romantische in seinen beiden Tendenzen – Vernichtung und Idealisierung des Endlichen – dargestellt wurde, rekurriert die Arkadien-Passage auf die klassische Theorie der Idylle, gegen die sich dann wiederum das Romantische durchsetzt. Schiller postuliert in der Schrift *Über naive und sentimentalische Dichtung* eine zeitgemäße, nämlich sentimentalische Idylle und gibt ihr im Konzert der modernen Dichtungsformen eine herausragende Bedeutung. Zugleich erklärt er die naive Variante, nämlich die arkadische Hirtenidylle, für historisch überholt. Der Zweck beider Formen ist es nach Schiller, "den Menschen im Stand der Unschuld, d.h. in einem Zustand der Harmonie und des Friedens mit sich selbst darzustellen". Diese "schöne, erhebende Fiction" steht freilich im Widerspruch zur Realität des "Menschen, der in der Kultur begriffen ist". Jede Kultur kennt aber, so Schiller weiter, ein ursprüngliches "Paradies, einen Stand der Unschuld, ein goldenes Alter", sogar "jeder einzelne Mensch" besitzt es in der Erinnerung an die Kindheit. Der Zustand der Harmonie findet in den kollektiven und individuellen Fiktionen "nicht bloß vor dem Anfange der Kultur statt, sondern er ist es auch, den die Kultur [...] als ihr letztes Ziel beabsichtigt". Die idyllische Fiktion ist darum keine "Schimäre", sondern sie veranschaulicht die Bestimmung der Menschheit. Sie gibt "von der Ausführbarkeit jener Idee in der Sinnenwelt, von der möglichen Realität jenes Zustandes eine sinnliche Bekräftigung". Weil die "wirkliche Erfahrung" den "Glauben" an diese Ausführbarkeit "beständig widerlegt, so kömmt auch hier, wie in so vielen Fällen, das Dichtungsvermögen der Vernunft zur Hülfe, um jene Idee zur Anschauung zu bringen und im einzelnen Fall zu verwirklichen".[51]

Die sentimentalischen Schäferidyllen des Rokoko stellen nun, wie Schiller kritisiert, "unglücklicherweise das Ziel *hinter* uns, dem sie uns doch *entgegen führen* sollten, und sie können uns daher bloß das traurige

---

50 Buschendorf (1986) kann in seiner Untersuchung zu Idyllik und Melancholie in den *Wahlverwandtschaften* den Untergang des Arkadischen auf ein Motiv innerhalb der Bukolik selbst zurückführen, auf das Todeswort "Et in Arcadia Ego" (S.108ff.). Dadurch wird es Buschendorf möglich, sich auf den rein "ikonographischen" Traditionsnachweis zu beschränken und den Umstand zu vernachlässigen, daß die Traditionsbezüge auch in diesem Roman über ein – ausführlich thematisiertes – modernes ästhetisches Bewußtsein vermittelt sind. So ist die arkadische Gartenanlage ein Werk des dilettantischen Schwärmers Eduard; das Motiv des Idyllischen unterliegt mithin der romaninternen Zeitkritik an diesem Typus. Daß dessen ideale Vision in Melancholie umschlägt, liegt nicht daran, daß schon die Hirten mitunter einen Totenkopf fanden.

51 NA 20, S.267f.

Gefühl eines Verlustes, nicht das fröhliche Gefühl der Hoffnung einflößen".[52] Während die naive Idylle nach Schillers Überzeugung eine ideale Realität beschrieb, markiert die sentimentalische Idylle, wenn sie sich auf die Vergangenheit richtet, bloß die Differenz von Wirklichkeit und Ideal. Unterschwellig wird sie "elegisch", weil sie nämlich innerhalb der Differenz – so Schillers Definition der Elegie – "mehr bey dem Ideale verweilen" möchte als "bey der Wirklichkeit".[53] In der wahren sentimentalischen Idylle soll aber "aller Gegensatz der Wirklichkeit mit dem Ideale, der den Stoff zu der satyrischen und elegischen Dichtung hergegeben hatte, vollkommen aufgehoben sein". Die Realität soll ideal erscheinen: "Der Begriff dieser Idylle ist der Begriff eines völlig aufgelösten Kampfes sowohl in dem einzelnen Menschen als in der Gesellschaft, einer freyen Vereinigung der Neigungen mit dem Gesetze, einer zur höchsten sittlichen Würde hinaufgeläuterten Natur".[54] Schiller wiederholt hier seine über Kant hinausgehende Forderung, das Schöne solle "sinnlich objektiv", nicht bloß "subjektiv rational"[55] die Sittlichkeit symbolisieren. Er spricht vom "Ideal der Schönheit, auf das wirkliche Leben angewendet". Nicht die unwirklich gewordene "Kindheit", sondern die verwirklichte "Mündigkeit" ist das Ziel der idyllischen Darstellung. Die sentimentalische Idylle fingiert eine "Hirtenunschuld" in den "Subjekten der Kultur", und zwar "unter allen Bedingungen des rüstigsten, feurigsten Lebens, des ausgebreitetsten Denkens, der raffiniertesten Kunst, der höchsten gesellschaftlichen Verfeinerung".[56]

Der *Faust II* führt nun die im *Helena-Fragment* begonnene Auseinandersetzung mit Schillers Ästhetik weiter. Die alte Forderung Schillers, Goethe solle in der Helena-Handlung die vollkommene Synthese des antiken Schönheitsideals mit der "barbarischen" Moderne gestalten, ähnelt seiner Theorie der sentimentalischen Idylle, denn auch dort soll das "Ideal der Schönheit" mit dem modernen "Leben" vereint werden. Folgerichtig gestaltet Goethe die Verbindung von Faust und Helena in diesem Genre. Die Arkadien-Szene im Helena-Akt ist darum auch keine rückwärtsgewandte Schäferidylle, wie Schiller sie kritisiert. Die bukolische Tradition wird zwar in Fausts Gedicht aktualisiert. In der vorletzten Strophe heißt es dann aber: "Noch zirkt in ewiger Jugendkraft/ Für uns zu wonnevollem Bleiben,/ Arkadien in Spartas Nachbar-

52 A.a.O., S.469.
53 A.a.O., S.441. Umgekehrt verhält es sich mit der Satire, sie verweilt mehr bei der Realität.
54 A.a.O., S.472.
55 25. Januar 1793 an Körner (Kallias-Briefe). NA 26, S.176.
56 NA 20, S.472.

schaft" (9567ff.). Mit diesem "noch" wird die in den vorangehenden Strophen beschriebene idyllische Situation in die Vergangenheit gerückt, zugleich aber die "Jugendkraft" dieser an sich alten Vorstellung behauptet. So wie Schiller es fordert, ist die Vergangenheit der goldenen Zeit im Helena-Akt kein Anlaß zur Trauer; die arkadische Idee einer Existenz in äußerer und innerer Harmonie hat ewige Aktualität und Gültigkeit.

Mit dieser "ewige[n] Jugendkraft" ist die Idee gerade wegen der phantasmagorischen Verwandlungsfähigkeit der literarischen Situation ausgestattet. Ganz im Sinne Schillers ist es die dichterische Einbildungskraft, die die Wirklichkeit der arkadischen Idee "noch" zu gestalten vermag. Nach der Verwandlung der Szene erhalten die idyllischen Lauben eine völlig andere Bedeutung als in Fausts Arkadien-Gedicht. In den "Höhlen", "Grotten" und "Lauben" liegen "ganze Weltenräume" – nicht nur "Wald und Wiese, Bäche, Seen", sondern auch "Saal an Sälen, Hof an Höfen" (9594ff). Der arkadische Innenraum ist ein Ort der freien Einbildungskraft. Innerhalb des idyllischen Topos kann die moderne Subjektivität neuzeitliche Welten fingieren, ganz wie Schiller es vorschwebte. Faust und Helena *werden* auch nicht zu Hirt und Hirtin, Phorkyas *vergleicht* sie lediglich mit dem Personal der Schäferidylle: "in diesen Höhlen, diesen Grotten, diesen Lauben/ Schutz und Schirmung war verliehen, wie idyllischem Liebespaare,/ Unserm Herrn und unsrer Frauen" (9586ff.). Man kann mit Schiller sagen, daß Goethe hier die "Hirtenunschuld [...] in Subjekten der Kultur [...] ausführt". Nicht in dem Sinne, daß Faust und Helena mit zeitgemäßen Realien umgeben wären. Aber indem sie avancierte Positionen der zeitgenössischen Ästhetik aussprechen, erfüllen sie auf einer Metaebene Schillers "Bedingung [...] des ausgebreitetsten Denkens". In der "raffiniertesten Kunst" der Moderne ist die gesamte dritte Szene gestaltet: Goethe schrieb diesen Teil als Opernlibretto[57] und wollte, daß die Rolle der Helena nacheinander "von zwei großen Künstlerinnen gespielt" wird, von einer Schauspielerein und einer Sängerin.[58]

Um Schillers Forderung vollends zu entsprechen und in der Idylle mit der "Mündigkeit" und dem "feurigsten rüstigsten Leben" die Existenz des modernen Subjekts darzustellen, läßt Goethe aus der Verbindung von Faust und Helena eine Figur entstehen, die genau diesen Typus repräsentiert: Euphorion. Die "bekannte Gestalt" (vor 9902), die man in

---

57 Fähnrich (1963), spricht von der "Oper Helena" (S.259f.).
58 Eckermann, S.170 (29. Januar 1827).

ihm zu erblicken glaubt, ist erklärtermaßen Byron. Hierin zeigt sich die Intention des Autors, die Idylle mit der allerjüngsten Gegenwart zu vermitteln, denn "Byron ist nicht antik und ist nicht romantisch, er ist wie der gegenwärtige Tag selbst".[59] Byrons Dichtung vereinigte für Goethe – Eckermanns Überlieferung zufolge – eine starke Plastizität oder "Gegenwart aller Dinge" mit subjektiver "Kühnheit, Keckheit und Grandiosität"; seinem "stets ins Unbegrenzte strebendem Naturell" stehe die "Einschränkung" gegenüber, "die er sich durch Beobachtung der drei Einheiten" der Aristotelischen Poetik auferlegte.[60] Byron verkörperte mithin den avanciertesten, gegenwärtigsten Versuch einer Synthese von 'Klassizismus' und 'Romantizismus'. Goethe kann die schon entworfene Euphorion-Figur zu einem Byron-Portrait umdeuten und erweitern, weil Euphorion in dem idyllischen Topos der Szene die moderne Subjektivität verkörpert. Dieses Moment wurde während der arkadischen Verwandlung zunächst ausgegrenzt. Die Selbstheit Fausts, seine Sehnsucht und das unendliche Streben scheinen in der Verbindung mit Helena tatsächlich befriedet zu sein. Sein rückwärtsgewandtes Arkadien-Gedicht verbirgt diese Motive in einzelnen Naturbildern und versetzt sie in eine Art lyrischen Latenzzustand: "Und sehnsuchtsvoll nach höhern Regionen/ Erhebt sich zweighaft Baum gedrängt an Baum.// Alt-Wälder sind's! Die Eiche starret mächtig,/ Und eigensinnig zackt sich Ast an Ast" (9540ff.). In Euphorion bricht nun diese latente Subjektivität hervor – Byron paßte nach Goethes Worten unter anderem "wegen seines unbefriedigten Naturells" genau in die Szene.[61] Die von Schiller geforderte Modernität der sentimentalischen Idylle ist damit endgültig hergestellt: "Überlebendige/ Heftige Triebe" (9739f.) kennzeichnen den Sohn im Gegensatz zum untätigen idyllischen Paar als *feurig* und *rüstig*. Er ist *mündig*, nämlich "Frei, unbegrenzten Muts" (9845), und vertritt darüber hinaus die Losung der Selbstheit, der problematischen Form moderner individueller Freiheit: "Jeder nur sich selbst bewußt" (9856).

Faust und Helena stellen nun an ihn die Forderung der sentimentalischen Idylle, aus eigener Freiheit die feurigen Triebe zu "bändige[n]" (9737): "Ländlich im Stillen/ Ziere den Plan" (9741f.). Doch diese sentimentalische Forderung "eines völlig aufgelösten Kampfes [...], einer freien Vereinigung mit dem Gesetze, einer zur höchsten sittlichen Würde hinaufgeläuterten Natur"[62] kann Euphorion nicht erfüllen. Nach seinem

---

59 A.a.O., S.194 (5. Juli 1827).
60 A.a.O., S.368 (21. März 1831), 234 (16. Dezember 1828), 113 (24. Februar 1825).
61 A.a.O., S.194 (5. Juli 1827).
62 NA 20, S.472.

Tod heißt es im Trauergesang des Chores: "Doch du ranntest unaufhaltsam/ Frei ins willenlose Netz,/ So entzweitest du gewaltsam/ Dich mit Sitte und Gesetz" (9923ff.). Euphorion setzt die Freiheit des modernen Subjekts nicht in die geforderte Anerkennung des allgemeinen Gesetzes um. Statt der idealen Versöhnung und Läuterung – Darstellungsziel der sentimentalischen Idylle – steht am Ende die Entzweiung. Daß Byron die Beschränkung der Subjektivität nicht gelang, führte nach Goethes Urteil zu seinem Untergang.[63] So wie sich Euphorion am Ende nach "Schmerz und Qual" sehnt (9887), bezeichnet Goethe den englischen Dichter als "ewige[n] Selbstquäler"[64] und den *Manfred* als "die Quintessenz des wunderbaren, zu eigener Qual geborenen Talents" Byron. Goethe spricht von der "düstere[n] Gluth einer gränzenlosen reichen Verzweiflung".[65] In Euphorions Tod gewinnt diese romantische Seite des klassisch-romantischen Byron überhand. Deshalb sind dort – wie sich gleich zeigen wird – die Anspielungen auf Byron mit solchen auf die deutsche Romantik verknüpft. Doch zunächst soll kommentiert werden, wie sich die Auflösung der Idylle textimmanent darstellt.

Phorkyas verkündet zu Beginn der Euphorion-Handlung das zentrale Gesetz der modernen literarischen Subjektivität, das Recht des Herzens, in Abgrenzung gegen die übersubjektiven "Fabeln" des Mythos: "Euer Götter alt Gemenge,/ Laßt es hin, es ist vorbei.// Niemand will euch mehr verstehen,/ Fordern wir doch höhern Zoll:/ Denn es muß von Herzen gehen,/ Was auf Herzen wirken soll" (9681ff.). Das Primat subjektiver Innerlichkeit widerspricht dem alten Polytheismus; der neue Gott des christlichen Monotheismus – so die stille Voraussetzung von Phorkyas' Rede – hat selbst ein Herz: er leidet und stirbt mit den Menschen und verkörpert die Subjektivität.

Es werden in diesem Zusammenhang zwei verschiedene Formen der poetischen Innerlichkeit dargestellt. Faust und Helena finden zu einer "Wechselrede" (9376), in der die Sehnsucht des modernen Subjekts durch die Vermittlung mit anderen beschränkt und gebunden wird. Faust beginnt: "Und wenn die Brust von Sehnsucht überfließt,/ Man sieht sich um und fragt –", Helena ergänzt: "wer mitgenießt" (9379f.). Helena findet im Reim zu sich selbst, nämlich zu der klassischen Idee, die sie verkörpert: wenn sich die Wörter zueinander "bequemen" und "gesellen" und

---

63 An seinem "Mißverhältnis mit der Welt", seiner "polemischen Richtung" gegen sie, "ist er zugrunde gegangen" – Eckermann, S.113 (24. Februar 1825), 338 (11. Februar 1831).
64 A.a.O., S.195 (5. Juli 1827).
65 WA I,41/1, S.189f.

einander "liebkosen" (9369ff.), so entspricht dies jenem "wohlstimmig" klingenden "Echo", das Helena in der ersten Szene im Gegensatz zum "eigenwillig brausend[en]" und "selbstverirrten" Reden und Handeln fordert (8830ff.). Die harmonische Wechselrede, die Faust und Helena in Arkadien fortsetzen und in die auch Euphorion einstimmen soll, begrenzt im poetischen Medium positiv die moderne Selbstheit.

Euphorion verkörpert die Gegenform. Seine Kunst ist "ein eigenster Gesang" (9922); sie zielt nicht auf den Wechselgesang mit anderen, sondern strebt einsam in unendliche Höhen: "Heilige Poesie,/ Himmelan steige sie!/ Glänze, der schönste Stern,/ Fern und so weiter fern!" (9863ff.). Nicht zufällig kehrt hier das Wort "himmelan" wieder, mit dem Phorkyas die gotische Architektur der Burg beschrieben hatte (9023). Wegen dieses Bezugs ist das Wort nicht in einem schwachen metaphorischen Sinn als literarische Himmelstürmerei zu verstehen. Die Parallelstelle der gotischen, zu Gott in der Höhe strebenden Architektur macht auch das "himmelan" Euphorions zum Ausdruck einer christlichen Welthaltung. Die "heilige" Poesie verläßt das Diesseits und transzendiert.[66] Neben der transzendierenden Bewegung ist Euphorions poetische Innerlichkeit auch durch das zweite zentrale Motiv der Burg charakterisiert: die kriegerische Heroik. "Keine Wälle, keine Mauern,/ Jeder nur sich selbst bewußt;/ Feste Burg um auszudauern,/ Ist des Mannes ehrne Brust" (9855ff.). "Nicht feste Burg soll dich umschreiben" (9566), hatte Faust vor der arkadischen Verwandlung zu Helena gesagt. Wird also in der idyllischen Fiktion das äußere heroische Ambiente verlassen, so ersteht es in der Innerlichkeit wieder auf als die "feste Burg" des Herzens, das gleichfalls "himmelan" strebt. Die fiktionale Entkoppelung der idealen Situation von dem Kriegsmotiv, das doch die Idylle begründet und schützt, erscheint in Euphorions Worten als das, was sie auch schon für Faust ist: als "Traum" (9414): "Träumt ihr den Friedenstag?/ Träume, wer träumen mag./ Krieg! ist das Losungswort" (9835ff.). Über die Identifikation Euphorions mit Byron sagt Goethe zu Eckermann: "Auch paßte er übrigens wegen [...] seiner kriegerischen Tendenz, woran er in Missolunghi zu Grunde ging".[67] Euphorions kriegerische Losungen "Jeder nur sich selbst bewußt" (9856) und "Verschwenderisch eignen Bluts" (9845) bezeichnen genau die romantische Haltung, die in der zweiten Szene das Lied des Lynkeus mit der doppelten Verwendung der Metapher "gedörrtes Gras" bzw. "abgemähtes, welkes Gras" (9300/ 9330)

---

66 Goethe sah im "Transzendieren" eine "abstrus[e]" Tendenz der Poesie seiner Zeit. 7. Oktober 1820 an Hegel; HAB 3, S.493. Vgl. Kapitel II.2, Abschnitt b).

67 Eckermann, S.194 (5. Juli 1827).

zum Ausdruck brachte: den allen irdischen Besitz und schließlich auch das Selbst vernichtenden kriegerischen Eigennutz, dessen negative Kraft insgeheim – so Novalis – religiös ist.

Diese zweite, romantische Form poetischer Subjektivität wird nun mit der klassischen Idee konfrontiert. Nachdem Euphorion sagt: "Nur das Erzwungene/ Ergetzt mich schier" (9783f.) und "Zu erzwungenem Genusse" eine der Choretiden raubt, wird sein Eigensinn von dem des Mädchens gebrochen: "Laß mich los! In dieser Hülle/ Ist auch Geistes Mut und Kraft;/ Deinem gleich ist unser Wille/ Nicht so leicht hinweggerafft" (9800ff.). Dieser "Geist" – der Bühnenanweisung zufolge das ganze Mädchen – "flammt auf und lodert in die Höhe" (vor 9808). Euphorion folgt dem Mädchen und beginnt hier seine Sprünge, die ihn "himmelan" führen, bis er wie "Ikarus" (9901) abstürzt. Der Trauergesang – er ist nicht exklusiv auf Byron bezogen, sondern in den dramatischen Zusammenhang eingebettet, der überhaupt erst die Identifikation der Figur mit Byron möglich machte, – der Trauergesang des Chores also kommentiert Euphorions Tod mit dem schon zitierten Wort über die Entzweiung von Sitte und Gesetz. Zuvor heißt es: "Leider früh dir selbst verloren,/ Jugendblüte weggerafft" (9917f.). Gezielt wird hier das Wort "hinweggerafft" aus der Entgegnung der Choretide wiederholt: Euphorion will selbstisch den fremden Geist, den fremden Willen wegraffen und verliert statt dessen sich selbst – entsprechend der alten Selbstheits-Kritik, wonach Individuation nur als Vergesellschaftung, Selbstfindung nur durch die Anerkennung der positiven Beschränkung durch andere möglich ist.[68] Die "Sitte", von der Euphorion sich entzweit, ist zunächst einmal nur der "Geist" der anderen. Weil er den fremden Willen nicht anerkennt, droht auch sein eigener, unbeschränkter Wille unterzugehen. Das meint die schwierige Formulierung im Trauergesang: "Doch du ranntest unaufhaltsam/ Frei ins willenlose Netz" (9923f.). Bezogen auf das poetische Prinzip, das Euphorion verkörpert, bedeutet dies: Sein Gesang kann sich der idyllischen Beschränkung der Sehnsucht im liebevollen Wechselgesang nicht fügen, strebt statt dessen einsam und eigensinnig "himmelan" zu einem unerreichbaren Ziel und scheitert: "Wolltest Herrlichstes gewinnen,/ Aber es gelang dir nicht" (9929f.). Das ungebundene Streben geht folgerichtig aus der abstrakten Harmonie der Idylle hervor und negiert sie. Doch die einsame Loslösung von der Welt hat ihrerseits keine positive Geltung im Kontinuum des 3. Aktes: Mit dem Wort von der preisgegebenen Sitte erinnert der Chor wieder an die

68 Vgl. Kapitel I.1, Abschnitt a).

Poetik des wohlstimmigen Wechselgesangs, in der die klassische Idee des Sittlich-Schönen virulent ist.

Nach Euphorions Sturz fährt sein Körper zum "düstern Reich" (9905) der Unterwelt, "Kleid, Mantel und Lyra bleiben liegen", seine Aureole aber, das Zeichen des poetischen Geistes, der zuvor schon "himmelan" strebte, "steigt wie ein Komet zum Himmel auf" (vor 9903). Die Doppelung im Tode entspricht genau dem poetischen Status Euphorions: Der Geist der modernen Dichtung, der in unendlicher Sehnsucht zum Himmel strebt, war an eine antike Figur geknüpft, deren Körper in den Hades zurückkehrt.[69] Dorthin folgt Helena ihm mit dem Ausspruch: "Ein altes Wort bewährt sich leider auch an mir:/ Daß Glück und Schönheit dauerhaft sich nicht vereint" (9939f.). Dieses alte Wort stammt aus einem Schauspiel Calderons.[70] Goethe zitiert hier also nicht das antike Wissen um die Sterblichkeit des Schönen, sondern das christliche Vanitas-Motiv, das Wissen um die Vergänglichkeit der irdischen Herrlichkeit. Im Anschluß an die Idylle – ihre primäre literarhistorische Bezugsepoche ist nach Rüdiger die Renaissance – spricht Helena also einen Grundgedanken des Barockzeitalters aus. Der "Begriff der verklärten Natur, den die Frührenaissance faßte", wird – wie Benjamin schreibt – im Barock vom Begriff der Natur als "ewige Vergängnis" negiert, und zwar im Rekurs auf die mittelalterliche Christlichkeit.[71] Dieses Motiv ewiger Vergängnis ist mit dem Gedanken der gefallenen, sündigen Natur verwandt. Deshalb ähnelt das barocke Wort Helenas schon in der Diktion dem Ausspruch der Phorkyas aus der ersten Szene: "Alt ist das Wort, doch bleibet hoch und wahr der Sinn,/ Daß Scham und Schönheit nie zusammen, Hand in Hand,/ Den Weg verfolgen über der Erde grünen Pfad" (8754ff.).

Auch der Barock-Bezug bei Helenas Abgang muß im Kontext der Kontroverse von Klassik und Romantik gesehen werden. In der Idylle wird ja die Renaissance – wie gezeigt – nicht unmittelbar thematisiert, sondern über die Vermittlungsstufe der Weimarer Klassik, über Schillers Postulat einer sentimentalischen Idylle. Auch die Auflösung der Idylle im Zeichen von Krieg, Vergänglichkeit und dem "Himmelan"-Streben der "heilige[n] Poesie" kann nur vor dem Hintergrund der Klassik-Kritik der Goethezeit angemessen verstanden werden. Der von Helena ausgesprochene Vanitas-Gedanke hat hier seine Aktualität.

---

69 In diesem "Zugleich" von Himmel- und Hadesfahrt sieht Katharina Mommsen (1968), "etwas schwer Vereinbares" (S.52).

70 *El Purgatorio de San Patricio*, zweiter Aufzug. In: Comedias varias II, Nr. 11.

71 Benjamin (1974ff., Bd.1), S.354f.

Die willkürlich ausgegrenzten Motive Selbstheit, Krieg und Tod kehren in der poetischen Subjektivität Euphorions und damit in der sentimentalischen Idylle selbst wieder. Diese Wiederkehr entspricht den kritischen Reflexen Friedrich Schlegels auf Schillers Poetik. Schiller hatte ja gefordert, in der Idylle solle "aller Gegensatz der Wirklichkeit mit dem Ideale [...] vollkommen aufgehoben sein",[72] obwohl die "wirkliche Erfahrung" den "Glauben" einer "Ausführbarkeit jener Idee in der Sinnenwelt" und "der möglichen Realität jenes Zustandes [...] beständig widerlegt".[73] Dieser Widerspruch zwischen der idealen Darstellung und dem Wissen um ihre Abstraktheit solle in der sentimentalischen Idylle nicht selbst dargestellt werden, weil dies der Intention zuwiderlaufe, dem Menschen ein Bild seiner ausgeführten Bestimmung zu geben. In einer Fußnote bekennt Schiller gleichwohl, daß sich das Wissen um jenen Widerspruch nolens volens auch in der Idylle niederschlagen muß: Stellt der Dichter "das Gemählde der unverdorbenen Natur oder des erfüllten Ideales rein und selbständig vor unsere Augen, so ist jener Gegensatz doch in seinem Herzen und wird sich auch ohne seinen Willen in jedem Pinselstrich verraten. Ja wäre dies nicht, so würde schon die Sprache, deren er sich bedienen muß, weil sie den Geist der Zeit an sich trägt und den Einfluß der Kunst erfahren [hat], uns die Wirklichkeit mit ihren Schranken, die Kultur mit ihrer Künsteley in Erinnerung bringen; ja unser eigenes Herz würde jenem Bilde der reinen Natur die Erfahrung der Verderbnis gegenüberstellen und so die Empfindungsart, wenn auch der Dichter es nicht darauf angelegt hätte, in uns elegisch machen".[74] Diese Reflexion widerlegt Schillers eigene Behauptung, die sentimentalische Idylle flöße nur dann "das traurige Gefühl eines Verlustes" ein, wenn sie zum Sujet der Schäferidylle greift und das Ideal als ein historisch vergangenes darstellt.[75] Vielmehr müssen die ausgegrenzten, aber auf verschiedenen Wegen in das Kunstwerk und seine Rezeption eindringenden Momente in *jeder* Idylle als ein elegischer Unterstrom präsent sein.

Schlegel macht nun die implizite Selbstkritik Schillers explizit. "Es gibt eine Poesie, deren eins und alles das Verhältnis des Idealen zum Realen ist, und die also nach der Analogie der philosophischen Kunstsprache Transzendentalpoesie heißen müßte. Sie beginnt als Satire mit der absoluten Verschiedenheit des Idealen und Realen, schwebt als

---

72 NA 20, S.472.
73 A.a.O., S.468.
74 A.a.O., S.449.
75 A.a.O., S.469.

Elegie in der Mitte, und endigt als Idylle in der absoluten Identität beider". Schlegel referiert hier im 238. *Athenäums-Fragment* (1798) zunächst nur Schillers Gedanken über die drei sentimentalischen Dichtungsformen, fährt dann jedoch fort:

> So wie man aber wenig Wert auf eine Transzendentalphilosophie legen würde, die nicht kritisch wäre, nicht auch das Produzierende mit dem Produkt darstellte, und im System der transzendentalen Gedanken zugleich eine Charakteristik des transzendentalen Denkens enthielte: so sollte wohl auch jene Poesie die in modernen Dichtern nicht seltnen transzendentalen Materialien und Vorübungen zu einer Theorie des Dichtungsvermögens mit der künstlerischen Reflexion und schönen Selbstbespiegelung [...] vereinigen, und in jeder ihrer Darstellungen sich selbst mit darstellen, und überall zugleich Poesie und Poesie der Poesie sein.[76]

Schlegel richtet sich gegen einen Mangel an Selbstreflexion im Kunstwerk, der mit der bisherigen Theorie einer Transzendentalpoesie einhergehe – nämlich mit Schillers Theorie der sentimentalischen Dichtung. Auf sie legt Schlegel deshalb "wenig Wert". Nun wird dieser Affront dadurch verschärft, daß der oben ausgelassene Nebensatz ein Vorbild der poetischen Selbstreflexion nennt, nämlich Goethe, den Schiller in seiner Abhandlung zum "Realisten" stilisiert. Schlegel möchte Schillers – man beachte die Wortwahl – "Vorübungen zu einer Theorie des Dichtungsvermögens" mit "der künstlerischen Reflexion und schönen Selbstbespiegelung" Goethes verbinden. Das Verhältnis von Idealität und Realität müßte in der Dichtung selbst auf die transzendentalen Ideen des Künstlers bezogen werden. Dies schlösse eine einseitig-idyllische Darstellung der Identität von Ideal und Wirklichkeit aus: Ihre Verschiedenheit, die dem poetischen Subjekt bewußt ist, müßte auf dem Wege über dessen Selbstthematisierung in die Darstellung explizit einfließen und nicht nur – wie bei Schiller – einen elegischen Unterstrom bilden, der sich womöglich gegen die Intentionen des Dichters durchsetzt. Deshalb befindet bereits Schlegels 60. *Lyceums-Fragment* (1797): "Alle klassischen Dichtarten in ihrer strengen Reinheit sind jetzt lächerlich".[77]

Diese Lächerlichkeit, die sich aus dem – bei Schiller latenten – Wissen um die Begrenztheit und Abstraktheit jeder einzelnen Form ergibt, soll auf dem Wege der Ironie zur Sache der Dichtung selber werden. Der Dichter, heißt es im 121. *Athenäums-Fragment*, muß "sich bald in diese bald in jene Sphäre [...] mit ganzer Seele versetzen; bald auf diesen bald auf jenen Teil seines Wesens frei Verzicht tun, und sich auf einen anderen ganz beschränken", wenn er in bestimmten Formen

---

76 KA II, S.204.
77 A.a.O., S.154.

schreibt.[78] Diese Leistung, so das 28. *Lyceums-Fragment*, ist "dividierter Geist, Selbstbeschränkung also ein Resultat von Selbstschöpfung und Selbstvernichtung".[79] Die Vernichtung der in den einzelnen Formen ausgegrenzten Momente setzt eine "Absicht" voraus, die "mit willkürlichem Schein von Selbstvernichtung" verfährt und dabei "bis zur Ironie" geht.[80] Die Ironie verweist ex negativo einerseits auf die im Werk 'vernichteten' Momente, andererseits auf die undarstellbare Universalität der Momente. Ironie ist im *Gespräch über die Poesie* das Wort für die poetische "Tendenz nach einem tiefen unendlichen Sinn", den das einzelne Werk nicht enthalten kann.[81]

Die ironische Relativierung jeder Form ist nicht das letzte Wort in Schlegels frühromantischer Poetik. Vielmehr hat die "romantische Poesie" für ihn die "Bestimmung", wie es im 116. *Athenäums-Fragment* heißt, "alle getrennte Gattungen der Poesie wieder zu vereinigen" und zudem "die Formen der Kunst mit gediegnem Bildungsstoff jeder Art" anzufüllen. Die Vereinigung der getrennten, abstrakten Formen denkt Schlegel als geschichtlichen Prozeß, als "progressive Universalpoesie". Durch die Verbindung verschiedener literarischer und außerliterarischer Textformen können sich auch einzelne Werke auf dieses Ziel zubewegen, insbesondere der Roman, der – so das 252. *Athenäums-Fragment* – am Ende einer "Philosophie der Poesie" stehen muß, die auf die "völlige Vereinigung" der "Gattungen und Arten" zielt.[82] Einzelne Artefakte können die "Universalität", die "Wechselsättigung aller Formen und Stoffe" aber nie ganz erreichen: "auch den universellsten vollendetsten Werken der isolierten Poesie und Philosophie scheint die letzte Synthese zu fehlen".[83] Denn die "romantische Dichtart ist noch im Werden, ja das ist ihr eigentliches Wesen, daß sie ewig nur werden, nie vollendet sein kann".[84]

Man kann die Differenz zwischen den Poetiken Schillers und Schlegels gut mit dem grundsätzlichen Gegensatz zweier Weltanschauungen beschreiben, den Schelling 1803 in seinen *Vorlesungen über die Methode des akademischen Studiums* skizziert. Schelling sagt, "daß, soweit die historische Kenntnis nur immer zurückgeht, schon zwei bestimmt verschiedene Ströme von Religion und Poesie unterscheidbar sind". Der eine habe "im Christentum sein bleibendes Bett gefunden [...]; der

---

78 A.a.O., S.185.
79 A.a.O., S.149.
80 A.a.O., S.217.
81 A.a.O., S.324.
82 A.a.O., S.207f.
83 A.a.O., S.255.
84 A.a.O., S.182f.

andere in der griechischen Mythologie [...] die höchste Schönheit geboren". Während in der antiken "Naturreligion" die Idee vollkommen in der Natur erscheine, schaue das Christentum "Gott in der Geschichte" an.[85] Solange die Geschichte unvollendet ist, muß auch jede irdische Erscheinung Gottes in der Geschichte unvollkommen sein. Schlegels Gedanke der romantischen Poesie als einer progressiven Universalpoesie entspricht der sukzessiven, aber nie vollständigen Entfaltung des Absoluten in der Geschichte. "Andere Dichtarten sind fertig", sagt Schlegel lakonisch über die klassische, also die antike Literatur.[86] Die Voraussetzung solcher Vollendung wäre, wiederum in den Kategorien Schellings, die vollständige Erscheinung des Absoluten in der Natur. Schillers *Geschichts*philosophie entspricht zwar in ihrer triadischen Form ganz dem ersten Modell – womit nicht gesagt werden soll, sie enthalte auch ansonsten eine christliche Weltanschauung. Weil bei Schiller die Kunst ein Bild vom Telos der Geschichte, von der vollendeten Bestimmung der Menschheit geben soll, verficht er als *Ästhetiker* gleichwohl das antike Modell: das Ideal soll auch unter der christlich-sentimentalischen Bedingung der Nichtidealität alles Realen vollkommen darstellbar sein. Schlegel siedelt nun die Geschichtsphilosophie in der sentimentalischen Poetik selber an, kann so den Klassizismus als Programm zurückweisen und die klassizistischen Werke durch Ironie und Kritik in der progressiven Universalpoesie der Romantik aufheben. Für Schiller gibt das Idealschöne dem Menschen ein "Symbol seiner ausgeführten Bestimmung" und ist zugleich Symbol des schönen Staates, der sittlichen Gemeinschaft.[87] Für Schlegel ist diese höchste Bestimmung nicht darstellbar; alle Versuche, das Ideal künstlerisch zu erreichen, müssen fragmentarisch und deshalb allegorisch bleiben: "alle Schönheit ist Allegorie. Das Höchste kann man eben weil es unaussprechlich ist, nur allegorisch sagen", heißt es 1800 im *Gespräch über die Poesie*.[88]

Die Negation der Idylle im Helena-Akt entspricht der romantischen Universalpoesie insofern, als hier der notwendige Übergang zu Elegie und Satire expliziert und das universalpoetische Nebeneinander der drei Formen verwirklicht wird. Das ausgegrenzte Wissen um die Differenz von Ideal und Realität manifestiert sich innerhalb der Idylle und verwandelt sie – dies wird im folgenden Abschnitt gezeigt – in ein dionysisches Satyrspiel, so wie schon in der Konzeption von 1800 die ideale

---

85 SW I,5, S.298f.
86 KA II, S.183.
87 NA 20, S.353. Vgl. Kapitel I.1, Abschnitt c).
88 KA II, S.324.

Situation in einem "Satyrdrama" enden sollte.[89] "Satirisch" ist dieser Verlauf nicht wegen einer etwaigen etymologischen Verwandtschaft beider Wörter – von der Schiller in seiner Schreibweise "Satyre" offenbar ausgeht –, sondern weil die als ideal angenommene Situation sich sukzessive als nichtideal erweist und schließlich im Satyrspiel endet. Das Ende der Idylle markiert den Abstand vom Ideal, indem die Darstellung – mit Schiller gesprochen – "bei der Realität" von Krieg und Tod verweilt. Die Idylle wird aber nicht nur mit der Satire vermischt, sondern auch mit der Elegie, nämlich im "Trauergesang" (vor 9907) des Chores.

Die Negation der Idylle geschieht nun nicht allein auf dem formalen Wege einer universalpoetischen Formenpluralität. Zugleich tritt auch inhaltlich ein spezifisch romantisches Motiv hervor: die schon erwähnte Negation des Endlichen im Anschluß an dessen Romantisierung. In romantischer Sicht ist die Idylle nicht mehr das Ideal sentimentalischer Dichtung, sondern nur ein Schritt in der Doppelbewegung von Romantisieren und Verneinen der Welt. Nach der arkadischen Darstellung des Ideals in der Natur steht Euphorions Tod für die Ablösung vom Irdischen und den transzendierenden Hinweis auf das Jenseits. Euphorions "Drang [...] zu Schmerz und Qual", seine Losung "Und der Tod/ Ist Gebot" erinnern nicht nur an Byron, sondern auch an die Rückwendung zur christlichen "Vorzeit" in Novalis' sechster *Hymne an die Nacht* (1800), die den Titel "Sehnsucht nach dem Tode" trägt:

> Die Vorzeit, wo noch blütenreich
> Uralte Stämme prangten,
> Und Kinder für das Himmelreich
> Nach Qual und Tod verlangten.[90]

Gedacht ist etwa an die Märtyrerlegenden und die Passionsgeschichte Christi. Die Sehnsucht nach dem Tode kehrt auch im *Heinrich von Ofterdingen* an verschiedenen Stellen wieder, und zwar nicht nur allgemein als eine religiös-weltanschauliche Haltung, sondern speziell als Tendenz der Poesie. Am Beginn des zweiten Teils heißt es im Astralis-Gedicht: "Nicht einzeln mehr nur Heinrich und Mathilde/ Vereinten beide sich in Einem Bilde. –/ Ich hob mich nun gen Himmel neugeboren,/ Vollendet war das irdische Geschick/ Im seligen Verklärungsaugenblick".[91] Astralis, das Sternwesen, ist der Sohn von Heinrich und

---

89 Möglicherweise war Goethes Plan, die Formen zu vermischen, schon 1800 von Schlegels Postulat inspiriert, "alle getrennten Gattungen der Poesie wieder zu vereinigen".
90 NS 1, S.155.
91 A.a.O., S.318.

Mathilde. Auch Euphorion, der Sohn von Faust und Helena, hebt sich – Als Allegorie "heilige[r] Poesie" – "himmelan" und wird zum Stern: "Glänze, der schönste Stern,/ Fern und so weiter fern" (9863ff.). Wie er verkörpert Astralis die Poesie, das freie Schalten der Phantasie und das Verschweben "in magischen Dunst".[92] Astralis sagt über die Poesie: "Wehmut und Wollust, Tod und Leben/ Sind hier in innigster Sympathie, –/ Wer sich der höchsten Lieb ergeben,/ Genest von ihren Wunden nie./ Schmerzhaft muß jenes Band zerreißen/ Was sich ums innre Auge zieht,/ Einmal das treuste Herz verwaisen,/ Eh es der trüben Welt entflieht".[93] Auch im Helena-Akt zerreißt vor Euphorions poetischer Himmelfahrt "der holde Bund" im "schmerzensvollen Raum" (9880ff.).

Weltflucht und Sehnsucht nach dem Tode sind bei Novalis, ganz wie in der Euphorion-Handlung, mit dem Motiv des Krieges verschränkt. In den von Tieck veröffentlichten Skizzen zur geplanten Fortsetzung des *Heinrich von Ofterdingen* schreibt Novalis: "Ein großer Krieg [...]. Ritterspiel. Geist der bacchischen Wehmut. – Die Menschen müssen sich selbst untereinander töten, das ist edler als duch das Schicksal fallen. Sie suchen den Tod. – Ehre, Ruhm ist des Kriegers Lust und Leben. Im Tode und als Schatten lebt der Krieger. Todeslust ist Kriegergeist".[94] Die Einheit von Ruhmes- und Todeslust ist auch das Kriegsmotiv Euphorions: "Nur dort/ Eröffnet sich zum Ruhm die Bahn" (9875f.) – "Und der Tod/ Ist Gebot" (9888f.).[95] Im ersten Teil von Novalis' Roman wird die kriegerische Todeslust, die sich hinter dem Ruhm- und Besitzsstreben verbirgt, mit der *poetischen* Weltverneinung identifiziert. Die Menschen, die von diesem "romantische[n] Geist" einer Vernichtung der "unnützen Schlechtigkeiten durch sich selbst" aufgeregt sind, "führen die Waffen für die Sache der Poesie", so Heinrich. Klingsohr fügt hinzu, viele Kriege seien "echte Dichtungen" und die Helden "unwillkürlich von Poesie durchdrungene Weltkräfte". Die Poesie des Krieges ist zugleich eine religiöse Begeisterung; sie "geht gerade zu auf den Untergang, und

---

92 A.a.O., S.319. Vgl. zu dieser Stelle unten Kapitel II.2, Abschnitt b).
93 Ebd.
94 NS 1, S.346.
95 In Euphorions Rede verbergen sich auch Hinweise auf romantische Ritterspiele. An einige Lieder in Fouqués Ritter-Dramen erinnert der häufige Wechsel des Metrums, das Alternieren kurzer und langer Verse, z. B. "Und der Tod/ Ist Gebot,/ Das versteht sich nun einmal" (9888ff.), sowie die Metaphorik der Kriegsschilderung in den Versen "In Staub und Wellen,/ Heer dem Heere" (9886f.) und "Winde sie sausen ja,/ Wellen sie brausen da" (9815f.). In Fouqués *Herrmann* heißt es: "Bergunter stürmt es, bergunter,/ So munter/ Das ganze jubelnde Heer!/ Recht wie ein stahlblitzendes/ Küsten beschützendes/ Feinde verderbendes herrliches Meer" (Fouqué, *Altsächsischer Bildersaal*, Bd. I, S.208).

der Wahnsinn der Menschen erscheint in seiner völligen Gestalt".[96] Einen derartigen religiösen Kriegswahn meint Euphorion, wenn er von dem "nicht zu dämpfenden/ Heiligen Sinn" der "Kämpfenden" spricht (9847ff.); und genau auf die entsprechende kriegerische Begeisterung Euphorions bezieht der Chor sein Wort von der himmelan steigenden, heiligen Poesie.

Die gezeigte Nähe zu Novalis und Schlegel belegt, daß der Helena-Akt einen dezidiert romantischen Prätext schafft – gleichviel, ob es sich um Zitate bzw. Anspielungen handelt oder um zufällige Ähnlichkeiten der Frühromantischen Texte mit Goethes Ausgestaltung des "Romantischen" als einer Strömung der "neueste[n] Literatur".

In dem zitierten Fragment zur Fortsetzung des *Heinrich von Ofterdingen* heißt der heilige Wahnsinn der Krieger auch "bacchische Wehmut". Daß Novalis die kriegerische Weltverneinung, die er in mittelalterlichen Ritterkämpfen darstellen wollte, mit diesem antiken Motiv verknüpft, wird vor dem Hintergrund dessen verständlich, was Friedrich Schlegel in seiner Schrift *Geschichte der Poesie der Griechen und Römer* (1798) über die Religiosität in der "Orphischen Vorzeit" sagt. "Orgiasmus, festliche Raserei" praktizierten "die enthusiastischen und bacchischen Priester uralter Vorzeit, die unter kriegerischem Tanz, durch Geräusche und Getöse [...] während der heiligen Handlung alles mit Schrecken erfüllten".[97] Schlegel meint, "daß die erste Ahnung des Unendlichen den plötzlich erwachten Geist nicht mit frohem Erstaunen, sondern mit wildem Entsetzen erfüllt" habe. Vor dem geahnten Unendlichen scheint die Welt vernichtet – diese Erfahrung nennt Novalis "bacchische Wehmut" –, und so ist es nach Schlegel verständlich, daß "die Begeisterung eines geheimnisvollen Gottesdienstes so oft in selbstzerfleischende Wut ausartete".[98] In dieser Perspektive erhält das Wort von der "Vorzeit" in Novalis' oben zitierter *Hymne an die Nacht* eine weitere Bedeutung: Nicht nur die Leiden Christi und der Märtyrer sind gemeint, sondern auch – oder vielleicht sogar vor allem – die Selbstopfer der "uralten Stämme" orphischer Vorzeit "für das Himmelreich", für das geahnte Unendliche. Auch die Euphorion-Handlung enthält zahl-

---

96 NS 1, S.285. Mähl (1965) nennt die kriegerische Negation des Nichtigen bei Novalis "jene geschichtliche 'Auflösung' und 'Annihilation', aus der allein eine neue Verkörperung, eine irdische Gestaltung des Zukunftsreiches hervorgehen kann" (S.321). Auf das Zukunftsreich, das wahre goldene Zeitalter, wäre dieser Deutung zufolge – überträgt man sie auf die Novalis-Bezüge im Helena-Akt – auch Euphorions Negation der erstarrten und falschen Idylle gerichtet.

97 KA I, S.400.

98 A.a.O., S.402f.

reiche Anspielungen auf diesen Gedanken. Bezugspunkte sind dabei allerdings nicht die frühromantischen Ansätze, sondern die hochromantischen Resultate einer Deutung der antiken Mythologie, die in ihr einen ursprünglichen und allzeit latenten Monotheismus sowie die Vorstellung des fleischgewordenen, leidenden und sterbenden Gottes nachweisen will.

d) Klassische und romantische Mythologie – Euphorion

1826 schreibt Goethe an Boisserée, daß der dritte Akt "jetzt seine vollen dreitausend Jahre spielt, vom Untergange Trojas bis auf die Zerstörung Missolunghis".[99] Horst Rüdiger bezieht Goethes Äußerung auf dreitausend Jahre Weltliteratur und sieht in Euphorion deren letzte Stufe dargestellt, "die moderne englische Poesie", denn bekanntlich starb Byron während des griechischen Befreiungskriegs bei Missolunghi. Mehr als das Werk Byrons werde allerdings sein "ans Personale gebundener Genius" beschworen, der allegorisch für die jüngste "Dichtung überhaupt" stehe.[100] Während Rüdiger in seinen Kommentaren zur älteren Weltliteratur in der *Helena* übersieht, daß all diese Bezüge über die Auseinandersetzung mit den Klassikern und Romantikern der Goethezeit vermittelt sind, vernachlässigt er in der Euphorion-Deutung komplementär alle Anspielungen auf Älteres, vor allem auf die antike Mythologie. Daß Euphorion gleich zu Beginn mit Phöbus (9620) und Hermes (9644) verglichen wird, spielt in seinem Kommentar keine Rolle.

Haben die Byron-Anspielungen und die Nähe zu Novalis den Sinn, innerhalb einer Verbindung klassischer und romantischer Zeitströmungen die Übermacht des Romantischen und das Scheitern der klassischen Selbstbeschränkung von Subjektivität in einer idealen harmonischen Ordnung aufzuzeigen, so setzt sich entsprechend auf der mythologischen Bedeutungsebene ein Paradigma der romantischen Mythenforschung gegen die anfängliche Zuordnung Euphorions zur olympischen Götterwelt durch. In einem Paralipomenon gibt Phorkyas bezüglich Euphorions die folgende Rezeptionsanweisung:

> [...] kaum ist er gezeugt, so ist er auch geboren,
> Er springt und tanzt und ficht schon. Tadeln viele das,
> So denken andere, dies sei nicht so grad

---

99 22. Oktober 1826; HAB 4, S.207. Am selben Tag fast gleichlautend an Wilhelm v. Humboldt; HAB 4, S.205.

100 Rüdiger (1964), S.197f.

Und gröblich zu verstehen, dahinter stecke was.
Man wittert wohl Mysterien, vielleicht wohl gar
Mystifikationen, Indisches und auch
Ägyptisches, und wer das recht zusammenkneipt,
Zusammenbraut, etymologisch hin und her
Sich zu bewegen Lust hat, ist der rechte Mann.
Wir sagen's auch, und unseres tiefen Sinnes wird
Der neueren Symbolik treuer Schüler sein.[101]

Gemeint ist die romantische Mythenforschung, vor allem Friedrich Creuzers *Symbolik und Mythologie der alten Völker,*[102] denn auf den Titel dieser Untersuchung spielt Phorkyas' Rede an. Die Romantiker wollen die indischen und ägyptischen Ursprünge der griechischen Mythologie nachweisen und werten den aus dem Orient stammenden Dionysos auf, der von Homer noch nicht zu den Olympiern gezählt wurde. Tatsächlich sind für Creuzer – wie im einzelnen zu sehen sein wird – alte, in den orphischen Hymnen wiederkehrende Varianten des Mythos bedeutsam, in denen sowohl Apoll als auch Hermes mit Dionysos identifiziert werden. Phorkyas Rede im Paralipomenon bezieht sich auf diese Vermischungen ebenso wie auf die dionysischen Mysterien, die dann am Schluß des Aktes auch der Chor erwähnt: "Denn es hat sich Dionysos aus Mysterien enthüllt" (10031).

Daß Goethe die Symbolik-Rede der Phorkyas wegließ, darf nicht zu der Annahme führen, die Euphorion-Handlung enthalte keine Anspielungen auf die romantische Mythologie mehr. Dem Text fehlt nun bloß der explizite, in satirischem Duktus vorgetragene Hinweis darauf. Diese Zurücknahme von Polemik entspricht genau Goethes gewandelter Haltung zu Creuzers *Symbolik.* Auch und gerade auf dieses Gebiet bezieht sich nämlich sein Wunsch, "daß der alte Zwiespalt zwischen Klassikern und Romantikern sich endlich versöhne".[103] Hatte Goethe 1817 Creuzers Rekurs auf die Orphik mit Interesse zur Kenntnis genommen und sich davon zu den *Urworten, orphisch* anregen lassen, so kritisierte er in den folgenden Jahren in Übereinstimmung mit den zwei exponierten klassizistischen Creuzer-Gegnern, dem Altphilologen Gottfried Hermann und dem Homer-Übersetzer und Idyllendichter Johann Heinrich Voß, die "tristen ägyptisch-indischen Nebelbilder" Creuzers und propagierte gegen diesen "dunkel-poetisch-pfäffischen Irrgang"[104] die "reine charakteristische Personifikation" der homerischen Götter "ohne Hinterhalt und

---

101 WA I,15/2, S.234. (Paralipomenon Nr. 176).
102 Die Seitenangaben im Text beziehen sich in diesem Abschnitt auf Band 3 der zweiten Auflage (1819-1821).
103 27. September 1827 an Iken; HAB 4, S.249.
104 25. August 1819 an J. H. Meyer; HAB 3, S.462.

Allegorie".[105] Während der Arbeit am Helena-Akt schreibt Goethe dann jedoch: "Den Symbolikern konnte ich bisher nicht gut sein: sie sind im Grunde Antiklassiker und haben in Kunst und Altertum, sofern es mich interessiert, nichts Gutes gestiftet, ja dem, was ich nach meiner Weise förderte, durchaus geschadet. Wir wollen sehn, ob in der Folge an irgendeine Teilnahme und Annäherung zu denken ist". Die anschließende Bemerkung klingt beinahe, als wollte Goethe begründen, warum er die Phorkyas-Rede über das Zusammenkneipen und Zusammenbrauen indisch-ägyptischer Motive wieder strich: "Überhaupt muß ich mich jetzt sehr zusammennehmen und, mehr als jemals, alles Polemische an mir vorübergehen lassen. Der Mensch hat wirklich viel zu tun, wenn er sein eignes Positive bis ans Ende durchführen will. Glücklicherweise bleibt uns zuletzt die Überzeugung, daß gar vieles nebeneinander bestehen kann und muß, was sich gerne wechselseitig verdrängen möchte: der Weltgeist ist toleranter als man denkt".[106] Auch in bezug auf die Mythologie ist es Goethes Ziel, zwischen "Klassizismus und Romantizismus" zu vermitteln und "diesen Kampf so zu mäßigen, daß er ohne Untergang der einen Seite sich ins gleiche stellte" – allerdings weiß der Autor des *Faust*, daß eine solch ideale Vermittlung "den Menschen nicht gegeben" ist.[107]

Phorkyas' Anspielung auf die romantische Mythenforschung ist in der entsprechenden Passage der Endfassung getilgt zugunsten einer Beschwörung des klassischen Paradigmas, des Hausgottes der Weimarer Kunstfreunde: "In der Hand die goldne Leier, völlig wie ein kleiner Phöbus" (9620). Dies ist wieder in den achthebigen Trochäen gesprochen, in denen Phorkyas schon in der ersten Szene Helena als die "hohe Sonne dieses Tags" apostrophierte. In beiden Fällen gibt Phorkyas sich als Klassizistin aus; die Überstilisierung des Verses markiert aber die Verstellung.[108] Folgt im ersten Fall auf die Anrede als Sonne die drastische Beschreibung von Helenas Tod, ihrer drohenden Opferung, so zeigt im zweiten Fall der als Sonnengott bezeichnete Euphorion später seinen

---

105 1.Oktober 1817 an Creuzer; HAB 3, S.402.

106 12. Mai 1826 an Reinhard; HAB 4, S.189f. Schillemeit (1985) erklärt die Streichung der Creuzer-Anspielung damit, daß Goethe das "Element des Komischen und Parodistischen" in der Ausarbeitung des Helena-Aktes zugunsten des tragischen und ernsten Moments "deutlich begrenzt" habe (S.51). Diese richtige Beurteilung führt allerdings nicht zu der Einsicht, daß es Goethe mit der romantischen Mythenforschung selbst ernst war und der Helena-Akt die entsprechenden Allusionen nun auf unpolemische Weise enthält. Schillemeit vermutet in der Endfassung keine Creuzer-Bezüge.

107 MuR 346.

108 Vgl. Abschnitt a) dieses Kapitels.

"nicht zu dämpfenden/ Heiligen Sinn", der ihn dazu treibt, sich "verschwenderisch eignen Bluts" (9846ff.) selbst zu opfern.

Die Szene beschreibt einen Übergang vom Apollinischen zum Dionysischen. Der Chor fügt dem Vergleich mit dem Sonnengott zunächst den Hinweis auf dessen Bruder Hermes hinzu, der wie Euphorion in einer arkadischen Berghöhle geboren wurde. Hermes' Mittlertum zwischen Menschen und Göttern entspricht auch den späteren Sprüngen des Euphorion. Doch Apoll und Hermes sind unsterblich. Daß Euphorion anfangs mit diesen Göttern verglichen wird, folgt der Idee der Idylle, die hier noch beschworen wird. In Fausts Arkadien-Gedicht heißt es: "Ein jeder ist an seinem Platz unsterblich" (9552), und: "noch immer bleibt die Frage:/ Ob's Götter oder Menschen sind?// So war Apoll den Hirten zugestaltet,/ Daß ihm der schönsten einer glich" (9556ff.). Wenn die Idylle zerstört wird, weil der "kleine Phöbus" bzw. der kleine Hermes stirbt, so folgt der Helena-Akt Creuzers These von der unterschwelligen Anwesenheit des Dionysischen in der olympischen Götterwelt. Der romantische Mythologe will nachweisen, daß Apoll und auch Hermes mit Dionysos verwandt sind und nicht erst in der orphischen Geheimlehre, sondern im gesamten Griechentum offen oder insgeheim mit ihm identifiziert wurden. Dionysos hatte, schreibt Creuzer, "bei Tegea in Arcadien neben einem Haine der Ceres einen Tempel unter dem Namen Dionysos der Weihende". Dort war er "ein Wanderer auf und ab, zwischen Himmel und Erde (wie Hermes hieß), und ein Führer des Niederen zum Höheren". Creuzer vermutet, daß dem arkadischen Dionysos "in solcher Verwandtschaft mit Hermes auch wohl das Flügelattribut nicht ganz fremd gewesen sein könne" (S.409f.). Auch der arkadische Euphorion "schnellt" vom "Boden [...] zu der luft'gen Höhe" und rührt "an das Hochgewölbe" des Himmels (9605f.). Auch er ist zwar eigentlich "ein Genius ohne Flügel" (9603), doch schreibt er sich selbst dieses Hermes-Attribut zu, so wie Creuzer es dem arkadischen Dionysos zuschreibt: "Doch! – und ein Flügelpaar/ Faltet sich los!" (9897f.). Ein weiterer Hinweis auf den Creuzerschen Dionysos verbirgt sich in Phorkyas' Beschreibung "faunenartig ohne Tierheit" (9603). Der mitunter – wie die Faunen und Satyrn in seinem Gefolge – mit Hörnern dargestellte Bacchus ist nach Creuzer nicht erst als menschlich gebildeter Dionysos bei seiner späten Erhebung auf den Olymp dieses Attributs ledig. Bereits sein ägyptischer Vorgänger Osiris[109] sei in manchen Darstellungen von

[109] Auch Hederich, dessen *Gründliches Mythologisches Lexikon* Goethe benutzte, erwähnt die Identität von Osiris und Dionysos (Sp.519).

"menschlich-historische[r]" Gestalt, denn auch in Ägypten habe es eine Glaubensrichtung gegeben, in der die Götter als "natürliche Menschen" vorgestellt wurden (S.134). Auf keine andere mythologische Figur als auf den menschlich gebildeten Dionysos oder Bacchus paßt des Wort "faunenartig ohne Tierheit". Die unterschwellige Verwandtschaft des oberflächlich Hermes ähnelnden Euphorion mit dem aus Indien und Ägypten stammenden Gott also meint das Phorkyas-Wort aus dem Paralipomenon, "dahinter stecke was", nämlich "Mystifikationen, Indisches und auch/ Ägyptisches".

Im Zusammenhang mit der spätgriechischen Anthropomorphisierung des Dionysos beschreibt Creuzer die "Vermischung der Religionen des Bacchus und des Apollo" (S.175) in der Orphik, deren Aufgabe es war, "den anscheinenden Widerspruch auszugleichen, daß Orpheus einmal als Feind der bacchischen Religion erscheint und als Opfer ihres blutigen Eifers fällt, und andererseits doch wieder als Lehrer der dionysischen Mysterien" (S.169). Creuzer betont, daß Dionysos zur Auflösung dieses Widerspruchs häufig mit der Lyra und "andere[n] Apollinische[n] Attribute[n]" dargestellt ist (S.174), daß "Apollo und Bacchus versöhnt und die Lyra mit der Flöte verbunden scheint" (S.126).[110] Diese orphische Synthese ist allerdings der späte Reflex auf einen religionsgeschichtlichen Kampf in der Vorzeit, in dem das Dionysische zunächst siegte und sich dann mit apollinischen Attributen vermischte: Um 1500 v. Chr. ereignete sich nach Creuzer "in Kleinasien eine Revolution", die "bald ganz Griechenland erschüttert[e]". Der Dionysos-Kult "in phrygischer Weise", nämlich in trunkener Raserei, breitete sich aus. "Allenthalben, wohin der neue Gottesdienst verbreitet ward, bricht Hader und Krieg aus" (S.154f.), und zwar durch den "Gegensatz der Apollo- und Bacchusreligion" (S.160). In diesem Krieg "übertönten die phrygisch-lydischen Cymbeln und Flöten die sanfte Melodie des Saitenspiels, und die stille Andacht mußte dem neuen Getöse Platz machen". Während nach antiker Vorstellung das apollinische Saitenspiel "das Brausen der Jugend beschwichtigen, auch das Aufgeregte zur Sinnigkeit und Selbstbeherrschung umwenden" sollte, war – so Creuzer – die Flöte "geeignet, um Begeisterung zu wecken" (S.156f.).

---

[110] Die früheste Vermischung der beiden Religionen datiert Creuzer etwa auf das Jahr 1360 v. Chr. (S.168). Darin gibt ihm die neuere Forschung recht. Daß Nietzsche den frühesten Ausgleich der antiken Tragödie zuschreibt, nennt Martin Vogel (1966), einen "genialen Irrtum". Der Verfasser des *Ursprungs der Tragödie* habe sich über Creuzers *Symbolik*, die er als Quelle benutzte, hinweggesetzt. (S.97f.).

Diesen Übergang schildert ganz ähnlich Goethes Arkadien-Oper. Anfangs spielt Euphorion "die goldene Leier" und wirkt dabei "wie ein kleiner Phöbus" (9620). Faust und Helena bitten Euphorion, als er schon aus der Phöbus-Rolle ausbricht, das jugendliche Brausen zu beschwichtigen: "Bändige! bändige/ Eltern zuliebe/ Überlebendige/ Heftige Triebe!/ Ländlich im Stillen/ Ziere den Plan" (9737ff.). Doch bei dieser Stille bleibt es nicht. Die Bühnenanweisung schreibt vor: "Ein reizendes, reinmelodisches Saitenspiel erklingt aus der Höhle. Alle merken auf und scheinen bald innig gerührt. Von hier an bis zur bemerkten Pause" – nach Euphorions Tod – "durchaus mit vollstimmiger Musik" (vor 9679). Die Vollstimmigkeit ergibt sich aus der folgenden Instrumentation: Anfangs hört man das Saitenspiel der Lyra. Später "Klingt es doch wie Hörnerblasen/ Über Tal und Wälder dröhnend;/ Welch ein Unfug! welch Geschrei!" (9787ff.); Euphorion stellt hier als "Jäger" (9771) den Choretiden nach, Helena und Faust kommentieren: "Welch ein Mutwill', welch ein Rasen!/ Keine Mäßigung ist zu hoffen" (9785f.). Innerhalb der modernen Motivik, unter der die mythologische verborgen ist, können Jagdhörner die Flöten des Bacchanals substituieren, weil – wie sich gleich zeigt – auf eine dionysische Jagd angespielt wird. Schließlich, wenn Euporions Raserei im "Drang" zu "Schmerz und Qual" und in den Worten "Und der Tod/ Ist Gebot" eskaliert (9887ff.), kommen die Schlaginstrumente zum Einsatz: "Und hört ihr donnern auf dem Meere?/ Dort wiederdonnern Tal um Tal" (9884f.). Hier erscheint nun auch die kriegerische Wirkung der neuen Religion, die Creuzer hervorhebt, oder – von der anderen Seite aus betrachtet – die bacchische Gesinnung der Krieger, von der Novalis spricht. Daß Euphorion zu der sich verstärkenden Musik immer höher springt, entspricht einer Bemerkung von Johann Heinrich Voß über den ursprünglichen phrygischen Kult, der sich nach Creuzer revolutionär verbreitete: "in der kybelischen Bergreligion" wurde "des Schallrohrs Gedröhn noch durch schrillende Erzbecken und dumpfe Trommeln verstärkt, um die orgiastischen Sprünge zu beflügeln".[111]

---

[111] Voß, *Anti-Symbolik* I, S.173. Voß behauptet allerdings in dieser 1824/26 erschienenen Streitschrift gegen Creuzer und die gesamte romantische Mythenforschung, erst "nachhesiodischer Handelsgeist" habe Kulte wie diesen nach Griechenland getragen und in die "einfachen Sitten der Hellenen" eine "ansteckende Roheit" gebracht (II, S.452). Erst in den "Orgien der Orfiker", so Voß, wurde der beschriebene phrygische Brauch zum "Korybantentanz um des bacchischen Zeus Geburtshöhle" gemacht (I, S.174). Ein "vorhomerischer Bacchos" jedoch, "ein längst vor Homers mythischer Zeit in rasender Nachtfeier, wie von Sodomiten und Kannibalen, verehrter Bacchos, ist der schamlosesten Orfiker Erfindung" (II, S.452). Bei Homer und Hesiod sei das "bäurische Rohrgepfeif, wie das Getümmel, eine

Der Schlußgesang des Chores faßt nach Art einer Stretta das Crescendo und die Verstärkung der Instrumentation zusammen: auf das "Flüsterzittern, Säuselschweben" der Äste (9992) folgt der Einsatz von "Röhrigflöten" (10001) und schließlich das Getöse: "Und nun gellt ins Ohr der Zymbeln mit der Becken Erzgetöne,/ Denn es hat sich Dionysos aus Mysterien enthüllt" (10030f.). Kanzler Müller berichtet, daß nach Goethes Absicht "der letzte Chor der Helena [...] mit einem Verein aller Instrumente brillant zu endigen" habe.[112] In musikalischer Hinsicht ist der Schlußchor eine gestraffte Variation der Euphorion-Handlung. In beiden Fällen wird mit dem Übertösen musikalischer Wohlstimmigkeit und Harmonie auch die schöne Sittlichkeit negiert: Euphorions "eigenster Gesang" (9922) entspricht der gewaltsamen Entzweiung "mit Sitte und Gesetz" (9926), und zum "Erzgetöne" (10030) tritt der dionysische Zug "alle Sitte nieder" (10034).

Inwiefern enthüllt sich auch Euphorion beim Dröhnen der Hörner und Donnern des Schlagzeugs als Dionysos? Die Vorlage für seinen Tanz mit den Choretiden, bei dem er zum Jäger wird, ist der Tanz des Bacchus mit den Nymphen in der 52. Orphischen Hymne. Creuzer betont in diesem Zusammenhang die aus kretischen und eleusischen Mysterien herrührende und in der Orphik wiederkehrende Identifikation des Dionysos mit Zagreus, dem Sohn der Unterwelt-Göttin Persephone, und mit Iacchus, dem Sohn der Demeter, der häufig ebenfalls für den Sohn der Persephone gehalten wurde (S.335ff.). Zu Zagreus führt er aus: "Man hat diesen Namen durch *starken Jäger* erklärt, welches gelten kann, wenn nur nicht gerade der bestimmte Sinn untergeschoben wird", nämlich die gewöhnliche Bedeutung des Wortes *Jäger*. "Es ist vielmehr der allem Lebendigen immer und immer nachstellende und Alles erhaschende, habsüchtige Dis, d.h. der reiche, Alles verschlingende Amenthes. Es ist der *unterirdische* Dionysos", der "als unterirdischer Jäger die Scharen der Todten zusammentreibt" (S.340).[113] Die Choretiden, denen der Jäger Euphorion nachstellt und von denen er schließlich eine erhascht, sind in einer unterschwelligen Bedeutungsschicht des 3. Aktes gleichfalls Gestalten des Hades, die – wie es im Vergleich mit der Sage von Achills und Helenas Liebschaft heißt – nur durch einen "Traum" und gegen das

---

Bezeichnung der Barbaren" (I, S.173). Goethe, der sich im 3. Akt aller Polemik enthalten will, nutzt die *Anti-Symbolik* entgegen der Wirkungsabsicht ihres Autors positiv als Quelle für die Gestaltung der unterschwelligen orientalisch-orphischen Anspielungen.

112 Müller, *Unterhaltungen mit Goethe*, S.160 (16. Juli 1827).

113 Auch Hederichs *Lexikon* verzeichnet Iacchus und Zagreus als zwei von 76 Beinamen des Bacchus (Sp.512).

"Geschick" wieder hervorgetreten sind (8879ff.). Deshalb fühlt Helena sich wieder "zum Orkus [...]/ Gerissen" (8836f.). Auf den Umstand, daß Mephistopheles-Phorkyas die Frauen phantasmagorisch aus der Unterwelt holt, verweist der Abgang Mephistos aus der später geschriebenen "Klassischen Walpurgisnacht", wo er nämlich in den griechischen "Höllenpfuhl" steigt (8033). Dieser Bedeutungsschicht entspricht es, daß Euphorion als der orphische Jäger Zagreus-Dionysos die Choretiden treibt und hascht. Im Paralipomenon sagt Phorkyas speziell über das Springen, Tanzen und Fechten des Euphorion, "dahinter stecke was", nämlich "Mysterien" und "Mystifikationen" der "neueren Symbolik", die ihren Gegenstand "zusammenbraut, etymologisch hin und her" bewegt.[114] In ähnlich polemischem Duktus wendet sich Voß in seiner *Anti-Symbolik* gegen die etymologische Vermischung der Namen Bacchus und Iacchus und gegen die mystische Identifikation von Dionysos und Zagreus.[115] Goethes versteckte Anspielung in der Endfassung des *Faust II* ist indes nicht polemisch, denn die orphische Geheimlehre zeigt eine geheime Wahrheit des 3. Aktes: die Todesverfallenheit Helenas und ihres Chores.

Auch im Untergang der Idylle durch den Tod Euphorions, der anfangs mit den unsterblichen Göttern verglichen wird, finden sich Hinweise auf die romantische Mythenauslegung. "Schmerz", "Qual" und "Tod" (9887f.) – Motive, die auf der exoterischen Handlungsebene an die kriegerische Heroik geknüpft sind – evozieren auf der unterschwelligen mythologischen Ebene die ägyptischen und indischen Wurzeln des Dionysos-Kultes. In Ägypten, so Creuzer, muß Osiris-Dionysos als "die letzte Göttergeburt" und "äußerste Ausstrahlung des göttlichen Wesens [...] auch im Fleische das Äußerste erleiden, selbst den blutigen, grausamen Tod" (S.129). Als der letzte orientalische ist Dionysos für Creuzer auch der erste griechische Gott. Obwohl Homer "die Cretensische Lehre von Bacchus Tod ganz verschweigt", weil ein Gebot der Zeit besagt habe, daß sich die exoterische Darstellung der alten religiösen Lehre für den "Volksgesang [...] nicht schicke",[116] bleibe in religiösen Geheimlehren auch während der hellenischen Zeit der frühgriechische Glaube erhalten, Dionysos, der Sohn des Zeus, werde "von Erdkräften [...] zerrissen" und fahre zum Himmel.[117] Wie Christus verbindet Dionysos die Sterblichkeit, die der Preis der natürlichen Individuation ist,

---

114 WA I,15/2, S.234.
115 Voß, *Anti-Symbolik* I, S.126f.
116 Creuzer/Hermann, *Briefe*, S.6.
117 Die Himmelfahrt des Bacchus erwähnt wiederum bereits Hederich (Sp.507).

mit der Unsterblichkeit, dem Privileg der göttlichen Einheit; er ist "der *Viele* und der *Eine* zugleich".[118]

Goethe greift das Motiv der Selbstopferung im heiligen Wahn eines qualvollen Todes auf. Euphorion nimmt "Schmerz und Qual" auf sich (9887); wie Christus sagt er: "ich teile Sorg' und Not". Wie die Krieger verspürt er "Den nicht zu dämpfenden/ Heiligen Sinn", sich "Verschwenderisch eignen Bluts" zu opfern (9846ff.). Schließlich steigt er "himmelan" (9864) – allerdings nur als Verkörperer der Poesie. Im Gegensatz zur explizit katholischen Bildlichkeit der Schlußszene des 5. Aktes, wo Faust "Der alten Hülle sich entrafft" und einen himmlischen Leib von "ätherischem Gewande" erhält (12089f.), stehen am Ende des 3. Aktes die Sterblichkeit des Leibes und die Unsterblichkeit des poetischen Geistes einander gegenüber. Eine solche ästhetische Sublimierung des Mysteriums wird auch von Creuzer beschrieben: In den orphischen Lehren sei der "lösende und die Erdkräfte zum Himmel zurückführende Dionysos [...] zugleich der Schutzgott der Musiker und Poeten. Wie er die Götterkräfte entfesselt, so entfesselt er die Phantasie der Dichter" (S.408). Die Himmelfahrt Euphorions bezieht sich allein auf diese Lesart des bacchisch-christlichen Mysteriums, derzufolge die freie Einbildungskraft die Schranken der Welt überwindet und sich zum Unendlichen erhebt. Sie hat selbst einen dionysischen Charakter, da sie das Endliche negiert. Diese Lesart entspricht auch völlig der Ineinsbildung von kriegerischem Wahnsinn, bacchischer Wehmut und poetischer Begeisterung bei Novalis, die ja oben schon als Beleg für den romantischen Charakter der Euphorion-Passage angeführt wurde.

In den Schlußgesängen des Chores wird die Himmelfahrt des poetischen Geistes und die Rückkehr des Leibes in den Hades erweitert um die Vorstellung von Metempsychose und Palingenese. "Ewig lebendige Natur/ Macht auf uns Geister,/ Wir auf sie vollgültigen Anspruch" (9989ff.), sagen die Choretiden. Dieses Fortleben in der Natur ist nach den Worten der Chorführerin eine Art Substitut verfehlter kultureller Unsterblichkeit: "Wer keinen Namen sich erwarb noch Edles will,/ Gehört den Elementen an; so fahret hin" (9981f.). Die vier Chorteile werden zu Nymphen, die nach phönizischem Glauben, so Hederich, "Seelen der Verstorbenen" sind.[119] Der erste Teil verwandelt sich zu Dryaden, Baumnymphen,[120] die sich hier in der "Äste Flüsterzittern, Säuselschweben" aufhalten (9992). Der zweite Teil lebt wie die Nym-

---

118 Creuzer/Hermann, *Briefe*, S.207f.
119 Hederich, *Lexikon*, Sp.1749.
120 A.a.O., Sp.959.

phe Echo an einer Felswand[121] und bewirkt das "Verdoppeln" jedes Lauts (10004). Die Choretiden des dritten Teils "eilen mit den Bächen weiter" (10005), sie sind Najaden, die Hederich als Nymphen "alles Flüssigen überhaupt" verzeichnet.[122] Die Choretiden des vierten Teils halten sich am Weinberg auf und begleiten die Entwicklung der Reben vom ersten Grünen bis zum Keltern der Trauben. Dabei fassen sie zunächst die Wirkung der drei anderen Chorteile zusammen. Ihr "Umrauschen" (10011) des Weinstocks entspricht dem "Säuselschweben", mit dem die ersten Choretiden "des Lebens Quellen/ Nach den Zweigen" locken (9992ff.). Sie bewirken weiterhin, daß die Götter unter anderem "feuchtend" (10023) die Entwicklung des Weines fördern – so wie die Aufgabe der Najaden des dritten Chorteils das "Wässern" ist (10007). Mit der Ernte und dem Zerstampfen des Weines geht schließlich das bacchische "Erzgetöne" (10030) einher, das dem "erschütternden Verdoppeln" (10004) aller Geräusche durch den zweiten Chorteil ähnelt. Erich Schmidt sagt in seinem Kommentar,[123] daß diese vierten Choretiden Wein-Nymphen sind, die Goethe aus Creuzers *Symbolik* kannte: Lenae, "die um das Keltern und Bereiten des Weines beschäftigt sind, gleichsam Nymphen des süßen, lockenden, oft auch aufbrausenden Mostes, und zugleich seiner Wirkungen, des trunkenen Mutes jener Ausgelassenheit, die man an Weinfesten sah" (S.203). Schmidt, der als einziger Kommentator überhaupt auf die *Symbolik* hinweist, erwähnt freilich nicht, daß für Creuzer alle Nymphen, nicht allein die Lenae, insgeheim zum dionysischen Gefolge gehören. Durch diesen Zusammenhang zeigt der Schlußchor – wie gleich zu sehen sein wird – nicht nur 'musikalisch', sondern auch inhaltlich dieselbe unterschwellige Dominanz des Dionysischen wie schon die Euphorion-Handlung.

Mit seinen Ausführungen über die Naturgeister will Creuzer die Vereinbarkeit von Emanationslehre und naturreligiösen Anschauungen nachweisen. Unter der Voraussetzung, daß Gott sich nicht nur außerhalb der Welt aufhält, sondern auch in seiner Schöpfung, läßt sich die Seelenwanderung in der Natur als eine Form der Rückkehr zu Gott oder genauer des Verbleibs bei ihm deuten. Nach Creuzers Interpretation einer Stelle bei Herodot ist Dionysos, in seiner Identität mit Zagreus, der "Aufseher über die Palingenesie aller in die Sinnenwelt herabgekommenen Wesen" (S.442). Weil manche Seelen in die Natur wandern, befinden sich im Gefolge des Dionysos auch Naturgeister. Darunter die

---

121 A.a.O., Sp.970.
122 A.a.O., Sp.1685.
123 JA 14, S.377.

Nymphen, in denen sich nach Creuzer Seelen aufhalten, die bei der nächsten Wanderung "zur Geburt ins Fleisch sich neigen" (S.429). Im Schlußchor des Helena-Aktes werden nun, wie gezeigt, die Wirkungen aller Nymphen bei der Entwicklung des Weines zusammengefaßt. Analog dazu betet auch der Winzer "zu allen Göttern, fördersamst zum Sonnengott" (10016). Während zu Beginn vor allem der Sonnengott an der Entwicklung des Weines beteiligt ist – und zwar zum "Säuselschweben" der Dryaden, das auf der musikalischen Ebene dem "reinmelodischen Saitenspiel" des kleinen Phöbus entspricht –, enthüllt sich am Ende "mit der Becken Erzgetöne/ [...] Dionysos aus Mysterien" (10030f.). Auch bei der Entwicklung des Weines tritt das Dionysische aus dem Apollinischen hervor. Genauer gesagt: Alle Götter, "fördersamst" der Sonnengott, dienen mit ihren Gaben letztlich dem Weingott.

Dies ist nun genau der Sinn der am Ende angesprochenen "Mysterien": Dionysos faßt die vielen Götter zusammen. August Wilhelm Schlegel schreibt über die "enthusiastischen Feierlichkeiten": "Die Wirkung auf die Mythen besteht besonders darin, daß dasjenige, was vorher an verschiedene Gottheiten aufgeteilt war, nun auf einzelne zusammengehäuft wird: der Mystizismus erweitert diejenigen Gottheiten, derer er sich bemächtigt, z.B. Cybele, Bacchus usw. so viel als möglich zum Umfange der gesamten Natur".[124] In den Mysterien werde der polytheistische Glauben gebündelt und in Monotheismus verwandelt; auch in diesem Sinne ist Dionysos für Creuzer "der Viele und der Eine zugleich".[125] Das dionysische Gefolge steht für das Moment der Vielheit. Creuzer spricht von den "Begleitern und Begleiterinnen", die "die verschiedenen Eigenschaften und Stimmungen dieses Gottes gleichsam als divergierende Radien seines Grundwesens in sich aufgenommen haben" (S.412). Die Choretiden gehören in dieser Lesart zum mänadischen Gefolge des Dionysos, sie verkörpern Radien seines Wesens, zu dem nun auch das apollinische "Säuselschweben" zählt. Dieser Schluß des Helena-Aktes entspricht vollkommen der Konzeption von 1800, die *Helena* als "Satyrdrama" enden zu lassen, und er bestätigt auch Phorkyas' alte Bezeichnung der Choretiden als trunkene Mänaden (8772).[126]

Allerdings werden im Schlußchor die Wirkungen der verschiedenen Nymphen zunächst nur im Wein selbst zusammengefaßt, nicht ausdrück-

---

124 KSB II, S.290f.

125 Creuzer/Hermann, *Briefe*, S.208.

126 V.235 im *Helena-Fragment*; WA I,15/2, S.80. Unter anderem auf die Erfüllung dieses Wortes mag sich die abschließende Bühnenanweisung beziehen: Phorkyas "zeigt sich als Mephistopheles, um, insofern es nötig wäre, im Epilog das Stück zu kommentieren" (nach 10038).

lich in dem sich enthüllenden Dionysos. Daß die Choretiden als Nymphen wie bei Creuzer zum dionysischen Gefolge zählen, ist noch nicht belegt. Das in der Argumentationskette fehlende semantische Glied ist die geläufige sinnbildliche Identifikation des Weines und seines Gottes. Hederich erwähnt sie und fügt hinzu, die "Abschneidung und Zerdrückung der Trauben" – im *Faust II* werden sie "zertreten" und "zerquetscht" (10029) – symbolisiere den Tod des Bacchus.[127] Creuzer sagt, die gesamten dionysischen Mysterien hätten ihr Bild in der "Naturgeschichte des Weinstocks"[128] – und um eben die geht es im Schlußchor. Im Bild des Weinstocks sehen die romantischen Mythologen nun wiederum einen Beleg für die Verwandtschaft von Dionysos und Christus, denn dieser sagt im Johannes-Evangelium: "Ich bin der rechte Weinstock". Es folgt das Wort von den Anhängern Christi als "Reben", die Gottvater, der Winzer, reinigen wird, damit sie mehr Frucht bringen. Zu seinen Jüngern sagt Christus: "Ihr seid schon rein um des Wortes willen, das ich zu euch geredet habe".[129] Wenn es im Schlußchor heißt: "die heilige Fülle reingeborener saftiger Beeren" (10028), so ist dieses Johanneswort gemeint. Zugleich verweist die Stelle auf den Tod Christi und das Martyrium seiner späteren Anhänger, denn die heilige Fülle wird "Frech zertreten, schäumend, sprühend mischt sich's, widerlich zerquetscht" (10029). Unmittelbar auf diese Handlung beziehen sich die anschließenden Verse: "Und nun gellt ins Ohr der Zimbeln mit der Becken Erzgetöne,/ Denn es hat sich Dionysos aus Mysterien enthüllt" (10030f.). Beim Zertreten des Weines enthüllt sich am Ende des 3. Aktes mit dem sterbenden Dionysos zugleich der sterbende Christus aus Mysterien, und genau um diese identifikatorische Enthüllung ging es den romantischen Mythologen. Die Vorstellung der Unsterblichkeit, die Faust in seinem Arkadien-Gedicht ausspricht, wird durch das Mysterium des Aktschlusses negiert. Gleichwohl ist das Mysterium nicht das letzte Wort des 3. Aktes. Wie der Trauergesang nach dem Tod Euphorions bodengezeugte Lieder ankündigt, verweist auch der Schlußchor auf die klassische Welthaltigkeit zurück. Es entsteht eine Dialektik von klassischem Ideal und romantischer Negation.

---

127 Hederich, *Lexikon*, Sp.520ff.
128 Creuzer/Hermann, *Briefe*, S.207.
129 Joh.15, 1-3.

e) Klassisch-romantische Dialektik

Die Idee einer harmonischen sittlichen Ordnung, die im Kunstideal symbolisiert ist, erwies sich als Abstraktion von Gegenkräften, und zwar sowohl in der ersten, der klassischen Tragödie angenäherten, als auch in der dritten, auf die Tradition der Idyllik rekurrierenden Szene. Die Romantik thematisiert die ausgegrenzten Momente der Zerstörung: In der zweiten, mittelalterlichen Szene wird ein Zusammenhang hergestellt zwischen dem Ideal und dem vor ihm nichtig erscheinenden und von ihm doch bestätigten ritterlichen Leben. Das romantische Alternieren von Negation des Endlichen und Romantisieren der Welt läßt sich hier wiedererkennen. In der Euphorion-Handlung wird die Idylle – nach Schiller und Schlegel eine fiktionale Identifikation von Idealität und Realität – negiert, und zwar formal durch die Verbindung mit Elegie und Satire, inhaltlich durch die Motive der Heroik und des Todes sowie durch die poetische Himmelfahrt. Unterschwellig wird dabei auf die Verwandlung des Apollinischen ins Dionysische angespielt – eine Verwandlung, die der romantischen Überzeugung folgt, die Unsterblichkeit und Diesseitigkeit der olympischen Götter sei von der Dominanz des prächristlichen Dionysos-Mythos unterminiert. Der Schlußchor wiederholt diese Verwandlung am Gegenstand der "Naturgeschichte des Weinstocks" (Creuzer).

Allerdings ist der Schlußchor dem Himmelan-Streben Euphorions zugleich entgegengesetzt. Er steht für eine andere Tendenz der Poesie als die transzendierende. Der dionysische Enthusiasmus, der im ersten Fall mit einer poetischen Bewegung zur Transzendenz einhergeht, wird im zweiten Fall an die "Elemente" gebunden. Das Zertreten der Trauben steht – wie der Tod Euphorions – für Martyrium und Selbstopfer; zugleich symbolisiert der Wein im Sinne des Abendmahls die Präsenz des Gottes, seines Blutes, in den unvergänglichen Gaben der Natur.[130] Der letzte Vers des Chores macht Überfluß und Unerschöpflichkeit der symbolischen Gabe deutlich: "Denn um neuen Most zu bergen, leert man rasch den alten Schlauch" (10038). Auch innerhalb der christlichen Bedeutungsschicht zielt die Chor-Stretta auf eine Rückvermittlung des Enthusiasmus an das Prinzip des natürlichen Werdens. An der Natur beschreibt der Chor dasselbe Prinzip der Regeneration, das er am Ende des Euphorion-Nekrologs für die Poesie postulierte: "Doch erfrischet

---

[130] Unter anderem dieses Motiv begründet nach Frank (1982), die "enharmonische Verwechslung" von Christus und dem antiken Weingott bei Hölderlin und in der Romantik (S.7).

neue Lieder,/ Steht nicht länger tief gebeugt:/ Denn der Boden zeugt sie wieder,/ Wie von je er sie gezeugt" (9935ff.). Für den Gesamtzusammenhang des Helena-Akts bedeutet das: Nach der berechtigten Zerstörung des abstrakt gesetzten klassischen Ideals werden die romantischen Prinzipien – die Negation des Endlichen und der Verweis auf das Unendliche – ihrerseits relativiert durch das hier angesprochene poetische Prinzip des "Zeugens".

Einen ganz ähnlichen Stellenwert wie im *Faust II* hat das poetische "Zeugen" in dem 1817 unter dem Titel *Briefe über Homer und Hesiodus, vorzüglich über die Theogonie* veröffentlichten Streit zwischen Friedrich Creuzer und dem Altphilologen Gottfried Hermann[131], den Goethe mit großem Interesse verfolgte.[132] Unter anderem geht es in dieser Auseinandersetzung um die Frage, warum bei Homer und anderen griechischen Dichtern die bacchischen Kulte, vor allem die Sage vom Tod des Dionysos, nicht dargestellt werden. Creuzer, der in den orientalischen Wurzeln des Griechentums "eine reine Urreligion" erkennt, "die Monotheismus war" (S.96), sieht "in der neueren Schöpfung der menschlichen Götterfamilie", der "menschlichen Vielgötterei" (S.138) den "heillosesten Verfall" der Urlehre (S.101). Ganz in diesem Sinne schreibt Creuzers Kombattant Johann Arnold Kanne über die homerische Götterwelt: "So sehen wir nun die ursprüngliche Gottheitslehre in Abgötterei und Vielgötterei verunstaltet und zerrissen, und der alte Glaube liegt unter den Trümmern des Aberglaubens vergraben".[133] Die Orphik stellt, so Creuzer, die ursprüngliche Anschauung wieder her, indem sie die verschiedenen Gestalten der griechischen Mythologie miteinander verbindet. Dieses "chemische" Prinzip der Orphik, das durch Verschmelzung und Vermischung die ursprüngliche Idee restituiert, ist zugleich das methodische Paradigma von Creuzers neuplatonistisch ausgerichteter Mythenforschung. Das "Chemische" grenzt er ab vom Prinzip der "Zeugung", der poetischen Neuschöpfung und Fixierung einzelner Göttergestalten, die in religiöser Hinsicht jedoch nicht selbständig seien: "Zeugung ist *Homerisch* (d.h. nach unserer Ansicht poetisch im populären Sinn); Mischung ist *Orphisch* (d.i. theologisch)" (S.29). Das Primat des poetischen Zeugens bei Homer erklärt Creuzer mit dem Einfluß "kräftige[r], nordische[r] Stämme" auf die zuvor orientalisch bestimmte grie-

131 Creuzer/Hermann, *Briefe*. In diesem Abschnitt mit Seitenangaben im Text zitiert.

132 Vgl. 1. Oktober 1817 an Creuzer, HAB 3, S.401; 16. Januar 1818 an Boisserée, HAB 3, S.413.

133 Kanne, *Pantheum*, S.7.

chische Kultur. "Sitte und Verfassung, Denken und Dichten ward abgewandt vom Tiefsinnig-morgenländischen, ward verständlicher, heller, derber, aber natürlich auch inhaltsleerer" (S.47). Doch ein "Originalgedanke, durch einen göttlichen Blitzstrahl im innersten Geiste des Menschen erzeugt und in ein glückliches Bild gefaßt, kann nimmer untergehen", höchstens "partielle Verfinsterungen erleiden" (S.115f.). Deshalb glaubt Creuzer, bei Homer ein "altes hieroglyphisches Gebilde im Hintergrunde errathen" zu können (S.54). Die Aufgabe der Mythologie sei die "Reproduktion ursprünglicher Anschauungen und Ideen in ihrem Zusammenhang" (S.94); der Forscher müsse darum eine poetische "Bilderreihe in alle Beziehungen mit den Hauptlehren alter Religionsschriften zu bringen suchen" (S.142). Friedrich Schlegel hatte schon 1798 in der *Geschichte der Poesie der Griechen und Römer* die Losung ausgegeben, in der "Umbildung der orphischen Götterlehre in die homerische" und der "Vertilgung jeder Spur von ältern Geheimlehren [...] müssen sich wenigstens die ursprünglichen Bestandteile wiedererkennen lassen".[134]

Gottfried Hermann wendet sich gegen das "chemische" Verfahren der Vermischung und fordert eine "Verbindung" des "Trennens" und des "Vereinigens" in der Mythologie (S.59f.). Es gelte, die verschiedenen Gestalten auseinanderzuhalten und innerhalb einzelner Figuren nach historischen Phasen und geographischen Regionen zu unterscheiden. Hermann bestreitet nämlich die Identität und Unveränderlichkeit der religiösen Ideen. Auch wenn die mythologischen Zeichen dieselben bleiben und scheinbar ein zugrundeliegendes religiöses Dogma ausdrücken, so sorgt nach Hermanns Überzeugung doch jede Aktualisierung für eine neue "Auslegung des dem Dogma zum Grunde liegenden Philosophems" (S.81). Diese Differenz im Ideengehalt der Figuren in verschiedenen Regionen und Jahrhunderten unterschlage Creuzer, wenn er mythologische Ähnlichkeiten für die Identität des Wesens nehme: "Indem Sie hier überall aus demselben Symbol auf dieselbe Sache schließen, kann es nicht fehlen, daß Sie durchgängige Verwandtschaft finden und so alles zu Einem vereinigen" (S.61). Der chemisch-theologischen Ideenschau setzt Creuzers Antipode die historisch-philologische Untersuchung der einzelnen Gestalt entgegen. Programmatisch stellt er statt der Frage nach dem "Ursprung" der griechischen Mythologie die Frage nach ihrem "Urheber" (S.14): Zwar stammten die homerischen Götter aus dem Orient, doch müsse man sie "als etwas für sich Bestehendes betrachten"

---

134 KA I, S.409.

(S.65). Hermann wertet also das Moment des poetischen "Zeugens" neuer Bedeutungen gegenüber der Identität ursprünglicher Ideen auf.[135]

Goethe kritisiert in den Reflexionen *Aus Makariens Archiv* mit demselben Argument, das Hermann gegen Creuzers mythologisches Verfahren einwendet, den Neuplatonismus überhaupt.[136] Man könne es zwar "den Idealisten alter und neuer Zeit nicht verargen, wenn sie so lebhaft auf Beherzigung des Einen dringen, woher alles entspringt und worauf alles wieder zurückzuführen wäre". Jedoch dürfe die Idee nicht als "eine vor unserm äußern und innern Sinn verschwindende Einheit" gefaßt werden, sondern als eine "höhere Form", die "in der Erscheinung hervortritt". Der Ausfluß aus der Idee sei als "wahre Fortpflanzung", als "lebendige Zeugung" zu verstehen. In jeder Zeugung liege nun zwar eine "Bedrängung" der Idee, aber auch – und genau hierin konvergiert Goethes Auffassung mit derjenigen Hermanns – die Möglichkeit einer Veränderung und Vervollkommnung der Idee selbst: "ja es ist der Vorteil lebendiger Zeugung, daß das Gezeugte vortrefflicher sein kann als das Zeugende".[137] In diesem Denkzusammenhang steht das Wort des Chores über die Lieder, die der Boden wieder zeugen wird. Mit Euphorion ist die "Heilige Poesie/ Himmelan" gestiegen. Sie wendet sich vom Leben ab und kehrt zur transzendenten Idee zurück – zu dem Einen, das vor unseren Sinnen verschwindet, um mit Goethes Neuplatonismus-Kritik zu sprechen. Der Chor antwortet darauf mit dem Gedanken der lebendigen Zeugung. Auf die "Vernichtung des Endlichen, weil es endlich ist" (F.

---

135 Frank (1982) geht in seinen *Vorlesungen über die Neue Mythologie* auf den Paradigmen- und Methodenstreit zwischen Creuzer und Hermann nicht ein. Er rechtfertigt die christliche Mythendeutung durch Schelling, Creuzer und andere mit dem mythengenerierenden Wesen der Mythologie selbst. Sie leiste eine "Fortsetzung der im Mythos begonnenen Arbeit der Weltinterpretation" (S.297). Die feste Verknüpfung etwa des Demeter- und des Dionysos-Kultes – die Früchte beider Religionen, Getreide und Trauben, sind im christlichen Abendmahl als Brot und Wein unlöslich verbunden – sei uneingeschränkt legitim, weil es in der Antike selbst Berührungspunkte gibt: "Tatsächlich hat ja zwischen dem Dionysos-Kult und dem der Demeter irgendwann einmal eine Vermischung stattgefunden, die die Unabgeschlossenheit der vordem getrennten Mythen ins hellste Licht rückt" (ebd.). Dies ist freilich allein das Licht der christlichen Offenbarung. In einem anderen Weltbild ließe sich die griechische Mythologie auch anders perspektivieren. Frank, der als Hermeneutiker sonst die Dialektik von Allgemeinem und Individuellem, Identität und Differenz, Sinnkonstruktion und -destruktion einklagt, vertritt hier einseitig den Identitätszwang der christlichen Sinngebung. Gottfried Hermann und Goethe wären als Anwälte des poetischen "Zeugens" in diesem Zusammenhang zugleich Anwälte des Nichtidentischen.

136 Am 17. Juli 1829 verzeichnet Goethes Tagebuch den Besuch eines holländischen Gelehrten namens Van Heusden, der die Kritik an "neue[n] Platoniker[n]" auch auf "Herrn Creuzers Bemühungen" bezieht (WA III, 12, S.98).

137 MuR 642f. Schmitz (1959) nennt diesen Gedanken "Goethes Plotin-Kritik" (S.54).

Schlegel), folgt eine Restitution der Natur, weil deren Selbstgenerativität das Unendliche *im* Endlichen und das Ewige *im* Vergänglichen erfahrbar macht. Diese Abfolge zeigt sich auch auf der unterschwelligen Ebene mythologischer Anspielungen. Während der dionysische Euphorion stirbt und die Welt verläßt, variiert der Schlußchor diese Wandlung zum Dionysischen fundamental, indem er sie in die "Ewig lebendige Natur" (9989) zurückträgt. Der Schlußchor *ist* das vom Boden neu gezeugte Lied. In einem semantischen Neuansatz hebt er die Geschichte des sterbenden Gottes in sich auf und verleibt sie dem Prinzip des natürlichen Zeugens ein. Anders als beim Ende Euphorions wird der Tod deshalb im Bild des Kelterns, das der Schlußchor gibt, dem natürlichen Werden semantisch untergeordnet und darin verborgen. So wie der Boden "neue Lieder" (9935) zeugen wird, gibt es in den ans natürliche Entstehen vermittelten Mysterien immer wieder "neuen Most" (10038). Ganz im Sinne Hermanns nimmt sich der Urheber des Schlußchores das – homerische – Recht, die religiöse Idee nicht explizit zu gestalten, sondern nach dem Tod Euphorions wieder auf die Natur zu verweisen, auf den Konnex von Idee und realer Erscheinung. Und selbstverständlich kann der Rezipient den Schluß dennoch als Palimpsest lesen und – wie Creuzer es an den homerischen Epen versucht – ein "altes hieroglyphisches Gebilde im Hintergrunde erraten".

Die Idylle, als die klassizistische Ineinsbildung von Ideal und Realität, löste sich auf, weil sie den Begriff der Idealität gegen die im literarischen Kontext bereits entfaltete Realität von Gewalt und Tod setzt und daher nach Goethes Begriff "allegorisch" verfährt. Euphorion verweist im Sinne des romantischen Allegoriebegriffs auf die unerreichbare Idee. Doch auch diesem Verweis wird seine Ausschließlichkeit genommen – zum einen durch die Erinnerung an die klassische Idee des Sittlichen im Schönen und des harmonischen Wechselgesangs, zum anderen durch die Hinwendung auf die Elemente und die lebendige Natur. Beide Seiten begründen und negieren sich wechselseitig. Klassisches und Romantisches kommen jeweils positiv zur Geltung, werden aber in ihrem Absolutheitsanspruch kritisiert. Dieses Verhältnis der beiden Kunstformen soll nun in seinen weiteren Variationen untersucht werden: in Fausts Gang zu den Müttern und seiner Beschwörung des Helena-Phantoms (1. Akt), im Weg des Homunculus vom Laboratorium bis zum Thron der Galatea (2. Akt), im Aufstieg von Fausts Seele zur Himmelskönigin (5. Akt) sowie in den Passagen über Staat und Ökonomie.

II.2. Das Fratzengeisterspiel der Phantasei – Kritik des romantischen Subjektivismus im 1. Akt

Ende 1829, während der Arbeit am 2. Akt, erfährt Eckermann ein wichtiges Detail aus der *Faust*-Werkstatt. Goethe erklärt ihm, "daß schon immer in diesen früheren Akten das Klassische und Romantische anklingt und zur Sprache gebracht wird, damit es, wie auf einem steigenden Terrain, zur Helena hinaufgehe, wo beide Dichtungsformen einen entschiedenen Ausgleich finden".[138] In dem drei Jahre zuvor verfaßten Entwurf zu einer Ankündigung der *Helena* spricht Goethe auch von deren "Antecedenzien".[139] Der 3. Akt, der 1827 mit dem Untertitel "Klassisch-romantische Phantasmagorie. Zwischenspiel zu Faust" veröffentlicht wurde, sollte in "ästhetisch-vernunftgemäßer Folge" an die beiden ersten Akte anschließen und nicht länger "phantasmagorisch und eingeschoben" erscheinen, wie Goethe 1828 an Zelter schreibt.[140] Die "vernunftgemäße Folge" der Kunstthematik in den beiden ersten Akten soll in diesem und dem nächsten Kapitel nachgezeichnet werden. Die erste Helenaerscheinung am Ende des 1. Aktes ist ein rein subjektives Phantom, dem ein falscher objektiver Status zugeschrieben wird. Im 2. Akt wird die aus sich selbst schöpfende Subjektivität an die kulturelle Überlieferung gebunden. Die "Antecedenzien" lassen so das Phantasmagorische sukzessive hinter sich. Die klassisch-romantische Vermittlung im Helena-Akt setzt an einem Punkt an, wo die Subjektivität schon mit objektiviertem Geist – Kunstgeschichte und Mythologie – verbunden ist. Am Anfang dieser Entwicklung steht die satirische Auseinandersetzung mit subjektivistischen Aspekten der frühromantischen und der Schellingschen Ästhetik. In Fausts Gang zu den Müttern zeigt sich Goethes Kritik an dem romantischen Weg nach innen (a). Wenn Faust die Phantome Helena und Paris hervorbringt, werden das frühromantische Konzept der Einbildungskraft und der Magie-Begriff persifliert (b). Und wenn er schließlich seine Kunstgebilde zu einem real-idealen "Doppelreich" (6555) erklärt, ist Schellings ästhetische Position um 1800 gemeint (c).

---

138 Eckermann, S.286 (16. Dezember 1829).
139 WA I,15/2, S.212.
140 24. Januar 1828 an Zelter; HAB 4, S.266f.

a) Fausts Gang zu den Müttern als Weg nach innen

Nachdem Faust und Mephisto in der ersten Hälfte des ersten Aktes den Kaiser mit dem "Papiergespenst der Gulden" (6198), mit ungedecktem Geld, "reich gemacht" haben, sollen sie ihn "amüsieren" (6191f.) und inszenieren den "Raub der Helena" als "Fratzengeisterspiel" (6546ff.).[141] Die Pantomime endet in einer Katastrophe. Faust hält die Geister für "Wirklichkeiten" (6553); er will den Raub Helenas und ihr Verschwinden verhindern, indem er seinen Schlüssel gegen Paris richtet. Das Resultat: "Explosion, Faust liegt am Boden. Die Geister gehen in Dunst auf" (nach 6563). Die Stelle erinnert an eine Äußerung Goethes von 1827 über den Dilettantismus in der Literatur: "Alles dichtet und tut und kein Mensch weiß was er will; es sind lauter Velleitäten, die, wie Seifenblasen den spielenden Kindern, so den lieben Verfassern vor der Nase zerplatzen".[142] Die Komik in Fausts Scheitern ist kaum zu übersehen; Emrich weist darauf hin und vergleicht die Szene mit den *Wanderjahren*, wo "die pädagogisch ernsten Partien der Schlußteile durch kontrapunktisch heitere, ja schrittweise bis zum Possenhaften sich steigernde Einlagen, Anekdoten usw. ausgeglichen" werden.[143] Die Posse am Schluß sorgt nach Emrichs Verständnis für eine Auflockerung nach dem Ernst der vorangehenden Beschwörung Helenas aus dem Mütterreich: "Die Zitierung Helenas mit Hilfe des 'schaudernden' Eindringens ins Letzte des Letzten offenbart den furchtbaren Ernst, der einzig dem Schönen ewige Größe verleiht, weil nur in solchem Durchbruch der 'Idee' das rein sinnlich Erscheinende geistig unendliche Weite zu erhalten vermag". Faust begehe nur den Fehler, "unmittelbar aus dem 'ungeheuren' Bereich der Idee ohne Stufen der Reifung, Entwicklung und Ausformung die Blüte der Schönheit [...] zu ergreifen". Dieser Kurzschluß führe zum scherzhaften Ausgang.[144] Goethes Bezeichnung des *Faust II* als "diese sehr ernsten Scherze"[145] scheint für Emrich die Bedeutung von unterhalten und belehren zu haben: Faust sucht das Schöne im Ideenreich der Mütter – das macht er richtig, hier werden wir ernsthaft belehrt. Dann will er das Schöne unmittelbar verwirklichen – das macht er falsch, und darüber belehrt uns angenehm der Scherz. Da in Goethes Diktum der Ernst Attri-

---

141 Zur Papiergeldschöpfung vgl. Kapitel II.5., Abschnitt a); zur Parallelität beider Phantome vgl. Kapitel II.5, Anschnitt e).

142 24. Mai 1827 an Nees v. Esenbeck; HAB 4, S.234.

143 Emrich (1964), S.224.

144 A.a.O., S.222f.

145 17. März 1832 an W. v. Humboldt; HAB 4, S.481. Von "ernst gemeinten Scherzen" spricht Goethe im Brief vom 24. November 1831 an Boisserée; HAB 4, S.461.

but der Scherze ist, mit denen wiederum das ganze Werk gemeint ist, kann ein Alternieren von furchtbarem Ernst und possenhafter Heiterkeit, wie Emrich es wahrnimmt, nicht gemeint sein. Auch die ernst erscheinenden Passagen müssen – hat Goethe sein Wort sorgfältig gewählt – als Scherze verstanden werden, mit denen es dem Autor allerdings wiederum ernst ist. Genauso verhält es sich mit dem Mütterreich, vor dem die überwältigende – und überwältigte – Mehrheit aller Exegeten erschauderte wie Faust: "Ergriffen, fühlt er tief das Ungeheure" (6274).

Was die Forscher hier ergreift, ist schwer zu begreifen – am wenigsten in den Begriffen Goethes. Zwar ist die Tätigkeit der Mütter "Gestaltung, Umgestaltung,/ Des ewigen Sinnes ewige Unterhaltung" (6287f.), also genau das, was Goethes Morphologie beschreibt. Darum sieht Wilhelm Hertz in den Müttern Goethes ureigenste Denkform, nämlich "Urphänomene [...] verkörpert".[146] Aber für Goethe sind die Urphänomene "real", weil in der "Empirie" erkennbar;[147] um die Mütter hingegen ist "kein Ort, noch weniger eine Zeit" (6214). Der Weg zu ihnen führt "ins Leere" (6251), "In der Gebilde losgebundene Reiche" jenseits des "Entstandenen" (6276f.). Ihr Reich ist nicht von dieser Welt. Die Mütter bilden alles, aber sie sind selbst von allen Gebilden losgebunden. Darum sagt Faust zu Mephisto: "In deinem Nichts hoff' ich das All zu finden" (6256). Emrich spricht, wie zitiert, von dem Reich der Idee. Seine Auffassung, die Lokalisierung der Idee jenseits aller Gebilde sei ein Originalphilosphem des Autors, stützt er auf Goethes Bemerkung, daß "das belebende und ordnende Prinzip in der Erfahrung [...] bedrängt" ist. Goethe meint damit aber nur, daß die Realität nicht mit der Idee kongruiert, daß die realen und zugleich idealen Urphänomene in der Erscheinungswelt eine Ausnahme sind, und nicht, daß die Idee von allen Gebilden "losgebunden" ist. Er kritisiert ausdrücklich die "Idealisten alter und neuer Zeit", die "das Formende und die höhere Form selbst in eine vor unserm äußern und innern Sinn verschwindende Einheit zurückdrängen" wollen.[148] Die Kluft zwischen Idee und Erfahrung will Goethe nicht durch den Schritt des Subjekts ins Ideenreich überwinden, sondern durch die beharrliche Suche nach Urphänomenen: "Empirie: unbegrenzte Vermehrung derselben, Hoffnung der Hülfe daher".[149] Hermann Schmitz schreibt deshalb: "Allen Platonikern ist in irgendeiner Weise die Anerkennung der Existenz zweier Welten, einer empirischen und einer

146 Hertz (1913), S.18.
147 MuR 1369.
148 MuR 642.
149 MuR 1369.

darüber sich erhebenden idealen, eigen. [...] Bei Goethe fehlt aber eine solche Vorstellung, wenn wir von der mythischen Metapher des Mütterreiches im *Faust* absehen".[150] Was Faust bei den Müttern sucht, sind die "Bilder aller Kreatur" (6289) oder "Des Lebens Bilder, regsam, ohne Leben" (6430). Es sind die Urbilder und Ideen, von denen alles, was ist, "verteilt" wird und zu denen alles, was war, zurückkehrt, um "ewig" zu sein (6432f.). Faust will auf "Beherzigung des Einen dringen, woher alles entspringt und worauf alles wieder zurückzuführen wäre", und drängt dabei – wie Goethe über die kritisierten Idealisten sagt – "das belebende und ordnende Prinzip" in eine "vor unserm äußern und innern Sinn verschwindende Einheit" zurück: ins "Leere" und ins "Nichts". Emrich spricht deshalb im Kommentar dieser Stelle zu Recht von einer "durchgehenden Satire gegen alles 'Mystagogische' romantischer und teilweise auch idealistischer Herkunft".[151] Diese Sätze sind freilich in den Anmerkungsapparat verbannt, denn sie widersprechen Emrichs These vom "furchtbaren Ernst" der Mütterreichs. Um diesem Widerspruch zu entkommen, muß man versuchen, über die satirische Schicht zu dem möglichen Ernst der Szene vorzudringen.

Obwohl transzendent, hat das Nichts, in dem Faust das All zu finden hofft, einen ganz bestimmten Ort. Beim Erscheinen der Phantome sagt er: "Hab ich noch Augen? Zeigt sich tief im Sinn/ Der Schönheit Quelle reichlichstens ergossen?/ Mein Schreckensgang bringt seligsten Gewinn" (6487ff.). Die Quelle der Schönheit ist bei den Müttern, denn von ihnen kommt Faust mit "reicher Spende" (6437) zurück; zugleich ergießt sich diese Quelle "tief im Sinn". Faust steigt zu den Müttern in das eigene Innere. Seine Rede vom suspendierten Gesichtssinn und von der inneren Tiefe entspricht auch genau dem, was Mephisto als Mystiker anfangs über den Weg zu den Müttern sagt: "Nichts wirst du sehn in ewig leerer Ferne" (6246); "Nach ihrer Wohnung magst ins Tiefste schürfen" (6220); sie wohnen "im tiefsten, allertiefsten Grund" (6284). Fausts Verwegenheit im Mütterreich – Mephisto: "Da faß ein Herz, denn die Gefahr ist groß" (6291), Faust "macht eine entschieden gebietende Attitüde" (in 6293) und ist "der kühne Magier" (6436) – ist gleichfalls nur ein Moment des inneren Sinns, nämlich "verwegne Phantasei" (6418). Hier lassen sich bereits Ähnlichkeiten mit der frühromantischen Poetik ausmachen. So will Friedrich Schlegel in der *Rede über die Mythologie* (1800) den Dichtern den Weg zu einem Fundament, einem "Festen Halt"

---

150 Schmitz (1959), S.63.
151 Emrich (1964), S.461.

der Produktion weisen, zu "einem mütterlichen Boden, einem Himmel, einer lebendigen Luft". Dazu entwirft er das Modell der neuen Mythologie. Im Gegensatz zur alten Mythologie soll sich die neue von der sinnlichen Wahrnehmung lösen: "Denn auf entgegengesetztem Wege wird sie uns kommen, wie die alte ehemalige". Diese war "überall die erste Blüte der Phantasie, sich unmittelbar anschließend und anbildend an das Nächste, Lebendigste der sinnlichen Welt. Die neue Mythologie muß im Gegenteil aus der tiefsten Tiefe des Geistes herausgebildet werden".[152] Im allertiefsten Grund des inneren Sinns, nicht in den äußeren Gebilden liegt der mütterliche Boden der künftigen Produktion – so lassen sich die Poetik Schlegels und die Worte Mephistos zwanglos synparaphrasieren.

Vor der weiteren Untersuchung des romantischen Prätextes der Mütterszene sei hier schon kurz vorweggenommen, was Goethe an dem Weg in die Tiefe des Inneren kritisiert. Zum einen versteht er die transzendentalphilosophische Ausrichtung der romantischen Selbstbetrachtung als ein Symptom des psychologischen Subjekts: In der Tatsache, daß die Romantiker von der intellektuellen Anschauung ausgingen – also von der Frage, wie in der Vorstellung die Wirklichkeit konstituiert wird – sieht Goethe eine Ablösung von der Erfahrung. Das Denken über das Denken gilt ihm als eine Art philosophische Schwärmerei, die dem Weltbezug hinderlich ist, indem sie auf ihn reflektiert. Zum anderen wendet Goethe sich gegen die Intention, durch die intellektuelle Anschauung zur absoluten Identität, zur göttlichen Substanz bzw. zur Idee zu gelangen. Goethe sieht im romantischen Denken – ob zu Recht oder zu Unrecht, sei noch offengehalten – den idealistischen Versuch, losgelöst von der Erfahrung durch die Selbstbetrachtung des Subjekts zur höchsten formenden Einheit zu gelangen.

Daß Fausts Gang zu den Müttern dem romantischen Weg nach innen entspricht, läßt sich an zwei berühmten Stellen bei Novalis zeigen. Das 17. *Blütenstaub-Fragment* (1798) variiert mit der Frage "ist denn das Weltall nicht *in uns*" das Wort des barocken Mystikers Johannes Scheffler: "der Himmel ist in dir".[153] Weiter heißt es:

> Die Tiefen unseres Geistes kennen wir nicht – Nach Innen geht der geheimnißvolle Weg. In uns, oder nirgends ist die Ewigkeit mit ihren Welten – die Vergangenheit und Zukunft. Die Außenwelt ist die Schattenwelt – sie wirft ihren Schatten in das Lichtreich. Jetzt scheints uns freilich innen so dunkel, einsam, gestaltlos – aber wie ganz anders wird es uns dünken, wenn diese Verfinsterung vor-

152 KA II, S.312.
153 *Cherubinischer Wandersmann* I, 82; Scheffler, Poetische Werke Bd. 3, S.16.

bey, und der Schattenkörper hinweggerückt ist – wir werden mehr genießen als je, denn unser Geist hat entbehrt.[154]

Auch Faust sucht in der Tiefe, die die Tiefe seines Inneren ist, das "All" (6256); auch sein Weg ist geheimnisvoll, ein "höheres Geheimnis" (6212). Bei den Müttern sind Ewigkeit, Vergangenheit und Zukunft: "Was einmal war, in allem Glanz und Schein,/ Es regt sich dort, denn es will ewig sein./ Und ihr verteilt es, allgewaltige Mächte,/ Zum Zelt des Tages, zum Gewölb der Nächte" (6431ff.). Im Mütterreich ist die Außenwelt ebenfalls ein Schattenreich: "Schemen sehn sie nur" (6290). Auch bei den Müttern ist es einsam und gestaltlos: "Von Einsamkeiten wirst umhergetrieben" (6226), "In der Gebilde losgebundne Reiche" (6277). Wenn die Außenwelt bei Novalis und im *Faust II* jeweils Schatten bzw. Schemen heißt, wird in beiden Fällen auf das Höhlengleichnis Platons angespielt. Das Ende der Verfinsterung entlohnt hier wie dort mit mehrfachem Genuß für die Entbehrungen des geheimnisvollen Wegs: "Mein Schreckensgang bringt seligsten Gewinn./ Wie war die Welt mir nichtig, unerschlossen!/ Was ist sie nun seit meiner Priesterschaft?/ Erst wünschenswert, gegründet, dauerhaft" (6489ff.).[155]

Im Inneren ist die Wahrheit zu finden, nach der die Philosophie immer strebte. "Eins nur ist, was der Mensch zu allen Zeiten gesucht hat", lautet der Anfang von Novalis' Gedicht *Kenne dich selbst* (1798), und es folgt eine Beschreibung der vergeblichen Suche in der Außenwelt. Den anschließenden Distichen kommt der *Faust II* – wie weiter unten gezeigt wird – so nahe, daß sie hier vollständig zitiert werden sollen:

Längst schon fand sich ein Mann, der den Kindern in freundlichen Mythen
Weg und Schlüssel verrieth zu des Verborgenen Schloß.
Wenige deuteten sich die leichte Chiffre der Lösung,
Aber die Wenigen auch waren nun Meister des Ziels.
Lange Zeiten verflossen – der Irrtum schärfte den Sinn uns –
Daß uns der Mythus selbst nicht mehr die Wahrheit verbarg.
Glücklich, wer weise geworden und nicht die Welt mehr durchgrübelt,
Wer von sich selber den Stein ewiger Weisheit begehrt.
Nur der vernünftige Mensch ist der ächte Adept – er verwandelt
Alles in Leben und Gold – braucht Elixiere nicht mehr.
In ihm dampfet der heilige Kolben – der König ist in ihm –
Delphos auch und er faßt endlich das: *Kenne dich selbst*.[156]

154 NS 2, S.419

155 Auch in der zweiten Szene des 3. Aktes ist die Welt zunächst nichtig und erfährt dann durch die Leistung der Einbildungskraft Bestätigung; sie wird durch die Synthese mit dem Ideal romantisiert. In beiden Fällen zeigt sich die Nähe zu Novalis.

156 NS 1, S.403f.

Mit dem Mann, der in Novalis' Gedicht "den Kindern Weg und Schlüssel verriet/ In freundlichen Mythen", dürfte Christus gemeint sein, der die Kinder zu sich kommen läßt und seinen Jüngern sagt: "solcher ist das Himmelreich".[157] Novalis legt diese Botschaft als Rückkehr zum "ursprünglichen Sinn" eines "bessern Selbst" aus – genau das ist die Bedeutung des "Romantisierens".[158] Was Christus bei der Segnung der Kinder sagte, wurde "Lange Zeiten" nicht verstanden; erst "der vernünftige Mensch ist der ächte Adept". In der Mütter-Szene ist Mephisto der Mann, der Faust den Weg verrät und ihm den Schlüssel tatsächlich in die Hand drückt (6260). Faust bezeichnet sich als "Neophyten" des "Mystagogen" Mephisto (6249f.) – als Adepten mithin. Mephisto spielt, wie öfter in dem Drama, die Rolle des Antichristen, er kopiert eine Handlung Christi. Er weist Faust den Weg ins (innere) Himmelreich, so wie Christus zu Petrus sagt: "Ich will dir des Himmelreichs Schlüssel geben, und alles, was du auf Erden binden wirst, soll auch im Himmel gebunden sein, und alles, was du auf Erden lösen wirst, soll auch im Himmel los sein".[159] Im 2. Akt gibt es eine Parallelstelle zum Schlüssel Fausts. Dort sagt Mephisto über den Doktor Wagner: "Den Schlüssel übt er wie Sankt Peter,/ Das Untre so das Obre schließt er auf" (6650f.). Wagner sucht den "höhern Ursprung" (6847) nicht im natürlichen "Zeugen" (6838), sondern in sich selbst, im "Denker" (6870).[160] Faust und Doktor Wagner verknüpfen – wie Petrus mit dem Schlüssel – Idee und Realität, Himmel und Erde, aber rein subjektiv: mittels der Phantasie bzw. des Denkens.

In der Auffasssung, daß der Schlüssel zum eigenen Inneren der Schlüssel zum Himmelreich ist, sah Goethe eine Selbstverabsolutierung des Subjekts. Das kritisierte er auch an den romantischen Naturphilosophen: Auf ihrem Weg "in die Tiefe der Natur" gebärdeten sie sich, als ob sie "Absolutes und Bedingtes, Notwendigkeit und Freiheit, Unendliches, Endliches und Ewiges so vereint in sich tragen, daß auch nicht der mindeste Mißklang weiter für sie vernehmlich sei. Weshalb wir sie denn zuletzt wohl selig, wo nicht gar heilig preisen können".[161] Die romantischen Naturphilosophen, so Goethes Kritik, verorten die einheitliche Substanz insgeheim "in sich" selbst und behaupten doch, in die "Tiefe der Natur" zu gehen. Offenbar verstand Goethe auch den frühromanti-

---

[157] Matth. 19,14. Ähnlich die Stelle: "Wenn ihr nicht umkehret und werdet wie die Kinder, so werdet ihr nicht ins Himmelreich kommen" (Matth. 18,2).
[158] NS 2, S.545.
[159] Matth. 16,19.
[160] Vgl. Kapitel II.3, Abschnitt a).
[161] 22. August 1806 an Wilhelm. v. Humboldt; HAB 4, S.483f.

schen Weg nach innen als eine Anmaßung, die Offenbarung der göttlichen Einheit in sich selbst zu finden. Das zeigt sich, wenn der Weg ins innere Mütterreich zur Priesterschaft stilisiert wird. Mit dem Schlüssel in der Hand wird Faust vom Adepten zum Mystagogen: "Im Priesterkleid, bekränzt, ein Wundermann" (6421), bringt er die Göttergestalten hervor. Novalis fordert in *Blütenstaub*, die Dichter müßten wieder Priester werden;[162] und Friedrich Schlegel nennt in den *Ideen* (1800) die Künstler "Brahminen, eine höhere Kaste, aber nicht durch Geburt, sondern durch freie Selbsteinweihung geadelt".[163] Die neue Mythologie, die Schlegel aus der tiefsten Tiefe des Geistes schöpfen will, soll die Grundlage einer Synthese von Poesie, Religion und Philosophie sein – das ist schon die Idee der "progressiven Universalpoesie" in der Frühromantik. Nicht gegen die Vereinigung von Dichter und Priester selbst richtet sich die Mütter-Satire im *Faust II*, sondern gegen den mystischen Weg zur Offenbarung der göttlichen Idee im eigenen Inneren. Mephistos Rat, dort hinzugehen, ist satanisch. Das unterstreicht Fausts Ausruf "Hier witterts nach der Hexenküche" (6229). Die Mütter, die um den Dreifuß sitzen (6283), sind in dieser satirischen Schicht Hexen, mit denen – wie es im Grimmschen Wörterbuch heißt – "der aberglaube unserer zeit [...] den dreifuß [...] in verbindung" bringt.[164]

In der satirischen Darstellung von Fausts Priesterschaft erscheinen verschiedene Motive, die auch in dem zitierten Gedicht *Kenne dich selbst* stehen. Wenn Novalis dort schreibt, das "Delphos" des Menschen sei "in ihm", so spielt er zunächst einmal darauf an, daß in der Vorhalle des delphischen Apollontempels das "Erkenne dich selbst" geschrieben steht. Zugleich meint Novalis mit "Delphos" die im Inneren gefundene Wahrheit. Der Mensch findet in sich selbst den göttlichen Orakelspruch. Auch Faust findet im Mütterreich, mit Novalis gesprochen, sein inneres "Delphos": Der Dreifuß, den er den Müttern entwendet, spielt deutlich auf das Orakel an, denn Herkules raubt den Dreifuß aus dem Apollontempel. Schließlich wird sowohl bei Novalis als auch im *Faust II* das Alchemie-Motiv berührt. Novalis beschreibt die Erkenntnis des "Einen" im Inneren des Menschen als Fund des "Königs" der Metalle; die alchemistischen Hilfsmittel, "Elixier" und "dampfende[r] Kolben", befinden sich gleichfalls im Menschen selbst. Auch Faust erscheint bei der Helena-Beschwörung als Alchemist. Der Astrolog spricht von "sterngegönnte[n] Stunden" (6415), wenn Faust sich als "Wundermann" rüstet, um

162 Vgl. NS 2, S.144ff.
163 KA II, S.271.
164 Grimm, Deutsches Wörterbuch, Bd. 2, Sp.1381.

"das hohe Werk zu segnen" (6425) und um – wie er selbst sagt, – "In reicher Spende [...],/ Was jeder wünscht, das Wunderwürdige schauen" zu lassen (6437f.). Im ersten Teil des 1. Aktes ist es ebenfalls Fausts Aufgabe, in "Mysterien" (5032) aus der "Nachbarschaft der Unterwelt" (5017) "das Tiefste herzuschaffen", nämlich das "Gold" (4892ff.). Der Astrolog beschreibt auch dort die günstige Sternkonstellation als Bedingung des magischen Goldfunds (4955-4966); "Kalenderei – Chymisterei" kommentiert die Menge (4974). Der erste Teil des Aktes vergleicht die Herstellung von Papiergeld mit der Alchemie;[165] im zweiten Teil wird bei der Helena-Beschwörung die Weihrauchschale auf dem geraubten Dreifuß zum "dampfenden Kolben" (Novalis) des Alchemisten: "Der glühnde Schlüssel rührt die Schale kaum,/ Ein dunstiger Nebel deckt sogleich den Raum" (6439f.).[166] So wie der König der Metalle am Ende nur ein "Papiergespenst" ist (6198), geht auch Helena, die Königin von Sparta, als ein bloßes Phantom in Dunst auf. Der "Gewinn" (6489) der sterngegönnten, magisch-alchemistischen Beschwörung aus der dampfenden Schale erweist sich als leerer Schein.

Der Autor koppelt die auch in der Frühromantik verbundenen Motive der Priesterschaft, des Orakels und der Alchemie, um den Weg nach innen als orakulöse Geheimlehre zu karikieren. Diese satirische Intention erinnert an eine Äußerung in Goethes Aufsatz *Bedeutende Fördernis durch ein einziges geistreiches Wort* (1823), wonach ihm "von jeher jene große und bedeutend klingende Aufgabe: *erkenne dich selbst*, immer verdächtig vorkam, als eine List geheim verbündeter Priester, die den Menschen durch unerreichbare Forderungen verwirren und von der Tätigkeit gegen die Außenwelt zu einer innern falschen Beschaulichkeit verleiten wollten. Der Mensch kennt nur sich selbst, insofern er die Welt kennt, die er nur in sich und sich nur in ihr gewahr wird".[167] In den Reflexionen "Aus Makariens Archiv" – wie die "Mütter-Szene" 1829 geschrieben – wendet sich Goethe gegen das romantische Verständnis der delphischen In-

---

165 Vgl. Binswanger (1985), S.49f.

166 Die erotische Konnotation der Stelle ist gewollt. Als Mephisto, der schon in der "Mummenschanz" Gold in einen Phallus verwandelt, den Schlüssel überreicht, sagt Faust: "Das kleine Ding!", und dann: "Er wächst in meiner Hand, er leuchtet, blitzt". Mephisto versichert: "Der Schlüssel wird die rechte Stelle wittern" (6259ff.). Wenn der glühende Schlüssel die Schale kaum berührt – das Grimmsche Wörterbuch verzeichnet das Sprichwort "ein goldener schlüssel/ öffnet herz und schüssel" (Bd. 15, Sp.856) – und der dunstige Nebel sogleich den Raum deckt, so meint das eine ejaculatio praecox. Ähnlich "ergießet" sich am Ende des 2. Aktes Homunculus, "von Pulsen der Liebe gerührt", vor Galateas "Muschel" (8466ff.). Vgl. Kapitel II.3, Abschnitt e). Der Sinn dieser erotischen Anspielung: In beiden Szenen kommt ein auf sich selbst beschränktes Subjekt nicht zu seinem Ideal.

167 HA 13, S.38.

schrift. Er will diese "nicht im asketischen Sinne auslegen. Es ist keineswegs die Heautognosie unserer modernen Hypochondristen, Humoristen und Heautontimorumenen [Selbstopferer] damit gemeint, sondern es heißt ganz einfach: Gib einigermaßen acht auf dich selbst, nimm Notiz von dir selbst, damit du gewahr werdest, wie du zu deinesgleichen und der Welt zu stehen kommst".[168] Und an Hegel schreibt er 1827: Die "Heautognosie sehen wir schon seit geraumer Zeit nur auf Selbstqual und Selbstvernichtung hinauslaufen, ohne daß auch nur der mindeste praktische Lebensvorteil daraus hervorgegangen wäre".[169] Wie schon angedeutet, versteht Goethe die ursprünglich transzendentalphilosophische Ausrichtung des Wegs nach innen als ein Manöver des psychologischen Subjekts, das sich durch die Untersuchung der eigenen Vorstellungstätigkeit von der Erfahrung entfernt. Gerade in dem Verzicht auf die intellektuelle Anschauung erkennt Goethe lebenspraktische Klugheit. In den *Zahmen Xenien* nennt er diese Klugheit eine Bedingung des eigenen Vollbringens: "[...] ich hab es klug gemacht:/ Ich habe nie über das Denken gedacht".[170] Goethes Kritik der romantischen Selbstbetrachtung ist in diesem Zusammenhang allerdings einseitig. Novalis schreibt in den *Blütenstaub*-Fragmenten: "Der erste Schritt wird Blick nach Innen – absondernde Beschauung unseres Selbst – wer hier stehn bleibt, geräth nur halb. Der zweyte Schritt muß wirksamer Blick nach außen – selbstthätige, gehaltne Beobachtung der Außenwelt seyn".[171] Goethe fürchtet aber, daß die "Heautognosie" den Rückweg zum Objekt verstellt oder – so endet die Helena-Erscheinung im 1. Akt – zu einer Verwechslung der inneren Bilder mit denen der Außenwelt führen könnte.

Die transzendentalphilosophisch begründete Konzentration der Romantik auf die subjektive Vorstellungstätigkeit folgt nach Goethes Urteil einem christlichen Denken. So schreibt er 1826 in "Kunst und Altertum", daß die "christliche[n] Mystiker" der Gegenwart "Immer gleich ins Abstruse, in den Abgrund des Subjekts" gehen. "Alle Mystik ist ein Transzendieren und ein Ablösen von irgend einem Gegenstande, den man hinter sich zu lassen glaubt". Die "orientalische mystische Poesie" habe "den großen Vorzug, daß der Reichtum der Welt, den der Adepte wegweist, ihm noch jederzeit zu Gebote steht. Er befindet sich also noch immer mitten in der Fülle, die er verläßt, und schwelgt in dem, was er gern los sein möchte". Die christliche Mystik stehe hingegen

168 MuR 657.
169 17. August 1827 an Hegel; HAB 4, S.243.
170 WA I,5/1, S.92.
171 NS 2, S.423.

vor dem Problem, daß ihre "Religion selbst Mysterien darbietet". Weil das christliche Weltbild – anders als das orientalische – nicht das Göttliche in der Fülle des Lebens ergreift, sondern mit dem Tod Christi die Negation der Welt und die Rückkehr zu Gott darstellt, löst der christliche Mystiker sich wiederum von dieser Ablösung: er läßt auch noch die Himmelfahrt Christi "hinter sich", indem er dieses Mysterium "ins Abstruse, in den Abgrund des Subjekts" verlegt.[172] Die kritisierte Mystik verdoppelt die christliche Weltflucht durch den Rückzug in die subjektive Innerlichkeit. Vor diesem Gedanken wird der Satz Fausts verständlich: "Du sprichst als erster aller Mystagogen,/ Die treue Neophyten je betrogen;/ Nur umgekehrt. Du sendest mich ins Leere,/ Damit ich dort so Kunst als Kraft vermehre" (6249ff.). Die rätselhafte Wendung "nur umgekehrt" wurde bisher in keinem Kommentar zureichend erklärt. Sie bedeutet: Während die Mystagogen des Orients ihre Adepten aus der Fülle der Welt, aus einer Sphäre von Kunst und Kraft ins Leere sandten, soll Faust in der Leere seines Innern Kunst und Kraft, die der gegenwärtigen Welt fehlen, überhaupt erst finden.

Allerdings lehnt Goethe die Selbstbetrachtung nicht unter allen Bedingungen ab. Schließlich hat er selbst – nicht nur im Frühwerk – dem Leiden des Subjekts Ausdruck verliehen. Der Weg nach innen kann eine Wirklichkeit freilegen, die auf dem Wege der Welterfahrung verborgen bleibt. Diese Spielart der neueren Mystik wertet Goethe positiv: "Ein geistreicher Mann sagte, die neuere Mystik sei die Dialektik des Herzens und deswegen mitunter so erstaunenswert und verführerisch, weil sie Dinge zur Sprache bringe, zu denen der Mensch auf dem gewöhnlichen Verstandes-, Vernunfts- und Religionswege nicht gelangen würde. Wer sich Mut und Kraft glaube, sie zu studieren, ohne sich betäuben zu lassen, der möge sich in die Höhle des Trophonios versenken, jedoch auf seine eigene Gefahr".[173] Goethes antiromantische Polemik im *Faust II* richtet sich nicht gegen die mutigen Schriftsteller, die in den Abgrund ihres Inneren steigen und die dort verborgenen Dinge zur Sprache bringen, sondern gegen jene, die dort das Absolute suchen und dabei im Sinne des Neuplatonismus "das Formende und die höhere Form selbst in eine vor unserm äußern und innern Sinn verschwindende Einheit zurückdrän-

---

172 MuR 336-338.

173 MuR 339. Von den Orakeln des Trophonios wurden die Ratsuchenden schwermütig. Tatsächlich spricht Goethe sich in der nachfolgenden, oft zitierten Reflexion dafür aus, die gegenwärtigen Schwächen des Gemüts nicht zu verurteilen: "Die Deutschen sollten in einem Zeitraume von dreißig Jahren das Wort Gemüt nicht aussprechen, dann würde nach und nach Gemüt sich wieder erzeugen; jetzt heißt es nur Nachsicht mit Schwächen, eigenen und fremden".

gen". Einen solchen unmittelbaren, nicht objektvermittelten Zugang der Kunst zum Formenden sucht – wie gezeigt – Faust auf seinem Weg zu den Müttern.[174]

In den Versen "Die einen faßt des Lebens holder Lauf,/ Die andern sucht der kühne Magier auf" (6435f.) liegt der Gedanke, daß die im Reich der Mütter gefundene Einheit die Quelle sowohl der natürlichen als auch der künstlerischen Gebilde ist und daß beide Seiten gleichursprünglich aus ihr fließen. Dieser Gedanke ist in der Frühromantik virulent. "Bücherwelt" und "wirkliche Welt entspringen aus derselben Quelle", schreibt Novalis.[175] Und in Friedrich Schlegels *Ideen* heißt es: "Willst du ins Innere der Physik dringen, so laß dich einweihen in die Mysterien der Poesie".[176] Subjektives und Objektives gelten als gleichursprünglicher Ausfluß des Göttlichen; das Subjekt kann zum Absoluten vordringen, indem es sich von den Gegenständen löst und ins Ich hinabsteigt. Goethe meint hingegen, daß eine Anschauung des göttlichen Prinzips im eigenen Inneren unmöglich ist und daß eine Kunst, die sich einer derartigen Mystik verschreibt, nur Ungeheuer produzieren könne. In "Kunst und Altertum" nennt er die vor dem inneren Sinn verschwindende Einheit einmal sehr polemisch "einen hohlen Fleck im Gehirn, das heißt eine Stelle, wo sich kein Gegenstand abspiegelt, wie denn auch im Auge ein Fleckchen ist, das nicht sieht". Dort ahne man "Dinge aus einer anderen Welt, die aber zugleich Undinge sind".[177] Weil sich für Goethe das Göttliche nur im Bezug auf die äußeren Phänomene, nicht allein im Subjekt zeigt, karikiert der *Faust II* den romantischen Priestergang zu den inneren Urbildern als einen geheimnisvoll-mystischen Weg in die Leere und ins Nichts. Diese Polemik betrifft insbesondere das romantische Phantasie-Konzept.

b) Fausts Magie und die romantische Einbildungskraft

Im frühromantischen Begriff der Einbildungskraft konnte Goethe mit einem gewissen Recht den Versuch sehen, die göttliche Substanz Spinozas oder das Ur-Eine des Neuplatonismus in der Tiefe des eige-

---

174 Die satirische Bedeutung der Mütterszene widerspricht der These von J. Schmidt (1992), der *Faust II* enthalte ein vom Neuplatonismus geprägtes, "umfassendes mystisches Konzept" (S.389), das auf einen "Prozeß der Verinnerlichung" hinauslaufe (S.396).
175 NS 2, S.578.
176 KA II, S.266.
177 MuR 266.

nen Inneren anzuschauen. Nach Fichte gibt das Denken Spinozas – das den cartesianischen Dualismus überwindet und Denken und Ausdehnung, Gott und Natur, Eines und Alles wieder verbindet – ein Bild des Ich, insofern es Bewußtsein ist. In der *Wissenschaftslehre* (1794) heißt es, Spinozas "höchste Einheit" sei "keine andere als die des Bewußtseyns". Spinozas "Intelligenz und Ausdehnung" sei, transzendental reflektiert, "Ich und Nicht-Ich". "Der theoretische Theil unserer Wissenschaftslehre [...] ist wirklich [...] der systematische Spinozismus; nur daß eines Jeden Ich selbst die einzige höchste Substanz ist".[178] In der *Rede über die Mythologie* greift Friedrich Schlegel diesen Gedanken auf, liest aber Fichtes Ich wieder als Spinozas Substanz, als gegebenen Urgrund der Einbildungskraft. "Spinosa, scheint mirs, hat ein ähnliches Schicksal, wie der gute alte Saturn der Fabel. Die neuen Götter haben den Herrlichen vom hohen Thron der Wissenschaft herabgestürzt. In das heilige Dunkel der Fantasie ist er zurückgewichen, da lebt und haust er nun mit andern Titanen in ehrwürdiger Verbannung. Haltet ihn hier!".[179] Die Philosophie Spinozas schaffe der Phantasie eben den "mütterlichen Boden",[180] den einst die alte Mythologie bildete und der für die neue Mythologie erst aus der Tiefe des Geistes herausgebildet werden müsse: "Im Spinosa aber findet ihr den Anfang und das Ende eurer Fantasie, den allgemeinen Grund und Boden, auf dem Euer Einzelnes ruht und eben diese Absonderung des Ursprünglichen, Ewigen der Fantasie von allem Einzelnen und Besonderen muß Euch sehr willkommen sein".[181] Die neue Mythologie hat für Schlegel in der alten Mythologie ihr Urbild. Beider Struktur könne eben mit Spinoza beschrieben werden: Die Mythologie vereine Verwandlung und Umgestaltung mit dem Einen, Unwandelbaren. "In ihrem Gewebe ist das Höchste wirklich gebildet; alles ist Beziehung und Verwandlung, angebildet und umgebildet, und dieses Anbilden und Umbilden eben ihr eigentümliches Verfahren, ihre Methode, wenn ich so sagen darf". Dieses Verfahren könnte aber nicht "bestehn ohne ein erstes Ursprüngliches und Unnachahmliches, was schlechthin unauflöslich ist, was nach allen Umbildungen die alte Natur und Kraft durchschimmern läßt".[182] In diesem Denkzusammenhang ist es nicht länger verwunderlich,

---

178 WL, S.122. Die Romantiker interessieren sich vor allem für den theoretischen Teil der *Wissenschaftslehre*, wo das Ich als Substanz und der Begriff der transzendentalen Einbildungskraft entwickelt werden. Das Ich als Selbstbewußtsein ist Gegenstand des praktischen Teils der *Wissenschaftslehre*.

179 KA II, S.316.

180 A.a.O., S.312.

181 A.a.O., S.317.

182 A.a.O., S.318f.

wenn Faust jenseits von allen Gebilden in seinem inneren Ideenreich, dem Reich der Mütter, das Prinzip von "Gestaltung, Umgestaltung" (6287) findet. Die morphologischen Kategorien Goethes, die Spinozas Idee der Gott-Natur verpflichtet sind, erscheinen in der frühromantischen Ästhetik als Kategorien der Einbildungskraft. Will der Künstler sie finden, so muß er in die – wie Goethe sagt – vor dem inneren Sinn verschwindende Einheit der Ideen hinabsteigen.

Goethe kritisiert die poetologische Beschreibung der Phantasietätigkeit in den Kategorien Spinozas, weil er darin eine Anleitung zu künstlerischer Selbstherrlichkeit sieht. So kann man zumindest den folgenden Satz aus "Kunst und Altertum" lesen: "Alles Spinozistische in der poetischen Produktion wird in der Reflexion Macchiavellismus". In der unmittelbar vorangehenden Miszelle steht, was Goethe hier unter Macchiavellismus versteht: "Der Despotismus fördert die Autokratie eines jeden, indem er von oben bis unten die Verantwortlichkeit dem Individuum zumutet [...]".[183] Miteinander verbunden bedeuten die Sätze: Die poetische Autokratie wird von einer spinozistischen Poetik gefördert, weil diese davon ausgeht, daß der Künstler alles aus seiner eigenen Phantasie schöpfen kann. Die subjektivistische Poetik, die sich auf Spinoza beruft, hält den Zugang zur Idee oder Substanz ohne Vermittlung mit den Gegenständen für möglich. Diesen kritischen Gedanken wiederholt die Mütter-Szene. Faust ist dort der Schüler eines Erziehers, eines Macchiavelli der "poetischen Reflexion". Von Mephisto zur poetischen Autokratie angeleitet, erscheint Faust als eines der von "falschen Lehren" "falsch gesteigerte[n] Talent[e]",[184] in denen Goethe nicht zuletzt ein Resultat der poetischen "Heautognosie"-Lehren in der Poetik sah. Dies geht beispielsweise aus einer Briefstelle von 1820 an Hegel hervor: Indem "die guten Köpfe", schreibt Goethe dort, "falsche Methoden gewahren, in die man sie von Jugend auf verstrickte, ziehen sie sich auf sich selbst zurück, werden abstrus und transzendieren".[185]

Nicht nur das philosophische Fundament, auch die genaue Verfahrensweise der Einbildungskraft wird bei der Helena-Beschwörung ganz ähnlich geschildert wie in der frühromantischen Poetik. Bevor Faust aus dem Weihrauchnebel Helena und Paris hervorzaubert, gibt der Astrolog folgende "Einflüstereien" (6400) Mephistos wieder:

---

183 MuR 321f.

184 So Goethe in der harschen Kritik der Brüder Schlegel in dem Brief vom 20. Oktober 1831 an Zelter; HAB 4, S.455. An dieser Stelle meint Goethe allerdings speziell die neukatholischen Lehren, deren "Transzendieren" er aber für Folgen des künstlerischen Selbstbezugs und der Abkehr von der Realität hält.

185 7. Oktober 1820 an Hegel; HAB 3, S.493.

Durch magisch Wort sei die Vernunft gebunden;
Dagegen weit heran bewege frei
Sich herrliche verwegne Phantasei. (6416ff.)

Der Phantasie-Begriff dieser Verse entspricht dem frühromantischen. In Friedrich Schlegels *Rede über die Mythologie* geht die Befreiung der Phantasie ebenfalls mit der Suspendierung des vernünftigen Denkens einher: "Denn das ist der Anfang aller Poesie, den Gang der vernünftig denkenden Vernunft aufzuheben und uns wieder in die schöne Verwirrung der Fantasie, in das ursprüngliche Chaos der menschlichen Natur zu versetzen [...]".[186] Die Vernunft wird gebunden, die Phantasie bewegt sich frei. Im Astralis-Gedicht zu Beginn des 2. Teils des *Heinrich von Ofterdingen* von Novalis heißt es: "[...] was man geglaubt es sei geschehn,/ Kann man von weiten erst kommen sehn./ Frei soll die Phantasie erst schalten,/ Nach ihrem Gefallen die Fäden verweben,/ Hier manches verschleiern, dort manches entfalten,/ Und endlich in magischen Dunst verschweben".[187] Die traumhafte Verschmelzung des "von weiten" Kommenden mit dem bereits Geschehenen meint bei Novalis die Synthese von Vergangenheit und Zukunft, also eine Überschreitung des linearen Zeitbegriffs des Verstandes in der freien Phantasie – so wie in der Rede des Astrologen die frei schaltende, sich "weit heran" bewegende "Phantasei" mit der Fesselung der Vernunft einhergeht. Wie bei Novalis lösen sich auch am Ende der Helena-Beschwörung die Gestalten der Phantasie wieder in den "Dunst auf" (nach 6563), aus dem das "magische Behandeln" sie hervorzauberte.

Die im *Faust II* zitierte Aufhebung der Vernunft zugunsten der Phantasie muß aus der frühromantischen Übersteigerung und Überwindung der Transzendentalphilosophie heraus verstanden werden. Fichte nennt die Einbildungskraft "ein Vermögen, das zwischen Bestimmung und Nicht-Bestimmung, zwischen Endlichem und Unendlichem in der Mitte schwebt".[188] Das Unendliche im Subjekt ist die Vernunft, das Endliche der Verstand. "Der Verstand läßt sich als die durch Vernunft fixierte Einbildungskraft, oder als die durch Einbildungskraft mit Objekten versehene Vernunft beschreiben".[189] Das bedeutet, "daß alle Realität – es versteht sich *für uns*, wie es denn in einem System der Transcendental-Philosophie nicht anders verstanden werden soll – bloß durch die Einbildungskraft hervorgebracht werde". Das Problem der Täuschung

---

186 KA II, S.319.
187 NS 1, S.319.
188 WL, S.216.
189 WL, S.233.

oder puren Imagination erledigt sich auf Fichtes transzendentalem Standpunkt von selbst: Wenn "auf jene Handlung der Einbildungskraft die Möglichkeit unseres Bewußtseyns, unseres Lebens, unseres Seyns für uns, d.h. unseres Seyns, als Ich, sich gründet, so kann dieselbe nicht wegfallen, wenn wir nicht vom Ich abstrahiren sollen, welches sich widerspricht, da das Abstrahirende unmöglich von sich selbst abstrahiren kann; mithin täuscht sie nicht, sondern sie giebt Wahrheit, und die einzigmögliche Wahrheit".[190] Die Frühromantik rechnet nun die künstlerische Tätigkeit mit zu der produktiven Einbildungskraft des transzendentalen Subjekts. Novalis ist davon überzeugt, so sagt Manfred Frank, "daß es eine und dieselbe Einbildungskraft ist, die unbewußt an der Konstitution der Welt und bewußt in der künstlerischen Hervorbringung wirkt".[191] Wie bei Fichte schwebt die Einbildungskraft bei den Romantikern zwischen Endlichem und Unendlichem. Sie hat dabei aber die Freiheit, sich an den äußersten oberen Zenit ihrer Schwebe zu begeben, sich vom Endlichen zu lösen und die Verstandeskategorien – die "vernünftig denkende Vernunft" (F. Schlegel) – zwischenzeitlich zu suspendieren. Die Einbildungskraft, schreibt Striedter, ist für Novalis "ein inneres, von aller äußeren Erfahrung unabhängiges Vermögen, ein Absolutes zu setzen" – ein Vermögen, das allein schon durch die Religionsgeschichte bezeugt sei.[192] In diesem Sinne zitiert Friedrich Schlegel im 8. Fragment der *Ideen* aus Schleiermachers *Reden über die Religion* (1799) den Satz: "Der Verstand [...] weiß nur vom Universum; die Phantasie herrsche, so habt ihr Gott". Schlegel fügt hinzu: "Ganz recht, Fantasie ist das Organ des Menschen für die Gottheit".[193] Weil die Phantasie unabhängig vom Verstand eine Darstellung des Absoluten geben kann, stellt Schlegel sie in den *Ideen* als Verfahren der Mystik dar: "Witz ist die Erscheinung, der äußre Blitz der Phantasie. Daher seine Göttlichkeit, und das Witzähnliche der Mystik".[194] Der unvorhersehbare, rational nicht herleitbare Geistesblitz der Phantasie ist ein Bestandteil jener Mystik, die nach Goethes Verständnis ohne Weltvermittlung zu einer Offenbarung des Göttlichen gelangen will. Mit Fichtes Gedanken von der weltschaffenden Rolle der Einbildungskraft können die Frühromantiker ihre Gewißheit begründen, daß die Setzung eines Absoluten keine Täuschung ist,

---

190 WL, S.227.
191 Frank (1989), S.42.
192 Striedter (1985), S.83.
193 KA II, S.257.
194 A.a.O., S.258.

sondern notwendig zur Schwebe der Phantasie hinzugehört – wohlverstanden als das eine Extrem.

Goethe, der ebenfalls von der Autonomie der produktiven Einbildungskraft ausgeht, richtet sich gegen den Zenit des – wie er es nennt – "Transzendierens". Deshalb rekurriert er auf Kants Begriff der Einbildungskraft, wendet jedoch die transzendentale Bestimmung normativ. Er kritisiert 1817 gegenüber Maria Paulowna an Franz Volkmar Reinhards *Kurzer Vorstellung der Kantischen Philosophie* das Fehlen des Begriffs der Einbildungskraft und referiert den Gedanken der kritischen Philosophie, daß die Phantasie die anderen "Hauptkräfte unseres Vorstellungsvermögens", nämlich "Sinnlichkeit, Verstand und Vernunft" erst verbindet und "belebt". Goethe fährt fort: "Wenn die Phantasie ihren drei Geschwisterkräften solche Dienste leistet, so wird sie dagegen durch diese lieben Verwandten erst ins Reich der Wahrheit und Wirklichkeit eingeführt. Die Sinnlichkeit reicht ihr rein umschriebene, gewisse Gestalten, der Verstand regelt ihre produktive Kraft und die Vernunft gibt ihr die völlige Sicherheit, daß sie nicht mit Traumbildern spiele, sondern auf Ideen gegründet sei".[195] Goethe hat an der zeitgenössischen Kunst erfahren, daß die Einbildungskraft von der Sinnlichkeit, dem Verstand oder der Vernunft sich lösen und – mit dem Astrologen des *Faust II* gesprochen – verwegen und frei schalten kann. Er wendet sich gegen diese willkürliche Loslösung, die bei Fichte kein Thema war, bei den Romantikern aber zum Programm wurde. Goethes Rekurs auf die Transzendentalphilosophie ist die Suche nach einer normativen Basis für seine Kritik der willkürlich schaltenden romantischen Phantasie.

Ein weiterer Hinweis auf das romantische Konzept der Einbildungskraft liegt im Begriff der Magie. Die Phantasieleistung Fausts wird als "magische[s] Behandeln" (6301) und "magisch Wort" (4616) bezeichnet; über "Des Lebens Bilder [...] ohne Leben" (6430), die von den Müttern ausgehen, sagt er:

> Und ihr verteilt es, allgewaltige Mächte,
> Zum Zelt des Tages, zum Gewölb der Nächte.
> Die einen faßt des Lebens holder Lauf,
> Die andern sucht der kühne Magier auf (6433ff.).

In der Handschrift hieß es zunächst: "Die andern sucht getrost der Dichter auf".[196] Emrich sieht in dieser Änderung "das Stück echter Magie im Dichterischen bei Goethe" ausgesprochen, denn er deutet die ganze Pas-

---

195 3. Januar 1817 an Maria Paulowna (Beilage vom 31. Dezember 1816 und 2. Januar 1817); HAB 3, S.385.

196 WA I,15/2, S.35.

sage als eigene Poetik des Autors.[197] Die mehrfache, konzentrierte Verwendung des Wortes im Zusammenhang mit der Bezeichnung des Dichters als Priester und Wundermann zeigt aber, daß mit dem Begriff "Magie" hier nicht das Dichterische überhaupt, sondern speziell die romantische Poetik gemeint ist. Dafür spricht schon die parallele Zuordnung der Begriffe Leben – Zelt des Tages und Magier – Gewölb der Nächte: gemeint sind die romantischen Dichter der Nacht. So heißen schon in der Mummenschanz die Romantiker "Nacht- und Grabdichter" (vor 5299).

Wenn Faust die phantastischen Gebilde von Helena und Paris aus einem Bereich holt, der von allen Gebilden losgebunden ist, so gilt bei dieser Erzeugung von Objekten ohne alle Aneignung objektiver Welt zweierlei als "magisch": zum einen der Rückgang hinter die Verstandestätigkeit während der Phantasieproduktion ("magisch Wort"), zum anderen die Herstellung von Gestalten aus dem Nebel der Phantasie ("magisches Behandeln"). In diesem doppelten Sinne bezeichnet auch die Frühromantik die Poesie als Magie. In Friedrich Schlegels *Rede über die Mythologie* ist sie "der edelste Zweig der Magie". Novalis setzt die Fragen "Ist Magie möglich" und "Gibt es eine Erfindungskunst ohne Data, eine abs[olute] Erfindungskunst" nebeneinander; beides seien Ausformulierungen der Kantischen Frage nach der Möglichkeit synthetischer Urteile a priori.[198] Hier meint Magie bei Novalis die Weltschöpfung der Phantasie vor aller Erfahrung. Außerdem versteht Novalis unter Magie die "Kunst, die Sinnenwelt willkürlich zu gebrauchen".[199] Dieser zweite magische Schritt ist die Verschmelzung der apriorischen Phantasieproduktion mit der Erfahrungswelt. Manfred Dick schreibt: "Magie und Poesie lassen die Welt der Dinge nur noch als ein durch das Ich Hervorgebrachtes, besser als im Akt des Hervorgebrachtwerdens erscheinen".[200] Durch diese willkürliche Handlung entsteht das Wunderbare: "Je größer der Magus, desto willkürlicher sein Verfahren, sein Spruch, sein Mittel. Jeder tut nach *seiner eignen Art* Wunder".[201] Diese seinerzeit unveröffentlichten Novalis-Fragmente sind nicht als Einflüsse zu verstehen, sondern als Belege dafür, daß ein frühromantischer Prätext gestaltet ist, wenn der "Magier" das "Wunderwürdige schauen" läßt (6436ff.) und die beiden Schritte der magischen Produktion vollzieht:

197 Emrich (1963), S.218.
198 NS 3, S.388.
199 NS 2, S.546.
200 Dick (1967), S.233.
201 NS 2, S.546.

den Rückgang auf eine ursprüngliche, apriorische Phantasietätigkeit und die Verwandlung des so erzeugten phantastischen Dunstes in anschaubare Gegenstände der Erfahrung.

Das Vermögen der Phantasie, ein Absolutes zu setzen, wird in der Frühromantik aber zugleich problematisiert. Das Absolute kann nach Novalis vom Ich zwar magisch ausgesprochen werden, ist aber nicht mit dem Ich selbst identisch. Darum muß sich das frei phantasierende Ich seiner absoluten Willkür freiwillig begeben und in einem Akt der Selbstüberwindung das Magische dem Objekt unterstellen. Manfred Dick nennt das die "wechselseitige Aufhebung von magischem Ich und magischem Objekt".[202] Eine ähnliche Funktion hat der Ironiebegriff Friedrich Schlegels. Ironie soll den Abstand des Kunstgebildes vom Ideal markieren.[203] In der Mütter-Szene wird die frühromantische Poetik zunächst einseitig als subjektivistisch dargestellt: Die mit "magischem Behandeln" aus dem Weihrauchnebel geschaffenen Göttergestalten lösen sich in Dunst auf – sie sind wirklichkeitslos. Am Ende kritisiert jedoch Mephisto – wie der nächste Abschnitt erweisen wird – den Magier mit romantischer Ironie, während Faust rückhaltlos auf sein künstlerisches Vermögen vertraut, ein Absolutes zu setzen. Faust verkörpert am Ende eine einseitig identitätsphilosophische Variante der frühromantischen Poetik, gegen die sich Mephistos Spott richtet.

c) Fausts Doppelreich und die identitätsphilosophische Ästhetik

In der Wahrnehmung seines Kunstprodukts Helena begegnet Faust zugleich seiner eigenen Sehnsucht: "Du bist's, der ich die Regung aller Kraft,/ Den Inbegriff der Leidenschaft,/ Dir Neigung, Lieb, Anbetung Wahnsinn zolle" (6498ff.). Und im Raub Helenas durch Paris – "Ein kühner Heldenmann,/ Umfaßt er sie, die kaum sich wehren kann" (6541f.) – spiegelt sich Fausts Wunsch, das Ideal seiner Leidenschaft zu besitzen und festzuhalten: "Wer sie erkannt, der darf sie nicht entbehren./ ASTROLOG. Was tust du, Fauste! Fauste! – Mit Gewalt/ Faßt er sie an, schon trübt sich die Gestalt" (6559ff.). Wenn Faust zu dem Paris-Phantom sagt: "Verwegner Tor!/ Du wagst! Du hörst nicht! halt! das ist zu viel!" (6544f.), richtet sich der Vorwurf der Torheit gegen ihn selbst. Er wird zum "Narren" (6564), dem Mephisto vergebens zuruft: "Machst du's

---

202 Dick (1967), S.253.
203 Vgl. Kapitel II.1, Abschnitt c).

doch selbst, das Fratzengeisterspiel" (6546). Faust will hier schon, wie er es später in der "Klassischen Walpurgisnacht" sagt, mit "sehnsüchtigster Gewalt,/ Ins Leben ziehn die einzigste Gestalt" (7438f.). Er gleicht Pygmalion, der sich in sein eigenes Kunstwerk verliebt. Allerdings wird Pygmalion von Aphrodite erhört: er darf sein Ideal heiraten, wogegen das Phantom Helenas verpufft. Wie ist dieser Scherz zu verstehen?

Faust möchte das Ideal festhalten, um ideelle und reale Existenz zu vereinen:

> Hier fass' ich Fuß! Hier sind es Wirklichkeiten,
> Von hier aus darf der Geist mit Geistern streiten,
> Das Doppelreich, das große, sich bereiten. (6553ff.)

Fausts Rede enthält Anspielungen auf Schellings kunsttheoretische Positionen von 1800. Dort gilt die Kunst als ein "allgemeines Organon der Philosophie",[204] weil allein sie eine Anschauung gewährt, in der Realität und Idee, Endliches und Unendliches identisch sind.[205] Schelling schreibt im *System des transzendentalen Idealismus* (1800) – stellvertretend für die Künste überhaupt – über die Malerei: "Jedes herrliche Gemälde entsteht dadurch gleichsam, daß die unsichtbare Scheidewand aufgehoben wird, welche die wirkliche und idealische Welt trennt, und ist nur die Öffnung, durch welche jene Gestalten und Gegenden der Phantasiewelt, welche durch die wirkliche nur unvollkommen hindurchschimmert, völlig hervortreten".[206] Auch bei der Helena-Beschwörung verbinden sich in den Gebilden der "Phantasei" die Welt der "Wirklichkeiten" und die ideelle Welt des "Geist[es]". Das dreifache, emphatische "hier" in Fausts Rede entspricht der exklusiven Rolle, die Schelling der Kunst bei der Anschauung der absoluten Identiät zuerkennt. Daß der Geist sich das Doppelreich "von hier aus" aber erst noch bereiten muß, verweist auf den Organon-Charakter der Kunst: Die Philosophie überführt die ästhetische Erfahrung in die Reflexion.

In dem emphatischen "hier" verbirgt sich außerdem die Schellingsche Auffassung, daß die außerkünstlerischen, im gewöhnlichen Sinne "wirklichen" Gegenstände im Vergleich mit denen der Phantasie unvollkommen und in einem höheren Sinne unwirklich sind. Für den Künstler, sagt Schelling, ist die Natur "nur der unvollkommene Widerschein einer Welt, die nicht außer ihm, sondern in ihm existiert".[207] Auch in der Aka-

---

204 SW I,3, S.612.
205 A.a.O., S.627.
206 A.a.O., S.628.
207 Ebd.

demierede *Über das Verhältnis der bildenden Künste zur Natur* (1807) heißt es, daß die Kunst "sich erst von der Natur entfernen müsse, und nur in der letzten Vollendung zu ihr zurückkehre". Der Künstler "schwingt [...] sich in das Reich reiner Begriffe, er verläßt das Geschöpf, um es mit tausendfältigem Wucher zurückzugewinnen".[208] Faust entflieht "dem Entstandenen/ In der Gebilde losgebundne Reiche" (6276f.) und sagt nach der Rückkehr: "Mein Schreckensgang bringt seligsten Gewinn" (6489). 1808 schreibt Goethe an Jacobi: "Inwiefern ich mit Schellings Rede, ihrer Anlage und Form nach, differiere, weiß ich selbst nicht recht". Den Inhalt nennt er "wahr im produktiven Sinne, nämlich, daß auf diesem Wege etwas entspringen und das Entsprungene einigermaßen begriffen werden kann".[209] Später, zur Zeit seiner Neuplatonismus-Kritik, kann Goethe die Differenz besser auf den Begriff bringen: wie die Frühromantiker verweist auch Schelling den Künstler an ein Reich der Ideen, das von der Wirklichkeit, vom "Gezeugten" abgelöst ist. Deshalb wird nun auch die Kunstphilosophie Schellings – wie später in der "Klassischen Walpurgisnacht" seine Deutung des Kabiren-Mythos – zum Gegenstand der Satire.

Fausts übermäßige Begeisterung beim Hervortreten Helenas – er ist von dem "seligsten Gewinn" seines Kunstwerks "entzückt" und "beglückt" (6489ff.) – erinnert an die Beglückung, die der Künstler Schelling zufolge bei der Anschauung seines eigenen Werkes empfindet. Für den Philosophen ist die Kunst die "Objektivität der intellektuellen Anschauung" des identischen Ichs: "Das Kunstwerk reflektiert mir, was sonst durch nichts reflektiert wird, jenes absolut Identische, was selbst im Ich schon sich getrennt hat; was also der Philosoph schon im ersten Akt des Bewußtseyns sich trennen läßt, wird, sonst für jede Anschauung unzugänglich, durch das Wunder der Kunst aus ihren Produkten zurückgestrahlt".[210] Für den Produzierenden selbst ist die intellektuelle Anschauung eine Sache des Gefühls. Nach Schelling "wird das Gefühl, was jene Anschauung [der objektiven Identität, T.Z.] begleitet, das Gefühl einer unendlichen Befriedigung seyn". Die Produktion "wird sich durch jene Vereinigung selbst überrascht und beglückt fühlen, d.h. sie gleichsam als freiwillige Gunst einer höheren Natur ansehen, die das Unmögliche durch sie möglich gemacht hat".[211] Über das "Wunderwürdige" Fausts sagt der Astrolog: "Unmöglich ist's, drum eben glaubenswert" (6420). Schellings

---

208 SW I,7, S.301.
209 7. März 1808 an Jacobi; HAB 3, S.66.
210 SW I,3, S.625.
211 A.a.O., S.615.

"Wunder der Kunst" entsteht ebenso wie das "Wunderbare" der Romantik dadurch, daß der Künstler, gelöst von der äußeren Anschauung, auf die "idealische Welt [...] in ihm"[212] stößt und diese im Artefakt vergegenständlicht.

Während Schelling der Kunst den Status einer eigentlichen Wirklichkeit zuschreibt, begegnet die Romantik einer solchen Idee der Vollkommenheit mit Ironie. Friedrich Schlegel fordert im *Gespräch über die Poesie* (1800) einen "Wechsel von Enthusiasmus und Ironie".[213] Auch Mephisto, der Faust zunächst mit begeisterten Reden zu den Müttern schickt und ihm weismacht, dort finde er "deutliche Gestalten" (6186), entgegnet nun, da Faust "Wirklichkeiten" erlangt zu haben glaubt: "Machst du's doch selbst, das Fratzengeisterspiel" (6546). Dieser Einspruch gegen Fausts identitätsphilosophische Intention übersteigt in seiner desillusionierenden Wucht deutlich die Einschränkung Schellings, dem Künstler widerfahre das Glücksgefühl der Identität nur *gleichsam* als die Gunst einer höheren Natur. Mephisto mahnt die ironische Distanz zu dem vermeintlichen Ideal an. Dahinter steht die frühromantische Überzeugung, daß der Künstler keine vollkommene Darstellung der Idee geben kann, die er in sich findet. Kunst ist die paradoxe Darstellung eines Undarstellbaren, und eben deshalb kann "alle Schönheit [...] nur allegorisch sein".[214] Sie ist weder das "Symbol" der "ausgeführten Bestimmung" des Menschen wie bei Schiller,[215] noch die "Objektivität der intellektuellen Anschauung" des mit sich identischen Ichs wie bei Schelling.[216] Faust kann sich die mephistophelisch-romantische Ironie jedoch nicht zueigen machen. Was er sich vom Besitz der Helena erwartet, entspricht dem Gedanken Schellings, daß es "nur der Kunst gegeben seyn kann, unser unendliches Streben zu befriedigen".[217]

Aufgrund seiner mangelnden Einsicht in den artifiziellen Charakter der Helena-Gestalt bleibt Faust Dilettant. Er stürzt von der Überzeugung, die Kunstgestalt sei vollkommener Ausdruck seines inneren Ideenreichs, in die Ernüchterung über die Nichtigkeit der Phantome. Einen solchen Dilettantismus verspottet Goethe in dem oben zitierten Diktum über die Künstler, denen wie spielenden Kindern die Seifenblasen vor der Nase zerplatzen. Daß der Dilettant Faust Schellingsche Theoreme im Munde führt, mag zunächst überraschen. Man muß dazu wissen, daß

---

212 A.a.O., S.628.
213 KA II, S.319.
214 A.a.O., S.324.
215 NA 20, S.353.
216 SW I,3, S.652.
217 A.a.O., S.617.

Goethe unter anderem der Schellingschen Kunstphilosphie die Mitschuld an einem zunehmenden Verharren der Künstler im Dilettantismus gab.[218] Gegen Schellings Satz, die Kunst sei "das einzig wahre und ewige Organon und zugleich Document der Philosophie", dürfte die folgende Überlegung in den Aufzeichnungen zur *Epoche der forcierten Talente* (1812) gerichtet sein: Nachdem die Philosophen "der Kunst einen so hohen Rang angewiesen, daß sie sogar die Philosophie unter die Kunst gesetzt, so wollten sie wenigstens persönlich jenes Vorranges nicht entbehren und behaupteten, Jedermann, wenigstens der Philosoph, müsse ein Poet sein können, wenn er nur wolle". Die so forcierten Talente versuchten, die "große Kluft" zwischen philosophischem "Gehalt, man nenne ihn Idee oder Begriff", und künstlerischer Produktion unter anderem durch übernommene "Kunstgegenstände und Gesinnungen" zu schließen.[219] Angesichts der Kluft von philosophischem Gehalt und vorgefundenen Gegenständen und Gesinnungen droht jener Absturz vom authentischen Ausdruckswillen ins künstlerisch ungenügende Klischee, der in der Goethezeit als ein Hauptproblem des Dilettantismus reflektiert wurde.[220] Auch Faust stürzt nach dem Verpuffen der Geister in eine ohnmächtige Sehnsucht nach dem Ideal, das er schon in seinem Besitz wähnte. Mephistos ironischer Einspruch allein konnte Faust nicht vor dieser Lähmung bewahren, die aus der – idealistischen *und* romantischen – Überschätzung seiner autokratischen Phantasie resultiert. Erst in der Begegnung mit dem schon bestehenden "Fabelreich" der antiken Mythologie "Kehret ihm das Leben wieder" (7054f.).

---

218 Grundsätzlich sahen Goethe und Schiller im Dilettantismus eine mögliche Vorform professioneller künstlerischer Tätigkeit. Vgl. ihre gemeinsamen Schemata *Über Dilettantismus*, WA I,47, S.299-326. Beispielsweise heißt es dort über den Tanz: "Dilettantismus kann nur als Eintritt in die Kunst und nie für sich selbst nutzen" (S.304).

219 WA I,42/2, S.442f.

220 Vgl. Wergin (1988), S.203ff.

II.3. Wenn sich ein Heiliges lebend hält – Der Weg zum klassischen Ideal im 2. Akt

Nach dem Scheitern der weltlosen Phantasieproduktion im 1. Akt werden Faust und seine Begleiter in der "Klassischen Walpurgisnacht" mit mythologisch-künstlerischen Traditionen konfrontiert. Die ersten Szenen variieren allerdings die Denkform des 1. Aktes. In Fausts altem Laboratorium wird – ähnlich wie im Mütter-Reich – allein aus dem Subjekt ein Wesen hervorgebracht, der Homunculus. Es geht um eine Schöpfung des Lebens aus dem Denken, deren Resultat aber doch wieder nur der subjektive Geist ist – dies erweist sich als eine Satire auf Aspekte der Schellingschen bzw. der romantischen Naturphilosophie (a). Die Gestalten der "Klassischen Walpurgisnacht" verkörpern teils die moderne Subjektivität, teils Gegenprinzipien. Thema der Szenenfolge sind zunächst Natur- und Gesellschaftsgeschichte. Es werden jeweils zwei konträre "Vorstellungsarten" geschildert und dialektisch vermittelt (b). Auch die Kunst erscheint in der "Klassischen Walpurgisnacht" im Spannungsfeld zweier Prinzipien, zwischen denen sie vermittelt. Galatea stellt als klassisches Kunstideal den höchsten Ausgleich her (c). Die Kabiren-Passage zeigt dagegen einen spezifisch romantischen Hiat zwischen Idee und Erscheinung (d). Am Ende steht trotz dieser Hierarchie eine plurale Geltung aller Formen, wie sie für den gesamten *Faust II* entscheidend ist. Das klassische Kunstideal hat nurmehr eine post-normative Geltung. Das Verhältnis der modernen Subjektivität zu ihm bleibt problematisch (e).

a) Kritik der subjektivistischen Wissenschaft

Das Ziel des "edlen Doktor Wagner" (6643), der mit Mephistos Hilfe den Homunculus erschafft, ist die Hervorbringung des "Hirns" durch das Denken selbst:

> Ein großer Vorsatz scheint im Anfang toll;
> Doch wollen wir des Zufalls künftig lachen,
> Und so ein Hirn, das trefflich denken soll,
> Wird künftig auch ein Denker machen (6967ff.).

Der Zufall im Naturprozeß, den Wagner am Herd rational zu reproduzieren, nämlich "verständig zu probieren" unternimmt (6848), soll ausgeschaltet werden und damit zugleich alles, "Was man an der Natur Geheimnisvolles pries" (6857). Hier geht es nicht um die Fichtesche Eliminierung aller Heteronomie im Selbstbezug des epistemologischen

Subjekts, sondern um eine Übersteigerung der Transzendentalphilosophie: Das Natursubstrat des Denkens, hier der "Mensch" (6835), soll selbst als Produkt des Denkens erscheinen. Wichtiger als die zeitgenössischen Versuche, organische Substanzen künstlich herzustellen,[221] ist für das Verständnis von Wagners Unternehmen die zentrale Idee der schellingschen Naturphilosophie: die "Deduktion des Lebens".[222] Schelling will aus den drei Handlungen des fichteschen Ich – Einschränkung durchs Nicht-Ich, unendliche Expansion und Synthese von Expansion und Einschränkung – die Natur selbst ableiten und zeigen, "daß die drei Momente in der Construction der Materie den drei Akten der Intelligenz wirklich entsprechen".[223] Die drei Naturprozesse sind Magnetismus, Elektrizität und Chemie; ihnen entsprechen auch die "drei Potenzen der Anschauung": Natur kann als "Stoff", als "Materie" und als "Organisation" betrachtet werden.[224] Der chemische Prozeß, von Schelling vor allem als Oxydation verstanden, macht aus der bloßen Materie die lebendige Organisation.

Die drei Prozesse Schellings kehren in Wagners Rede wieder. Zuerst wird "aus viel hundert Stoffen" der "Menschen*stoff* gemächlich komponier[t]" (6849ff.; Hervorh. T.Z.) und "kohobier[t]", bis er "kristallisier[t]". Dadurch entsteht eine "Masse" (6855) – Schelling: "Materie" –, die "blitzt" (6865). Das Blitzen ist kein ausschließlich "dichterisches Bild" für die "Freisetzung von Energie", wie Dorothea Lohmeyer schreibt,[225] sondern ein Hinweis auf das physikalische Phänomen der *Elektrizität.* Auf der dritten Stufe findet in der Phiole ein chemischer Prozeß statt, dessen Resultat die organische *Gestalt* ist: "Es trübt, es klärt sich, also muß es werden!/ Ich seh in zierlicher Gestalt/ Ein artig Männlein sich gebärden" (6872ff.). Homunculus entsteht zuletzt, so kommentiert auch Dorothea Lohmeyer, "durch biologische Oxydation".[226] Der fertige Homunculus, der nach den drei Stufen von Schellings De-

221 Hertz (1913) sieht in Wagner das aufklärerisch-mechanistische Natur- und Menschenbild verkörpert. Mit der Kristallisation des Harnstoffs im Experiment habe der Chemiker Friedrich Wöhler 1828 die "Maschinentheorie des Lebens" als bewiesen erachtet. Hertz kann zeigen, daß Goethe ebenfalls 1828 eine Schrift aus dem 18. Jahrhundert las, in der die Befruchtung als ein Resultat der Schwerkraft beschrieben wird (S.134f.). Hertz führt auf diese Zusammenhänge das "Kristallisieren" (6860) und "Kohobieren" (6853) bei der Herstellung des Homunculus zurück. Dem Kommentar entgeht die wichtige Bedeutung des Denkens bei der Schaffung des künstlichen Männleins ebenso wie die Stufe der biologischen Oxydation, in der das Mechanische überstiegen wird (s.u.).

222 SW I,3, S.493.

223 A.a.O., S.452.

224 A.a.O., S.496.

225 Lohmeyer (1975), S.180.

226 A.a.O., S.178.

duktion des Lebens gebildet ist, ähnelt denn auch – darauf weist Hermann Schmitz hin – der Schellingschen "Naturmonade", in der Ausdehnung und Einschränkung ursprünglich vermittelt sind. In der Naturmonade erscheint die "absolute Tätigkeit [...] als eine ins Unendliche gehemmte Tätigkeit".[227]

Die "Deduktion des Lebens" in drei Stufen wird im *Faust II* aber – und das übersieht Schmitz – satirisch überspitzt dargestellt. Bei Schelling geht es ja nicht um die reale Schaffung, sondern um die identitätsphilosophische Anschauung der Natur, um das Wiederfinden des "Subjekts-Objekts" in ihr.[228] Goethe erfindet die Wendung ins Produzierende hinzu. Ein Motiv seiner Kritik der Schelling-Schule ist hier virulent: Der Begriff der Subjekt-Objekt-Identität werde in der Naturphilosophie nicht durch Empirie und Anschauung gewonnen, sondern aus einem präjudizierten Indifferenzpunkt deduziert, der insgeheim allein im Subjekt, im Denken verortet ist. Diese Kritik zeigt sich besonders deutlich in Goethes Äußerungen über Henrik Steffens' *Grundzüge der philosophischen Naturwissenschaft* (1806). Es sei zwar ein "wünschenswerte[s] Ziel" der Naturwissenschaft, schreibt er über dieses Buch an Wilhelm v. Humboldt, "daß aller Zwiespalt aufgehoben, das Getrennte nicht mehr als getrennt betrachtet, sondern alles aus Einem entsprungen und in Einem begriffen, gefaßt werden solle". Die Aufhebung der "größten Widersprüche" sei aber nur durch die praktische Aneignung der Natur möglich, "durch Tat, Kunst, Liebe". Die Naturwissenschaft Schellingscher Provenienz hingegen unterlaufe diese Aneignung, indem sie die Einheit der Natur aus einer Identität ableite, deren Ort allein das Denken selbst ist: "Indessen versichern uns die Herren mit glatten und eindringlichen Worten, daß der Friede Gottes wirklich bei ihnen eingekehrt, [...] daß sie Absolutes und Bedingtes [...] so vereint in sich tragen, daß auch nicht der mindeste Mißklang weiter für sie vernehmlich sei. Weshalb wir sie denn zuletzt wohl selig, wo nicht heilig preisen können".[229] Diese Polemik erweist sich bei genauerem Hinsehen lediglich als ein leicht überspitztes Zitat. In der Einleitung der *Grundzüge* schreibt Steffens, durch die Schellingsche "Ansicht" der Natur erkenne der Forscher "nicht nur jene Einheit der Dinge mit einer allgemeinen Einheit, sondern auch die mit ihr zugleich gegebene selige Einheit der

---

227 SW I,3, S.22f. Schelling spricht auch von der "Entelechie" (S.293). Vgl. Schmitz (1959), S.266ff.
228 SW I,3, S.453.
229 22. August 1806 an W. v. Humboldt; HAB 4, S.483f.

Dinge mit sich selbst".[230] Doktor Wagner ist ein Vertreter dieser Naturbetrachtung. Zum einen besitzt er – wie im 1. Akt Faust – jenen Schlüssel, mit dem er Idee und Realität, Himmel und Erde, "Absolutes und Bedingtes" (Goethe) vermeintlich synthesieren kann: "Den Schlüssel übt er wie Sankt Peter/ Das Untre so das Obre schließt er auf" (6650f.). Zum anderen lokalisiert er den "höhern Ursprung" (6847) des von ihm praktisch deduzierten Lebens in sich, im Denker selbst: "Und so ein Hirn, das trefflich denken soll,/ Wird künftig auch ein Denker machen" (6869f.). Wie schon in der Mütterszene verbindet der Schlüssel ein "Obres", das im Subjekt selbst liegt, mit dem "Untren" der Erscheinungswelt.

In seiner Neuplatonismus-Kritik richtet sich Goethe – wie in den beiden letzten Kapiteln schon zitiert – gegen die Trennung des "Einen [...], aus dem alles entspringt", von dem Prinzip "lebendiger Zeugung" – eine Trennung, die Goethe bei "den Idealisten alter und neuer Zeit" wahrnimmt.[231] In Doktor Wagner werden die Idealisten neuer Zeit persifliert: "wie sonst das Zeugen Mode war,/ Erklären wir für eitel Possen./[...]/ Wenn sich das Tier noch weiter dran ergetzt,/ So muß der Mensch mit seinen großen Gaben/ Doch künftig höhern, höhern Ursprung haben" (6838ff.). Als christlich ist dieser Idealismus übrigens nicht nur durch den Schlüssel Petri gezeichnet, sondern auch durch das Bild der unbefleckten Empfängnis. Es wird bei der Verbannung des natürlichen Zeugens aus der Synthese von Idee und Erscheinungswelt evoziert. So sagt denn auch später in der "Klassischen Walpurgisnacht" Proteus zu Homunculus: "Du bist ein wahrer Jungfernsohn,/ Eh' du sein solltest, bist du schon!" (8253f.). Homunculus muß den Prozeß des natürlichen Entstehens, von dem die Idealisten neuer Zeit abstrahieren, erst noch nachholen. Das ist die satirische Bedeutung der Szene. "Es wird ein Mensch gemacht", raunt Wagner (6835), und es folgten die drei Stufen von Schellings Deduktion des Lebens. Aber das Resultat ist wieder nur das reine Denken, nicht das Leben: "Ihm fehlt es nicht an geistigen Eigenschaften,/ Doch gar zu sehr am greiflich Tüchtighaften", so Thales (8249f.). Homunculus ist der "Geist des Menschen, wie er vor aller Erfahrung ins Leben tritt" – so Goethe einer Notiz Eckermanns zufolge.[232]

Daß der Homunculus als apriorisches Subjekt sagt: "Dieweil ich bin, muß ich auch tätig sein" (8666), mag denn auch als Anspielung auf

---

230 Steffens, *Grundzüge*, S.XIX.
231 MuR 642f.
232 Zit. nach Hertz (1931), S.143.

Fichtes Begriff der Tathandlung gemeint sein. Hertz erkennt darin eher Goethes eigene, von Leibnitz beeinflußte Monaden- oder Entelechie-Auffassung wieder, und er kann eine andere Tagebucheintragung Eckermanns – vom 6. Januar 1830 – als Beleg anführen: "Gespräch über den Homunculus. Entelechie und Unsterblichkeit".[233] Eine Woche später notiert Eckermann jedoch: "Die Sehnsucht, ein Verderb der Entelechie und Unsterblichkeit". Diesen Satz, der die Belegkraft des ersten unterminiert, zitiert Herz an ganz anderer Stelle.[234] Homunculus besitzt nämlich nicht nur von vornherein Tätigkeit, sondern auch, wie das Ich im praktischen Teil der *Wissenschaftslehre*, "ein Sehnen":[235] er zeigt "die Symptome des herrischen Sehnens" (8470). Die Sehnsucht bringt die Gefahr des Selbstverlusts mit sich; das von Homunculus ersehnte Entstehen und damit auch die Unsterblichkeit seines Geistes sind – wie zu zeigen sein wird – am Ende der Szene vom "Verderb" (Goethe) bedroht. Die Ablösung des Denkens von der Erfahrung, die Goethe an der Erkenntnistheorie und an Schellings Naturphilosophie kritisierte, führt in der Praxis zu einer unendlichen, nie einlösbaren Sehnsucht nach dem Objekt – dies wird sich am Ende des Kapitels als der satirische Sinn der Homunculus-Sequenz erweisen.

Die beiden Grundhaltungen des Idealisten Wagner, nämlich die Synthese von Absolutem und Bedingtem in neuplatonistisch-christlichem Sinne und die Verortung des Absoluten im eigenen Denken, werden schon am Anfang der Szene von den beiden anderen akademischen Figuren jeweils getrennt verkörpert. Der betende (6635) Famulus Nikodemus trägt den Namen jenes Schriftgelehrten, der von Christus Auskunft über die göttliche Wahrheit erlangen will. Auch Nikodemus sucht gewissermaßen einen Schlüssel, der Himmel und Erde unmittelbar verbindet. Der Baccalaureus glaubt, die göttliche Wahrheit, aus der alles entstanden ist, a priori in sich zu tragen. Er nennt sich den Schöpfer der

233 A.a.O., S.144. Daß Hertz den Homunculus für die Personifikation von Goethes Entelechie-Begriff hält, steht im Widerspruch zu seiner These, Wagner verkörpere die mechanistische Wissenschaft. Hertz schreibt diesen Widerspruch Goethes Darstellung selber zu. Im Laboratorium entstehe eigentlich "nichts": Mephisto zitiere "den Geist in die Flasche", der "Gegenstand der Satire" sei "allein Wagner", der dieser Zauberei auf den Leim gehe (S.127). Homunculus' Weg durch die "Klassische Walpurgisnacht" sei hingegen eine "positive Szenenreihe" (S.117), die den Eintritt der Entelechie in die Welt im Sinne Goethes schildere. Hertz bestimmt sowohl Satire als auch Authentizität falsch und nimmt darum einen Bruch zwischen beiden wahr. Wagner ist nicht Mechanist, sondern Schellingianer, der nicht zur Natur, sondern wieder nur zum Denken selbst vordringt, weshalb Homunculus mit Eigenschaften des Fichteschen Ich ausgestattet ist.

234 A.a.O., S.181.

235 WL, S.302.

Erfahrungswelt: "Die Welt, sie war nicht, eh' ich sie erschuf" (6794). Dies ist nicht in dem transzendentalphilosophischen Sinne Fichtes zu verstehen, daß erst die Einbildungskraft "die einzig-mögliche Wahrheit" gibt.[236] Die Rede des Baccalaureus trägt vielmehr demiurgische Züge:

> Die Sonne führt' ich aus dem Meer herauf;
> Mit mir begann der Mond des Wechsels Lauf;
> Da schmückte sich der Tag auf meinen Wegen,
> Die Erde grünte, blühte mir entgegen.
> Auf meinen Wink, in jener ersten Nacht,
> Entfaltete sich aller Sterne Pracht.
> [...]
> Ich aber frei, wie mir's im Geiste spricht,
> Verfolge froh mein innerliches Licht,
> Und wandle rasch, im eigensten Entzücken,
> Das Helle vor mit, Finsternis im Rücken. (6795ff.)

Der Baccalaureus versteht die weltschaffende Produktion der Einbildungskraft als eine willkürliche Handlung des empirischen Subjekts, bei der von der Erscheinungswelt vollständig abstrahiert werden kann: "Erfahrungswesen! Schaum und Dust!/ Und mit dem Geist nicht ebenbürtig" (6758f.). Das entspricht der – im vorigen Kapitel schon dargestellten – *einen* Seite der romantischen Poetik. Die zitierte Rede ähnelt einem Gedicht des Protagonisten in Tiecks Roman *William Lovell* (1795/96). "Die Wesen sind, weil wir sie dachten", heißt es dort, und:

> Ich komme mir nur selbst entgegen
> In einer leeren Wüstenei.
> Ich lasse Welten sich bewegen,
> Die Element' in Ordnung legen,
> Der Wechsel kommt durch meinen Ruf herbei
> Und wandelt stets die alten Dinge neu.[237]

Das Gedicht schafft zu dieser extremen Position zugleich ironische Distanz. Die Fähigkeit, aus dem eigenen Inneren heraus Welten zu erschaffen, darf nach frühromantischer Auffassung nicht dazu führen, daß das Subjekt sich selbst mit dem Absoluten verwechselt. Genau das tut William, und diese Ansicht wird als Selbstvergötterung bloßgestellt. Auf Williams Wink hin bewegen sich in der leeren Wüstenei Welten, so

---

236 A.a.O., S.227. Daß die Baccalaureus-Figur Anspielungen auf Fichte enthalte, hat schon Hertz (1931) begründet zurückgewiesen (S.98). Freilich kann Hertz' eigener Hinweis auf Schopenhauer ebensowenig überzeugen. Der erste Satz aus dessen Hauptwerk: "Die Welt ist meine Vorstellung", den Hertz als Beleg anführt (S.111), ist ebensoweit von der Selbstvergötterung des Baccalaureus entfernt wie der transzendentale Standpunkt Fichtes. Aus keinem der von Hertz angeführten Belege geht hervor, daß Goethe den Vorstellungsbegriff Schopenhauers als Demiurgie mißverstanden hätte.

237 Tieck, Schriften, Bd. 6, S.178.

wie die Erde am Beginn der Schöpfung "wüst und leer" war. Die ironische Anspielung auf Gottes creatio ex nihilo findet sich auch in der Rede des Baccalaureus, wenn dieser behauptet, auf seinen Wink hin seien in "jener ersten Nacht" der Schöpfung die Sterne entstanden: als es "finster auf der Tiefe" war, sprach Gott: "Es werde Licht".[238] Das Licht Gottes ist hier nur das "innerliche Licht", dem der Baccalaureus selbst begegnet,[239] so wie William Lovell sich nur selbst entgegenkommt. Entsprechend holt auch Faust im 1. Akt die Kunstgebilde aus der "Leere", die zugleich die "Tiefe" seines eigenen "Sinns" ist.[240]

Während Mephisto im 1. Akt ironisch sagt: "Machst du's doch selbst, das Fratzengeisterspiel" (6546), entsteht die Distanz zur autarken Einbildungskraft im 2. Akt einerseits durch die ironische Anspielung auf die Selbstvergötterung des Baccalaureus, andererseits aber durch einen Einspruch Mephistos, der nun über die bloße Ironie hinausgeht: "Wer kann was Dummes, wer was Kluges denken,/ Das nicht die Vorwelt schon gedacht?" (6809f.). Hier fällt erstmals der Hinweis auf den bereits objektivierten Geist, der im weiteren Verlauf dieses Aktes so wichtig wird und an den sich auch die losgelöste, 'absolute' Subjektivität Fausts und Homunculus' vermitteln muß. Dieser Weg aus dem Subjektivismus ähnelt der Bewegung von Hegels Romantik-Kritik. Die Romantik – so referiert Otto Pöggeler – verfällt nach Hegels Urteil einem "endlosen unversöhnten Fortschreiten", weil sie ihre Sehnsucht nach dem Objekt "nicht in die Substanz aufhebt".[241] Für Hegel erreicht das Subjekt das Absolute, indem es sich selbst mit dem Objekt als der Substanz vermittelt. Nach Hegels Verständnis löst sich die Subjektivität bei Kant, Fichte und den Romantikern von dieser einheitlichen Substanz und setzt sich gegen sie absolut. Hegel will aus der Sackgasse einer so verstandenen Subjektivität durch die Vermittlung mit dem objektiven Geist herausfinden. Auch Faust und vor allem Homunculus begegnen während

---

238 1 Moses 1, 2f.

239 Zum Motiv des inneren Lichts bei Fausts analoger Selbstvergötterung im 5. Akt vgl. u. Kapitel II.5, Abschnitt c).

240 Die Frage, ob mit dem Baccalaureus "eine gewisse Classe ideeller Philosophen gemeint" sei, verneint Goethe Eckemanns Bericht zufolge und fügt hinzu: "es ist die Anmaßlichkeit in ihm personificirt, die besonders der Jugend eigen ist, wovon wir in den ersten Jahren nach dem Befreiungskriege so auffallende Beweise hatten" (6. Dezember 1829; Eckermann, S.284). Der Kontext der Szene und die Nähe zu dem Lovell-Gedicht zeigen deutlich das Idealistische und Romantische der Figur, auch wenn der Autor hier mit einer werkexternen Lesersteuerung die politischen Anspielungen in den Vordergrund rückt. Möglich, daß Goethe dieses Thema im Moment des Gesprächs wichtiger erschien, möglich, daß er hier einmal mehr den Eingriff in die neueste Literatur zum Geheimnis machen wollte.

241 Pöggeler (1956), S.59.

der "Klassischen Walpurgisnacht" nicht immer nur wieder Objektivationen der Subjektivität, sondern auch – mit Hegel gesprochen – deren Anderem. Dem Homunculus freilich wird die anfängliche Erfahrungslosigkeit zum Verderb.

b) Polare Vorstellungsarten in Geologie und Geschichte

Wenn Homunculus in der "Klassischen Walpurgisnacht" als leuchtender "Meteor" (7034) begrüßt wird und am Schluß im "Hieros Gamos", der heiligen Hochzeit der Elemente, das Feuer abgibt,[242] so wird damit die reine Subjektivität der modernen Philosophie in der polaren Bildlichkeit dieser Szenenfolge verortet. Feuer bzw. Vulkantätigkeit und Wasser stehen einander als Grundprinzipien sowohl der Natur als auch der menschlichen Geschichte gegenüber. Auf der Ebene der mythologischen Figuren werden sie repräsentiert durch Seismos und das von ihm hervorgebrachte Pygmäengeschlecht auf der einen, durch Poseidon, Proteus, Nereus und weitere Wesen der "Felsbuchten"-Szene auf der anderen Seite. Die Naturphilosophen Anaxagoras und Thales richten die beiden Prinzipien in einem Streit über die Erdentstehung gegeneinander – es ist die Auseinandersetzung zwischen den "Vulkanisten" und "Neptunisten" der Goethezeit über die Frage, ob die Natur in Sprüngen, nämlich durch vulkanische Eruptionen und Meteorenstürze voranschreitet, oder ob sie in kontinuierlichen Übergängen, durch "lebendiges Fließen" sich "bildet" (7861f.). Feuer und Wasser bezeichnen in diesen Theorien jeweils das 'Element', in dem sich die Entstehung vollzieht, zugleich sind sie symbolische Formeln der beiden Prinzipien.

Homunculus, der nicht durchs "Zeugen" entstand, sondern durchs "Kohobieren", "Kristallisieren" und durch die Flamme der Oxydation, ist nicht die einzige Gestalt der vorangehenden Wissenschafts-Szenen, die nun in den Vertretern des Feuer-/Vulkan-Prinzips Verwandte findet. An den Vers des Baccalaureus "Die Welt, sie war nicht, eh' ich sie erschuf" und seine Losungen wie "Mit mir begann" oder "Auf meinen Wink" (6794ff.) erinnert die Rede des Seismos: "Das hab' ich ganz allein vermittelt,/ Man wird mir's endlich zugestehn;/ Und hätt ich nicht geschüttelt und gerüttelt,/ Wie wäre diese Welt so schön?-/ Wie ständen eure Berge droben/ in prächtig-reinem Ätherblau,/ Hätt' ich sie nicht hervorgeschoben" (7550ff.). Auch wird Seismos mit Attributen Fausts

---

242 K. Mommsen (1968), S.180.

ausgestattet: dem "Streben" (7536/ 7571) und der Rastlosigkeit. "Angestrengtest, nimmer müde" (7544) ist Seismos; von der "immer/ Dich meidenden Ruh" (7267) sprechen die Nymphen zu Faust. So wie das Erdbeben ein "Häßlich grausenhaftes Wittern" heißt (7524), wird der Flußgeist Peneios durch ein "grauslich Wittern" aus seiner – neptunischen – "Ruh'" geweckt (7254ff.), als Faust ans Ufer tritt. Diese Parallelisierung von Eruption und moderner Subjektivität steht der Interpretation nahe, die Schelling diesem Naturphänomen gibt. In den *Ferneren Darstellungen aus dem System der Philosophie* (1804) impliziert er einen Zusammenhang zwischen der Vulkantätigkeit und der Tätigkeit des unbedingten, frei aus sich selbst schöpfenden Ich: Jene sei ein "Ausbruch des ewigen Feuers [...], welches in der Erde verschlossen ist [...], in einem Verbrennungsprozeß, welcher der äußeren Bedingung und des nährenden Stoffes nicht bedarf, sondern unmittelbar aus dem Absolut-Inneren sich entwickelt, und eine gänzliche Umwendung des Inneren nach außen" zum Ziel hat.[243] Schellings Gedanke liegt auf einer Linie mit Friedrich Schlegels 99. *Ideen*-Fragment: "Wir werden den Menschen kennen, wenn wir das Zentrum der Erde kennen".[244] Der Gedanke erscheint bei Schelling nur in der Umkehrung: Aus der Kenntnis des Ich läßt sich die innere Vulkantätigkeit der Erde deduzieren. Diese Textstellen zeigen, daß die Parallelisierung des Vulkanismus mit der absoluten Tätigkeit des Subjekts keine Erfindung Goethes ist.

Während Schelling in den Erdfeuern tatsächlich eine absolute Subjektivität am Werke sieht, lokalisiert Goethe jene Parallele in der "Vorstellungsart" der Theoretiker, er denkt hier kritischer als die romantischen Naturphilosophen. Schon 1806 schreibt er über die "Entstehung der Welt aus dem Wasser" und die "Entstehung der Welt [...] aus dem Feuer": "Notwendiger Gegensatz der Vorstellungsarten".[245] Und Wilhelm von Humboldt gegenüber nennt er die vulkanistische Überzeugung von dessen Bruder Alexander nicht einfach falsch, sondern lediglich unvereinbar mit der eigenen Art zu denken: "Denn obgleich seine Ansicht der geologischen Gegenstände aufzunehmen und darnach zu operieren meinem Zerebralsystem ganz unmöglich wird; so hab ich mit wahrem Anteil und Bewunderung gesehen, wie dasjenige wovon ich mich nicht überzeugen kann, bei ihm folgerecht zusammenhängt und mit der ungeheuren Masse seiner Kenntnisse in eins greift, wo es denn durch seinen un-

243 SW I, 6, S.557.
244 KA II, S.266.
245 JA 40, S.38. Zu den geologischen Theorien der Goethezeit vgl. Engelhardt (1982).

schätzbaren Chrakter zusammengehalten wird".[246] Den verschiedenen Charakteren entsprechen verschiedene Vorstellungsarten, deren Gegensatz nicht nur unvermeidlich ist. Bezogen auf den Zusammenhang des 2. Aktes: Mit der Denkweise des Laboratoriums ist der Vulkanismus vereinbar, einer Philosophie des spontan aus sich selbst schöpfenden Subjekts und der denkerischen Loslösung vom "Zeugen" entspricht die Theorie der Erdentstehung in eruptiven, von nichts als dem inneren Feuer der Erde bedingten Sprüngen.[247]

Vulkanismus und Subjektivismus werden in der mythischen Welt der "Klassischen Walpurgisnacht" außerdem mit dem politisch-geschichtlichen Prinzip von Revolution und Gewaltherrschaft parallelisiert:[248] Seismos bringt die Pygmäen hervor, das fleißige Geschlecht der "Kleinen". Sie erschießen die "Hochmütig brüstende[n]" Reiher "Alle wie einen" (7649ff.). Die bürgerliche Revolution der Pygmäen – sie haben ihrerseits die Imsen und Daktylen unterworfen, die "Kleinsten" (7624) oder den vierten Stand der "unmittelbaren Produzenten"[249] – ruft die Kraniche des Ibikus als Rächer auf den Plan. "Mißgestaltete Begierde/ Raubt des Reihers edle Zierde" (7666f.), krächzen die Rächer, und Thales kommentiert später: "Ein Frevel tötete die Reiher,/ Umstellend ruhigen Friedensweiher./ Doch jener Mordgeschosse Regen/ Schafft grausamblut'gen Rachesegen,/ Erregt der nahverwandten Wut/ Nach der Pygmäen frevlem Blut" (7890ff.). Ein Komet, den der vulkanistische Naturphilosoph Anaxagoras "herbeigerufen" (7929) zu haben glaubt, stürzt auf die Kämpfenden und hat unversehens "so Freund als Feind gequetscht, erschlagen" (7941). Williams sagt über die historische Bedeutungsschicht dieser Stelle, man könne die Rache der Kraniche unmöglich auf Koalitionskriege nach der Französischen Revolution beziehen, da es den "konterrevolutionären Truppen [...] nicht einmal gelang, in die französischen Ereignisse des Jahres 1792 einzugreifen, geschweige denn, ihre französischen Vettern 'in so nahverwandter Sache' zu rächen". Vielmehr müsse man davon ausgehen, daß Goethe im Frühjahr 1830, als die Szene ent-

246 1. Dezember 1831 an W. v. Humboldt; HAB 4, S.462f.

247 Für Lohmeyer (1975) sind Thales und Anaxagoras "nicht Vertreter menschlicher Theorien", vielmehr spreche "aus ihnen [...] die Natur selbst theoretisch" (S.253), denn sie seien "erkennender menschlicher Geist als eine *Möglichkeit* der Natur gedacht" (S.206). Das Gegenteil ist richtig: Die Naturphänomene im 2. Akt stehen für Vorstellungsarten des menschlichen Geistes. Allenfalls könnte man behaupten, daß Goethe die Vorstellungsarten wiederum als verschiedene Erscheinungsformen der menschlichen Natur verstanden hat.

248 Die Dialektik von Vulkanismus und Neptunismus ist für das politische Geschehen im 4. und 5. Akt von entscheidender Bedeutung. Vgl. dazu Kapitel II.5, Abschnitt d).

249 So kommentiert Metscher (1976), S.81.

stand, die politische Krise in Frankreich wahrgenommen und im *Faust* dasjenige dargestellt habe, "was seines Erachtens passieren sollte, falls sich die Geschichte wiederholen würde" – falls es also zu einer neuen Revolution kommen sollte, wie es einige Wochen später geschah.[250] Eine Vorausahnung der Julirevolution durch Goethe ist angesichts seiner Irritation nach ihrem Eintreten unwahrscheinlich.. Will man die Rache der Kraniche auf bestimmte historische Ereignisse beziehen, so wäre etwa an die Niederschlagung der revolutionären Erhebung in Spanien zu denken – ein Krieg, den Chateaubriand, der romantische Literat und französische Außenminister, 1823 auf dem Allianz-Kongreß in Verona durchsetzte. Unhaltbar ist Williams These einer Rache-Empfehlung Goethes an die Heilige Allianz. Revolution und gewaltsame Niederschlagung bilden zusammen *eine* Vorstellungsart vom historischen Entwicklungsprinzip, die im Motivzusammenhang der Szene mit dem Vulkanismus parallelisiert wird: Sie entspricht der naturhistorischen Ansicht, die Erde entstehe durch eruptive, diskontinuierliche Umwälzungen. Deshalb werden Revolutionäre und Rächer, Pygmäen und Kraniche gemeinsam Opfer ihres eigenen Prinzips, das der tödliche Meteor versinnbildlicht. Daß der Autor für einen Vulkanismus der Geschichtsbetrachtung, noch dazu für dessen eine Variante Partei ergreift, kann schon deshalb nicht zutreffen, weil auch hier – wie gleich gezeigt wird – ein Gegenprinzip existiert.

Die Pygmäen-Szene zeigt einen jener "Streite/ Von Tyrannei und Sklaverei" (6956f.), über die am Ende der Laboratoriums-Szene schon Mephistopheles und Homunculus sprechen. Mephisto vertritt das Geschichtsbild einer fortschrittslosen und vom Bösen gesteuerten Abfolge von Befreiung und Unterjochung: "Mich langweilt's; denn kaum ist's abgetan,/ So fangen sie von vorne wieder an;/ Und keiner merkt: er ist doch nur geneckt/ Vom Asmodeus, der dahinter steckt./ Sie streiten sich, so heißt's, um Freiheitsrechte,/ Genau besehn, sind's Knechte gegen Knechte" (6958ff.). Ganz ähnlich sagt Erichtho im Prolog der "Klassischen Walpurgisnacht": "Wie oft schon wiederholt' sich's! wird sich immerfort/ Ins Ewige wiederholen... Keiner gönnt das Reich/ Dem andern; dem gönnt's keiner, der's mit Kraft erwarb/ Und kräftig herrscht. Denn jeder, der sein innres Selbst/ Nicht zu regieren weiß, regierte gar zu gern/ Des Nachbarn Willen, eignem stolzem Sinn gemäß" (7012ff). Die tyrannische Herrschaft – deren Konsequenz die Aufstände sind – wird verstanden als sittliches Problem: als gewaltsame Ausweitung des eige-

---

250 Williams (1984), S.109,122.

nen Selbst auf den fremden Willen, so wie der Faust des ersten Teils sein "eigen Selbst zu ihrem [der Menschheit, T.Z.] Selbst erweitern" will (1774). Dadurch werden die Herren selber zu Knechten ihrer eigenen Willkür, die sie nicht regieren können. Die gewaltsame Selbstheit ist "starr", wie es – pars pro toto – über den Lorbeer des Herrschers heißt (7020). Erst die positive Selbstbeschränkung würde den gewaltsamen Wechsel von Erstarrung und Umsturz in ein gewaltloses Kontinuum verwandeln und gewissermaßen verflüssigen. 'Vulkanisch' ist an dieser Stelle die Anschauungsweise der Geschichte, wie sie ist; 'neptunisch' die Vorstellung von der Geschichte, wie sie sein soll. Das ist die in Erichthos Rede anklingende Entsprechung der neptunistisch-evolutionistischen Vorstellungsart innerhalb der Geschichtsbetrachtung. Diese analoge Vorstellungsart entspricht der neptunistischen Betrachtung der Naturgeschichte. In dem "lebendige[n] Fließen" (7861) der Natur ohne "Gewalt" (7864) erscheint die Idee einer Freiheit, die keine deformierte und ihrerseits gewaltsame Befreiung von Erstarrung und Versteinerung, sondern "freibewegtes Leben" ist (7515). Im Kampf zwischen Cäsar, dem Vertreter der Gewaltherrschaft, und Pompejus, dem Vertreter der Republik, standen sich die Prinzipien beispielhaft (7018) gegenüber. Das historische Resultat: "Der Freiheit holder, tausendblumiger Kranz zerreißt,/ Der starre Lorbeer sich ums Haupt des Herrschers biegt" (7020f.).

Subjektivistische Philosophie, Vulkanismus und Gewaltprinzip auf der einen Seite; objektvermitteltes Denken, Neptunismus und die Vorstellung der freien Selbstbeschränkung auf der anderen – diese Positionen stehen einander im 2. Akt jeweils gegenüber, aber nicht in der Form eines strengen Dualismus. Sie sind vielmehr dialektisch aneinander gebunden. Wo die Idee der Freiheit unter den Bedingungen der Gewaltherrschaft in die Wirklichkeit tritt, muß sich der Mensch, wie Homunculus sagt, "wehren, wie er kann" (6965), und es entsteht der von Mephisto beschriebene Kampf "um Freiheitsrechte" (6962), in dem sich so schnell die Rollen vertauschen. Befreiung schlägt nach Mephistos Ansicht in Unterdrückung um. Die Sirenen schildern eine analoge Wirkung des Erdbebens auf das "freibewegte Leben" des Wassers: "Grund erbebt, die Welle staucht" (7505). Dieser Verstoß gegen das Prinzip des Fließens, diese metaphorische Erstarrung des Wassers selbst kehrt gleich zu Beginn der Auseinandersetzung zwischen Thales und Anaxagoras als eine Verhärtung innerhalb der Argumentation wieder: "Dein starrer Sinn will sich nicht beugen" (7851), sagt der Vulkanist zum Neptunisten und übt damit eine immanente Kritik an dessen geistiger Abschottung gegen die

Phänomene der Vulkantätigkeit. Denn ein solches Verhalten widerspricht der Zwanglosigkeit und Geschmeidigkeit, die dieses Denken für sich selbst in Anspruch nehmen muß. Starrsinn als Eigenschaft des Neptunisten ist contradictio in adjecto. Thales gesteht die Abschottung ein[251] und schreibt sie wiederum der Natur selbst zu: "Die Welle beugt sich jedem Winde gern,/ Doch hält sie sich vom schroffen Felsen fern" (7853f.). Schließlich hält Thales sich selbst vom Ort des Meteorensturzes fern und begibt sich in sein eigenes Element: "Nun fort zum heitern Meeresfeste" (7949). Ähnlich die Sirenen: "Fort! ihr edlen frohen Gäste,/ Zu dem seeisch heitern Feste" (7509f.). Auf das "ängstlich Erdebeben" reagieren sie mit dem Ruf: "Eile jeder Kluge fort!" (7517f.) und "Flüchten wir!" (7507). Flucht ist die eine Form der Abgrenzung gegen die vulkanischen Phänomene, Verleugnung ihres Realitätsgehalts die andere. Die Bergnymphe Oreas nennt das neuentstandene Gebirge ein "Gebild des Wahns" (7817), und Thales sagt angesichts von Eruption und Meteorensturz zu Homunculus: "Sei ruhig, es war nur gedacht" (7946). Die neptunistischen Figuren behaupten, daß in der Wahrnehmung Gegenpartei allein die subjektive Vorstellung und nicht auch das objektive Geschehen bestimmend ist. In dieser Verleugnung des Realitätsgehalts liegt aber selbst eine willkürlich-starre und unreflektierte Verabsolutierung der eigenen Vorstellungsart.

Das neptunische Prinzip, das nach den Worten des Thales im Kleinen wie im Großen ohne "Gewalt" auskommt (7864), erhält nicht nur durch die Abgrenzung vom Gegenprinzip das verleugnete Gewaltmoment. Proteus weist Homunculus außerdem auf die ureigenen Zerstörungskräfte im neptunischen Entstehensprozeß hin, die Thales verschweigt: "Im weiten Meere mußt du anbeginnen!/ Da fängt man erst im Kleinen an/ Und freut sich, Kleinste zu verschlingen" (8260ff.). Ganz gezielt erinnert hier der neptunistische Diskurs an jene "Kleinsten" (7624), die von den vulkanisch entstandenen Pygmäen versklavt werden. Auch in der Vorstellungswelt der kontinuierlichen, evolutionären Entwicklung ist das Moment der Unterdrückung anwesend, hier im Sinne des Fressens und Gefressen-Werdens in der Nahrungskette. Der Neptunist Thales abstrahiert davon in seiner Rede über die Bildung ohne "Gewalt" und muß deshalb die vulkanistische Vorstellungswelt fliehen und verleugnen.

---

251 Das tut übrigens auch Goethe. Am 2. August 1815 konstatiert er im Gespräch mit Boisserée eine "wunderliche Bedingtheit des Menschen auf seine Vorstellungsart" und erläutert: "so muß es mir mit Gewalt abgenötigt werden, wenn ich etwas für vulkanisch halten soll; ich kann nicht aus meinem Neptunismus heraus" (GA 22, S.798f.).

An einer anderen Stelle bleibt Thales' Einstellung zur gegnerischen Position jedoch dem eigenen Prinzip treu, das eine willkürliche, zwanghafte Verhärtung auch des Denkens nicht zuläßt. Hier muß er das Gegenprinzip respektieren und sagt deshalb über den neu entstandenen Berg: "Er ist auch da, und das ist gut zuletzt" (7870). Dieser Satz erkennt den sonst verleugneten Realitätsgehalt der vulkanischen Phänomene an und enthält darüber hinaus das Zugeständnis, daß auch die eruptive, nicht nur die kontinuierliche Entwicklung eine Form des natürlichen Zeugens ist. Die von Seismos hervorgebrachten Pygmäen sehen es ebenso: "Denn im Osten wie im Westen/ zeugt die Mutter Erde gern" (7620f.). Die latente Anerkennung des Vulkanismus durch den Neptunismus falsifiziert die These Katharina Mommsens, die geologischen Geschehnisse und die Erzeugung der Pygmäen seien Beispiele "für ein nicht naturgemäßes, ein dubioses, scheinhaftes Entstehen" und bildeten "den Gegensatz zu einem wahren, auf Mitwirkung der Natur und ihrer Gesetzlichkeit gegründeten Werdeprozeß, zu dem Homunculus am Ende [...] gelangt".[252] In diesem dualistischen Verständnis muß die Entwicklung des Homunculus paradox bleiben: Auch er ist – in Mommsens Worten – zunächst scheinhaft entstanden, nämlich unabhängig vom evolutionären "Zeugen" (6838) durch das Kohobieren und den Blitz der Oxydation. Wie der Meteorensturz in neptunistischer Perspektive als "nur gedacht" erscheint, ist der ebenfalls als leuchtender "Meteor" (7034) angesprochene Homunculus eine (Selbst-) Erschaffung des reinen Denkens. Damit er aber das Gegenprinzip, das kontinuierliche Entstehen, überhaupt berühren kann, müssen seine Existenz und die Andersartigkeit seiner Erzeugung anerkannt werden. Auch er, das Resultat einer Beschränkung des Denkens auf sich selbst unter Absehung von aller Erfahrung, "ist einmal da, und das ist gut zuletzt". Mit genau dieser Geste nehmen sich Thales, Nereus und Proteus – Homunculus' neptunisch-neptunistische Lehrer – des "leuchtend Zwerglein[s]" (8245) an, das bisher nur durch Eruption des in sich abgeschlossenen menschlichen Geistes, nicht durch Welterfahrung entstand. Diese Anerkennung der puren Subjektivität ist der Grund, weshalb Homunculus in der "Klassischen Walpurgisnacht" – abgesehen vom Schluß – kein Gegenstand der Satire mehr ist. Hertz rekurrierte bei der Erklärung dieses Umstands, wie gezeigt, auf Goethes Entelechiedenken und beließ es bei einem unvermittelten Bruch zwischen satirischer und ernster Behandlung des künstlichen Männleins.[253] Der Übergang von den satirischen zu den

252 Mommsen (1968), S,189f.
253 Hertz (1913), S.117,127.

nichtsatirischen Homunculus-Passagen ist kontinuierlich durch die schrittweise Anerkennung des anfangs Kritisierten.

Die Dialektik der beiden Prinzipien beschränkt sich im Falle des Homunculus aber nicht auf die wechselseitige Anerkennung der Vorstellungsarten in ihrem "notwendigen Gegensatz".[254] Homunculus neigt darüber hinaus von selbst zu einer Synthese mit dem Gegenprinzip.[255] Anaxagoras schlägt ihm vor, er solle sich von den Pygmäen "als König krönen" lassen (7880). Motiviert ist dieser Vorschlag durch die gemeinsame vulkanische Herkunft der Figuren: Homunculus entstand durch Wagners "Kohobieren" (6853), das Geschlecht der Pygmäen durch Seismos' "Drängen, Drücken" (7536). Homunculus fragt daraufhin: "Was sagt mein Thales" – schon das Possessivpronomen zeigt die Neigung des 'vulkanisch' entstandenen Homunculus zum Gegenprinzip. Thales rät ihm mit Hinweis auf die rächende "Kranichwolke", sich von dem "aufgeregten Volke" fernzuhalten (7884f.). Homunculus soll und will also eine bestimmte Ausprägung seines eigenen Prinzips – die politische – meiden und sich mit dem Gegenprinzip verbinden. Genau das geschieht am Ende des 2. Aktes, wenn er als lodernde Flamme im Wasser leuchtet und dabei "die Symptome des herrischen Sehnens" – Symptome des modernen Subjekts – zeigt. Schon im Laboratorium – darauf hat Dorothea Lohmeyer hingewiesen[256] – deutet Homunculus Fausts Traum von der Zeugung Helenas in genau dieser Bildlichkeit, nämlich als eine Tendenz des Feuers zum Wasser: Ledas "holde Lebensflamme/ Kühlt sich im schmiegsamen Kristall der Welle" (6909f.); nach Fausts späterer eigener Beschreibung des Traums ist der Zeus-Schwan "Welle selbst, auf Wogen wellend" (7305). Leda ist entflammt und neigt sich deshalb – wie die Homunculus-Flamme – ins Wasser. In diesem Bild entsteht aus der Vermittlung beider Seiten das Schönheitsideal Helena. Die Dialektik der Prinzipien schreitet über die Gegenstände Philosophie, Natur- und Gesellschaftsgeschichte hin zur Kunst. Auch sie erscheint in der Sphäre der Mythologie; die Abfolge mythologischer Figuren gipfelt in den Kunstwerken.

---

254 JA 40, S.38.

255 In Zusammenhängen der Morphologie spricht Goethe schon um 1795 von der "Notwendigkeit, alle Vorstellungsarten zusammenzunehmen". (HA 13, S.120).

256 Lohmeyer (1975), S.188.

c) Ausgleich der Polarität in Mythologie und Kunst

Die "Klassische Walpurgisnacht" schildert die mythologische und künstlerische Phantasie als eine Kraft, die nicht – wie im 1. Akt – einem 'autokratisch' schaffenden Subjekt dient, sondern dessen selbstische Erstarrung auflöst. Die im vorigen Abschnitt aufgezeigte dialektische Vermittlung zwischen vulkanistischem und neptunistischem Prinzip erscheint am Anfang der Szenenfolge als eine Leistung des antiken Mythos; am Ende ist in der Szene "Felsbuchten des ägäischen Meeres" das klassische Kunstideal die höchste Vermittlungsform. Zu Beginn wird in Erichthos Prolog die Sphäre der selbstischen (7015), gewaltsamen (7019) und starren (7021) Herrschaft, deren Zeichen "rote Flammen" und "vergoßnen Blutes Widerschein" (7025f.) sind, gemildert durch das Auftreten der mythischen Gestalten: Es "Versammelt sich hellenischer Sage Legion./ Um alle Feuer schwankt unsicher oder sitzt/ Behaglich alter Tage fabelhaft Gebild" (7028ff.). Unter dem Einfluß der Fabel nimmt das Feuer die Farbe des Wassers an: "Feuer brennen blau" (7033). Nicht nur die politisch-geschichtliche Selbstheit wird im Medium des antiken Mythos gemildert, sondern auch der poetische Subjektivismus Fausts, der ja noch immer "paralysiert" (6568) ist vom Scheitern seiner künstlerischen Ambitionen im ersten Akt. Auf dem semantischen Boden des antiken Mythos "Kehret ihm das Leben wieder,/ Denn er sucht's im Fabelreich", so Homunculus (7054f.).

Die vermittelnde Kraft des antiken Mythos rührt aus einer Rückbindung der freien Einbildungskraft an die sinnliche Wahrnehmung. Das wird deutlich, nachdem Homunculus Fausts Traum von der Zeugung Helenas beschrieben hat. Mephisto sagt dazu: "So klein du bist, so groß bist du Phantast./ Ich sehe nichts". Darauf Homunculus: "Das glaub ich. Du aus Norden,/ Im Nebelalter jung geworden,/ Im Wust von Rittertum und Pfäfferei,/ Wo wäre da dein Auge frei!/ Im Düstern bist du nur zu Hause. UMHERSCHAUEND./ Verbräunt Gestein, bemodert, widrig,/ Spitzbögig, schnörkelhaftest, niedrig!" (6922ff.). Diese Stelle verweist auf die Mütter-Szene des 1. Aktes zurück. Dort löst sich Fausts Phantasie – nach mephistophelischer Anleitung – ebenfalls von der nordisch-gotischen Welt der "Schmalpfeiler [...], strebend, grenzenlos" (6412) und bringt Helena und Paris als phantastische Gestalten, als Phantome hervor. Mephisto wittert auch hier im 2. Akt nur die Schilderung eines Phantasten. Homunculus, der ja aus der Sphäre seiner Erschaffung in die Gegenwelt hinüberstrebt, entgegnet: "Romantische Gespenster kennt ihr nur allein;/ Ein echt Gespenst, auch klassisch hats zu sein" (6946f.). Es geht hier nicht um den Gegensatz zwischen christlichen und antiken Gestalten – auch Helena wurde in der gotischen Welt des 1. Aktes zum romantischen Gespenst –, sondern um verschiedene Formen der Phantasietätigkeit: um die romantische, deren "Auge" nicht "frei" ist und die darum aus dem Inneren das Phantastische hervorbringt, sowie um die klassische, die sich souverän über die Sinnlichkeit erhebt, ohne diese ganz zu verlassen. So notiert Goethe 1828 unter dem Titel *Poetische Metamorphosen*:

> Phantasie ist der Natur viel näher als die Sinnlichkeit, diese ist in der Natur, jene schwebt über ihr. Phantasie ist der Natur gewachsen, Sinnlichkeit wird von ihr beherrscht. Früheste tüchtige Sinnlichkeit finden wir immer sich zu der Phantasie erhebend, sogleich wird sie productiv, anthropomorphisch. Felsen und Ströme sind von Halbgöttern belebt, Untergötter endigen unterwärts in Thiere: Pan, Faune, Tritone.[257]

Für die Phantasietätigkeit im antiken Mythos gilt, was Goethe in "Kunst und Altertum" auch über die "orientalische mystische Poesie" schreibt, nämlich daß ihr "der Reichtum der Welt, den der Adepte wegweist, jederzeit zu Gebote steht".[258] Die Einbildungskraft geht nicht mehr "In der Gebilde losgebundne Reiche" (6277), sondern sie verläßt die äußere Natur, um sie doch wieder in Form der menschlichen Gestalt zu vergöttern. Sie ist gegenüber der Natur selbständig und zugleich an sie gebunden. Der Anthropomorphismus zeigt die Autonomie des menschlichen Geistes, aber nicht als "Autokratie", sondern als Möglichkeit, "über der Natur" zu schweben und ihr doch "viel näher" zu sein als die Sinnlichkeit. Das Verhältnis von Sinnlichkeit und Phantasie, das Goethe hier skizziert, erinnert an das Verhältnis von Nachahmung und Stil in der Klassik. Der Stil, der der Natur nicht sklavisch dient, sondern das Subjektive, die Manier, in sich aufhebt, ist erst die wahre Nachahmung.[259] Die menschlich-tierischen Mischwesen sind die erste Stufe eines solchen mythischen Denkens, das die subjektive Phantasietätigkeit mit dem Naturbezug verbindet. So ist es zu verstehen, wenn Faust beim Anblick derartiger Mischwesen – Sphinxen, Sirenen, Ameisen und Greife – "im Widerwärtigen große, tüchtige Züge" findet (7182) – "tüchtig" nennt Goethe entsprechend die früheste mythische Phantasie der Griechen.

Mephisto sieht in diesen Gestalten nur "Ungeheuer" (7193) und fühlt sich an die eigene Welt erinnert: "Absurd ist's hier, absurd im Norden,/ Gespenster hier wie dort vertrackt,/ Volk und Poeten abgeschmackt"

---

257 WA II,6, S.361.
258 MuR 337.
259 HA 12, S.32. Vgl. Kapitel I.2, Abschnitt a).

(7792ff.).[260] Während aber in der mythologischen Heimat Mephistos die animistischen Gespenster, etwa die Elementargeister, zum anthropomorphen Gott Christus in diametralem Gegensatz stehen, weil dieser die Natur negiert und deren "Entgötterung"[261] markiert, weisen die Mischwesen und animistischen Gottheiten der Antike nach Goethes Verständnis auf die "großen Züge" der hellenischen Götter voraus. Die "Klassische Walpurgisnacht" schildert die in der Notiz *Poetische Metamorphosen* angesprochene Entwicklung von den Mischwesen bis zu den rein anthropomorphen Göttern. Auf der untersten Stufe stehen die Sphinxe. "Wir reichen nicht hinauf zu ihren Tagen" (7197), sagen sie über Helena, doch schon der Zentaur Chiron erzog die Argonauten und "trug" Helena (7405). Auf der mittlern mythologischen Stufe werden nach Goethe "Felsen und Ströme [...] von Halbgöttern belebt" – das sind in der "Klassischen Walpurgisnacht" Seismos und Peneios. Die dritte Stufe beginnt mit der Darstellung der "Göttergewalt/ [...] in würdiger Menschengestalt" durch die Telchinen (8301f.), und sie endet mit dem Erscheinen der bewegten und anmutigen Gestalt Galateas. Nicht um eine Menschwerdung der Tiere in der natürlichen Evolution geht es in der "Klassischen Walpurgisnacht", sondern um die Menschwerdung der Götter in der Entwicklung vom Mythos zur Kunst. In diesem historischen Sinne "trug" Chiron Helena; die Telchinen stellen als ähnliche Halbwesen des Meeres die Götterbilder auf;[262] und die Psyllen, Marsen und Doriden bringen schließlich "auf Meerestieren, Kälbern und Widdern" (vor 8359) bzw. auf Delphinen (vor 8391) die schöne Galatea heran (8378/ 8385).

Im Kontinuum dieser mythisch-poetischen Metamorphosen besteht die Gefahr, daß die Umgestaltung auf der Stufe der menschlichen Göttergestalten abbricht. Der Anthropomorphismus der von den Telchinen errichteten Statuen erweist sich als problematisch, weil hier – mit Goethe gesprochen – die Phantasie nicht mehr beweglich über der Natur schwebt, sondern sich verfestigt. Es ist die Gefahr klassizistischer Erstarrung, die zur Vernichtung der Bilder führen kann. Über die Statuen der Telchinen sagt Proteus: "Der Sonne heiligen Lebensstrahlen/ Sind tote Werke nur ein Spaß./[...]/ Die Götterbilder standen groß –/ Zerstörte sie ein Erdenstoß;/ Längst sind sie wieder eingeschmolzen" (8304ff.).

---

260 Mephisto bleibt bei dieser Sicht der Antike und konterkariert das Erscheinen des Schönen mit dem Fund des Häßlichen. Vgl. Abschnitt e) dieses Kapitels.

261 "Die entgötterte Natur" dient Schillers Gedicht *Die Götter Griechenlands* (1788) zufolge "knechtisch dem Gesetz der Schwere", weil sie nach dem Sturz der antiken "Götterwelt" von dem "Geist, der sie lenkt", getrennt ist (NA 2/I, S.366).

262 Vgl. Hederich, *Lexikon*, Sp.2298.

Diese Verse beziehen die Problematik der klassischen Götterbilder auf die Dialektik von Neptunismus und Vulkanismus: zwar entstehen die "großen Züge" dieser Bilder im kontinuierlichen Übergang aus den halbtierischen Fabelwesen. Dabei setzt sich die Einbildungskraft nicht zwanghaft – wie im Phantastischen – von der Sinnlichkeit ab, sondern bleibt mit ihr assoziiert. Indem sie zuletzt aber "tote Werke" erzeugt, tritt die Phantasie aus jener Kontinuität heraus und fällt dem "Erdenstoß" anheim, also dem vulkanischen Prinzip. Proteus sagt deshalb im Zusammenhang mit den zerstörten Götterbildern: "Dem Leben frommt die Welle besser" (8315). Damit beginnt der Weg von den starren Bildern zu Galatea, deren göttliche Schönheit immer in "kreisenden Schwunges Bewegung" bleibt (8427) und die mit dem kreisenden Schwung der Wellen und Strömungen des Meeres schließlich vorüberzieht.

Die Erstarrung der toten Werke rührt daher, daß die Telchinen die "Göttergewalt" in einseitig "würdiger Menschengestalt" aufstellen. Der Würde fehlt die Anmut. In diesem Sinne sagt Chiron zu Faust: "Frauenschönheit will nichts heißen,/ Ist gar zu oft ein starres Bild;/ Nur solch ein Wesen kann ich preisen,/ Das froh und lebenslustig quillt,/ Das Schöne bleibt sich selber selig;/ Die Anmut macht unwiderstehlich,/ Wie Helena, da ich sie trug" (7399ff.). Die Anmut "quillt" wie das Wasser, die Würde ist "starr" wie der Stein. Galatea verbindet beide Seiten: "Ernst, den Göttern gleich zu schauen,/ Würdiger Unsterblichkeit,/ Doch wie holde Menschenfrauen/ Lockender Anmutigkeit" (8387ff.). Sie ist ein "Bild" (8386) und zugleich "bewegt" (8379). Der Gegensatz von *Anmut und Würde* evoziert Schillers so betitelte Schrift. Schiller unterscheidet die "bewegliche Schönheit [...], die an ihrem Subjekte zufällig entstehen und ebenso aufhören kann", von der "fixen Schönheit, die mit dem Subjekte selbst notwendig gegeben ist".[263] Notwendig gegeben ist die moralische Vernunft, und so erscheint in der fixen Schönheit der Würde denn auch die "Beherrschung der Triebe durch die moralische Kraft".[264] Im Gegensatz zu dieser "Beherrschung der willkürlichen" Bewegungen erscheint in der Anmut die "Freiheit der unwillkürlichen Bewegungen".[265] Damit meint Schiller kein freies Spiel der Natur selbst, sondern die scheinhafte Übereinstimmung der Natur mit der moralischen Freiheit des Menschen. Die Freiheit der Anmut ist nur ein Als-ob, denn "bey der Freyheit, welche die Sinnlichkeit sich

---

263 NA 20, S.252.
264 A.a.O., S.294.
265 A.a.O., S.297.

selbst nimmt, ist an keine Schönheit zu denken".[266] Goethe kritisiert an dieser Schrift, wie er in *Glückliches Ereignis* sagt, die Suprematie von "Freiheit und Selbstbestimmung" über die "große Mutter" Natur.[267] Die Differenz zwischen Goethe und Schiller in der Frage, ob die sittliche Erscheinung der Natur auf einer subjektiven oder objektiven Idee beruht, spielt in der "Klassischen Walpurgisnacht" aber keine entscheidende Rolle mehr. Wichtig ist hier allein der Ausgleich zwischen Würde und Anmut, zwischen der göttlichen Freiheit der Vernunft und der notwendigen Bewegung der Natur. Diesen Ausgleich im Idealschönen beschreibt Schiller in den Briefen *Über die ästhetische Erziehung des Menschen* folgendermaßen: "Indem der weibliche Gott unsre Anbetung heischt, entzündet das gottgleiche Weib unsre Liebe; aber indem wir uns der himmlischen Holdseligkeit aufgelöst hingeben, schreckt die himmlische Selbstgenügsamkeit uns zurück. [...] Durch jenes unwiderstehlich angezogen, durch dieses in der Ferne gehalten, befinden wir uns zugleich in dem Zustand der höchsten Ruhe und der höchsten Bewegung".[268] Diesem Verhältnis von anmutiger und würdiger Wirkung des Ideals entspricht genau die Verbindung von "Würdiger Unsterblichkeit" der Götter und "Lockender Anmutigkeit" der Menschenfrauen in der Galatea-Figur.

Ähnlich sagt Faust über seine Suche nach Helena: "Und sollt' ich nicht, sehnsüchtigster Gewalt,/ Ins Leben ziehn die einzigste Gestalt?/ Das ewige Wesen, Göttern ebenbürtig,/ So groß als zart, so hehr als liebenswürdig?" (7438ff.). Helena ist würdig: ewig, hehr, groß, göttlich; und sie ist anmutig: zart, liebenswürdig, reizend. Fausts Unterfangen ist an dieser Stelle ganz die Absicht der Weimarer Klassik, das griechische Idealschöne wiederzuerwecken und zu aktualisieren, ohne bloß in der erstarrten Würde der Götterbilder zu enden. Auch hier geht es – wie im 3. Akt – nicht um die historischen Kunstwerke, geschweige denn um die historischen Mythen, sondern um deren zeitgenössische Aneignung. Das klassische Ideal soll in der Kunst zwischen den beiden Prinzipien vermitteln, die der 2. Akt mehrfach variiert. Die Erstarrung des würdigen Bildes entspricht der Erstarrung einer Subjektivität, die sich gegenüber der Natur absolut setzt – Schiller nennt das Triebbeherrschung; weiterhin entspricht sie innerhalb der politischen Metaphorik der Gewaltherrschaft und in naturhistorischer Hinsicht der vulkanischen Verfestigung, die immer wieder von Eruptionen aufgebrochen wird. Das Fließen der

---

266 A.a.O., S.281.
267 HA 10, S.539.
268 NA 20, S.359f.

anmutigen Gestalt ist den Gegenformen analog, die hier nicht erneut aufgezählt werden müssen. Wohlbemerkt handelt es sich um eine Analogie der "Vorstellungsarten".

Die kunstgeschichtlichen Chancen, das vermittelnde klassische Ideal tatsächlich hervorzubringen, schätzt Chiron gering ein, wenn er über Herkules-Darstellungen sagt: "Den zweiten zeugt nicht Gäa wieder,/ nicht führt ihn Hebe himmelein;/ Vergebens mühen sich die Lieder,/ Vergebens quälen sie den Stein" (7391ff.). Fausts Wunsch, Helena gleichwohl zu "erlangen" (7445), so wie Achill sie sagenhaft "gegen das Geschick" "errungen" hat (7437), scheint unrealisierbar: "Den lieb' ich, der Unmögliches begehrt", sagt Manto (7488). Für Chiron ist Faust darum schlechterdings "verrückt" (7447, 7484). Doch Galatea und Helena erscheinen tatsächlich auf der Szene. Im übernächsten Abschnitt werden die kunsthistorischen Bedingungen dieses Erscheinens untersucht. Zuvor muß ein weiterer Entwicklungsschritt der "Klassischen Walpurgisnacht" betrachtet werden: Zwischen der Erwähnung der "starren" Götterbilder und dem Erscheinen der anmutig-würdigen Galatea werden mit den Kabiren Gestalten eingeführt, die in der romantischen Mythologie bedeutsam sind.

d) Romantische Verfehlung des Ideals – Die Kabiren

In dem Aufsatz *Moderne Guelfen und Ghibellinen* (1826) schreibt Goethe, daß Klassiker und Romantiker komplementären Gefahren unterliegen: "die Classiker, daß die Götter zur Phrase werden, die Romantiker, daß ihre Productionen zuletzt charakterlos erscheinen; wodurch sie sich beide im Nichtigen begegnen".[269] Einen solchen Gegensatz mit dem Resultat der Konvergenz schildert die nächtliche Szene "Felsbuchten des ägäischen Meeres". Auf der einen Seite stehen die Telchinen, die nicht nur wegen der einseitig würdigen Götterbilder klassizistisch genannt werden können, sondern auch wegen ihrer Zugehörigkeit zum Sonnengott: "Euch, dem Helios Geweihten,/ Heitren Tags Gebenedeiten,/ Gruß zur Stunde, die bewegt/ Lunas Hochverehrung regt" (8285ff.). Das erinnert an die entsprechenden Passagen im 3. Akt, etwa an die Rede vom "Schönheitsfreund/ Phöbus" (8695f.). Auf der anderen Seite stehen die Nereiden und Tritonen. Romantische Figuren sind sie erstens, weil

---

269 WA I,49/2, S.277. Zum "Charakterlosen" an der Romantik vgl. den folgenden Abschnitt.

sie die Kabiren herantragen: Krug-Gottheiten, denen die romantische Mythologie entscheidende Bedeutung zumißt – hierzu gleich ein ausführlicher Kommentar. Die Kabiren heißen "Ungestalten" (8219) und sind daher Gegenbilder zu den anthropomorphen Götterbildern der Telchinen und zu Galatea. Zweitens gehören die Nereiden und Tritonen nach romantischer Deutung zum dionysischen Gefolge. Daß Dionysos den Nereiden eine Amphore überreicht hat, deutet Creuzer als verstecktes Zeichen auf einen geheimen Kabiren-Kult.[270] Die Tritonen hatten nach Creuzer in der Religion Cathargos, "wo Dionysos oder Bacchus [...] verehrt worden zu seyn" scheine, an einem "Orgiasmus" teil, "wie wir ihn schon in Vorderasien gesehen haben" – gemeint ist der phrygische Dionysos-Kult – und der ein "Erd- und Wassercultus" gewesen sei.[271]

Daß in der Kabiren-Passage Anspielungen auf Creuzers *Symbolik* und vor allem auf Schellings Abhandlung *Über die Gottheit von Samothrake* (1815) enthalten sind, wird in der Forschung meist erwähnt. Die ausführlichste Untersuchung ist Erich Schmidts Kommentar in der Jubiläums-Ausgabe,[272] mit dem allerdings außer Katharina Mommsen kein Interpret gearbeitet zu haben scheint. Karl Kerényi schreibt über die Kabiren: "Es ist kein Spott dabei. *Spielend* übernimmt hier Goethe dem historisch völlig verfehlten Büchlein Schellings [...], was ihm zum Ausgangspunkt dienen kann".[273] Kerényi vertritt durchgängig die These, Goethe habe spätere Ergebnisse der Altertumsforschung vorweggenommen und sei auch in der – seinem hellenischen Geiste entsprungenen – Kabiren-Passage "antiker als Schelling".[274] Es wird aber zu sehen sein, wie genau Goethe Schelling und Creuzer zitiert. Im Unterschied zu Kerényis Präsentation angeblicher archäologisch-mythologischer Divinationen Goethes sucht Emrich nach einem mehr philosophisch dargestellten "Ursprung der Götter". Dem Autor des *Faust II* habe sich "die Creuzer-Schellingsche These von den Kabiren, die damals maßgeblich, wenn auch umkämpft war, als Nächstliegendes" angeboten. So habe Goethe bestimmte Momente von Schellings Kabiren-Abhandlung – jene, deren Themen Metamorphose und Eros sind – "zu seinem poetischen Zweck"

---

270 Creuzer, *Symbolik* III, S.181.

271 A.a.O. II, S.261ff.

272 JA 14, S.352ff.

273 Kerényi 1966, S.134.

274 A.a.O., S.135. Prophetisch sei auch Mephistos "Entdeckung des Gewaltig-Häßlichen in der Welt der griechischen Schönheit", die "in Wirklichkeit erst durch den großen archäologischen Fund in Korfu, durch die Riesengorgo zu unserem Erlebnis" geworden sei (S.124). Goethe ist kein Prophet, vielmehr greift er die erbitterte Auseinandersetzung zwischen klassischer und romantischer Mythenforschung um die Tag- und Nachtseite der Antike auf.

verwandt, neben solch "hintergründigem Ernst" aber den Rest "vordergründig zeitsatirischem Spott preisgegeben".[275] Emrich läßt das Verhältnis von Ernst und Scherz ein weiteres Mal ungeklärt, denn er untersucht nicht, was an Schelling und Creuzer aus welchen Gründen verspottet wird. Kein Wunder: Wie fast allen Interpreten des *Faust II* ist Emrich die satirische Ebene von Herzen gleichgültig. Selbst zu dem Zeitbezug der Kabiren-Passage, den Goethe vorsichtig, aber deutlich eingesteht – Eckermann war in Sachen Schelling fündig geworden[276] –, existiert heute, über 160 Jahre nach der Entstehung, keine befriedigende Interpretation.

Als die Nereiden und Tritonen die Kabiren heranbringen, fordern sie zu deren Verehrung auf:

> Was wir auf Händen tragen,
> Soll allen euch behagen.
> Chelonens Riesenschilde
> Entglänzt ein streng Gebilde:
> Sind Götter, die wir bringen;
> Müßt hohe Lieder singen (8168ff.).

Kerényi weist darauf hin, daß es sich bei der Schildkröte Chelone um ein "mythologische[s] Urtier" handelt, "das bei den Indern [...] die Welt selber trug".[277] Katharina Mommsen widerspricht dieser Rückführung der Chelone auf die vorgriechische Mythologie mit dem Argument, die Übernahme "indische[r] Religionsvorstellungen, gegen die der Dichter so scharf polemisiert", sei "mit Goethes Denkweise unvereinbar".[278] Mommsen verweist auf Goethes abfällige Äußerung gegen "Bestien in dem Götter-Saal" wie "Tief Ur-Schiltkröt im Welten-Sumpf".[279] Goethes Polemik in den *Zahmen Xenien* richtet sich aber nicht gegen die indische Mythologie selbst, sondern gegen die romantisch-mythengeschichtliche Rückführung des hellenischen Göttersaals auf die indischen Bestien. Im *Faust II* sind die Kabiren ein Mittelglied zwischen der Urschildkröte Chelone, der sie entragen, und dem "Olymp" (8197), in den sie hinaufreichen. Goethes Xenie, die Katharina Mommsen als Beleg *gegen* die indische Herkunft der Schildkröte anführt, erweist sich als bester Beleg *für* eben diese Herkunft. Chelone bezeichnet den indischen Grund, aus dem nach Creuzer die Kabiren stam-

---

275 Emrich (1964), S.293.

276 "Ich habe immer gefunden, sagte Goethe lachend, daß es gut sei etwas zu wissen" (Eckermann, S.345; 17. Februar 1831).

277 Kerényi (1966), S.132.

278 K. Mommsen (1968), S.210.

279 WA I,3, S.251.

men. Creuzer deutet diese Götter im Sinne des ursprünglich indischen und von dort über Ägypten nach Griechenland gekommenen "Emanationssytems", da nämlich die erste Gottheit der Kabiren "als Einheit und Quelle der Götter und Welt obenan steht".[280]

Karl Reinhardt hebt an den oben eingerückten Versen der Sirenen hervor, daß die Kabiren "'getragen' werden in der Prozession der Nereiden und Tritonen, zu den 'hohen Liedern' (man mißachte nicht den biblischen Anklang!) der Sirenen". Er verwundert sich aber: "Wo in aller hellenistischen, barocken und romantischen Literatur gäbe es hierfür ein Beispiel?"[281] Das Beispiel wird sich nicht finden lassen, denn Prozession und Hohelied sind ein polemischer Hinweis auf den Kryptokatholizismus, den Goethe und vor allem Johann Heinrich Voß in der romantischen Mythologie witterten. Goethe vermutete derlei Tendenzen bei Schelling bereits, als er sich 1816 gegen dessen Berufung nach Jena aussprach.[282] Voß schreibt 1822 über Creuzer: ein "unsauberer Pfaffengeist durchweht die ganze pfäffische Symbolik".[283] Zudem dürfte sich die Ironie der *Faust*-Stelle gegen die ungemeine Hochschätzung der Kabiren richten. Für Schelling ist dieser Mythos "ein aus ferner Urzeit geretteter Gedanke, der reinste und der Wahrheit ähnlichste des ganzen Heidentums".[284] "Uralt verehrte Götter", heißt es im *Faust* (8177). Die Aufwertung der Kruggottheiten durch Schelling und Creuzer erscheint selbst wie eine Prozession, die wissenschaftliche Mythologie wird zum Hohelied. Daß Schelling die Kabiren noch über die Götter des Olymps und die von ihnen abstammenden Geschlechter stellt, ist auch mit der folgenden Äußerung der Sirenen zu den Kabiren-Trägern gemeint: "Die Helden des Altertums/ Ermangeln des Ruhms,/ Wo und wie er auch prangt,/ Wenn sie das goldne Vlies erlangt,/ Ihr die Kabiren" (8212ff.).

---

280 Creuzer, *Symbolik* II, S.361. Hier zeigt sich, daß es Goethe nicht darum geht, die Differenzen zwischen Creuzer und Schelling darzustellen. Schelling nämlich wendet sich gegen Creuzers These von der indischen Herkunft und die Deutung im Sinne der Emanation. Er betont den phönizischen Ursprung der Kabiren und sieht in ihnen eine von unten aufsteigende Kette göttlicher Potenzen. (SW I,8, S.350, 366). Trotz der anfänglichen Anspielung auf die indische Herkunft stützt Goethe sich später auf Schellings Buch. Es geht ihm um die gemeinsame romantische Denkform beider Kabiren-Deutungen.

281 Reinhardt (1965), S.128.

282 "Weiß man denn, ob er katholisch ist? Wäre er es und erklärte es nach eingegangener Bestätigung seiner Annahme, könnte man zurücktreten und könnte man einem katholisierenden Philosophen über Religion zu dogmatisieren erlauben?" – 27. Februar 1816 an C.G. v. Voigt; HAB 3, S.345f. Schelling zählte allerdings nicht zu den romantischen Konvertiten.

283 Zit. nach Howald (1926) S.41. Creuzer tritt im selben Jahr der Subsummierung unter die "Kryptokatholiken" entschieden entgegen (zit. a.a.O., S.32).

284 SW I,8, S.366. Im folgenden im Text zitiert mit Seitenangabe in Klammern.

Die Kabiren heißen im *Faust* "Der Scheiternden Retter,/ Uralt verehrte Götter" (8176f.) – "Denn wo sie heilig walten,/ Neptun wird freundlich schalten" (8180f.). Schelling schreibt: "Das ist der allgemeine Glaube, daß jene Gottheiten zumal den Seefahrern hilfreich und heilbringend seyen" (S.350). Voß spricht spöttisch von der "samothrakische[n] Weiheanstalt zur Sicherung gegen Schiffbruch".[285] Die Polemik des Homer-Übersetzters richtet sich vor allem gegen die Behauptung des Altertumsforschers L. v. Schorn, Odysseus habe "zwei geheime Kennzeichen des Kabirendienstes, Fackel und Mütze", getragen.[286] Nach Schorns Verständnis scheiterten die Sirenen, als sie den Schiffbruch des Odysseus nicht herbeiführen konnten, an dessen Kabiren-Dienst. Darum sagen die Sirenen im *Faust II* zu den Trägern der Kabiren: "Wir stehen euch nach" (8182). Daß dieses Kabiren-Lob nicht ernstgenommen werden kann, zeigt sich an dem groben Betonungsfehler, den ausgerechnet die verführerisch schön singenden Sirenen begehen:

Unwiderstehlich an Kraft
Schützt ihr die Mannschaft (8184f.).

Spricht man das letzte Wort richtig aus, so entsteht der Reim nur, wenn man im ersten Vers falsch die Präposition betont. Dieser Fehler hat eine präzise semantische Funktion: Die unwiderstehliche Kraft der Kabiren ist prosodisch kraftlos, allzuviel hat es damit nicht auf sich.

Die folgende Zahlensymbolik im Kabiren-Mythos hat schon Erich Schmidt teilweise kommentiert, aber nicht interpretiert.

Drei haben wir mitgenommen,
Der vierte wollte nicht kommen;
Er sagt, er sei der Rechte,
Der für sie alle dächte (8186ff.)

Schelling schreibt über die Kabiren: "Mnaseas sagt, es sey'n deren drei der Zahl nach [...]. Einige fügen auch einen vierten hinzu" (S.349). Während der unterste Kabire "der erste entfernteste Anfang alles wirklichen, offenbaren Seyns ist", der zweite "Wesen oder Grunderfahrung der ganzen Sichtbaren [äußeren] Natur" und der dritte die "Geisterwelt" bedeutet, steht der vierte Gott "über Natur und Geisterwelt" als "das die beiden sowohl unter sich als auch mit dem Überweltlichen Vermittelnde". Deshalb "denkt" der vierte im *Faust II* für die anderen. Der Name des vierten Gottes ist Kadmilos. Wegen der vermittelnden Funktion wurde er, so Schelling, von den Hellenen mit Hermes identifiziert.

---

285 Voß, *Anti-Symbolik* 1, S.250.
286 Ebd.

Kadmilos deutet die Existenz weiterer, höherer Götter an. Die Nereiden und Tritonen sagen:

> Sind eigentlich ihrer sieben.
> SIRENEN. Wo sind die drei geblieben?
> NER. U. TRIT. Wir wüßten's nicht zu sagen,
> Sind im Olymp zu erfragen;
> Dort west wohl auch der achte,
> An den noch niemand dachte (8194ff.).

Schelling schreibt: "Ihre Zahl wird sehr bestimmt auf sieben angegeben, denen ein achter beigestellt ist" (S.357). Der vierte Gott ist nach Schelling Diener "eines [erst] kommenden, noch zukünftigen Gottes", den er "weissagt" (S.358). Dieser kommende Gott müsse "der gegen die Welt freie Gott, der Demiurg" sein; der hellenische Mythos deute ihn in "Zeus" um (S.361). Deshalb sind bei Goethe die anderen "im Olymp zu erfragen". Im Kabiren-Mythos selbst ist nach Schelling die Existenz der höheren Götter "ungewiß" (ebd.) – deshalb "wüßten's" die Nereiden und Tritonen "nicht zu sagen". Weil die ersten vier Gottheiten bei Schelling "die Epiphanie, die Offenbarung der höheren Götter" nur vorbereiten (S.358), heißt es über sie im *Faust II*: "In Gnaden uns gewärtig,/ Doch alle noch nicht fertig" (8200f.). Auf das Unfertige der anwesenden, "gewärtigen" Kabiren spielen auch die Verse der Sirenen zu Beginn der "Felsbuchten"-Szene an: "Sind Götter! Wundersam eigen,/ Die sich immerfort selbst erzeugen/ Und niemals wissen, was sie sind" (8075ff.). Schelling sieht im Kabiren-Mythos eine "Theurgie, durch welche das Unsichtbare ja Überweltliche unablässig zur Offenbarung und Wirklichkeit gebracht wird" (S.366), doch eben nur im Modus der Ankündigung des Absoluten, dessen Potenzen die Kabiren sind.

Auf den bloßen Verweisungscharakter der Kabiren zielen auch die Verse:

> Diese Unvergleichlichen
> Wollen immer weiter,
> Sehnsuchtsvolle Hungerleider
> Nach dem Unerreichlichen (8202ff.).

Die unterste Gottheit, schreibt Schelling, hieß Axieros, und das bedeutete in der phönizischen Mundart "den Hunger, die Armuth, und in weiterer Folge das Schmachten, die Sucht" (S.351). Schelling deutet dies im Sinne seiner Potenzen-Lehre: "Alles unterste, unter dem nichts mehr ist, kann nur Sucht seyn, Wesen, das nicht sowohl ist, als nur trachtet zu seyn" (S.535). Die "phönizischen Kosmogonien" enthielten mithin "die Vorstellung der Sehnsucht als Anfangs, als ersten Grunds der Schöpfung" (S.354). Im *Faust* sind Hunger, Mangel und Sehnsucht Eigenschaften nicht allein der ersten Potenz, sondern aller vier "gewärtigen" Kabiren. Goethes Generalisierung ist aber keine ganz willkürliche Aneignung, sie wird vielmehr von der Deutung gestützt, die Schelling selbst der Kruggestalt der Kabiren gibt: Sie ähneln den "Uneingeweihten in der Unterwelt", die "ein unfüllbares Gefäß restlos zu füllen sich bestreben" (S.353). Diesem Bild zufolge leiden alle unteren Kabiren einen unaufhebbaren Hunger nach dem Unerreichlichen; sie kündigen den vollen Sinn nur an und können daher nicht gefüllt werden. Die vollständige Reihe der Kabiren soll laut Schellings neuplatonischer Deutung auf den "unzerreißbare[n] Zusammenhang" aller Wesen hindeuten, auf die Sphärenharmonie, die "unauflöslich verbundene Bewegung" der "Himmelslichter, in deren Chor kein Glied fehlen kann ohne den Zusammensturz des Ganzen" (S.368). Weil nun aber die Existenz der höheren Kabiren "ungewiß" ist und ihre Epiphanie in dem Mythos noch aussteht, kann die Kabiren-Reihe die harmonische Einheit aller Wesen nicht veranschaulichen, sondern sie nur andeuten. Auch die einzelnen Kabiren können – anders als die anthropomorphen Götterbilder – mit ihrer Kruggestalt, die den unendlichen Mangel meint, jene Harmonie nicht symbolisieren. Deshalb sind sie "Ungestalten", wie Homunculus sagt (8219).

Zwischen dem von den Kabiren Bedeuteten und dem Bedeutenden, ihrer Gestalt, besteht ein diametraler Widerspruch: Jenes ist die schöne Sphärenharmonie, dieses gehört insgeheim zu dem Bereich des Häßlichen, den Mephisto in der antiken Bilderwelt auftut.[287] Goethes satirische Darstellung des Kabiren-Mythos deutet Schellings Abhandlung als Dokument der Romantik: Die Idee – im *System des transzendentalen Idealismus* (1800) galt noch das Schöne als deren vollkommene Anschauung in der Realität – kann nur im fragmentarischen und allegorischen Hinweis angedeutet, nicht ganz erreicht werden. Die Kabiren stehen in der "Klassischen Walpurgisnacht" für einen formlos bleibenden Romantizismus; die harmonisch gestalteten, aber toten Götterbilder der Telchinen hingegen für einen erstarrten Klassizismus.

Homunculus kann sich mit den Kabiren-Gottheiten von Samothrake nicht anfreunden:

> Die Ungestalten seh' ich an
> Als irden-schlechte Töpfe,
> Nun stoßen sich die Weisen dran
> Und brechen harte Köpfe (8219ff.).

---

287 In der Szene vor den "Felsbuchten" findet Mephisto in einer Berghöhle, von der aus er in den "Höllenpfuhl" steigt (8033), die Phorkyaden, antike Verkörperungen des Häßlichen.

Katharina Mommsen kommentiert diese Verse zum einen mit Creuzers *Symbolik*, derzufolge die Kabiren "als irdene, mitunter goldene Töpfe gebildet" waren,[288] zum anderen mit einer Stelle aus dem alten Testament: "Die edlen Kinder Zions, dem Golde gleich geachtet, wie sind sie nun den irdenen Töpfen gleich, die ein Töpfer macht".[289] Homunculus bestreite, so Mommsen, daß Schelling und Creuzer auf mythologisches Gold gestoßen sind und sehe in den Kabiren "ein depraviertes Gottesvolk wie die gefallenen Kinder Zions".[290] Die von Katharina Mommsen und überhaupt in der gesamten Forschung übersehene Pointe dieser Stelle liegt aber darin, daß Homunculus den Kabiren ähnelt. Er ist ein "Zwerglein" (8245), sie sind "klein von Gestalt" (8174). Er sollte nach Anaxagoras' Vorschlag König der Pygmäen werden, die nach Creuzer den Kabiren gleichen.[291] Seine äußere Gestalt ist ein künstliches Gefäß – zwar kein Krug, aber eine Phiole. Er zeigt Symptome des herrischen "Sehnens" (8470), ist also auch ein "sehnsuchtsvoller Hungerleider" (8204). Die Kabiren sind "noch nicht fertig" (8201), und Homunculus "möchte gern entstehn" (8246); er ist, wie Schelling es über die unterste Potenz der Kabiren sagt, ein "Wesen, das nicht sowohl ist, als nur trachtet zu seyn" (S.353). Für Homunculus sind die Kabiren mangelhafte mythologische Gestalten, *weil* sie ihm ähneln. Er findet Ungenügen an Gestalten, die dasselbe Prinzip verkörpern wie er. Die Vermittlung zwischen den Polaritäten des 2. Aktes verlangt, daß er auch hier zum Gegenprinzip tendiert, zur klassischen Einheit von Göttlichem und Natürlichem, von Würde und Anmut.

Das romantische Verharren in der bloßen Andeutung des Ideals durch die Kabiren erscheint als eine Form der Erstarrung und ist daher den "toten Werken" des Klassizismus nicht unähnlich. Weil die Idee einer Harmonie aller Wesen in den Kabiren nicht anschaubar ist, wird der Zusammenhang zwischen dem Bezeichnenden und dem Bezeichneten ausschließlich vom Gedanken gestiftet, was nach dem Urteil des Homunculus eine geistige Verhärtung gegenüber der Sinnlichkeit bedeutet: "Nun stoßen sich die Weisen dran/ Und brechen harte Köpfe" (8221f.). In diesem Zusammenhang muß auch verstanden werden, was die Nereiden und Tritonen sagen, wenn sie nach Samothrake aufbrechen, um die Kabiren zu holen: "Heut bedarf's der kleinsten Reise/ Zum vollgültigen Beweise,/ Daß wir mehr als Fische sind" (8067ff.). Diese Worte spielen

288 Creuzer, *Symbolik* II, S.311.
289 Klagelieder Jeremias 4,2.
290 K. Mommsen (1968), S.209.
291 Creuzer, *Symbolik* II, S.311.

auf die *Anti-Symbolik* des Johann Heinrich Voß an. Anders als Goethe weist Voß die Vorstellung strikt zurück, die homerische Welt sei mit menschlich-tierischen Mischwesen bevölkert. Er polemisiert gegen den "barbarischen Wahn, die fischschwänzigen Nereiden der entarteten [sic!] Kunst Sirenen zu betiteln",[292] so wie auch "die fischschwänzigen Tritoniden [...] mancher Unkundige Sirenen nennt".[293] Nach Voß' Überzeugung hat Homer die Sirenen "als ganz menschliche Wesen gedacht".[294] Creuzers Satz, die Nereiden hätten von Dionysos eine Kabiren-Amphore erhalten, erscheint im Kontrast zur *Anti-Symbolik* als ein Versuch, zu beweisen, daß die Nereiden mehr als Fische sind, daß sie nämlich jener Götterwelt nahestehen, aus der der Klassizist Voß alle tierischen Wesen heraushalten will.[295] Goethes vermittelnder Position zufolge ist diese Beweisführung der romantischen Mythologie eine falsche, ungenügende Antwort. Die Stärke der frühen mythologischen Phantasie liegt für Goethe ja gerade, wie im vorigen Abschnitt referiert, in der Synthese von

292 Voß, *Anti-Symbolik* I, S.264.
293 A.a.O., S.305.
294 A.a.O., S.254.
295 Auf die Voßsche Verbannung der Mischwesen aus dem klassischen Altertum spielen zwei weitere Stellen in der "Klassischen Walpurgisnacht" an. Erstens: Voß polemisiert in der *Anti-Symbolik* gegen die von den Romantikern aufgegriffene Behauptung Heynes, die Harpyen, "Göttinnen raffender Sturmwinde", die man als "Raubvögel mit geschmücktem Weiberhaupt" darstellte, seien mit den Sirenen "verschwistert" (I, S.243). Voß führt diese "Sirenenfabel" (I, S.247) bzw. "Harpyenposse" (II, S.336), wie alle antiken Schreckensgestalten, auf spätere "priesterliche [...] Filosofie" (I, S.303) zurück – in diesem Fall sogar auf eine mittelalterliche "Mönchszeichnung" (I, S.264). Die Sphinxe vertreten im *Faust* die von Voß bekämpfte Position und beschreiben die Sirenen als harpyenartige Raubvögel: "Sie verbergen in den Zweigen/ Ihre garstigen Habichtskrallen,/ Euch verderblich anzufallen,/ Wenn ihr euer Ohr verleiht". Die Sirenen fordern daraufhin – Goethesch – die Aussöhnung der Positionen: "Weg das Hassen, weg das Neiden!" (7162ff.). Zweitens: In der Schrift *Über den Ursprung der Greife* (1804) behauptet Voß allgemein, mit menschlich-tierischen Mischgestalten sei "die griechische Fabel erst nach dem Zeitalter des Hesiodus" bevölkert worden (S.I). Er widerspricht hier speziell der Ansicht, daß die Greife zu den Wesen der "altpelasgischen Weltweisen" gehören. Sie seien den Griechen vielmehr erst "durch den Samier Kaläos um die 16. Olympiade verkündiget" worden (S.II). Sarkastisch spornt Voß die romantischen Mythologen gleichwohl zur Gegenthese an: "Hat jemand Lust, auch den Greif [...] als ein Erzeugnis des Morgenlandes, und zwar als ein symbolisches, zu betrachten; bei einigem Nachsinnen bieten sich ihm eine Menge von Fingerzeigen [...]. Es müßte ein unglücklicher Stern obwalten, wenn nicht, durch schimmernde Citate aus Mystikern, und durch ein wetterleuchtendes Funkeln der Einbildungskraft, die sämtlichen *Vielleicht* in eben so viel *Offenbar* sich umzaubern ließen" (S.III). Der Greif im *Faust* verbittet sich die Anrede als Greis, so wie Voß das pelasgische Alter in Abrede stellt: "Nicht Greisen! Greifen! – Niemand hört es gern,/ Daß man ihn Greis nennt" (7093f.). Der Greif kritisiert Mephistos Versprecher zudem als ein verkapptes etymologisches Argument für das Alter: diese und andere Wortähnlichkeiten, "etymologisch gleichermaßen stimmig,/ Verstimmen uns" (7097f.). Die Kritik am Etymologisieren ist wiederum ein Hauptanliegen der *Anti-Symbolik.*

Tierischem und Göttlichem, von Sinnlichkeit und Vernunft. Deshalb sagt Faust über die Mischwesen: "das Anschaun tut mir Gnüge,/ Im Widerwärtigen große, tüchtige Züge" (7181f.). Wenn die Nereiden und Tritonen sich mit den Kabiren beladen, bleiben die großen Züge hingegen dem Anschauen unzugänglich. Zum "vollgültigen Beweise", daß sie mehr als Fische sind, muß man erst "harte Köpfe" brechen und wie Schelling die Krüge als Allegorien der Weltharmonie begreifen. Hier wird, wie schon in der Mütterszene, die auf den Neuplatonismus zurückgehende Trennung der Idee von der irdischen Gestalt kritisiert.

Die klassischen Götterbilder bleiben jenen zerstörerisch-auflösenden Momenten der Natur gegenüber äußerlich, die ihnen nicht gemäß sind; deshalb zerstört sie ein "Erdestoß" (8311). Die Götterbilder der romantischen Mythologie bleiben "irden-schlecht" (8220), weil das Ideal, auf das sie bloß gedanklich verweisen, in der Realität unerreichbar ist. Klassizismus und Romantizismus berühren sich hierbei – wie Goethe in dem Aufsatz *Moderne Guelfen und Ghibellinen* schreibt – im "Nichtigen". Die doppelte Kritik an den toten Werken und am Harte-Köpfe-Brechen ist die negative Basis für das Erscheinen der Galatea, die weder als unerreichlich gilt, noch gegenüber dem Leben erstarrt. Welches sind die Bedingungen ihres Erscheinens?

e) Das klassische Ideal, postnormativ – Galatea

Wie schon gezeigt, verbinden sowohl Helena als auch Galatea Anmut und Würde miteinander: Faust nennt sein Ideal "so hehr als liebenswürdig" (7441), und in den Versen der Sirenen hat die Tochter des Nereus die Attribute "Würdiger Unsterblichkeit" und "Lockender Anmutigkeit" (8388ff.). So ist denn in der Forschung häufig bemerkt worden, daß die Erscheinung Galateas die ursprünglich geplante Szene ersetzt, in der Faust Helena von Proserpina losbitten sollte. Allerdings wird die "Losbittungsszene" nicht, wie Hertz schreibt, durch die "Natursymbolik" des Schlusses "ersetzt",[296] sondern durch eine bestimmte Aktualisierung der Kunstgeschichte. Es geht im Falle Galateas nicht um die Verlebendigung des Götterbildes, nicht um die *Lösung* des Ideals von einer wie auch immer gearteten anderen Welt – dies war ja schon das Thema des 1. Aktes –, sondern um die historische *Bewahrung* des Götterbilds.

---

[296] Hertz (1931), S.179.

Psyllen und Marsen bringen "Die lieblichste Tochter heran" (8369) und geben Auskunft über die Voraussetzungen ihres Werkes:

> [...] wie in den ältesten Tagen,
> In stillbewußtem Behagen
> Bewahren wir Cypriens Wagen (8363ff.).

Thales teilt die museale Einstellung zur Galatea: "Auch ich halte das fürs Beste,/ Was dem wackern Mann gefällt,/ Wenn im stillen, warmen Neste/ Sich ein Heiliges lebend hält" (8355ff.). Das konservative Erhalten und Bewahren des Ideals richtet sich gegen die Vorstellung, die antike Kunst sei nicht mehr aktualisierbar. Innerhalb der "Klassischen Walpurgisnacht" enthält Chirons Wort von der Unerreichbarkeit antiker Herkules-Darstellungen diese Vorstellung: "Vergebens mühen sich die Lieder,/ Vergebens quälen sie den Stein" (7393f.). Der Wunderflug von Galateas Tauben ist wie die Darstellung der ganzen Gruppe "Angelernt vor alten Zeiten" (8354). Kunst nach antiken Vorbildern ist weiterhin möglich, obwohl sich die historischen Bedingungen verändert haben.

Die Aktualisierung der scheinbar überlebten Antike wird möglich durch die Autonomie der Kunst. Ihre Hervorbringungen sind nicht von der Realgeschichte determiniert: "Wir leise Geschäftigen scheuen/ Weder Adler noch geflügelten Leuen,/ Weder Kreuz noch Mond,/ Wie es oben wohnt und thront,/ Sich wechselnd wegt und regt,/ Sich vertreibt und totschlägt,/ Saaten und Städte niederlegt./ Wir, so fortan,/ Bringen die lieblichste Herrin heran" (8370ff.). Adler, Löwe, Kreuz und Halbmond stehen für die nachgriechische Beherrschung Zyperns durch Römer, Venezianer, christliche Kreuzritter und Türken. Die Kunst schöpft unabhängig von diesem Wandel aus der antiken Quelle. Das "so fortan" gehört zu jenen Losungen, die Goethe im Alter gern ans Ende seiner Briefe setzt und mit denen er das Festhalten an unzeitgemäß gewordenen Positionen zur Parole erhebt.[297] Im Geiste dieser Losungen schreibt er in seinem letzten Brief an W. v. Humboldt: "Verwirrende Lehre zu verwirrenden Handel waltet über die Welt, und ich habe nichts angelegentlicher zu tun als dasjenige was an mir ist und geblieben ist wo möglich zu steigern und meine Eigentümlichkeiten zu kohobieren".[298] In der "Klassischen Walpurgisnacht" meint das "so fortan" die Bewahrung und Steigerung der klassischen Kunst. In dem Aufsatz *Philostrats Bilder* rechnet Goethe die Galatea zu den nach wie vor würdigen Gegenständen für

---

297 Fürs erste Halbjahr 1830, in dem die Szene "Felsbuchten" entstand, vgl. HAB 4, S.371, 373, 380, 382, 383.
298 17. März an Wilhelm v. Humboldt; HAB 4, S.481.

die "neueren Kunstfreunde, die auf dem Wege, den Winckelmann vorzeichnete, treulich verharrten".[299]

Doch diese Position kann nicht mehr normativ auftreten, vielmehr ist sie vom subjektiven Dafürhalten abhängig, dem "Auch ich halte das fürs Beste" des Thales (8355). Auch in kunstgeschichtlichen Zusammenhängen ist das Nebeneinander verschiedener "Vorstellungsarten" unhintergehbar. Galatea zieht in einer Sequenz verschiedener Gestalten vorbei, zu denen immerhin die romantischen Kabiren gehören. Homunculus entscheidet sich in derselben postnormativen Haltung gegen die Kabiren, in der Thales sich für Galatea ausspricht. Verschiedene Kunstformen sind an der Zeit; der Historismus ist so falsch wie eine normative Ästhetik. Erst die Pluralität der Kunstformen gibt Aufschluß über ihre jeweilige Geltung. Zwar ist Galatea "Unsichtbar dem neuen Geschlechte" (8368) – gemeint sein dürfte die Generation der christlichen Spätromantiker –, doch nimmt dies dem älteren Geschlecht nicht das Recht, die klassische Tradition fortzusetzen und sie einem möglichen späteren Geschlecht zu vermitteln.

Die "Felsbuchten"-Szene führt den Wechsel pluraler Kunstformen vor. Sie schafft durch das Prinzip der nachkonventionellen Geltung aller Formen und durch deren notwendiges Alternieren die Voraussetzung, ja geradezu die poetische Begründung für den Wechsel von Klassischem und Romantischem im Helena-Akt, der somit tatsächlich, wie Goethe sagt, in "ästhetisch-vernunftgemäßer Folge" anschließt.[300] Die Verwandlungen des Proteus reflektieren innerhalb der "Felsbuchten" noch einmal die Abfolge von ungestaltem Romantizismus, erstarrtem Klassizismus und lebendig erhaltenem Ideal. Zunächst erscheint er "in Gestalt einer Riesenschildkröte" (vor 8237) – eine Anspielung auf die Herkunft der Kabiren aus "Chelonens Riesenschilde" (8170). Dann zeigt er sich "edel gestaltet" (vor 8243) wie die "Göttergewalt/ [...] in würdiger Menschengestalt" der Telchinen (8301f.). Schließlich erscheint er als "Proteus-Delphin" (8317) – Delphine ziehen den Muschelwagen Galateas. Proteus verkörpert in diesem Zusammenhang das Prinzip der *poetischen* Verwandlung. Er nennt sich selbst einen "alten Fabler" (8225); die "Klassische Walpurgisnacht" heißt das "Fabelreich" (7055), als wäre sie sein Werk. Daß Goethe, der in einer Rezension von 1792 zum ersten Mal als Proteus bezeichnet wurde,[301] mit dieser Figur auf sich selbst als Autor

299 WA I,49/1, S.64; vgl. S.104ff.
300 24. Januar 1828 an Zelter; HAB 4, S.267.
301 Vgl. Mandelkow (1976), S.29ff.

der "Klassischen Walpurgisnacht" anspielen wollte, ist denkbar. Der Fabler Proteus verwandelt sich nicht nur in die verschiedenen Gestalten, sondern er deutet auch jenen Ausgleich zwischen Klassischem und Romantischem an, um den es Goethe im *Faust II* ja geht. Den "Ungestalten", den romantischen Kabiren gilt seine Anerkennung: "So etwas freut mich alten Fabler!/ Je wunderlicher, desto respektabler" (8225f.). Und er ist es auch, der über die menschlichen Göttergestalten sagt, sie seien vor der Sonne "nur ein Spaß" (8305). Der Gegenstand der Satire wird respektiert, der würdige Gegenstand gibt Anlaß zum Spaß. In beiden Fällen sind es ernste Scherze. Am Ende des 2. Aktes zeigen sich zwei Haltungen des Autors: das postnormative Festhalten an der klassischen Kunst ("so fortan") und die proteische Verwandlung und Vermittlung zwischen den verschiedenen Formen. Die bewahrte klassische Haltung steht nicht als eine Kunstphilosophie Goethes am Anfang der Darstellung, sondern sie ist überhaupt erst ein Resultat der literarischen Vermittlung von Klassischem und Romantischem im *Faust II.*

Die nachkonventionelle Geltung des Ideals hat Konsequenzen für das Verhältnis von Symbol und Allegorie. Da die Kunstproduktion nicht allein auf einer allgemein evidenten Aktualität bestimmter Traditionen und Normen ruht, sondern sich auch von der Gegenwart, der Semantik des "neuen Geschlechts" entfernen und auf etwas stützen kann, das "Angelernt vor alten Zeiten" ist, wird keine Kunstform mehr allein der unmittelbaren Anschauung verständlich sein. Nicht nur bei der Deutung der Kabiren müssen die Weisen "harte Köpfe" brechen; auch der Nimbus des Mondes, der bei Galateas Muschelfahrt zu sehen ist, stellt ein Interpretationsproblem dar. Nereus: "Nennte wohl ein nächtiger Wanderer/ Diesen Mondhof Lufterscheinung;/ Doch wir Geister sind ganz anderer/ Und der einzig richtigen Meinung:/ Tauben sind es [...]" (8347ff.). Galateas Muschelzug steht im Spannungsfeld verschiedener Kunstformen und verschiedener Meinungen über die Bedeutungskonvention. Die Auffassung, eine bestimmte Meinung sei die "einzig richtige", ist auch eine Meinung. Die Deutung des Nimbus entspricht Goethes Bemerkungen über den "allegorischen Gebrauch" der Farbe in der *Farbenlehre.* In diesem Gebrauch liegt "etwas Konventionelles", weil "uns erst der Sinn des Zeichens überliefert werden muß, ehe wir wissen, was es bedeuten soll".[302] Auch Galateas Muschelfahrt kann nur verstehen, wer die Konvention kennt und darum der "richtigen Meinung" ist. In einer Zeit konkurrierender ästhetischer Traditionen ist die Bedeutung keines überlieferten

302 HA 13, S.520.

künstlerischen Zeichens mehr unmittelbar evident. Das Wissen um die Bedeutung ist unabdingbar und rückt die Konventionalität der Zeichen ins Bewußtsein. In diesem Sinne sind Galatea und die Kabiren gleichermaßen allegorische Gestalten.

Dennoch verkörpert Galatea nicht das zur Allegorie gewordene klassische Kunstideal. Zwar läßt sich ihre künstlerische Hervorbringung – ähnlich wie die Idylle des 3. Aktes – als Abstraktion von Gegebenem verstehen, von jener geschichtlichen Gewalt, die "Saaten und Städte niederlegt" (8376). Auch vor Zerstörungen der Natur wird ihr Muschelwagen von den Psyllen und Marsen bewahrt: "Vom Meergott nicht verschüttet,/ Von Seismos nicht zerrüttet" (8360f.). Weil in Galatea eine Abstraktion von diesen Kräften liegt, müßte sie wie die starren Götterbilder der Telchinen untergehen, würde sie nicht wieder vorüberziehen. Doch die Figur wird von der vulkanischen Eruption nicht zerstört, weil sie in 'neptunischer' Bewegung bleibt,[303] und sie wird von der neptunischen Auflösung nicht zerstört, weil sie immer wieder als ein "Bild" (8386) Gestalt gewinnt. Galatea entzieht sich der Fixierung, so daß – wie Goethe es über das Symbol schreibt – "die Idee im Bild immer unendlich wirksam und unerreichbar bleibt".[304] Der Gegensatz von Allegorie und Symbol, der das Verhältnis von Bild und Idee betrifft, bleibt neben der allegorischen Konventionalität aller überlieferten Bilder bestehen. Die Bedeutung Galateas muß zwar aus der Konvention erschlossen werden, dennoch ist sie wegen ihres Vorüberziehens ein Symbol, das sich allegorischer Erstarrung entzieht. Die Erscheinung bleibt inkommensurabel.

Der Schluß des Aktes zeigt, daß das sich wieder entziehende Ideal der modernen Subjektivität nicht genügt. Galateas Vater Nereus gibt die angemessene Rezeptionshaltung gegenüber einem solchen Götterbild vor, das kein erstarrtes Werk ist, sondern bewegt bleibt: "Vorüber schon, sie ziehen vorüber/ In kreisenden Schwunges Bewegung;/ Was kümmert sie die innre herzliche Regung!/ Ach, nähmen sie mich mit hinüber!/ Doch ein einziger Blick ergetzt,/ Daß er das ganze Jahr ersetzt" (8426ff.). Homunculus findet dieses entsagende Verhältnis zu Galatea nicht. Dem Ideal, das sich gleich wieder entzieht, vermählt er sich ironischerweise mit dem Resultat des vollständigen Selbstverlusts. Proteus-Delphin nimmt ihn auf den Rücken, und Thales ermuntert ihn, den Weg der natürlichen Evolution im Meer nachzuvollziehen: "Gib nach dem

---

303 Die Beweglichkeit Galateas garantiert ihr in der Sage auch den Triumph über den Polyphem.

304 MuR 1113.

löblichen Verlangen,/ Von vorn die Schöpfung anzufangen!/ Zu raschem Wirken sei bereit!/ Da regst du dich nach ewigen Normen,/ Durch tausend, abertausend Formen,/ Und bis zum Menschen hast du Zeit" (8320ff.). Doch Homunculus ist der Metamorphose, der er sich anheimgibt, nicht gewachsen. Er, der noch nie Gestalt war, nur reiner Geist vor aller Erfahrung, kann sich nicht der *Um*gestaltung aussetzen. Die These, Homunculus' Weg ins Wasser versinnbildliche Goethes Prinzip des "Stirb und Werde",[305] ist falsch: Homunculus kann nicht sterben, weil er nie Leib war; er kann nicht seine "Existenz aufgeben, um zu existieren",[306] sondern er kann nur verschwinden. Er wird zum "Element". Nereus fragt: "Was flammt um die Muschel, um Galatees Füße?/ Bald lodert es mächtig, bald lieblich, bald süße,/ Als wär' es von Pulsen der Liebe gerührt" (8466ff.). Thales antwortet:

> Homunculus ist es, von Proteus verführt...
> Es sind die Symptome des herrischen Sehnens
> Mir ahnet das Ächzen beängsteten Dröhnens;
> Er wird sich zerschellen am glänzenden Thron;
> Jetzt flammt es, nun blitzt es, ergießet sich schon (8469ff.).

Dieses Ende des künstlichen Menschen hängt mit seiner Erschaffung zusammen. Am Schluß der "Klassischen Walpurgisnacht" kehrt die satirische Schicht der Laboratoriums-Szene wieder: Die anfängliche Abstraktion der Subjektivität von aller Erfahrung führt zur unendlichen Sehnsucht nach dem Objekt und schließlich zum Subjektverlust. Homunculus wird zum Opfer des eigenen "herrischen Sehnens" nach dem Ideal. In diesem Sinne ist Eckermanns Gesprächsnotiz über das Phiolenmännlein zu verstehen: "Die Sehnsucht, ein Verderb der Entelechie und Unsterblichkeit".[307] Homunculus verkörpert wieder einseitig die subjektive Vorstellungsart vom menschlichen Geist, die der vulkanistischen Vorstellungsart von der Naturgeschichte entspricht. Beider Zeichen ist die Flamme. Man kann darin die abschließende Pointe des Schelling-Bezugs sehen. Die Deduktion des Schönen ist der höchste Punkt im *System des transzendentalen Idealismus*. Das schöne Kunstwerk ist der Ort der intellektuellen Anschauung. Im *Faust II* strebt der Homunculus, der eine Deduktion des Lebens sein soll, aber nur reiner Geist ist, zum Schönen. Dort will er sich der Identität seines unendlichen (geistigen) Daseins mit

---

305 Vgl. Hertz 1931, S.183; K. Mommsen (1968), S.182.
306 MuR 302.
307 Zit. nach Hertz (1931), S.181. Auf das Nicht-zum-Objekt-Kommen deutet auch die im vorigen Kapitel schon erwähnte Sexualmetaphorik der ejaculatio praecox, wenn Homunculus sich vor Galateas Muschel ergießt.

dem endlichen (natürlichen) vergewissern. Weil er allein aus dem subjektiven Geist entstanden ist, zerschellt er jedoch am Ideal.

Das Scheitern des Homunculus an der anfänglichen Abstraktion ändert nichts daran, daß das Prinzip des Subjektivismus in der "Klassischen Walpurgisnacht" als eine mögliche oder sogar notwendige Vorstellungsart vom menschlichen Geist dialektisch anerkannt wird – so wie auch der Vulkanismus im geologischen und das Revolutionsprinzip im historischen Bereich. Deshalb geht der zur Flamme entstaltete Homunculus im mystisch-alchemistischen "Hieros Gamos" auf, der "heiligen Hochzeit" der Elemente (8479ff.),[308] die in der semantischen Logik des 2. Aktes zugleich auf eine Vereinigung von Vulkanisnus und Neptunismus als der zugehörigen Vorstellungsarten hindeutet. Es wäre jedoch falsch, in der Entstofflichung den alleinigen Sinn der Szene zu sehen. Inmitten der unterm Zeichen des Eros sich vermählenden Elemente befinden sich "Die Körper [...] auf nächtlicher Bahn" (8477). Gemeint sind Galatea und die sie umgebenden Wesen. Während Homunculus, der die Gestaltwerdung verfehlt hat, in die gestaltlos-mystische Synthese der Prinzipien eingeht, vereint das klassiche Ideal auf der höheren Stufe mythologisch-künstlerischer Gestalt die vulkanistische Härtung mit der neptunistischen Verflüssigung und die subjektiv unterstellte Würde mit der naturhaften Anmut.

Der 2. Akt zeigt die Vermittlung der reinen Subjektivität mit dem objektivierten Geist in naturgenetischen, gesellschaftsgeschichtlichen, mythologischen und künstlerischen "Vorstellungsarten". Über die Selbstbespiegelung der Subjektivität führt jeweils die Begegnung mit einem Gegenprinzip hinaus. Der Schluß schildert erneut diese Vermittlung und zugleich den Selbstverlust des unendlich sehnsüchtigen, weil erfahrungslosen Subjekts in der Begegnung mit dem klassischen Kunstideal. Die Schlußszene des 5. Aktes, die in denselben Monaten entstand wie das Ende des 2. Aktes, zeigt eine konträre künstlerische Vorstellungsart: ein romantisches Kunstideal, das im Jenseits Gestalt wird und daher dem unendlich sehnsüchtigen Subjekt ganz angemessen erscheint.

---

308 K. Mommsen (1968), S.180.

II.4. Befriedet in ätherischem Gewande – Der romantische Schluß des 5. Aktes

Der 2. und 3. Akt zeigen jeweils eine Diskrepanz zwischen der modernen Subjektivität und dem klassischen Kunstideal: Homunculus, dieser Geist vor aller Erfahrung, will sein "herrische[s] Sehnen" durch die Berührung mit Galatea befriedigen, verliert dabei aber sich selbst. Euphorion findet an der idyllischen Harmonie kein Genügen und sehnt sich "himmelan". Die offene Problematik dieser Akte wird in der Schlußszene des Dramas wiederaufgegriffen. Die Mater gloriosa entspricht als ein romantisches Kunstideal dem Transzendieren, denn ihrer Gnade wird nur teilhaftig, wer von allem "Erdenrest" gelöst ist. Und ihr Erscheinen befriedigt die unendliche Sehnsucht, denn paradoxerweise wird das "Unzulängliche", das unerreichbare Göttliche, "Ereignis". Hierin erkannte auch die deutsche Romantik die Aktualität des mittelalterlichen Marienbildes im Gegensatz zu den Göttergestalten des Altertums. Die Schlußszene zollt dem romantischen Ideal Anerkennung und relativiert es zugleich auf ironische Weise.

Zunächst werden die christlichen Bedeutungsgehalte der "Bergschluchten" untersucht. Es sind zum einen neuplatonisch geprägte Vorstellungen von der Reinigung der zu Gott zurückkehrenden Seele, zum anderen mittelalterliche Glaubensinhalte und Bildmotive (a). Die Vermittlung dieser beiden Traditionslinien ist ein genuines Anliegen der Romantik. Hierauf und auf das romantische Marien-Ideal rekurriert die Szene (b). Der romatische Schluß ist aber nur der *eine* Pol innerhalb der widersprüchlichen Sinneinheit des *Faust II*: Ein Vergleich der letzten Verse, des "Chorus mysticus", mit Fausts Eingangsmonolog im ersten Akt macht den Gegensatz von klassischem Symbol und romantischer Allegorie deutlich (c).

a) Christliche Motive

Fausts "Unsterbliches" (vor 11934) wird bei der Himmelfahrt von den "Elemente[n]" (11959) und von "jedem Erdenbande" (12088) gelöst. In jenseitigem, "heiligem Leben" (11988) erhält er einen himmlischen Leib aus "ätherischem Gewande" (12090). Diese himmlische Wiederverkörperung ist gemeint mit dem Bestreben, sich zu "seligem Geschick/ [...] umzuarten" (12098f.). Daß derartige Transzendenz-Vorstellungen schwer vereinbar sind mit Goethes Immanenzdenken, zeigt sich insbesondere am Begriff der göttlichen Liebe. Zu Beginn der Szene "Bergschluchten", im Gebet des Pater profundus, ist noch die Rede von der "allmächtige[n] Liebe,/ Die alles bildet, alles hegt" (11872f.) – analog zur Herrschaft des "Eros, der alles begonnen" (8479) aus der "Klassischen Walpurgisnacht". Hier entspricht der Liebesbegriff dem Immanenzdenken Goethes, der Einheit von Göttlichem und Irdischem. Am Schluß hingegen hat die "ewige Liebe" die Funktion, die "Elemente" und alles Irdische von der ins Jenseits strebenden "Geisteskraft" der Seele "zu scheiden". Sie vollbringt, was "Kein Engel", kein Vermittler zwischen Himmel und Erde, vermag: die aus Körper und Seele "Geeinte Zwienatur" zu trennen (11959ff.) Die Liebe selbst wirkt dabei nicht innerhalb der Welt, sondern aus dem Jenseits: "Von oben" (11930). Ihr Attribut "ewig" muß darum, wie auch beim "Ewig-Weiblichen", als "ein Synonym für 'himmlisch'" gelesen werden.[309]

Gleichwohl unternimmt nahezu die gesamte Forschung den Versuch, die Schlußszene als Darstellung authentischer religiöser oder mystischer Vorstellungen des Autors zu lesen. Häufig wird zur Stützung dieser Interpretation die von Eckermann überlieferte Bemerkung Goethes zitiert, er habe in der Schlußszene seinen "poetischen Intentionen, durch die scharf umrissenen christlich-kirchlichen Figuren und Vorstellungen, eine wohltätig beschränkende Form und Festigkeit geben wollen".[310] Unter den "poetischen Intentionen" versteht die ältere Forschung die Illustration Goethescher Weltanschauungen mit einem christlichen Instrumentarium, dessen eigene Semantik kein Gewicht habe. Wie die meisten Exegeten ist Heinrich Rickert davon überzeugt, "daß der katholische Weltanschauungsgehalt der übernommenen Vorstellungen als sekundär anzusehen ist".[311] Helmut Kobligk schreibt in seinem Forschungsbericht: "In der ersten Hälfte des [20., T.Z.] Jahrhunderts hat sich weitgehend die Auffassung durchgesetzt, daß der Faust-Schluß weder katholisch noch überhaupt christlich sei".[312]

Beim Umgang mit den störenden christlichen Motiven verfolgen die Interpreten zwei verschiedene Strategien. Die erste ist die Ausgrenzung aus dem Deutungsgegenstand. So unterscheidet Wachsmuth zwischen eigentlichen und uneigentlichen Textstellen: "Eigentlich hätte der Dichter das Drama 'Faust' mit dem Wort von der 'Zwienatur' des Menschen aus-

309 So Beutin (1972), S.243, in Anlehnung an den Kommentar von Beutler, 1948, S.648.
310 6. Juni 1831; Eckermann, S.383.
311 Rickert (1925), S.6.
312 Kobligk (1972), S.144.

klingen lassen können".[313] In dieser Variante lautet das Ende: "Kein Engel trennte/ Geeinte Zwienatur/ Der innigen beiden". In Goethes Variante folgen hingegen die Worte: "Die ewige Liebe nur/ Vermag's zu scheiden" (11958ff.) sowie eine ausführliche Darstellung der jenseitigen Welt mit der Himmelskönigin als zentraler Gestalt. Wachsmuth spricht wie der Betrachter eines Heiligenbildes, der sich in die Hintergrundslandschaft versenkt und behauptet, die Figur vorn könne getrost fehlen. Während dieser Interpret die Existenz des vermeintlich uneigentlichen Bereichs immerhin anerkennt, leugnet Emrich ihn: Der Eingriff der "Liebe [...]/ Von oben" (11938f.) sei keine christliche "Erlösungs- oder Rettungsvorstellung", sondern "im Grunde die Offenbarung der [...] Formkraft der Seele und des inneren Lichts" der Faustfigur.[314] Emrich tut so, als seien die Verse, die seiner Auslegung entgegenstehen, gar nicht geschrieben. Er rechtfertigt diese philologische Nachlässigkeit mit einem scheinbar hermeneutischen Argument, nämlich mit dem Hinweis auf die notwendige Konsistenz des Gesamtsinns: Die Liebe "kann und darf nicht ihre 'poetische Wirklichkeit' in ein autonom transzendentes Bereich verlagern [...], ohne die Einheit des Ganzen zu stören".[315] Eine Deutung des Ganzen, zu deren Aufrechterhaltung Einzelnes nicht erwähnt werden darf, muß falsch sein.

Die zweite Strategie ist die Umdeutung der christlichen Vorstellungen durch semantische Abstraktion. So depotenzieren Max Kommerell und seine Schülerin Dorothea Lohmeyer die christlichen Motive, indem sie die Scheidung der Seele von den Elementen zum Moment einer kosmischen Wechselbewegung von "Materialisation" und "Entmaterialisierung" erklären.[316] Homunculus' Weg ins Wasser und Fausts Himmelfahrt seien in diesem Sinne reziproke Werke einer allumfassenden Liebe, nämlich "die polare Bewegung alles Lebens" wie "Ausatmen und Einatmen". Deshalb sei in der Schlußszene "kein Jenseits der Welt", sondern "die kosmische Wirklichkeit", ja das "Ganze" gestaltet.[317] Um alles Transzendente auszuräumen, unterschlagen Kommerell und Lohmeyer die konkrete christliche Bildlichkeit der Szene zugunsten der Rede vom Kosmos. In der Nacht dieser abstrakten Allgemeinheit sind alle Götter grau: Warum die Herrscherin des "Ganzen" ausgerechnet die Mater gloriosa ist, läßt sich nicht sagen. Rätselhaft bleibt auch, wie und

313 Wachsmuth (1966), S.320.
314 Emrich (1963), S.407.
315 A.a.O., S.417.
316 Kommerell (1944), S.117.
317 Lohmeyer (1940), S.141f.

wo die Verklärten des *Faust*-Himmels – "Den Äther schlürfend" (12018) – je wieder mit irdischen Lungen "einatmen" sollen. Es müßte schon zu einer Reinkarnation aus dem christlichen Jenseits kommen. Die im Sinne von Goethes Metamorphosenlehre postulierte neuerliche Materialisation nach der "Umartung" (12099) zu "heiligem Leben" (11988) bleibt eine Fiktion dieser Autoren.

Erst in den letzten Jahren ist von Hans Bayer, Stephan Landolt und Jochen Schmidt der Versuch unternommen worden, die Motive der Schlußszene *en detail* auf einen Zweig der christlichen Tradition zurückzuführen. Dabei suchen auch diese Autoren nach Goethes eigener Religiosität oder Mystik. Sie betonen die Anknüpfung an häretische und neuplatonische Unterströme der christlichen Überlieferung, in denen beispielsweise die Läuterung der Seele durch Buße und Purgatorium negiert wird. Die im folgenden immer wiederkehrende Auseinandersetzung mit diesen Kommentaren hat eine doppelte Funktion: Zum einen sollen die in der Schlußszene enthaltenen neuplatonischen Vorstellungen positiv referiert werden, zum anderen soll die Kritik an der Einseitigkeit dieses Ansatzes den Blick auf die katholische Bildlichkeit lenken, die es dann jeweils eigenständig zu kommentieren gilt. Schritt für Schritt werden so die christlichen Motive untersucht.

Schon Franz Koch bemerkt, daß neuplatonische Vorstellungen vom "Aufstieg der Seele" in "Läuterungsstufen" und von der "Reihe der reinen Geister bis zu Gott" die Schlußszene prägen.[318] Jochen Schmidt präzisiert diesen Hinweis, indem er die Nähe von Goethes Text zu der im 6. Jahrhundert n. Chr. entstandenen Schrift *Über die himmlische Hierarchie* des Pseudo-Dionysius Areopagita aufzeigt. Dort nähere sich die Seele Gott in drei Stufen der Vergeistigung, denen bei Goethe die Abfolge der Patres, der Engel und schließlich der heiligen Frauen entspreche.[319] Der Zweck des Aufstiegs sei wie im neuplatonischen Muster die "Vereinigung mit dem Absoluten", die hier wie dort die "Aspekte der Reinigung, Erleuchtung und Vollendung" habe – um Reinheit (11957, vor 11989, 12009), Erleuchtung (11889) und Vollendung (vor 11954) geht es auch bei der Himmelfahrt Fausts.[320] Die Funktion der Hierarchie sei jeweils die stufenweise "Vermittlung zum Göttlichen hin". Dabei sei "die Kraft, welche die Vermittlung bewirkt, die Kraft

---

318 Koch (1925), S.183,220.
319 J. Schmidt (1992), S.392.
320 A.a.O., S.395.

des Eros", wie es sich in der Schlußszene am "Grundwort 'Liebe'" erweise.[321]

Dieser Kommentar ist einseitig, weil er übersieht, daß die Ausgestaltung des Aufstiegs nicht allein der neuplatonisch-mystischen Ideenwelt, sondern zugleich der verbreiteten, populären katholischen Motivik folgt. "Der bildliche Aufbau der Szene mit ihren Regionen entspricht mittelalterlichen Vorstellungen", schreibt kurz und treffend Helmut Schanze.[322] Insbesondere erinnert der *Faust*-Schluß an das *Paradiso* aus Dantes *Divina commedia.* Goethe hat zwar nicht die feststehende Hierarchie der neun himmlischen Sphären des ptolemäischen Weltbilds übernommen, der Dante strikt folgt. Aber es kehren einzelne Motive in verändertem Zusammenhang wieder. Im 32. Gesang des *Paradiso* beschreibt der heilige Bernhard den obersten Himmel, das Empyreum: Maria zu Füßen sitzt auf der einen Seite Eva, darunter Rahel und neben ihr Dantes fiktive Geliebte Beatrice. Auf der nächsten Stufe folgen Sara, Rebekka und Judith, noch tiefer Männer und Frauen, die sich zu Christus bekannten. Auf der anderen Seite stehen unter Johannes dem Täufer die Kirchenväter Franziskus, Benediktus und Augustinus, die auch schon in unteren Regionen des Himmels begegnen.[323] Bernhard von Clairvaux hat das Lehramt – "officio di dottore" – inne und ist von der "regina di cielo" entzückt – "affetto".[324] "Entzückt" ist auch der Doctor Marianus im *Faust* vom Glanz der "Himmelskönigin" (11995ff.). Er betet wie Bernhard im 33. Gesang des *Paradiso* und wie fast alle mittelalterlichen Hymniker zur "Jungfrau, Mutter, Königin" (12102).[325] Goethe hat unter Maria die Büßerinnen angesiedelt, die sich zu Christus bekennen (12038, 12047, 12054). In ihrer Mitte ist Gretchen, die sich wie Beatrice zugunsten des "früh Geliebten" (12073) an Maria wendet. Sie wird Faust belehren (12092), wie Beatrice Dante in den ersten Gesängen des *Paradiso* belehrt; von dort stammt auch das Motiv, daß Faust ihr "zu höhern Sphären" nachfolgt (12096f.).

Womöglich hat Goethe bei den drei Patres am Anfang der Szene an die drei im 32. Gesang des *Paradiso* genannten Kirchenväter gedacht. Erich Schmidt hält einen Bezug auf den 11. Gesang für plausibler: Dort spricht Thomas von Aquin in bezug auf die Kirchenväter Franziskus und Dominikus vom Gegensatz der cherubinischen und seraphischen Mystik.

---

321 A.a.O., S.393f.

322 Schanze (1984), S.399.

323 Dante, *Divina commedia, Paradiso* XXXII, 4-36.

324 *Paradiso* XXXI, 100; XXXII,1.

325 *Paradiso* XXXIII,1: "Vergine madre"; 34: "regina".

Nach E. Schmidts Kommentar hat Goethe diese "zwei Tendenzen der höchsten Erkenntnis und der höchsten Liebe, des hellsten Lichtes und der glühendsten Wärme bis zum Wonnebrand der Ekstase" im Gegensatz des Pater ecstaticus und des Pater Seraphicus aufgegriffen.[326] Die Stelle im 11. Gesang des *Paradiso* verbindet das irdische Leben der Heiligen mit ihrer Wiederkehr in den Himmelssphären und kann bezüglich des *Faust* als eine Referenzstelle für den Übergang vom Einsiedlerleben in den "Bergschluchten" zum Himmel gelesen werden.

Wie ist dieser Übergang gestaltet? In den Versen der Patres beginnt die fortschreitende Reinigung der Seele vom Irdischen, die auch zentrales Anliegen der neuplatonischen Mystiker war.[327] Die Materie, die menschlichen Sinne und die irdische Liebe werden negiert. Auf der untersten Stufe, in der "tiefe[n] Region" (vor 11866) des Pater profundus, wird die Liebe Gottes zunächst – wie eingangs erwähnt – in der Natur angeschaut als "die allmächtige Liebe,/ Die alles bildet, alles hegt" und die "ewig schaffend uns umwallt" (11872f./ 11883). Dieser Anfang erinnert an den Erosbegriff, der am Ende der "Klassischen Walpurgisnacht" steht: "So herrsche denn Eros, der alles begonnen" (8479). Doch die Worte des Pater profundus unterscheiden sich zugleich deutlich von dieser Liebesvorstellung, indem sie auf die Idee der Erbsünde anspielen. Über das ewig Schaffende heißt es: "Mein Innres mög' es auch entzünden,/ Wo sich der Geist,verworren, kalt,/ Verquält in stumpfer Sinne Schranken,/ Scharfangeschloßnem Kettenschmerz" (11884ff.). Der Kettenschmerz hat eine Parallele in dem Wort des Doctor Marianus von "der Gelüste Ketten" (12027), an denen die Büßerinnen gefangen waren. Augustinus spricht in den *Bekenntnissen* von der "Kettenlast der Erbsünde".[328] Die Erfahrung der göttlichen Liebe ist hier nicht, wie bei der Herrschaft des Eros, eine pantheistische. Vielmehr wird im Gebet des Pater profundus die Ablösung des Göttlichen von der Natur bereits

---

326 E. Schmidt (1901), S.249.

327 Vgl. Bayer (1978), S.194; J. Schmidt (1992), S.395ff.

328 Augustinus, *Bekenntnisse*, 5,9, S.219 – "originalis peccati vinculus". Bayer (1978) findet hier allerdings einen häretischen, nämlich den manichäischen Sündenbegriff wieder, der im Gegensatz zur "orthodoxen Vorstellung der 'concupiscentia' als böser Wille" davon ausgeht, daß "nicht der Geist [...], sondern der Körper, das Fleisch" sündhaft ist (S.206). Aus diesem Grunde, so J. Schmidt (1992), sei die Läuterung der Seele im *Faust*-Schluß auch nicht als "Buß-Strafe", sondern als "Lösung, Reinigung vom Irdischen dargestellt" (S.398). Doch der *Faust* enthält sehr wohl das Motiv der selbstauferlegten Buß-Strafe, der "vierzigjährigen Buße,/ [...] in Wüsten" der Maria Aegyptiaca (12057f.). Der Schluß des Dramas gibt Hinweise auf die abzubüßende Erbsünde *und* auf die bloß zu reinigende naturhafte Sünde.

vorbereitet durch die Negation der Sinne auf der Stufe sinnlicher Erfahrung selbst.

Diese Negation markiert die Differenz nicht nur zur "Klassischen Walpurgisnacht", sondern auch zum "Prolog im Himmel" des *Faust I.* In der Schlußszene erscheint in den Versen des Pater profundus die Befreiung von der Erbsünde, die an den Sinnen haftet, als eine Selbstreinigung der Natur durch deren Zerstörungskräfte. Der Blitz ist dazu da, "Die Atmosphäre zu verbessern,/ Die Gift und Dunst im Busen trug"; er soll das "Innre", das noch an der Kette der Sinnlichkeit liegt, "auch entzünden" (11880ff.). Der Pater profundus sieht in "Gift und Dunst" der Natur ein Zeichen des verdorbenen menschlichen Inneren und spricht deshalb vom "Busen" der Atmosphäre. Diese Selbstreinigung der Natur ist das genaue Gegenteil jener Vermittlung von "verheerenden" und "sanften" Naturerscheinungen, um die es im "Prolog" geht. Beide Stellen sind motivisch verwandt: "Schäumt" im Gesang der Erzengel am Anfang des *Faust* "das Meer in breiten Flüssen/ Am tiefsten *Grund der Felsen* auf", so "stürzt" in den Versen des Pater profundus "die Wasserfülle sich zum Schlund", "Als wogte Wald und *Felsengrund*" (255f./ 11875ff.; Hervorh. T.Z.). Wörtliche Entsprechungen sind weiterhin das Brausen (259/ 11874), das Schäumen (255/ 11869) und der "flammende" Blitz (263/ 11879). Im "Prolog" setzt der Erzengel Michael sein Gotteslob adversativ von dem "Verheeren" (263) der Natur ab: "*Doch* deine Boten Herr, verehren/ Das sanfte Wandeln deines Tags" (265f.; Hervorh. T.Z.). Diese Abgrenzung entspricht zunächst einer dualistischen Himmelsdarstellung, in der dem gefallenen Erzengel Luzifer die Negation der Natur, nämlich "die Flamme vorbehalten" ist (1377, Mephisto) und den "echten Göttersöhne[n]" die Affirmation. Die Erzengel sollen diesen Dualismus jedoch überwinden. Der Herr gebietet ihnen: "Das Werdende, das ewig wirkt und lebt,/ Umfass' euch mit der Liebe holden Schranken,/ Und was in schwankender Erscheinung schwebt,/ Befestiget mit dauernden Gedanken"(346ff.).[329] Auch der Pater profundus deutet den "grause[n] Sturz", das "wilde Brausen" und das "blitzende Verheeren" positiv als Momente der göttlichen Liebe: Er nennt diese Kräfte selbst "liebevoll" (11876). "Sind Liebesboten, sie verkünden,/ Was ewig schaffend uns umwallt" (11882f.). Diese positive Deutung der – als Momente des eigenen Inneren empfundenen – Zerstörungskräfte folgt aber nicht der Idee positiver Beschränkung, wie sie der "Prolog" exponiert. Viel-

329 Zu diesen Versen vgl. Schwerte (1980) sowie Kapitel I.1, Abschnitt a) dieser Untersuchung.

mehr geht es um die Aufhebung der bloß als negativen "Kettenschmerz" empfundenen Beschränkung durch die Sinne: Der Pater profundus will nicht "der Liebe holde Schranken" erfahren, sondern von "stumpfer Sinne Schranken" (11886) befreit werden und sich der unbeschränkten göttlichen Liebe annähern. Der "Prolog" zielt auf die Überwindung des Dualismus, die Schlußszene schreibt ihn fest.

In der Stufenfolge der Patres schält sich der Dualismus immer deutlicher heraus. Der Wunsch, von den Zerstörungskräften den Natur erfaßt zu werden, ist im Übergang zur nächsten Stufe ausdrücklich als ein Selbstvernichtungs-Hymnus formuliert. Der Pater ecstaticus, der "auf und ab schwebend" (vor 11854) zwischen tiefer und mittlerer Region vermittelt,[330] teilt in dem Vers "Blitze, durchwettert mich!" die Sehnsucht des Pater profundus, von den Blitzen entzündet zu werden. Dieser Wunsch steht hier am Ende einer Tirade, die nichts anderes ist als eine Märtyrer-Rede mit wörtlicher Nennung der Marterinstrumente: "Pfeile, durchdringet mich,/ Lanzen, bezwinget mich,/ Keulen, zerschmettert mich" (11858ff.).[331] Die 'Verflüchtigung' des "Nichtigen", des Fleisches, ist die Voraussetzung der Erlangung höchster, nämlich "Ewiger Liebe" (11862ff.). Dies ist keinesfalls ein exklusiv häretisches oder neuplatonisches Motiv. "Den Menschen zu entleiben, [...] alles Irdene aufzulösen in Staub und Asche und in leibgelöster Extase aufzusteigen in geistig übersinnliche Regionen und unterzutauchen in Gott", ist nach Richard Samuel allgemein eine "Sehnsucht des Mittelalters".[332] Die romantische Mythologie synthesiert diese Todes-Ekstase – nebenbei bemerkt – mit der dionysischen. Das ist im *Faust II* der Sinn der Ähnlichkeit von Euphorion und Pater profundus: Beide bewegen sich zwischen Erde und Himmel auf und ab mit dem Ziel, jene zu verlassen; beiden ist der Tod bzw. die Verflüchtigung des Nichtigen Gebot.

Die mittlere Region des Pater Seraphicus hat das Irdische bereits überwunden, ohne allerdings schon der göttlichen Liebe teilhaftig zu sein. Die seligen Knaben, die bei der Geburt gestorben sind, müssen – anders als Fausts "Unsterbliches" – von keinem "Erdenrest" gereinigt werden: "von schroffen Erdewegen,/ Glückliche! habt ihr keine Spur" (11904f.). Fausts von der "alten Hülle" befreite Augen sind *noch* nicht fähig, das göttliche Licht zu schauen: "Noch blendet ihn der neue Tag"

---

330 Kommerell (1944), S.119.

331 J. Schmidt (1992) weist darauf hin, daß die Anachoreten sich als "Nachfolger der Märtyrer" verstanden (S.408).

332 Samuel (1925), S.225. Zur romantischen Aktualisierung dieses Motivs und zu Goethes zwiespältiger Reaktion darauf s. u., Abschnitt b).

(12093). Dagegen sind die seligen Knaben außerstande, die Erde zu betrachten. Der Pater Seraphicus leiht ihnen seiner "Augen/ Welt- und erdgemäß Organ" (11906f.), doch was die Knaben sehen, "schüttelt" sie "mit Schreck und Grauen" (11916). Das Motiv der an die Geister verliehenen irdischen Augen stammt von Swedenborg.[333] Unswedenborgisch ist im *Faust* aber das Resultat dieser Geisterseherei, nämlich die vollständige Inadäquatheit von "erdgemäß Organ" und Geist. Der Pater Seraphicus läßt die seligen Knaben nur für einen Moment durch seine Augen blicken, damit sie sich von der Nichtigkeit der Welt überzeugen. Unzutreffend ist deshalb ein Spinoza-Bezug, wie ihn Günter Mieth an dieser Stelle ausmachen will: Im Pater Seraphicus habe Goethe die scientia intuitiva dargestellt, die nach Spinoza höchste Erkenntnisart. Die seligen Knaben blicken zwar "sub specie aeternitatis" auf die Natur, doch die Pointe ist gerade, daß sie darin *keine* "Anschauung" der Gott-Natur[334] finden, sondern weiterschweben, um Gott in materieloser Transzendenz zu "schauen" (11933).[335] Alle drei Patres im *Faust* negieren Spinozas Identität von Denken und Ausdehnung: Während bei den Patres profundus und ecstaticus die zerstörerische Kraft der Natur zur Überwindung des Leiblichen und zur Befreiung des Geistes führen soll, hat die Natur im Stand der gar nicht erst sündig gewordenen Seele keine Funktion und wird sogleich wieder verlassen.

In diesem Zusammenhang zeigt sich erneut die Einseitigkeit des Versuchs, die Szene neuplatonisch zu deuten. Daß der Pater Seraphicus die seligen Knaben, die "im Innern" eines "Morgenwölkchen[s]" aufsteigen (11890ff.), vorübergehend "in sich" nimmt (vor 11909), steht nach Jochen Schmidt für einen neuplatonischen "Verinnerlichungsprozeß", auf den die gesamte Schlußszene hinauslaufe. Die Begegnung mit "dem Wesensgrunde" des Subjekts bedeute in der Mystik "zugleich Gottesnähe".[336] Schmidt weiter: "Was der Pater Seraphicus im Chor seliger Knaben zu ahnen und dann zu sehen glaubt, ist nichts anderes, als was in seinem eigenen Innern lebt: jene Erinnerung eines ursprünglich reinen und vollkommenen Zustands", der "erst den Maßstab der vollkommenen Reinheit" abgebe, welcher die anderen Seelen der Schlußszene "transzen-

---

333 Vgl. Trunz in HA 3, S.632.
334 Mieth (1984), S.177.
335 Auf den Gegensatz von Anschauung und Schau verweist auch J. Schmidt (1992, S.412). Vorbereitet ist dieser Gegensatz in den vorangehenden Szenen des 5. Aktes, wo Faust – anders als sein Türmer – nicht "Ferne" und "Näh'" anschaut (11292f.), sondern "Ein Luginsland [...] errichtet,/ Um ins Unendliche zu schaun" (11344f). Vgl. Kap. II.5., Abschnitt e).
336 J. Schmidt (1992), S.409.

dierend entgegengehen".[337] Schmidts stillschweigende Voraussetzung, das Innre des Morgenwölkchens sei mit dem Innern des Pater Seraphikus identisch, ist problematisch. Warum sollte er die Knaben in sich nehmen, wenn sie ohnehin schon in ihm sind? An der Funktion dieser Aufnahme geht Schmidts Deutung vorbei. Der Pater erblickt nicht anamnetisch den reinen Ursprung in seinem Innern, sondern umgekehrt schauen die reinen Seelen die physische Welt mit dem nach außen gerichteten Sehorgan des Paters an. Dies geschieht, weil die Knaben keineswegs so vollkommen sind, wie Schmidt meint. Auch sie müssen noch "belehrt" werden, um Gott "schauen" zu können (11930ff.). Sie brauchen Augen für diese Gottesschau, verwerfen jedoch das "erdgemäß Organ" des Pater Seraphicus und streben weiter. Der Aufstieg der Seelen in der Schlußszene erschöpft sich nämlich nicht in der mystisch-verinnerlichenden Reinigung vom Irdischen, sondern er gipfelt in einer jenseitigen Wiederherstellung der Leiber, bei der auch die bloße Innerlichkeit zugunsten bildlicher Anschaulichkeit überwunden wird.

Von der "mittleren" seraphischen Region gelangen die seligen Knaben erst zur "höchsten, reinlichsten Zelle" des Doctor Marianus – eigentlich ist er der vierte der Patres –, wo "die Aussicht frei" von allem Irdischen ist (11989). "Los von der Erde Druck" (11973), steigen die seligen Knaben "hinan zu höherm Kreise", zu "Gottes Gegenwart". Anders als für den Pater ecstaticus ist für sie die "Offenbarung" des "Ewigen Liebens" nicht erst das mystische Ziel einer Entleibung, sondern bereits "der Geister Nahrung,/ Die im freiesten Äther waltet" (11918ff.). In dieser Sphäre ist auch Fausts "Geisteskraft" dank der "ewige[n] Liebe" vom "Erdenrest" befreit (11954ff.). Im Kreise der seligen Knaben befindet er sich im "Puppenstand" (11982); die Knaben streifen seine Puppe, nämlich die Reste der "alten Hülle" (12089), ab: "Löset die Flocken los,/ Die ihn umgeben!/ Schon ist er schön und groß/ Von heiligem Leben" (11985ff.). Faust gelingt es wie den Büßerinnen, sich in der Sphäre reiner göttlicher Liebe "zu seligem Geschick/ […] umzuarten" (12098f.). Hierbei sind katholische Glaubensinhalte virulent,[338] insbesondere die bernhardinische Vorstellung der Gottesliebe, wie Goethe sie in der *Divina commedia* gestaltet fand. Nach Bernhard von Clairvaux ist die höchste Stufe der Liebe erst erreicht, wenn "das Herz von der Fessel des Leibes erlöst" ist und nach dem Tode sich die "Wiederherstellung der Leiber" ereignet, damit schließlich "auch in den Leibern himmlische

---

337 A.a.O., S.411,410.

338 Bayer (1978) verweist zudem auf alchemistische Veredelungs- und Umwandlungsideen (S.179, 202).

Herrlichkeit aufleuchtet".[339] Dieses "zweite Kleid" (*Faust*: "ätherisches Gewand") im Leben zu erlangen, ist für Bernhard eine "Unmöglichkeit".[340] Auch die gleich bei der Geburt gestorbenen seligen Knaben erhalten ein neues, himmlisches Gewand. Die "Offenbarung" "Ewigen Liebens" ist für sie die "Nahrung", durch die sie im Himmel dank "Gottes Gegenwart" "wachsen" (11919ff.). Über Fausts parallel erfolgende transzendente Resurrektion sagen die seligen Knaben: "Er überwächst uns schon/ An mächtigen Gliedern" (12076f.). Der umgeartete Faust kann sie "lehren" (12083). Die Wiederverkörperung ereignet sich in einer Sphäre entsprechend körperhafter katholischer Bildlichkeit. Die seligen Knaben vervollkommnen sich, indem sie den nach oben ziehenden "Fraun" (11991) folgen, in deren Mitte "Im Sternenkranze/ Die Himmelskönigin" (11995f) schwebt.

Die neuere Forschung behandelt diese katholischen Motive mit ähnlichen Strategien wie die ältere Forschung die christlichen Gehalte überhaupt. Mit der Darstellung Marias und der heiligen Büßerinnen führe der Autor "den Leser bewußt in die Irre" schreibt Bayer zur Begründung seiner Ausgrenzung der Motive. Goethe habe "die christlich kirchlichen Figuren lediglich um der Festigkeit der Form willen, nicht um des Gehaltes willen gewählt" und dies auch Eckermann mitgeteilt.[341] Mit gleichem Recht könnte man behaupten, Goethe habe durch Eckermann Leser wie Bayer irregeführt. Es ist methodisch unzulässig, die externe Leserlenkung des Autors gegen die im Text entfaltete Semantik auszuspielen. Jochen Schmidt argumentiert vorsichtiger, indem er dem Text selbst eine Negation der "katholischen Mythologie" abliest und die semantische Abstraktion dem Gegenstand selbst unterstellt. Goethe greife auf die zur "Darstellung vergeistigender Transzendenz am besten geeignete Mythologie zurück: auf die christliche", setze sie jedoch nur zu dem Zweck der "Entmythologisierung" ein, wobei "sich das Mythologische reduziert und zur bloßen Figuration spiritualisierender Transzendenz gerät".[342] Der Sinn des Werkes sei ein mystischer: "die Mystik braucht das gestalthaft Fixierte, die Bilder, Namen und Eigenschaften, um sie in der Abstraktion des Gestaltlosen, Bildlosen, Namenlosen und Eigenschaftslosen zu vertilgen"; die Figurenwelt der Schlußszene sei eine nur

---

339 Bernhard von Clairvaux, *Über die Gottesliebe*, S.53ff.

340 A.a.O., S.57, 70. In der *Divina commedia* darf Dante das höchste Licht allerdings als Lebender erschauen.

341 Bayer (1978), S.217; vgl. Eckermann, S.383 (6. Juni 1831).

342 J.Schmidt (1992), S.388f. Den Begriff "katholische Mythologie" bezieht Goethe 1786 in Italien auf bildliche Mariendarstellungen (HA 11, S.102).

"um der Aufhebung willen eingesetzte Mythologie".[343] Als Beleg führt Schmidt neben der schon kritisierten Verinnerlichungs-These den "Chorus mysticus" an, die letzen Worte des *Faust*. In den Versen "Alles Vergängliche/ Ist nur ein Gleichnis" (12104f.) und in der Wendung "Das Unbeschreibliche" (12106) sei der bloß mystische "Zeichencharakter" ausgesprochen, mit dem die Gestalten auf das Ewige verweisen.[344] Schmidt verkennt, daß hier im Himmel die Sphäre des Vergänglichen ja gerade verlassen ist, und unterschlägt deshalb die antithetische Struktur des Schlußchores. Das "Unzulängliche", das im Vergänglichen Unerreichbare, muß *hier* nicht länger im Gleichnis ausgesprochen werden, weil es vollkommen präsent ist: "Hier wird's Ereignis" (12017). Das "Unbeschreibliche" verflüchtigt sich nicht, sondern ist *hier* das manifeste Resultat künstlerischer Produktion: "Hier ist's getan" (12109). Es hat Gestalt, Eigenschaften und einen Namen: Maria, "Das Ewig-Weibliche" (12110).[345] Gewiß schwingt in diesem Ausdruck auch eine Mystifikation von Weiblichkeit mit; in dem bildlichen Zusammenhang der Szene jedoch muß das "Ewig-Weibliche" vor allem als ein Synonym für das Himmlisch-Weibliche, für Maria selbst gelesen werden: Sie schwebt "zu Höhen/ Der *ewigen* Reiche" (12032f.; Hervorh. T.Z.), nämlich des Himmels.[346]

Weil die Mystik des Schlusses die katholische Mythologie nicht negiert, sondern mit dem "Ereignis" ihrer Bildlichkeit und Konkretion verschmilzt, ist das Marienlob des Doctor Marianus an verschiedene Motive der mittelalterlichen Marienverehrung angelehnt und z.T. in der Metrik entsprechender Hymnen gehalten.[347] Das Motiv der Heiligen, die wie der Doctor Marianus gegenüber Maria Fürbitte für die Seelen einle-

---

343 A.a.O., S.406.

344 A.a.O., S.405.

345 Zur Entgegensetzung des transzendenten Ereignisses in der Schlußszene und des weltimmananten Gleichnisses in der Szene "Anmutige Gegend" Abschnitt c) dieses Kapitels.

346 Bayer (1978) erwähnt Paracelsus' Begriff des "spiritus matricis mulierum", mit dem auch in der Alchemie kein abstrakt weiblicher Geist gemeint ist, sondern die konkrete Gestalt der Jungfrau Maria, mit der das Gold verglichen wird (S.224).

347 Bezüglich der Metrik verweist Trunz in HA 3 (S.637 f.) auf die Sammlung von Dreves, 1909. Der Verstyp "Blicket auf zum Retterblick/ Alle reuig Zarten" (12096 f.), den u. a. Thomas von Aquin benutzte, findet sich außer an diesen Stellen noch a.a.O., in Bd.1, S.320: "Virgo parens gaudeat/ virgo semper pura" und in Bd. 2, S.289: "Cunctis excellentior/ angelorum choris". Goethe hat den "Chorus mysticus" der Hymnik des Petrus Abaelardus angenähert, etwa der Strophe "Advenit veritas,/ Umbra praeteriit,/ Post noctem claritas/ diei subiit,/ Ad ortum rutilant/ superni luminis/ Legis mysteria/ plena caliginis" (Bd.1, S.538). Dieser doppelte Rückgriff aufs Mittelalter im Zusammenhang von Marienlob und Lichtmetaphorik zeigt deutlich, daß es Goethe um die Synthese von Gestalthaftigkeit und Mystik ging.

gen, ist im Mittelalter allgegenwärtig; die Romantik wird dieses Motiv im Sinne ihrer Idee einer universellen Mittlerschaft aktualisieren.[348] Mittelalterlich sind auch der Rekurs auf das urspünglich byzantinische[349] Bild der Himmelskönigin mit der Gloriole und die Verknüpfung dieses Bildes mit der Vorstellung von Maria als der Herrin der Welt in der liturgischen Formel "Coeli Regina et mundi Domina":[350] "Die Herrliche mitteninn/ Im Strahlenkranze,/ Die Himmelskönigin,/ Ich seh's am Glanze.// ENTZÜCKT. Höchste Herrscherin der Welt!/ [...]" (11992ff.). Maria, die in der alten Marienlyrik häufig als Stern apostrophiert wird, ist auch schon mit jenem "Dauerstern" des Pater ecstaticus gemeint, der nach der Verflüchtigung alles Irdischen als "Ewiger Liebe Kern" ebenso himmlisch erglänzen soll wie später die Mater gloriosa (11863ff./ 11996).

Auch im Zusammenhang der von Maria gespendeten Gnade sind neuplatonische und häretische Vorstellungen mit der offiziellen und populären Bildlichkeit verbunden. Die Verse der Engel: "Wer immer strebend sich bemüht,/ Den können wir erlösen./ Und hat an ihm die Liebe gar/ Von oben teilgenommen,/ Begegnet ihm die selige Schar/ Mit Herzlichem Willkommen" (11936ff.) versteht Bayer als Ausdruck der pelagianischen Religiosität, weil dort die "Kraft des freien Willens" – hier: das Streben – mit der "göttlichen Gnade" – hier: der Liebe von oben – verbunden ist. Nach J. Schmidt folgt die "Doppelrichtung der Vermittlung" zwischen Irdischem und Göttlichem, das Streben *nach* oben und die Liebe *von* oben, dem Neuplatonismus des Dionysius Areopagita. Innerhalb der von kosmischer Sympathie bewirkten beiderseitigen Anziehung seien dort wie im *Faust* "die Engel die eigentlichen Mittlerwesen".[351] Daß Maria die höchste der Mittlerfiguren ist, geht nach Bayer auf die alchemistische Tradition, speziell auf Paracelsus zurück.[352] All diese Motive sind freilich keine Besonderheiten der inoffiziellen Glaubenslehren, sondern Allgemeingut des Mittelalters. Als solche verarbeitet Dante sie. Der letzte Vers der *Divina commedia* besagt, daß die Liebe den Kosmos bewegt.[353] Im 29. Gesang des *Paradiso* sind jene, die das göttliche Licht erschauen, "durch Gnade erleuchtet und durch ihr

---

348 Vgl. den folgenden Abschnitt.
349 Miegge (1962), S.130.
350 Fest der sieben Schmerzen der hl. Jungfrau; zit. nach Miegge (1962), S.197.
351 J. Schmidt (1992), S.394.
352 Bayer (1978), S.223f.
353 "l' amor che move il sole e l'altre stelle". Dante, *Divina commedia, Paradiso*, XXXIII,145.

Verdienst".[354] Und der letzte Gesang wiederum enthält das Motiv der Fürbitte für die Seelen. Hier, im Gebet des Heiligen Bernhard an die Königin des Himmels, bittet Dante selbst, nachdem er das Leben der Geister gesehen hat, Maria um die Kraft, seine Augen zum höchsten Heil zu erheben.[355]

In einem anderen Punkt versucht Landolt, den *Faust II* vom offiziellen mittelalterlichen Glauben abzugrenzen. Die Unabhängigkeit der Gnade von der Bereitschaft des Menschen, seine Sünden zu bereuen und Buße zu tun, deute auf die häretische Lehre der "Apokatástasis", der Erlösung aller. Der Engelschor der Szene "Grablegung" enthalte dieses Motiv mit dem Wort vom "Allverein", in dem die Toten "selig" werden (11807f.).[356] Dem entspreche auch die Weglassung des ursprünglich geplanten Gottesgerichts, bei dem "Christus, Mutter, alle Evangelisten und alle Heiligen" im Himmel "Gericht über Faust" halten und seine Taten beurteilen sollten.[357] In dem statt dessen gestalteten Schluß tritt – wie Goethe schon 1820 an Schubart schreibt – das göttliche "Begnadigungs-Recht" unabhängig von jener "Schuld" auf den Plan, die Faust von der Gretchentragödie bis zum Mord an Philemon und Baucis auf sich lädt.[358] Doch das Motiv der unbedingten und daher potentiell allen Menschen zukommenden Gnade Marias entspricht sehr präzise spätmittelalterlichen Vorstellungen. Ihnen zufolge "hat Christus seine Herrschaft mit seiner Mutter geteilt, indem er sich selbst die Gerechtigkeit vorbehielt, ihr aber die Barmherzigkeit anvertraute".[359] Diese Aufgabenteilung hat ihre religionsgeschichtlichen Ursachen in der älteren Gnadenlehre. "Die ganz um den Gedanken der Erbsünde und der Notwendigkeit einer Erlösung um teuren Preis kreisende Theologie des Westens hatte Christus zum Sinnbild und Bürgen des gesamten ethisch-disziplinären Systems der lateinischen Kirche gemacht", schreibt Miegge. "Nichts wird in jenem streng juridischen System geschenkt, alles muß erworben werden [...]; die Gnade ist also ein streng nach Verdienst bemessener Akt vergeltender Gerechtigkeit".[360] Diese Ausgrenzung der

---

354 "con grazia illuminante e con lor merto". *Paradiso*, XXIX,62.

355 "[...] qui ha vedute/ le vite spiritali ad una ad una,/ supplica a te, per grazia, di virtute/ tanto, che possa con gli occhi levarsi/ più alto verso l'ultima salute". *Paradiso* XXXIII, 23ff.

356 Landolt (1990), S.180.

357 WA I,15/2, S.143. Vgl. Landolt (1990), S.180.

358 3. November; HAB 3, S.493f.

359 Miegge (1962), S.135.

360 A.a.O., S.136. Von diesem strengen Bedingungsverhältnis unterscheidet sich Dantes Konjunktion von Gnade und Verdienst im *Paradiso* der *Divina commedia* (XXIX, 62) durch den Barmherzigkeitsgedanken: "In te misericordia, in te pietate", sagt Bernhard in seinem Mariengebet (XXXIII, 19).

christlichen Barmherzigkeit aus der Gnadenlehre wurde später in der Marienverehrung kompensiert, denn an Maria ist, wie Bernhard von Clairvaux sagt, "nichts Strenges, nichts Erschreckendes; sie ist ganz milde, anmutig, sanftmütig und erbarmend".[361]

> Für die Masse der Gläubigen [...] wurde die Jungfrau Maria [...] zum notwendigen Ausweg. Sie war von der schwerbeladenen theologischen Entfaltung der Lehre von Sünde und Erlösung verhältnismäßig unberührt geblieben; sie stand jenseits des harten juridisch-asketischen Schemas der katholischen Erlösungslehre. Sie konnte zum Sinnbild einer reinen Barmherzigkeit jenseits aller Begriffe von Verdienst und Gerechtigkeit werden; sie konnte zu dem Sinnbild einer reinen Gnade werden, das Christus zu sein aufgehört hatte.[362]

Die Ersetzung des Gottesgerichts durch die allein begnadigende Maria im *Faust* folgt dieser religionsgeschichtlichen Entwicklung.

Die Schlußszene verbindet die Vorstellung einer Reinigung der Seele vom Irdischen mit bildlichen Motiven des mittelalterlichen Glaubens. Jene Entstofflichung und Verinnerlichung, die J. Schmidt für den Sinn hält, wird überschritten durch die Idee transzendenter Verkörperung und die Figuren katholischer Mythologie. Darin liegt eine Analogie zum 1. und 2. Akt. Nach Fausts mystischem Gang ins innere Ideenreich und dem Verpuffen der weltlos hervorgebrachten Phantome gelingt erst durch die Vermittlung mit den bereits objektivierten, stoffgebundenen Gestalten von Mythologie und Kunst eine Annäherung des Subjekts ans Ideal. Entsprechend werden die körperlosen Seelen in der Schlußszene an die katholische Figurenwelt gebunden. Der Rekurs auf konkrete Transzendenz-Vorstellungen entspricht Goethes bereits mehrfach zitierter Kritik an dem neuplatonisch-idealistischen Versuch, das Eine, "woher alles entspringt und worauf alles wieder zurückzuführen wäre [...] in eine vor unserm äußern und innern Sinn verschwindende Einheit zurück[zu]drängen".[363]

Sowenig der Text die "katholische Mythologie" negiert, sowenig begründet er freilich die religiösen Dogmen neu. Es geht um die – wie im Falle der antiken Galatea auch hier postnormative – Aktualität der mittelalterlichen Glaubenswelt in einer zeitgenössischen Kunstform: der romantischen. Daß in der Schlußszene ein romantischer Prätext gestaltet ist, soll nun ausgehend vom Marienbild gezeigt werden.

---

361 Zit. nach Delius (1963), S.161.
362 Miegge (1962), S.137.
363 MuR 642.

b) Maria als romantisches Ideal

Im deutschen Protestantismus des 18. Jahrhunderts sind noch keine Sympathien für die mittelalterliche Marienverehrung zu erkennen. Beispielsweise gilt es dort als "selbstverständlich, daß es keine Anrufung und Fürbitte der Heiligen einschließlich der Maria geben kann". Maria ist ein Leitbild nur wegen ihrer weltlichen "Tugendhaftigkeit".[364] Entsprechend sagt Herder 1773 in einer Marienpredigt:

> Von ihrer Himmelfahrt und unbefleckten Empfängnis wissen wir nichts: von ihrer Krönung im Himmel zur Göttin und Gebieterin des Sohnes noch weniger [...]. In dunklen Zeiten sind alle dergleichen Fabeln entstanden, da man an Einem Gott nicht genug hatte und auch eine Dame im Himmel haben wollte, zu der man sich wenden und die das Herz des Vaters und Sohnes lenken könnte: so daß Maria fast in die Dreieinigkeit und darüber gesetzt worden [...].[365]

Herder zufolge erhob das Mittelalter die Maria zu einer Göttin, die Christus und Gottvater aus dem Zentrum des Glaubens verdrängte. Auch der Himmel des *Faust II* wird von der "Göttin" Maria (11203) beherrscht; von Christus ist nur in den Versen der drei Büßerinnen die Rede.[366] Anders als Herder rekurriert Goethe aber nicht direkt auf die Vorstellungswelt des Mittelalters. Inzwischen hat sich die Romantik das Thema zueigen gemacht. Sie teilt Herders Einschätzung des mittelalterlichen Marienbildes, wendet aber die Wertung um 180 Grad. Die Schlußszene des Faust greift wiederum diese positive romantische Wertung auf.

August Wilhelm Schlegels fiktives Gespräch *Die Gemälde*, 1799 veröffentlicht im zweiten Band des *Athenäums*, enthält ein Sonett auf eine Darstellung der "Mutter Gottes in der Herrlichkeit". Darin heißt es über die "glorreiche Himmelskönigin": "Die ew'ge Liebe, die das Weltall trägt,/ Ist unauflöslich uns durch dich vermählet".[367] Diese Verse markieren genau die frühromantische Aufwertung der Maria zu einer Mittlerfigur, die gleichberechtigt mit Christus Gott und Welt, Idee und Realität verbindet. In diesem Sinne schreibt auch Friedrich Schlegel im 234. und 235. Athenäumsfragment: "Es ist sehr einseitig und anmaßend, daß

---

364 Delius (1963), S.253.

365 Herder, Sämtliche Werke Bd. XXXI, S.263.

366 Dieter Breuer (1981) spricht sich gegen den Versuch aus, das Marienlob des Doktor Marianus auf mittelalterliche Lyrik und Dantes *Divina commedia* zurückzuführen. Eine Apostrophierung der Maria als "Göttin" wie im *Faust II* gebe es bei Bernhard von Clairvaux und Dante nicht, sondern erst in den barocken Mariendichtungen des Jakob Balde, die Goethe teilweise durch Herder kannte (S.15f.). Die oben zitierte Predigt zeigt aber, daß Herder die Bezeichnung der Maria nicht erst dem Barock, sondern schon dem Mittelalter zuschreibt.

367 A.W. Schlegel, Sämtliche Werke Bd. 9, S.96f.

es gerade nur Einen Mittler geben soll. Für den vollkommenen Christen, dem sich in dieser Hinsicht der einzige Spinoza am meisten nähern dürfte, müßte wohl alles Mittler sein. [Abs.] Christus ist jetzt verschiedentlich *a priori* deduziert worden: aber sollte die Madonna nicht ebensoviel Anspruch haben, auch ein ursprüngliches, ewiges, notwendiges Ideal wenn gleich nicht der reinen, doch der weiblichen und männlichen Vernunft zu sein?"[368] Friedrich Schlegel richtet sich zunächst gegen den Glauben an die singuläre Fleischwerdung Gottes und rekurriert wie Friedrich Schleiermacher und Novalis auf die spinozistische Gott-Natur, um den christlichen Mittlergedanken pantheistisch zu verallgemeinern.[369] Im nächsten Schritt wird diese Universalisierung aber abgebrochen zugunsten einer Art Polytheismus christlicher Mittlerfiguren. Was Herder als Ausgeburt finsterer mittelalterlicher Religiosität brandmarkt, die Erhebung Marias in die Dreifaltigkeit, wird von der Romantik ausdrücklich zum "Ideal" erklärt. Auch für Novalis ist Maria "mit göttlichen Kräften versehen".[370]

In diesem Zusammenhang sind F. Schlegels Überlegungen zum Unterschied der Konfessionen zu verstehen: "Der Katholizismus ist das naive Christentum; der Protestantismus ist sentimentales [...]. Nur fehlt es dem protestantischen Christentum vielleicht noch an Urbanität". Mit Urbanität meint Schlegel beispielsweise die ausführliche künstlerische Darstellung "biblische[r] Historien", was den meisten Zeitgenossen als "überflüssig" erscheine.[371] Dieser Gedanke steht deutlich in der Nachfolge von Schillers Losung, die verlorene Naivität müsse in der Moderne mit sentimentalischen Mitteln eingeholt werden.[372] Schlegel überträgt die Kategorie des Naiven allerdings von der antiken Naturreligion auf den Katholizismus des Mittelalters. Das 221. Athenäumsfragment nennt den "Christianismus" in diesem Sinne ein "erst angefangenes Faktum, das also nicht in einem System historisch dargestellt, sondern nur durch divinatorische Kritik charakterisiert werden kann".[373] Schlegel kritisiert den aufgeklärten Protestantismus, der in Christus nurmehr ein "Ideal [...] der reinen [...] Vernunft" sieht, und möchte die Urbanität der alten

368 KA II, S.203f.
369 "Pantheism" bedeutet für Novalis die "Idee [...], daß alles Organ der Gottheit – Mittler seyn könne, indem ich es dazu erhebe" (NS 2, S.443ff.). Vgl. Timm (1978), S.85ff.
370 NS 3, S.507.
371 231. *Athenäums-Fragment*; KA II, S.203.
372 Daher kann Goethe schreiben, die Romantiker hätten Schillers Option auf das "Edle" mit dem Griff "nach dem Heiligen" nur überboten. 7. März 1808 an Jacobi; HAB 3, S.66.
373 KA II, S.201.

biblischen Historien wiedererwecken: Die Religion soll ein Ideal des gesamten Lebens darstellen. Der "rückwärtsgewandte Prophet" Schlegel charakterisiert das Ideal des Christentums im Rekurs auf die Figuren des naiven, katholischen Christentums. Das ist mit der Deduktion der Madonna gemeint. Der naive Katholizismus dient als Mittel zur sentimentalischen Überwindung des Protestantismus. Die Motive von Schlegels Konversion sind im *Athenäum* präfiguriert.

Der Versuch, das Ideal der "universellen und progressiven"[374] christlichen Religion im Rückgriff auf katholische Motive zu charakterisieren, folgt dort allerdings noch dem von Spinoza inspirierten Denken der universellen Mittlerschaft. In der Schrift *Über die Sprache und Weisheit der Indier* (1808) verwirft Schlegel den Spinozismus als moralisch indifferent zugunsten der Emanationslehre, derzufolge "die Welt [...] im Innersten verderbt und böse" ist – nämlich "ein trauriges Herabsinken von der vollkommenen Seligkeit des göttlichen Wesens" – und wo die "Reinigung und Rückkehr zu Gott" als höchstes Ziel gilt.[375] Der neuplatonische Reinigungsgedanke, der im *Faust*-Schluß virulent ist, hat auch hier zentrale Bedeutung. In ihm sieht Schlegel eine Übereinstimmung von Hinduismus und Christentum. Goethe verstand denn auch das Indien-Buch als "ein ganz krudes christ-katholisches Glaubensbekenntnis" des Konvertiten Schlegel;[376] mit ähnlicher Schärfe verfolgen er und Johann Heinrich Meyer später das Transzendieren in der katholischen Kunst.[377] Wenn die Vorstellung, nur durch die Abstreifung alles Weltlichen könne die Seele zu Gott gelangen, zur wiederbelebten katholischen Bildlichkeit hinzukommt, entsteht die transzendierende Richtung der späteren Romantik, und genau diese doppelte Bewegung kehrt im *Faust*-Schluß wieder. In originärer Form findet sich diese Haltung etwa bei Max von Schenkendorf, wenn die heilige Jungfrau ihre eigene Himmelfahrt folgendermaßen kommentiert:

Himmelan mein Herz, mein Leben,
Himmelan zu Gott hinauf!
[...]
Alle Ketten sind gefallen;
Ewig leuchtet mir dein Blick.[378]

Hier geht die Lösung der Ketten – es ist die von Augustinus benutzte Metapher – mit der leiblichen Aufnahme Marias in den Himmel einher.

---

374 231. *Athenäums-Fragment*; KA II, S.203.
375 KA VIII, S.200, 213.
376 An Zelter, 22. Juni 1808; HAB 3, S.75.
377 *Neu-deutsche religiös-patriotische Kunst* (1817). Vgl. WA I, 49/1, S.21-60.
378 Schenkendorf, *Gedichte*, S.312.

Dahinter steht der Glaube, daß Maria die Erbsünde Evas rückgängig macht wie Christus diejenige Adams. "Der neue Adam sollte nicht allein bleiben. Maria tritt an seine Seite" und ist bei Bernhard von Clairvaux "im Gegensatz zur Verführerin Eva die Dienerin der Versöhnung".[379] In der Schlußszene ist die Lösung vom "Kettenschmerz" der Sinnlichkeit und von "der Gelüste Ketten" zentrales Motiv beim Aufstieg zu Maria, denn Goethe sah das romantische Transzendieren in Schriften wie Schlegels Indien-Buch oder in literarischen Texten wie dem Gedicht Schenkendorfs mit dem Gedanken der sündhaften und darum zu reinigenden Natur verknüpft.

Die bei Friedrich Schlegel zeitlich aufeinanderfolgenden Tendenzen, die frühromantische Synthese christlicher Figuren mit dem Spinozismus und das spätromantische Transzendieren, sind bei Novalis bereits in eigentümlicher Weise verklammert. Er postuliert eine dialektische Vermittlung von "Aufsteigung" und "Hineinsteigung",[380] von transzendierender Bewegung und Versenkung in die Immanenz. Nach Richard Samuel ist Novalis' Marienauffassung einerseits verbunden mit der Rückwendung zu der mittelalterlich-mystischen Sehnsucht, "alles Irdene aufzulösen [...] und unterzutauchen in Gott".[381] So schreibt Novalis: "Des höchsten Wesens wird man nur durch den Tod wert", und mit dem höchsten Wesen meint er sowohl seine gestorbene Verlobte Sophia als auch Maria.[382] Andererseits ist die Madonna, der erwähnten Verbindung von spinozistischer Gott-Natur und transzendenter Gottheit gemäß, an eine Kette unendlich vieler Mittlerfiguren gebunden.[383] Ausdrücklich charakterisiert Novalis die Heiligengestalten des mittelalterlichen Glaubens als Mittler vor Maria. Die Priester, so heißt es in dem Fragment *Die Christenheit oder Europa*,

> predigten nichts als Liebe zu der heiligen, wunderschönen Frau der Christenheit, die mit göttlichen Kräften versehen, jeden Gläubigen aus den schrecklichsten Gefahren zu retten bereit war. Sie erzählten von längst verstorbenen himmlischen Menschen, die durch Anhänglichkeit und Treue an jene selige Mutter [...] zu göttlichen Ehren gelangt und nun schützende, wohltätige Mächte ihrer lebenden Brüder, willige Helfer in der Not, Vertreter menschlicher Gebrechen und wirksame Freunde der Menschheit am himmlischen Throne geworden waren.[384]

Dieser romantischen Mittelalter-Auffassung ähnelt das Mittler-Gebet des Doctor Marianus. Er spricht von Marias Göttlichkeit (12103) und

---

379 Delius (1963), S.169.
380 NS 3, S.434.
381 Samuel (1925), S.225.
382 NS 2, S.249. Vgl. dazu Timm (1978), S.96.
383 Samuel (1925), S.220f.
384 NS 3, S.507f.

ihrer Rolle als Retterin (12096); er ist Anwalt der menschlichen "Schwachheit" (12024) vor Maria. Die Romantik knüpft die beiden für sie zentralen christlichen Gedanken, die Negation der Welt im Tode und die Mittlerschaft, an die Marienfigur. Genau dies vollzieht die Schlußzene des *Faust* nach.

Die Romantiker kritisieren mit ihrem Rekurs auf die "naiven" mittelalterlich-katholischen Motive den sinnlich-bildlich verarmten "sentimentalischen" Protestantismus und variieren dabei die klassizistische Rückwendung auf die griechische Antike, der Schiller eine Einheit von Geist und Sinnlichkeit unterstellt. Sowohl Novalis als auch die Brüder Schlegel sind bestrebt, der Anschaulichkeit antiker Mythologie eine ebenbürtige christliche Bildlichkeit entgegenzusetzen bzw. zur Seite zu stellen.[385] In den Berliner *Vorlesungen über romantische Literatur* (1803) akzentuiert August Wilhelm Schlegel dann allerdings einen Gegensatz von griechischer und mittelalterlicher Geist-Natur-Synthese, der auf die hochromantische Abkehr von der Naturreligion vorausweist. Im Zusammenhang mit der Madonna spricht er nun nicht mehr von der 'unauflöslichen Vermählung' der ewigen himmlischen Liebe mit der Welt, sondern von einer rein transzendenten Idealität, die erst in der Kunst mit der Welt verschmolzen wird. Die Kunst selbst ist die Mittlerin. "Wenn man die klassische Bildung mit einem Worte schildern will, so war sie vollendete Naturerziehung. Jetzt" – nämlich im Mittelalter – "konnte Freiheit mehr das herrschende Prinzip werden, welche dann auch nicht unterließ, die Natur zu unterdrücken, und sich so als Barbarei kundzugeben. Die Natur machte aber ihre Rechte geltend, und dieser Zwist bestimmte den Charakter der modernen Bildung, in welcher die unauflöslichen Widersprüche unseres Daseins, des Endlichen und Unendlichen in uns, mehr hervortreten, aber wieder verschmolzen werden".[386] Der Begriff der klassischen Naturbildung und der Gedanke der Naturunterdrückung durch eine "barbarisch" gewordene Freiheit des Geistes stehen in deutlicher Nachfolge von Schillers *Briefen*.[387] So wie Schiller sich die Vermittlung beider Seiten von einer Rückwendung zu klassischen Kunstformen verspricht, in denen Geist und Natur urwüchsig-naiv im Gleichgewicht stehen, sieht auch A.W. Schlegel die beiden Seiten im mittelalterlichen Liebes- und Kunstideal bereits "verschmolzen". Während jedoch in den klassischen Formen nach Schiller die endli-

---

385 Samuel (1925) sieht darin einen Schlüssel auch zum Verständnis von Novalis' Mittelalter-Auffassung (S.186).

386 KSB IV, S.99.

387 *Über die ästhetische Erziehung des Menschen*, 4. Brief; NA 20, S.318.

che Natur *als* das Göttliche dargestellt ist, versinnbildlicht nach Schlegel das Mittelalter die Transzendenz mit den unvollkommenen Mitteln einer nicht göttlichen Welt. Die Natur ist nicht, wie in der Antike, Medium des Göttlichen, sondern ein profanes Instrument für die Darstellung des Heiligen. Das Mittelalter verspürte nämlich, so August Wilhelm Schlegel, im Gegensatz zur Antike eine Scheu,

> der Natur noch dienen zu müssen. Alle Sinnlichkeit ward verkleidet, und man bestrebte sich die Schönheit rein zu vergöttern. Ein unendlich reizender Widerspruch ist in diesem Geist der Liebe, aber zugleich die Anlage zur Ironie, welche aus dem Bewußtsein des Unerreichbaren, statt zu niederschlagendem Ernst überzugehen, einen leisen Scherz macht. [Abs.] Dieses Bestreben nach Verbindung des Unvereinbaren offenbart sich schon in dem Ideal der Weiblichkeit, welches in so manchen Liebesgedichten der Neueren im Hintergrunde steht: dem Ideal der Madonna, das zugleich Jungfräulichkeit und Mütterlichkeit, und die höchste Liebe in himmlischer Verklärung ohne alle irdische Beimischung darstellen soll.[388]

Ob die Schlegelsche Ansicht Goethe bei der Abfassung des *Faust*-Schlusses präsent war, sei dahingestellt. Die Parallelen zeigen jedenfalls, wie eng das Gebet des Doctor Marianus und der Chorus mysticus am romantischen Mittelalterbild orientiert sind: Schlegels klassischer "Naturerziehung" entspricht das Entstehen im Zeichen des Eros in der "Klassischen Walpurgisnacht". Die Schlußszene präsentiert dagegen in ihren katholischen Figuren den christlich-transzendierenden "Geist der Liebe" (Schlegel) "los" und "frei" von der Erde (11973/ 11989). Nach Schlegel ist es das Ziel der christlichen Kunst, "die Schönheit rein zu vergöttern", und bei Goethe heißt es: "Jungfrau, rein im schönsten Sinn,/ [...] Göttern ebenbürtig" (12009ff.). Nebenbei bemerkt: Der Plural "Götter" zeigt an, daß die Maria hier nicht allein dem christlichen Gott, sondern auch den Olympiern gleichgestellt wird, und eben das ist die doppelte Intention der Romantik. Schlegels Überlegung, die Madonna sei die Darstellung eines eigentlich "Unerreichbaren", ergibt sich aus seiner Auffassung, daß das Mittelalter mit den irdischen Mitteln der Kunst das jenseitige Göttliche als Schönheit darstellen wollte. In Goethes Chorus Mysticus wird die Darstellung des eigentlich Unerreichbaren mit den Worten kommentiert: "Das Unzulängliche,/ Hier wird's Ereignis" (12106f.).

Bei der Darstellung des Aufstiegs zur unzulänglichen oder unerreichbaren Madonna bezieht sich Goethe – wie gezeigt – auf Dantes *Divina commedia*. In diesem Werk sieht A.W. Schlegel den romantischen Geist vollkommen realisiert. Er hebt besonders die souveräne Ablösung von

---

388 KSB IV, S.100.

der Endlichkeit hervor, die die Renaissance – als eine auf die klassische Kunst der Antike zurückgreifende Epoche – nicht mehr anstrebt. 1817 bespricht er die *Divina-commedia*-Illustrationen des Johann von Fiesole und konstatiert dabei die malerische Undarstellbarkeit von Dantes Himmel:

> Ein Dichter, wie Dante, kann freilich seine Hörer zu immer leuchtenderen Sphären hinauf entrücken, die verklärten Gestalten durch umhüllende Ausstrahlungen hindurch zeichnen, und zuletzt alles in einem Ozean von Licht zerfließen lassen: denn das innere geistige Licht kennt keine Blendung. Der Maler hingegen, der für den sinnlichen Blick arbeitet, welchen Schwung auch seine Einbildungskraft nehme, wird schwerlich den irdischen Voraussetzungen entgehen können. Das Licht auf der Tafel kann nur durch den Gegensatz der Schatten fühlbar gemacht werden.[389]

Bezogen auf Schlegels Unterscheidung von klassischer und romantischer Kunst bedeutet das: Die Malerei muß klassisch der "Natur dienen", die Dichtung kann romantisch von ihr abstrahieren und die Schönheit "rein vergöttern".

Schlegels Auffassung, das Mittelalter habe den Widerspruch zwischen der Unerreichbarkeit des Göttlichen und dessen künstlerischer Darstellung mit Scherz und Ironie behandelt, hat am Schluß des *Faust* ein originelles Pendant. Das Unerreichbare und Unvereinbare (Goethe: Unzulängliche) an der Madonna ist nach Schlegel die paradoxe Synthese von Jungfräulichkeit, Mütterlichkeit und reiner Transzendenz. Im antiken Polytheismus waren diese verschiedenen Momente – natürlich nicht die Weltlosigkeit – auf einzelne Figuren verteilt und wurden "strenge und auseinander gehalten". Die Bedeutung der einzelnen Charaktere ist "in den Darstellungen der alten Künstler vollkommen erschöpft: und dieses finden wir durchaus das Verhältnis der modernen Bildung zur antiken, daß in jener eine höhere Anforderung liegt" – nämlich die Synthese widersprechender Charaktere im Ideal –, "die aber eben deswegen unvollkommener zur Darstellung gebracht wird".[390] Die Darstellung der eigentlich unerreichbaren Synthese von "Jungfrau, Mutter, Königin" und "Göttin" (12102f.) ist im Vergleich zu entsprechenden Einzeldarstellungen notwendig unvollkommen und mangelhaft:

> Das Unzulängliche,
> Hier wird's Ereignis.

---

[389] A.W. Schlegel, Sämtliche Werke Bd. 9, S.335.
[390] KSB IV, S.100.

Die Ironie der Verse liegt im Doppelsinn des Wortes "unzulänglich".[391] Das Ereignis des Unzulänglichen, die Realisation des mittelalterlich-romantischen Ideals, ist zugleich ein ästhetisch unzulängliches Ereignis. Auch wenn das romantische Ideal durch die Zitation mittelalterlicher Motive genau ausgestaltet und somit in seiner Dignität anerkannt wird, stellt sich doch die Frage, ob der Doppelsinn des "Unzulänglichen" romantischer Selbstironie entspricht oder ob darin das romantische Transzendieren verspottet wird.

c) Schluß- und Eingangsszene – Allegorie und Symbol

Der Schluß ist einer der "sehr ernsten Scherze" des *Faust II*: Weder dürfte er ausschließlich scherzhaft gemeint sein, etwa "als Kehraus christlich-romantischen Schwulstes in der ironischen Geste romantischen Gesanges selbst", wie Johannes Weber mutmaßt,[392] noch ausschließlich ernsthaft als "Blick ins Land der Verheißung", wie immerhin Joseph Goerres meinte, der seinerzeit beste Kenner katholischer Mythologie.[393] Erörtert werden soll statt solcher Vereinseitigungen die Frage nach dem Verhältnis von Ernst und Scherz. Steht die satirische Schicht im Vordergrund und wird ihr ein ernster Aspekt abgewonnen, oder gestaltet Goethe ernsthaft das romantische Marienideal und ironisiert es im Sinne der romantischen Selbstrelativierung?

Zur Beantwortung der Frage soll eine Passage am Anfang des *Faust II* betrachtet werden: Fausts 1827 geschriebener Terzinen-Monolog in der Szene "Anmutige Gegend". Diese Passage knüpft zunächst an die bereits kommentierte[394] Rede über die zwei Seelen an. Dort, in der Szene "Vor dem Tor" des ersten Teils, spricht Faust von der Sehnsucht, dem "göttergleichen Lauf" der "Göttin" Sonne "nach und immer nach zu streben" und ihr "ew'ges Licht zu trinken" (1075-86). Am Beginn des zweiten Teils faßt Faust den Entschluß, "Zum höchsten Dasein immerfort zu

---

391 Die pejorative Bedeutung findet sich bei Goethe häufig; so enthält eine Reflexion aus *Makariens Archiv* die Reihe "das Falsche, Ungehörige, Unzulängliche" (MuR 676; vgl. HA 8, S.469). In zwei Reflexionen aus dem Nachlaß stehen beide Bedeutungen sogar unmittelbar nebeneinander, zuerst i.S. von 'unerreichbar', dann i.S. von 'unvollkommen' bzw. 'dilettantisch': "Das Unzulängliche widerstrebt mehr, als man denken sollte, dem Auslangenden". Und: "Vor zwei Dingen kann man sich nicht genug in acht nehmen: beschränkt man sich in seinem Fache, vor Starrsinn, tritt man heraus, vor Unzulänglichkeit" (MuR 1176 f.).

392 J.Weber (1989), S.75.

393 Goerres (1845), S.95.

394 Vgl. Kapitel I.1, Abschnitt b).

streben" (4685); und auch hier manifestiert sich dieses "sehnend Hoffen" zunächst metaphorisch in dem "höchsten Wunsch" (4704 f.), beim Sonnenaufgang "des ewigen Lichts genießen" zu dürfen, wie die Berggipfel es tun (4697). Die Sonne ist in dieser Szene – Ariels Gesang vom "heiligen Licht" (4633) zufolge – ebenfalls ein Zeichen des Göttlichen.

Dieser Rekurs auf den ersten Teil am Anfang des zweiten evoziert nun zugleich den Pakt zwischen Faust und Mephisto. Denn in der Szene "Vor dem Tor" wandelt sich die Sehnsucht nach dem Absoluten zu dem Wunsch nach einem "Zaubermantel", der Faust "in fremde Länder" tragen möge (1122f.). Das lockt den Pudel heran. Mephistopheles, "des Pudels Kern" (1323), ist um jenen Mantel nicht verlegen. In den Pakt geht dann Fausts Erkenntnis ein, daß der sukzessive Genuß des Irdischen nur eine Depravation des "hohen Streben[s]" nach dem Absoluten ist (1676) und daß das "Selbst" des Menschen am ungenügenden irdischen Surrogat des ersehnten Sonnenflugs zuletzt "zerscheitern" muß (1774f.). Genau diese faustische Disposition zur Weltfahrt, die um 1800 eine Erhebung Helenas zum symbolisch-vermittelnden Höhepunkt des Dramas nicht zuließ,[395] wird in "Anmutige Gegend" nochmals thematisiert. Auch hier wendet Faust sich von der Sonne ab und der Welt zu, als seine Organe und seine Seele das "Feuermeer" des Absoluten und dessen Immoralität ("Ist's Lieb? Ist's Haß?" – 4710f.) nicht fassen können: "geblendet,/ Kehr ich mich weg, vom Augenschmerz durchdrungen" (4702 f.).[396]

Während der klassische Goethe einen "nichtklassichen" Weltbezug seines Protagonisten darstellt,[397] verkündet der Faust des Spätwerks einen zentralen Gedanken aus der Naturlehre seines Autors. Die Abwendung vom Absoluten als "Des Lebens Fackel" (4709) geht nicht mehr mit der Gewißheit einher, die Welt sei dem hohen Streben unangemessen, sondern führt zur Anerkennung der Erscheinungswelt als des einzigen Ortes, an dem das Absolute erfahrbar ist. Wie Materie und Geist nicht unabhängig voneinander existieren können,[398] so zeigt sich der *Farbenlehre* zufolge das Licht nur in seiner farbigen Brechung an der Materie. Diesem Denken folgt Fausts Rede über den Regenbogen:

> Am farbigen Abglanz haben wir das Leben (4727).

Die allgemeinste Form fand dieser Gedanke in Goethes *Versuch einer Witterungslehre* von 1825:

---

395 Vgl. Kapitel I.1, Abschnitt d), e).

396 Schon vor dem "Feuerbeben" des Erdgeists ist Faust ein "weggekrümmter Wurm" (492/8).

397 Keller (1978).

398 Vgl. HA 13, S.48.

Das Wahre, mit dem Göttlichen identisch, läßt sich niemals von uns direkt erkennen, wir schauen es nur im Abglanz, Beispiel, Symbol, in einzelnen und verwandten Erscheinungen; wir werden es gewahr als unbegreifliches Leben und können dem Wunsch nicht entsagen, es dennoch zu begreifen.[399]

Emrich merkt hierzu an, der farbige Abglanz dürfe weder neuplatonisch verstanden werden als ein bloß "niederes Abbild" der Sonne, die dann das "absolute, volle und wahre Wesen der Dinge" wäre, noch als "das 'ewige Licht' selbst". Der Abglanz gehöre vielmehr einer Sphäre symbolischer "Medien" und "Zwischenelemente" an,[400] wo das "Bezeichnete" und das "Bezeichnende"[401] weder miteinander identifiziert noch als nichtidentisch gefaßt werden, sondern wo der Versuch unternommen wird, die Phänomene so anzuschauen und zu behandeln, daß sie "unbegreiflich" und rätselhaft bleiben. Genau diese Inkommensurabilität im Symbol zeigt nach Goethes Überzeugung die objektive Existenz der göttlichen Idee an.[402]

Fausts Betrachtung des Regenbogens zielt also auf die Erfahrung des Göttlichen in der Welt und steht in der Nachfolge von Spinozas "deus sive natura". Das zeigt sich auch an der Art, wie der Eingangsmonolog des zweiten Teils die im vorletzten Abschnitt untersuchten Motive gewaltsamer Natur aufgreift, die bereits im "Prolog im Himmel" und in der Szene "Bergschluchten" von so unterschiedlicher Bedeutung sind. Wie ein "Sturm" ergießt sich unterm Regenbogen "Der Wassersturz, das Felsenriff durchbrausend,/[...]/ Hoch in die Lüfte Schaum an Schäume sausend" (4716 ff.). In den anderen Szenen ist ebenfalls die Rede vom Brausen (259/ 11847) und Schäumen (255/ 11869) an den Felsen (256/ 11875); vom Sturm (259), vom Sausen (11874) und vom Sturz (11869/ 11876). Während in der Szene "Bergschluchten" auf dem Wege zur göttlichen Liebe das zerstörerische Moment der Natur durch Selbstnegation vernichtet wird,[403] schildert "Anmutige Gegend", dem "Prolog im Himmel" entsprechend, eine diesseitige, immanente Vermittlung des Göttlichen und der Natur: Der Sturz des Wassers ist gemäß der Goetheschen Lehre ein Medium, in dem sich das göttliche Licht allererst zeigt, und zwar als ein unbegreifliches, weil Totalität in sich schließendes Phänomen – als das Spektrum der Farben. Wenn der Pater profundus die "grausen" Naturerscheinungen "Liebesboten" nennt, so deshalb, weil er

399 HA 13, S.305.
400 Emrich (1964), S.89. Emrichs Kommentar des Eingangsmonologs ist treffend, weil das Werk hier tatsächlich einmal einen Bezug auf Schriften Goethes enthält.
401 So Goethes Terminologie: 6. März 1810 an Zelter; HAB 3, S.120.
402 Vgl. Kapitel I.2, Abschnitt c).
403 Vgl. Abschnitt a) dieses Kapitels.

sich von ihnen die Vernichtung "stumpfer Sinne Schranken" verspricht, sie also für Zeichen einer außerhalb der Natur existierenden reinen Gottesliebe nimmt. Faust hingegen spricht angesichts des Wasserfalls Goethes Grundvokabel der immanenten Gotteserfahrung aus: "Ihn *schau' ich an* mit wachsendem Entzücken" (4717, Hervorh. T.Z.). Der Regenbogen läßt "in der Dünste trübem Netz/ Erkennen Gott und sein Gesetz", heißt es in einem Gedicht von 1813.[404] Auch im "Prolog im Himmel" ist es die Aufgabe der "echten Göttersöhne", die "schwankende Erscheinung" der Natur mit den "dauernden Gedanken", den ewigen göttlichen Gesetzen, zu verbinden. So wie Fausts Sehnsucht nach dem ewigen Licht durch die Anschauung der Farbe positiv beschränkt wird, soll das "Werdende" die Erzengel "mit der Liebe holden Schranken" umfassen (344ff.).

Der Unterschied zwischen Schluß- und Eingangsszene des *Faust II* ist prägnant: Während hier das "heilige Leben" (11988) den "Erdewegen" (11904) entgegengesetzt wird, "haben wir" dort das unbegreifliche "Leben" am irdischen "Abglanz". Und während Faust hier geblendet ist, bevor er mit himmlischen Augen das ewige Licht erschaut, ist er dort geblendet, bevor er es mit irdischen Augen in der Brechung als Farbe anschaut. Es scheint, daß einige Interpreten selbst geblendet waren von der exponierten Stellung des "Chorus mysticus" am Ende des Dramas. Die Verse

Alles Vergängliche
Ist nur ein Gleichnis;
Das Unzulängliche,
Hier wird's Ereignis (12104 ff.)

werden gemeinhin als eine weitere Variante von Goethes oben zitierter Äußerung über die symbolische und exemplarische Beziehung zwischen dem "Göttlichen" und der "Erscheinung" gelesen. Trunz spricht den bis heute bestehenden Forschungskonsens aus, wenn er sagt, der Abglanz-Gedanke werde am Ende "wiederholt" und Goethes "Hauptanliegen" noch einmal in die "kürzeste Formel zusammengefaßt".[405] Dieser Lesart widerspricht aber die Koppelung des einschränkenden oder pejorativen "nur" an das Vergängliche; Goethes Immanenzdenken zufolge müßte es beim *Unzulänglichen* stehen: *dieses* ist *nur* im Vergänglichen erfahrbar; davon losgelöst kann es nicht Ereignis werden. Dem Transzendenz-Denken hingegen gilt alles *Vergängliche nur* als Gleichnis des Unzulänglichen und Ewigen. Dieses Göttliche wird – wie oben in der Auseinandersetzung mit J. Schmidt schon erwähnt – in dem dargestellten Himmel

---

404 *Regen und Regenbogen*; WA I,3, S.191.
405 Trunz in HA 3, S.538,637.

ein tatsächliches und nicht nur gleichnishaftes Ereignis. Das Vergängliche steht dem Unzulänglichen, das Gleichnis dem Ereignis schroff antithetisch gegenüber. Das erste Verspaar meint das ungenügende Diesseits, das zweite das vollkommene Jenseits.

Diese unmittelbare Wahrnehmung des Göttlichen im Ereignis des Unbeschreiblichen widerspricht nicht nur Goethes Erfahrungsbegriff, sondern auch seiner Ästhetik. Man erinnere die oben zitierte Aussage A.W. Schlegels über den Unterschied von Dichtung und Malerei am Beispiel der *Divina commedia* und ihren Illustrationen. Der Dichter, sagt Schlegel, könne "alles in einem Ozean von Licht zerfließen lassen: denn das innere geistige Licht kennt keine Blendung. Der Maler hingegen, der für den sinnlichen Blick arbeitet, [...] wird schwerlich den irdischen Voraussetzungen entgehen können. Das Licht auf der Tafel kann nur durch den Gegensatz der Schatten fühlbar gemacht werden".[406] Goethe denkt über das Verhältnis von Malerei und Dichtung nicht anders; doch seine programmatische Schlußfolgerung ist von der romantischen grundverschieden: während Schlegel die Freiheit der dichterischen Einbildungskraft gegenüber der sinnlichen Wahrnehmung ebenso rückhaltlos begrüßt wie die literarische Schilderung einer weltlosen Transzendenz, fordert Goethe eine an der Anschauung orientierte Literatur; geleitet vom Immanenzdenken möge sich die Phantasie aus freien Stücken beschränken.

Damit ist erneut die Differenz zwischen Allegorie und Symbol angesprochen. Goethe schreibt, daß ein Allegoriker wie Schiller "zum Allgemeinen das Besondere sucht", während der Symboliker "im Besonderen das Allgemeine schaut".[407] Schiller, heißt es an anderer Stelle, habe die "ideelle Philosophie" mit den "edlen" Gestalten der Antike versinnbildlicht, die Romantiker hingegen mit den "heiligen" Motiven des Christentums: "Schiller hatte sich noch an das Edle gehalten; um ihn zu überbieten mußte man nach dem Heiligen greifen, das in der ideellen Philosophie gleich bei der Hand lag".[408] Die Allegorie basiert, wie auch das spätgoethesche Symbol, auf der Einsicht in die Getrenntheit von "Bezeichnendem" und "Bezeichnetem".[409] Jenes soll in beiden Formen ein "Gleichnis" von diesem sein. Doch gerade die Nichtidentität und Arbitrarität des Zeichens legitimiert für den Allegoriker eine willkürliche, nur von der freien Einbildungskraft geleitete Bezeichnung jedes Gegenstands, also auch des Absoluten. So kann gerade ein Denken, das

406 A.W. Schlegel, Sämtliche Werke Bd. 9, S.335.
407 MuR 279.
408 7. März 1808 an Jacobi; HAB 3, S.66.
409 6. März 1810 an Zelter; HAB 3, S.120.

die Gleichnishaftigkeit für einen unüberwindlichen *Mangel* der Sprache erklärt (*nur* ein Gleichnis), die Gestaltung des unerfahrbaren Absoluten unternehmen und verkünden, "hier", im künstlichen Artefakt, werde es "Ereignis". Die "wahre Symbolik" Goethes, die eine "lebendig-augenblickliche Offenbarung des Unerforschlichen" gewähren soll,[410] setzt jene Trennung im Zeichen ebenfalls voraus, leitet aber nicht die Berechtigung ab, das Absolute willkürlich zu bezeichnen. Statt dessen soll "die Idee im Bild immer unendlich wirksam und unerreichbar" bleiben.[411] Das Bild – in Fausts Monolog der Regenbogen – stellt das Göttliche nicht unmittelbar dar, sondern läßt es nur ahnen. Im Verzicht auf unmittelbare Darstellung erscheint die Bezeichnung des Absoluten nicht als eine rein subjektive, willkürliche Setzung. Vielmehr entsteht der Anschein, als nähere sich die Darstellung der objektiven Idee.[412]

Eingangs- und Schlußszene des *Faust II* enthalten die entgegengesetzten ästhetischen Pole des Werkes. Der Anfang schildert im didaktischen Ton des klassischen Lehrgedichts – "Ihm sinne nach, und du begreifst genauer" (4726)[413] – die symbolische Erfahrung des unerforschlichen Göttlichen in der Natur; am Ende steht Maria als das allegorische Bild der jenseitigen göttlichen Liebe. Zwischen diesen Polen spannt sich die Dialektik von Klassischem und Romantischem. Innerhalb dieses Zusammenhangs muß die Marien-Allegorie nun auch *bewertet* werden. Gemessen am Symbol der Eingangsszene bleibt sie zweifellos defizient: Das Unerreichliche erscheint nicht augenblickhaft im irdischen Abglanz, sondern wird unmittelbares, dauerhaftes Ereignis und bleibt doch – wie der Romantiker A.W. Schlegel selbst einräumt – ästhetisch unzulänglich. Welchen Status hat die Maria aber in der Dialektik von Klassik und Romantik?

In der Idylle des 3. Aktes war das Klassische zu einem abstrakten Bild der Harmonie erstarrt; Euphorion zerstörte die Idylle und fand an der Welt kein Genügen. Er sehnte sich nach Qual und Tod und strebte poetisch-transzendierend "himmelan" (9864). Am 2. Akt wurde gezeigt, unter welcher Bedingung das klassische Ideal nicht erstarrt: Galatea mußte vorüberziehen, damit sie sich als "ein Heiliges lebend hält" (8358). Nereus findet sich mit dem Vorüberziehen der Galatea ab, weil "ein einziger Blick ergetzt,/ Daß er das ganze Jahr ersetzt" (8430f.).

---

410 MuR 314.
411 MuR 1113.
412 Vgl. Kapitel I.2, Abschnitt c).
413 Vgl. etwa den Duktus der *Metamorphose der Tiere*: "Hier stehe nun still und wende die Blicke/ Rückwärts, prüfe, vergleiche und nimm vom Munde der Muse/ Die liebliche volle Gewißheit" (HA 1, S.203).

Homunculus strebt hingegen mit "herrische[m] Sehnen" (8470) der Galatea nach; in der Erfahrungslosigkeit seiner Subjektivität erwartet er vom Kunstideal die volle Synthese mit der Objektivität. Wegen dieser Erwartung verliert er sich selbst. Am Schluß des 5. Aktes nun erhalten das Transzendieren und die unendliche Sehnsucht ein Ideal: "Das Ewig-Weibliche/ Zieht uns hinan" (12110f.). Maria ist das jenseitige Ideal des mystischen Transzendierens und der unendlichen Sehnsucht, die ihr Ziel findet. Der Doctor Marianus sagt: "Unbezwinglich unser Mut,/ Wenn du hehr gebietest;/ Plötzlich mildert sich die Glut,/ Wie du uns befriedest" (12005ff.). Auch in Fausts romantischer Burg im 3. Akt schlug der unbedingte ritterliche Mut bei der Erscheinung des Minneideals in Milde um: "Schon das ganze Heer ist zahm" (9350). Die Maria stand bei dieser Minnevorstellung – mit A. W. Schlegel gesprochen – bereits im Hintergrund. Erst im Jenseits aber, wenn Faust in den "neue[n] Tag" des göttlichen Lichts tritt, kommt die Sehnsucht zur Ruhe. Weil Maria das himmlische "Ereignis" des "Unzulänglichen" ist, kann sie das Ziel der unendlichen Sehnsucht und des Transzendierens sein.

Der *Faust*-Schluß enthält eine Anerkennung des romantischen Marienideals denn es ist der Subjektivität adäquat. Was das klassische Ideal innerhalb der Natur nicht leisten konnte, bewirkt die Madonna unter den Bedingungen der Weltflucht: die künstlerische Beschränkung des Strebens und der Unendlichkeitssehnsucht. Im Gegensatz zu den Christusdarstellungen, deren Thema Leiden, Tod und das Hinübergehen ins Jenseits sind, gibt die Maria eine – wenn auch weltlose und in ewiger Herrlichkeit erstarrte – Vorstellung der befriedeten Sehnsucht. Wenn das Subjekt die irdischen Schranken nicht als positiv gelten lassen kann, so bewahrt die Madonna die Idee positiver Beschränkung wenigstens in ihrem Jenseits, das auch künstlerisch – wie Goethe zu Eckermann sagt – "eine wohltätig beschränkende Form und Festigkeit" erhält durch die "scharf umrissenenen christlich-kirchlichen Figuren und Vorstellungen".[414] Wie schon das im 3. Akt evozierte "Romantisieren" der Welt, so transponiert auch die romantische Maria jene Idee, die Klassikern und Romantikern gemeinsam ist, in eine Sphäre der Irrealität. Die Darstellung des Jenseits macht die entscheidende Differenz des romantischen Ideals zum klassischen aus.

Daraus ergibt sich nun die unterschiedliche Funktion der romantischen und der goetheschen Ironie. Die romantische markiert nach A.W.

---

414 6. Juni 1831; Eckermann, S.383. Die wohltätig beschränkten "poetischen Intentionen", von denen Goethe spricht (ebd.), können nun als Darstellung des romantischen Ideals verstanden werden.

Schlegel den Abstand zwischen dem Ideal und der Realität – einen Abstand, der sich an der Unvereinbarkeit des idealen Darstellungsziels und der realen Darstellungmittel erweist und zur künstlerischen Unvollkommenheit führt,[415] zum "Unzulänglichen". Hinter dieser ironischen Geste der Romantik steht das Wissen um die Transzendenz und Undarstellbarkeit des Göttlichen. Im Werkzusammenhang des *Faust II* hat die Stelle aber eine andere Bedeutung. Gemessen am 2. Akt meinen die Verse "Das Unzulängliche,/ Hier wird's Ereignis", die zunächst der romantischen Ironie zu entsprechen scheinen, keinen unvermeidlichen Mangel der Darstellung. Das "hier" bezieht sich nur auf den besonderen Vorgang einer Ablösung von der Welt. Dieses in der Forschung so geflissentlich-beflissen übersehene romantische Transzendieren hat zwar innerhalb des *Faust II* seine innere Berechtigung, weil das unendlich sehnsüchtige Subjekt an dem lebendig vorüberziehenden Ideal kein Genügen findet und erst mit der Mater Gloriosa in der Unendlichkeit und Ewigkeit ein Bild seiner endgültigen Befriedung erhält. Doch ist die romantische Maria kein im Leben erscheinendes Ideal mehr, auf das die Klassik zielt. Das Transzendent-Unzulängliche ist ästhetisch unzulänglich, weil ihm bei aller Vermittlung mit der künstlerisch-mythologischen Tradition die Einheit mit der Natur und der sinnlichen Anschauung fehlt.

Der ernste Scherz des Schlusses weist also zurück auf die Frage in der Szene "Felsbuchten" des 2. Aktes, wie "Sich ein Heiliges lebend hält" (8358). Dieser Zusammenhang der beiden Szenen, die in derselben Arbeitsphase entstanden, variiert im Kontinuum des gesamten Dramas die Dialektik von Klassik und Romantik, die bereits der 3. Akt zwischen dem dionysisch-christlichen Himmelan-Streben Euphorions und der Rückvermittlung der Poesie an den "Boden" und das "Zeugen" beschreibt.

---

415 Vgl. KSB IV, S.100.

II.5. Reiche Narren, freie Knechte – Wirtschaft und Politik im 1., 4. und 5. Akt

In dem Aufsatz *Moderne Guelfen und Ghibellinen* nennt Goethe 1826 die Auseinandersetzung zwischen Klassikern und Romantikern einen allgemeinen "Kampf, der in unseren Zeiten waltet. [...] Dieser Konflikt geht durch alles durch, wenngleich hier nur die Dichtung zur Sprache kommt".[416] In *Kunst und Altertum* parallelisiert Goethe im selben Jahr den Gegensatz von "Klassizismus und Romantizismus" mit der Auseinandersetzung um "Innungszwang und Gewerbefreiheit, Festhalten und Zersplittern des Grundbodens". Er schreibt über die Gemeinsamkeit dieser Konflikte: "Der Kampf des Alten, Bestehenden, Beharrenden mit Aus- und Umbildung ist immer derselbe. Aus aller Ordnung entsteht zuletzt Pedanterie; um diese los zu werden, zerstört man jene, und es geht die Zeit hin, bis man gewahr wird, daß man wieder Ordnung machen müsse".[417] Im *Faust II* wird das Verhältnis von Klassik und Romantik ebenfalls in politischen und ökonomischen Fragen der Zeit gespiegelt, so daß ein Bild entsteht von dem allgemeinen "Kampf", der in Goethes "Zeiten waltet". Auch in diesen anderen Zusammenhängen schafft der Autor seine poetische Wirklichkeit nicht ex nihilo, sondern in sehr engem Bezug auf zeitgenössische Positionen und – der Gegenstand legt es nahe – zeitgeschichtliche Ereignisse. Die entsprechenden Passagen werden in den drei ersten Abschnitten zunächst unabhängig von der Kunst-Thematik untersucht und anschließend in ihrem Zusammenhang mit den anderen Themenbereichen des *Faust II* interpretiert.

Der erste Akt stellt den Verfall des alten Feudalstaates und einen Versuch seiner Rettung durch die Ausschüttung von ungedecktem Papiergeld dar (a). Der vierte Akt spielt auf die zeitgeschichtliche Restaurationsphase an (b). Im fünften Akt verschränkt sich die Rückkehr zu feudalen Strukturen mit Motiven kapitalistischer Modernisierung. Diese eigentümliche Mischung zweier historischer Systeme zeigt sich auch in Anspielungen auf die Saint-Simonistische Sozialutopie (c). Der *Faust II* selbst enthält ein Interpretationsangebot für die politische Thematik der letzten beiden Akte: Die Analogie von Geschichte und Natur, die schon aus dem 2. Akt bekannt ist[418] (d). Die Parallelität des politisch-ökono-

---

416 WA I,41/2, S.276.
417 MuR 346.
418 Vgl. Kapitel II.3, Abschnitt b).

mischen Bereichs mit dem ästhetischen zeigt sich in einzelnen Bezugspunkten und in der analogen Entwicklung beider Thematiken (e).

a) Spätabsolutistische Sanierungsversuche

Die wirtschaftliche Depression des Reiches, die in der Szene "Kaiserliche Pfalz" in grellen Farben geschildert wird, geht einher mit einer politischen Auflösung, einer handfesten Staatskrise. Vor der Kommentierung der ökonomischen Motive soll diese politische Situation charakterisiert werden, die sich im vierten Akt nur noch verschärft, nicht qualitativ ändert. In beiden Akten herrscht "Selbstsucht" der Untertanen anstelle von "Dankbarkeit und Neigung, Pflicht und Ehre" gegenüber der Majestät (10393f.). Es "will sich alle Welt zerstückeln,/ Vernichtigen, was sich gebührt" (4799f.). Bereits im ersten Akt erwähnt der Schatzkanzler den Parteienstreit zwischen denen, die den Thron "schelten", und denen, die ihn "preisen" (4843); die gesellschaftliche Polarisierung zwischen den Kaisertreuen und der Partei des Gegenkaisers gipfelt im Bürgerkrieg des vierten Aktes. Dabei steht auch die Loyalität unter dem Primat des Eigennutzes; ein etwaiges Interesse am Erhalt der staatlichen Ordnung spielt keine Rolle: "Gleichgültig wurden Lieb' und Haß" (4844). Selbst der "Mietsoldat" fühlt sich nur wegen ausstehender Zahlungen, also aus Geldinteresse an den Staat gebunden (4819ff.). Die Herrschaft von "Ungesetz" und Raub im ersten Akt (4785ff.) ist im vierten vollends zur "Anarchie" geworden, zum offenen Bruderkrieg und Kampf aller gegen alle (10261). Die fehlenden Schranken gegen Gewalt und Unrecht tilgen in der Gesellschaft den "Sinn [...] zum Rechten" (4801f.). Die Gleichgültigkeit gegenüber dem "Nachbarn" (4867) führt zum Vergessen der wechselseitigen Abhängigkeit, der Tatsache, "daß Nachbars Hausbrand euch verzehren soll" (10396). Der Machtverlust der Thrones ist, wie in der *Natürlichen Tochter*, mit der Partialisierung und letztlich mit der Selbstzerstörung der Gesellschaft verbunden. Die Parteiung erscheint, im Unterschied zur heutigen Auffassung, als Destruktion der politischen Ordnung.

Wie im letzten der klassischen Weimarer Dramen sind im *Faust II* die Geste der Subordination der einzelnen unter den Fürsten sowie dessen Apostrophierung als ordnungstiftendes Gesellschaftszentrum zur Ideologie geworden – zu einer Strategie, mit der wiederum nur ein partieller Vorteil erzielt werden soll. "Den Glanz umher zu schauen,/ Dich und die Deinen! – Mangelte Vertrauen,/ Wo Majestät unweigerlich gebeut,/ Bereite Macht Feindseliges zerstreut?" (4877ff.) Mit diesem angesichts der übrigen Beschreibungen grotesk anmutenden Panegyrikus "lügt" Mephisto, wie die Menge kommentiert, "sich ein" (4886) und beginnt seinen Karrieresprung vom Narren zum Ratgeber. Er knüpft das Bild des intakten Hofes an jene Hilfe, die er selbst anzubieten hat. "Unheil" könne es nicht geben, "Wo guter Wille, kräftig durch Verstand,/ Und Tätigkeit, vielfältige, zur Hand" sind (4881ff.). Gemeint ist "Begabten Manns" – Fausts – "Natur- und Geisteskraft" (4896). Loyalität und Wahrung der alten Etikette werden im Tausch gegen staatlichen Einfluß angeboten. "Du machst uns stark und fest und stärkest deine Macht", charakterisiert der Erzbischof später unverhohlen dieses Geschäft (10952). Der Kaiser gibt Teile seiner Macht ab und stabilisiert zugleich deren verbliebene Reste mit der eingehandelten Treue. In diesem Sinne überhöht Mephisto auch im vierten Akt Fausts Bereitschaft, um den Preis eines Lehens für den Kaiser Krieg zu führen: "Durch deiner Feinde starkes Drohen/ ist er im Tiefsten aufgeregt./ Sein Dank will dich gerettet sehen,/ Und sollt- er selbst daran vergehen" (10607ff.). Ein begehrtes Objekt im Handel zwischen der Majestät und den "Getreuen" (4728) ist "des Kaisers Namenszug" (6064), die "heilige Signatur" – zum einen auf dem Papiergeld, zum anderen auf dem Verfassungsdokument des restaurierten Reiches, worin "des Besitztums Grenzen" der Kaisertreuen erweitert werden (10938). "*Für uns* mög' euer Wort in seinen Kräften bleiben", so bringt wiederum der Erzbischof das Interesse seiner Partei auf den Punkt (11041; Hervorh. T.Z.). Während der Kaiser "Sicherheit für ewige Zeit" zu erhalten glaubt (10932), läßt der Erzbischof – der zugleich Erzkanzler ist – keinen Zweifel an der zeitlichen Begrenzung der bloß gespielten Subordination: "[...] mit Demut *an Gebärde* ,/ Stehn Fürsten dir gebeugt, die ersten auf der Erde./ *Solang* das treue Blut die vollen Adern regt,/ Sind wir der Körper, den dein Wille leicht bewegt" (10961ff.; Hervorh. T.Z.). Die Formulierung "solang das treue Blut" scheint lebenslange Treue zu beschwören; verbindet man die temporale Konjunktion "solang" aber mit dem Attribut "treu", so liegt in dem Satz eine Einschränkung: Das Blut der Fürsten kann auch gegen den Herrscher aufgebracht und folglich untreu werden.

Der Herrscherwille wird schon längst vom Willen der angeblich dienenden Körperteile bestimmt. Das zeigt sich, als Faust in der eben schon zitierten organologischen Metaphorik den Kaiser darum bittet, nicht selbst heroisch in den Krieg zu ziehen und sein "Haupt so zu verpfänden": "Was, ohne Haupt, was förderten die Glieder?/ Denn schläfert jenes, alle sinken nieder" (10474ff.). Der Kaiser überläßt daraufhin nicht nur die physische Teilnahme am Krieg dem "Körper", sondern er verzichtet auch darauf, "Kopf" im Sinne von Fausts Schmeichelei zu sein: "Auf das Kommando leist' ich hier Verzicht" (10501). Der Kaiser hat die Macht bereits abgegeben und sein Haupt an die – noch – loyalen Kräfte "verpfändet", so wie er am Schluß des 4. Aktes beinahe "das ganze Reich verschreiben" muß (11042).

Im Unterschied zur *Natürlichen Tochter* werden all diese Verfallserscheinungen im *Faust II* in ökonomische Zusammenhänge gestellt. Bernd Mahl hat gezeigt, daß hier ein Bild des niedergehenden Merkantilismus oder Kameralismus gezeichnet ist. Weil der Unterhalt des Staates selbst einen immer größeren Teil der Ausgaben verschlang, war es im 18. Jahrhundert zunehmend das Ziel der Wirtschaftspolitik, "den Schatz der fürstlichen 'camera'" ungeachtet der begrenzten Gesamtproduktion "zu mehren".[419] Die verschwenderische Ausgabenpolitik führte eine Krise der kameralistischen Einnahmepolitik herbei. Sie schuf ein immer stärkeres "Geldbedürfnis des absolutistischen Staates" und verursachte einerseits zunehmende Staatsverschuldung, andererseits eine regelrechte "Plünderung" der ärmsten Volksklassen durch Besteuerung.[420] "Wir wollen alle Tage sparen/ Und brauchen alle Tage mehr", sagt der Marschalk in der kaiserlichen Pfalz (4853f.) und fügt über das Mißverhältnis von Einnahmen und Bedarf hinzu: "Die Deputate, sichre Renten,/ Sie gehen noch so ziemlich ein./ Jedoch am Ende fehlt's an Wein" (4859ff.). Da der Hof "regieren und zugleich genießen" will (10251), handelt er verschwenderisch und parasitär.

In der "Mummenschanz" des ersten Aktes gibt die Figurenfolge von Holzfällern, Pulcinellen und Parasiten ein Bild der merkantilistisch regierten Gesellschaft: Die Holzfäller wirken als "Grobe", damit "Feine" (5207ff.) als "Schmecker" und "Tellerlecker" (5257f.) existieren können. Wenn den Parasiten noch ein "Trunkner" folgt, der sich nach dem Motto "Borgt der Wirt nicht, borgt die Wirtin,/ Und am Ende borgt die Magd" (5281f.) bei allen verschuldet, der schließlich "nicht länger stehn" mag und "unterm Tisch" liegt (5290ff.), so bedeutet das wohl, an der Spitze der sozialen Hierarchie stehe ein genußsüchtiger Bankrotteur – der Monarch. In der Szene "Kaiserliche Pfalz" wird dementsprechend berichtet, daß alles, was der Hof konsumiert, im Grunde bereits "ver-

---

419 Mahl (1982), S.134. Die Faust-Kommentare sind in Bernd Mahls Arbeit *Goethes ökonomisches Wissen* teils exkursartig, teils en passant in die Darstellung der von Goethe rezipierten Wirtschaftstheorien eingestreut und überschreiten nie die Schwelle zur Interpretation. Daran mag es liegen, daß die Studie in der Faustforschung bisher nicht in dem Maße benutzt wurde, wie sie es verdient hätte.

420 A.a.O., S.130ff.

pfändet" ist und daß die Geldleiher immense "Antizipationen", also Kreditzinsen, verlangen (4871ff.). Hilfszahlungen, die "Subsidien" der "Bundsgenossen [...] bleiben aus" (4832f.); unter der Schuldenlast mußte der "Besitz" an fürstlichen Ländereien veräußert werden, und damit wurden zugleich "viel Rechte hingegeben" (4835ff.) – die Rechte an den entsprechenden Agrarerträgen, kann man ergänzen. Jeder Ökonom, der wie Mephisto einen Konsolidierungsplan vorlegt, muß in dieser Situation mit den Worten empfangen werden: "Schafft' er uns nur zu Hof willkommne Gaben,/ ich wollte gern ein bißchen Unrecht haben" (4943f.).

Das während der Fastnacht von Mephisto ausgegebene Papiergeld gilt den Leuten "für gutes Gold", und deshalb ist der Hof mit einem Schlage schuldenfrei: "Rechnung für Rechnung ist berichtigt,/ Die Wucherklauen sind beschwichtigt" (6041f.). Darüber hinaus wird im ganzen Reich die Wirtschaftstätigkeit angeregt, denn das Papier hat eine höhere Umlaufgeschwindigkeit als die Münzwährung: "Unmöglich wär's, die Flüchtigen einzufassen;/ Mit Blitzeswink zerstreute sich's im Lauf" (6086f.). Mahl bemerkt zu dieser Stelle, daß Goethe an Adam Smiths Wort von den "Dädalischen Schwingen des Papiergelds" gedacht haben könnte, die dem Handel einen "Fuhrweg durch die Luft" schaffen.[421] Im ganzen Reich wird der Konsum gesteigert (6091-6102). Wie Mahl zeigt, folgt Goethe in den Passagen, wo einzelne Höflinge von der geplanten Verwendung des Geldes berichten (6143-6150), bis in die einzelne Formulierung hinein der *Abhandlung von dem Geldumlauf* (1780) des Smithianers Johann Georg Büsch. Entscheidend für die Interpretation der *Faust*-Stelle ist Büschs Bemerkung, eine Verdoppelung der Geldmenge bringe niemanden auf den Gedanken, daß nun alles doppelt so teuer werde. "Alle werden vielmehr denken: Nun können wir doppelt so viel Bedürfnisse, als sonst, erfüllen, doppelt so viel, als sonst, genießen, und zweimal so vergnügt, als sonst, leben".[422] So trinkt auch der Kämmerer, stellvertretend für alle Konsumenten, "doppelt beßre Flasche" (6147). Jeder Papiergeldbesitzer im *Faust* glaubt, daß – wie Büsch sagt – mit der Vermehrung des Zahlungsmittels auch "sein Vermögen zunehme, alle ihm etwan künftig einfallenden Bedürfnisse zu erfüllen".[423] Der Büsch-Bezug falsifiziert jede Interpretation, die mit Karl Rosenkranz die These vertritt, "daß es gar nicht an Mitteln zum Wohlsein", sondern "nur an der Form gefehlt hat, den breiten Stoff in Bewegung zu setzen".[424] Die pro-

---

421 Smith, *Wealth of Nations*, Bd.1, S.433f. Vgl. Mahl 1982, S.322f.
422 Zit. nach Mahl (1982), S.371.
423 Ebd.
424 In Mandelkow (1977), S.59.

portional zur Geldmenge erhöhten Bedürfnisse können nur durch eine entsprechend gesteigerte Produktion befriedigt werden, andernfalls muß die Geldwertsteigerung binnen kurzer Zeit inflationär verpuffen. Genau das passiert aber im *Faust II*: "das Papiergespenst der Gulden" (6198) bringt nur "falschen Reichtum" (10245).

Daran ändert auch die von Mephisto beschriebene angebliche Deckung des Papiergelds nichts: "In Bergesadern, Mauergründen/ Ist Gold gemünzt und ungemünzt zu finden" (4893f.). Faust spricht vom "Übermaß der Schätze, das, erstarrt,/ In deinen Landen tief im Boden harrt" (6111f.). Damit sind zum einen natürliche Goldvorkommen gemeint, zum anderen aber Reichtümer, die von den Untertanen seit der "Römer Zeit,/ Und so fortan, bis gestern, ja bis heut" versteckt wurden und deshalb "im Boden still begraben" liegen (4935ff.). Mahl zitiert hierzu aus Adam Smith' *Wealth of Nations*:

> In jenen unglücklichen Ländern [...], wo die Menschen in steter Angst vor den Gewalttätigkeiten ihrer Oberen leben, vergraben und verbergen sie oft einen großen Teil ihres Vorrats [...]. Es scheint das gewöhnliche Verfahren bei unseren Vorfahren unter den Gewalttätigkeiten der Feudalherrschaft gewesen zu sein. Schatzfunde wurden in jenen Zeiten als ein nicht zu verachtender Bestandteil des Einkommens der größten europäischen Fürsten angesehen. Sie bestanden aus solchen Schätzen, die man in der Erde versteckt fand und auf die keine bestimmte Person ein Recht nachweisen konnte.[425]

"Bis heut" werden, nach Mephisto, Schätze vergraben, was Mahl als Zeichen einer Gewaltherrschaft des Kaisers im *Faust* liest, – etwa einer Steuerpraxis, die unter dem Zwang überhöhten staatlichen Geldbedarfs das Letzte aus den Untertanen herauspreßt. Ein deulicher Hinweis auf eine solch räuberische Politik sei das Verspaar "Wenn alle schädigen, alle leiden,/ Geht selbst die Majestät zu Raub" (4810f.).[426] Das Papiergeld ist in dieser Lesart zumindest teilweise ein Wechsel auf Güter, die den Einnahmen des Kaisers entzogen wurden. Unrechtmäßig ist diese Deckung zum einen, weil in der voraufliegenden Einnahmepraxis selbst "das Ungesetz gesetzlich überwaltet" hat (4785), zum anderen, weil es unmöglich ist, den Geldwert der angeblichen Güter zu schätzen und sie zu finden – ganz abgesehen von der Frage, ob sie überhaupt existieren. Doch selbst wenn all das garantiert wäre, selbst wenn im Boden tatsächlich eine Goldmine gefunden würde, hätte das Papier nur ein Äquivalent im Metall, nicht in konsumierbaren Gütern. Nach Büsch etabliert sich der Irrglaube, man könne doppelte Bedürfnisse befriedigen, nicht nur bei einer Verdoppelung des Papiergelds, sondern auch in dem Fall, daß

---

425 Smith, *Wealth of Nations*, Bd.1, S.380.
426 Mahl (1982), S.319f.

"die Obrigkeit [...] einen Schatz von diesem Belauf [...] fände".[427] Daß Metallfunde einen nurmehr imaginären Reichtum begründen, war Goethe also bekannt. Karl Marx wird diese Tatsache auf die Formel bringen: "Wo es [das Geld] nicht aus der Circulation hervorgeht, sondern wie in Spanien leibhaftig gefunden wird, verarmt die Nation, während die Nationen, die arbeiten müssen, um es den Spaniern abzunehmen, die Quellen des Reichtums entwickeln und sich wirklich bereichern".[428]

Zur Erhellung dieses Zusammenghangs sei an Goethes Ballade *Der Schatzgräber* von 1797 erinnert, die Emrich bei seiner Untersuchung des Schatz-Motivs im 1. Akt übergeht.[429] Das vom Kanzler verlesene Papiergeld-Dekret in der Szene "Lustgarten" enthält die Versicherung, "der reiche Schatz" im Boden werde "zum Ersatz" dienen (6061f.), falls die Untertanen ihr Papiergeld gegen Münzen eintauschen wollen. Es sei nur noch erforderlich, daß man danach "gräbt", so wiederholt der Kaiser (6136) Mephistos doppelte Aufforderung zu graben (4991/ 5039). Die Schätze sind nach Mephistos Worten leicht zu lokalisieren, denn "aus den untersten Bezirken/ Schmiegt sich herauf lebend'ge Spur" (4988f.), womit auf die Wünschelrutengängerei angespielt wird. Auch in der *Schatzgräber*-Ballade soll die Armut mit Hilfe der Magie und des Teufels beseitigt werden: "Armut ist die größte Plage,/ Reichtum ist das höchste Gut!/ Und zu enden meine Schmerzen,/ Ging ich, einen Schatz zu graben./ 'Meine Seele sollst du haben!'/ Schrieb ich hin mit eignem Blut". Die folgende "Beschwörung" mit magischen Kreisen, "wunderbare[n] Flammen" sowie "Kraut und Knochenwerk" zeigt den vermeintlichen Ort des Schatzes an.[430] In der Ballade ist unmißverständlich das Faust-Motiv der Seelenverschreibung zitiert, damit die unredliche Schatzsuche in deutlichem Kontrast zur redlichen Arbeit steht. Wenn Mephisto im *Faust II* über die Gegner der Schatzgräberei sagt: "Der eine faselt von Alraunen,/ Der andre von dem schwarzen Hund" (4979f.), so enthalten diese Verse denselben *Faust I*-Bezug wie die *Schatzgräber*-Ballade in ihrer Verteufelung der Schatzgräberei. Den "schwarzen Hund" (1147) kennt man nämlich aus der Szene "Vor dem Tor"; es ist Mephisto, dem Faust seine Seele verschreibt. Mephisto selbst verteidigt nun im zweiten Teil die Schatzgräberei gegen diese Verteufelung, die auch Goethes klassisches Gedicht enthält. Mephisto behauptet, die Schatzgräberei habe mit jenem Hund nichts zu tun. Wenig später sagt er jedoch

---

427 A.a.O., S.371.
428 Marx (1976), S.149.
429 Emrich 1964, S.185-212.
430 HA 1, S.265.

unverhohlen, der Schatz befinde sich in der "Nachbarschaft der Unterwelt" (5017). Mephisto gibt dem 'Gefasel' vom schwarzen Hund also doch recht; schließlich stammt der Hinweis auf den Schatz ja auch von ihm selbst. Im *Faust II* ist die Schatzgräberei nicht anders als in der Ballade Teufelswerk – wie immer man diese Semantik bewerten mag.

Dieser Bezug macht es unausweichlich, den neuen Reichtum im ersten Akt vom Schluß der Ballade aus zu beurteilen. Dem Schatzgräber erscheint nämlich überraschend "nicht der Böse", um die Seele einzufordern, sondern ein Genius, der den "Mut des reinen Lebens" und das bürgerliche Arbeitsethos predigt. Der Rest ist bekannt. Der ökonomische Erfahrungshintergrund der Ballade, die Wertlosigkeit der Metallfunde, ist im *Faust II* expliziert. Auch auf die Losung "Tages Arbeit, abends Gäste!/ Saure Wochen, frohe Feste!"[431] wird im ersten Akt angespielt, und zwar in dem Satz des Astrologen, man müsse "das Untre durch das Obere verdienen" – den Wert des Schatzes durch Tätigkeit – und dürfe die Schaffung von Reichtum erst nach dem "Freudenspiel" der Mummenschanz in Angriff nehmen: "Zerstreutes Wesen führt uns nicht zum Ziel./[...]/ Wer Wein verlangt, der keltre reife Trauben" (5049ff.). Daran hält sich der Kaiser nicht; bereits auf dem 'frohen Fest' der Mummenschanz gibt er in der Pansmaske seine Signatur für das Papiergeld (6066ff.) und ist schließlich erfreut, daß noch in derselben Nacht der verborgene Schatz – ohne 'Tages Arbeit' – den realen Reichtum steigert und daß auf wunderbare Weise "mit der obern sich die Unterwelt,/ In Einigkeit beglückt, zusammenstellt" (6139f.).[432] Während der *Schatzgräber* das magische "Zauberwort" überwindet, setzen sich im *Faust II* der "Zauberer" Mephisto (6142) und seine "Zauberblätter" (6157) durch.[433]

Auch das Motiv der Alchemie meint die unmittelbare, mysteriös-zauberhafte Realisierung der Idee vom Reichtum. Binswanger bezieht dieses Motiv auf das Papiergeld und interpretiert: "Immer wieder wird die Vereinigung von Feuer und Wasser und damit von Schwefel und Quecksilber angedeutet, die auf dieser Stufe des alchemistischen Pro-

---

431 HA 1, S.266.

432 Zurecht nennt Pickerodt (1976) es "abwegig" (S.760), daß Metscher (1976) die Schatzhebung als "wertschaffende materielle Arbeit bezeichnet" (S.73). Mephistos anfängliche Rede an den Kaiser: "Nimm Hack' und Spaten, grabe selber,/ Die Bauernarbeit macht dich groß" (5039f.), versteht Metscher als Anspielung auf die physiokratische Wirtschaftslehre, derzufolge der Ackerbau die alleinige Quelle des Reichtums ist (S.74). Das ist richtig kommentiert, aber falsch gedeutet. Denn Mephisto vertritt diese "klassische Position der bürgerlichen Nationalökonomie" (ebd.) nur im Sinne einer neuerlichen grotesken Überhöhung der höfischen Realität.

433 Mahl (1982, S.368) zitiert als Kommentar Johann Georg Büschs Wort von der "Zauberkraft des Geldes".

zesses die 'chymische Hochzeit' von Imagination und Impression – von Phantasie und staatlicher Macht – darstellt".[434] Tatsächlich genügen die Imagination von Wohlstand und die Signatur des Kaisers, um die Realität des Reichtums vorzutäuschen. Auch die Alchemie versprach sich vom künstlichen Gold unendlichen Reichtum und hatte keine Vorstellung davon, daß mit der – ob alchemistischen oder natürlichen – Vermehrung des Goldes dessen Wert schwinden muß.

Angesichts der Opposition von Schatzgräberei, Zauberei und Alchemie auf der einen, Arbeit auf der anderen Seite scheint es durchaus dem Goetheschen Denken zu entsprechen, wenn einige Interpreten die Deckung des mephistophelischen Papiergelds nicht in dem verborgenen Schatz suchen, sondern in künftigen Produkten der bürgerlichen "Natur- und Geisteskraft": "Das Papiergeld ist ja nicht einfach ungedeckt, es ist gezogen auf die potentielle, die zukünftige Produktivkraftentwicklung", schreibt Kruse,[435] und auch für Binswanger ist das Geld "eine Anweisung auf die Zukunft, auf das, was man in Zukunft kaufen" oder durch Investition "gewinnen kann", wobei "der Geldwert nur gesichert werden kann durch einen ständigen Mehrverbrauch von Welt".[436] Gewiß ist die Faustfigur ein Prototyp bürgerlicher "Weltvernutzung",[437] und zweifellos läßt sich im Kolonisierungsprojekt des fünften Aktes sedimentierte kapitalistische Wirklichkeit ausmachen.[438] Doch im ersten Akt existiert kein Hinweis auf eine wie auch immer gesteigerte Produktion. Der Kaiser will das angeblich mit dem Papier bezeichnete Gold nicht investieren, sondern es in seinem Staatsschatz sistieren, zu dessen "Kustoden" und "Meister" er Faust und Mephisto beruft (6134ff.). Bernd Mahl räumt ein, daß allein der alte, plötzlich wiederauferstandene Narr "seine Papiergelder produktiv anzulegen" gedenkt,[439] nämlich in "Acker, Haus und Vieh". Vor allem ist sein Streben nach "Grundbesitz" jedoch auf ein "Schloß, mit Wald und Jagd und Fischbach" gerichtet (6167ff.), also genau auf jenes "Schloß zur Lust" (10161), das der von seinen Expansionsplänen durchdrungene Faust am Beginn des vierten Aktes mit der Bemerkung "Schlecht und modern! Sardanapal!" (10176) verwirft. Der Narr will nicht produzieren, sondern als "gestrenger Herr" (6170) den parasitären Konsum der höfischen Gesellschaft kopieren, wozu ihm der Landbesitz nur die nötigen Mittel liefern soll – gleichsam von der Hand

434 Binswanger (1985), S.30.
435 Kruse (1982), S.114.
436 Binswanger (1985), S.133.
437 Kommerell (1944), S.23.
438 Vgl. Abschnitt c) dieses Kapitels.
439 Mahl (1982), S.323.

in den Mund. Viktorie, die "Göttin aller Tätigkeiten", die in der allegorischen Sequenz der Mummenschanz zwei Dispositionen zur Untätigkeit, Furcht und Hoffnung, gefesselt hält – sie trägt im Zusammenhang mit dem Papiergeld keinen Sieg davon. Wie die ruinöse Unternehmung des Schottischen Bankiers John Law im Frankreich der 1720er Jahre, auf die sich die Papiergeld-Sequenz vermutlich unter anderem bezieht,[440] bleibt Mephistos Finanz-Aktion im Rahmen des stagnierenden merkantilistischen Wirtschaftens befangen.[441]

Daher ist die Bemerkung richtig, daß die dargestellte höfische Gesellschaft die Zeichenfunktion des Geldes verkennt.[442] Das Papiergeld bezeichnet bloß eine *Idee* des Reichtums, die von der Menge mit der Realität identifiziert wird. Diese Idee zielt, wie gezeigt, auf eine Verunendlichung des Reichtums; ihr steht die Stagnation in der Realität antithetisch gegenüber. Goethes Altersdenken zufolge muß die Kluft zwischen der Idee des Unendlichen und der endlichen Realität jedoch durch Tätigkeit überbrückt werden.[443] Das in der klassischen *Schatzgräber*-Ballade ausgesprochene Arbeitsethos ist in der Weltanschauung des späten Goethe ohne Negation aufgehoben: es wird bewahrt und auf einer

---

440 Mahl zitiert aus der schon erwähnten Abhandlung von Büsch die folgende Einschätzung des Lawschen Papiergelds: "Das gränzenlose Verleihen der Bank auf Landgüter brachte Millionen in die Circulation, die niemals in derselben gewesen waren und niemals in dieselbe hätten kommen sollen", und er kommentiert mit Bezug auf den *Faust II* : "Im Drama ist, wie in der Abhandlung Büschs, der Niedergang des Staates die unausweichliche Folge solchen Treibens" (a.a.O., S.397).

441 Binswanger (1985) trägt an den ersten Akt den Begriff der gesellschaftlichen Produktion heran. Mephistos magische Vermehrung des Reichtums verweise auf eine Produktivkraft, die außerhalb der menschlichen Arbeit wirksam ist: "Die Aneignung der Naturkräfte ist die entscheidende Voraussetzung für eine Wertschöpfung ohne Arbeit" (S.35). Auf die industrielle Freisetzung dieser Kräfte deute das Alchemie-Motiv im *Faust* hin: "Hier kommt das Prinzip des Schwefels zur Geltung" (S.42f.). Das mephistophelische Papiergeld initiiere diese "Schöpfung aus dem Nichts" (S.49) und sei daher mit dem "Stein der Weisen" gemeint, von dem Mephisto in V.5063 spricht (S.47). Daß der Schwefel, nach Binswanger zunächst ein Zeichen für die Imagination (S.30), plötzlich auch für die Industrie stehen soll, zeigt die Inkonsistenz der Deutung. Das Alchemie-Motiv hat im ersten Akt ausschließlich die Funktion einer Stigmatisierung des imaginären Reichtums; die Bezüge zur Industrie schafft der Interpret selbst aus dem Nichts.

442 Kruse (1982), S.109. Der Interpret sieht im Geld allerdings nicht ein Zeichen der *Idee*, sondern der realen, nur "ständig im Prozeß der Produktion und Zirkulation begriffenen *Energie* des Reichtums" (S.108; Hervorh. T.Z.). Gerade an dieser Energie zur Güterproduktion mangelt es der dargestellten Gesellschaft jedoch; indem Kruse das übersieht, deutet er das Geld ähnlich verkehrt wie Metscher die Schatzgräberei.

443 Schmitz (1959), S.379. Vgl. auch S.437: "Goethe will die Enge der Endlichkeit überwinden, nicht indem er deren Schranken abschüttelt und im Absoluten verschwinden läßt, sondern indem er diese Schranken in fortgesetzter Aneignung des Inhalts der Welt auszudehnen, sie zu durchdringen und so den ins Unendliche hin offenen Raum des endlichen Daseins zu erfüllen sucht".

höheren Stufe philosophisch begründet. Der Gesellschaft im ersten Akt ist der Goethesche Vermittlungsgedanke fremd: untätig nimmt sie das Geld für die unmittelbare Realität des Reichtums.[444]

Die Reflexion auf das Papiergeld in den Kategorien Idee und Realität ist allerdings kein Originalgedanke Goethes. Ein früher katholischer Interpret des *Faust II*, Wilhelm von Schütz, bezeichnet es als den "Grundgedanke[n]" der Ökonomie-Passage, daß "Papiergeld Idealismus sei". Diese Ansicht sei, "ehe Faust's zweiter Theil erschienen, mehrmals zur Sprache gebracht worden".[445] Schütz dürfte hier unter anderem auf die geldtheoretischen Abschnitte in Adam Müllers Vorlesungen *Die Elemente der Staatskunst* (1809) anspielen. Müller nennt seine Überlegungen selbst eine "Idealisierung und Belebung der Vorstellung 'Geld'".[446] Im "Tauschwert", dessen "sinnigere Bezeichnung" freilich "geselliger oder bürgerlicher Charakter eines Dings" wäre,[447] drückt sich nach Müller das "größte beiderseitige Zutrauen" zwischen Verkäufer und Käufer aus. Sie unterstellen, daß der Preis über ihre partikularen Interessen hinaus angemessen sei und auf einem nationalen Konsens beruhe: Sie tun so, "als ob die gesamten Produzenten und die gesamten Begehrenden auf einem wirklichen National-Markte versammelt wären".[448] Der Geldwert verbinde die "abwesenden und entfernten Dinge und Personen"[449] und fördere deshalb "die Erzeugung und Verinnigung jenes Produkts aller Produkte, des ökonomischen und gesellschaftlichen Verbandes, des großen Gemeinwesens, oder des National-Hauswesens".[450] Diese "höheren Bedürfnisse" können aber "durch Metallgeld nicht mehr befriedigt, vermittelt und ausgeglichen werden. Der Geist der Gesellschaft, der National-Geist, muß selbst ans Licht treten, und mit ihm muß gezahlt werden". Dieses "höhere Geld" ist das Papiergeld. Müller empfiehlt ausdrücklich die vermehrte Ausgabe von Papiergeld in Krisenzeiten: "Es ist eine glückliche Folge von den [...] Unglücksfällen eines Staates, welche eine beträchtliche Papier-Zirkulation herbeiführen, [...] daß das Interesse der von einer Papier-Zirkulation abhängigen Völker näher an den Souverän, näher an den, das Papier verbürgenden, be-

444 In der unmittelbaren Realisierung der Idee und der nachfolgenden katastrophischen Desillusionierung liegt auch die Parallele zwischen der Papiergeldschöpfung und Fausts Gang zu den Müttern; vgl. Abschnitt e) dieses Kapitels.

445 Schütz (1844), S.37.

446 A. Müller, *Die Elemente der Staatskunst* I, S.412.

447 A.a.O., S.405.

448 A.a.O., S.409.

449 A.a.O., S.404.

450 A.a.O., S.357.

sonderen Staat gebunden wird".[451] Nach Staatskrise und inneren Konflikten sei die Bürgschaft auf dem Geld ein einigendes "kaiserliches Wort, ein National-Wort, welches [...] vermittelst der Teilbarkeit, Beweglichkeit und Deutlichkeit des Papiers, zum allgemeinen ökonomischen Auseinandersetzungs- und Vermittlungs-Instrument wird".[452] Die Begründung dieser Idealisierung ist tautologisch: das Geld bewirkt die einigende Kraft des kaiserlichen Wortes, das kaiserliche Wort verbürgt eben diese Wirkung des Geldes. Müller widerspricht nun der Lehrmeinung, der Staat müsse seine Schulden unter "Privat-Bedingungen" zurückzahlen.[453] Vielmehr könne allein der Staat Wechsel auf die innere verborgene Nationalkraft ausstellen und seine Schulden mit zunächst ungedeckten Papieren tilgen.

Auch im 1. Akt des *Faust II* verbürgt die Signatur des Kaisers den Wert des Geldes, das wiederum den Wert der Signatur steigert: "Obschon dein Name längst die Welt beglückt,/ Man hat ihn nie so freundlich angeblickt", sagt der Marschalk zum Kaiser (6079f.). Doch hier ist von einer künftigen Nationalkraft keine Spur; die Idee des Reichtums und des sozialen Zusammenhalts bleibt mangels tätiger Vermittlung ohne Realität und täuscht diese gleichwohl vor. Goethe dürfte die Gefahr einer idealistischen Ökonomie darin gesehen haben, daß sie keinen Begriff der Tätigkeit entwickelt und ihre Vorstellung von gesellschaftlichem Reichtum darum ein Phantom bleiben muß.

Die Täuschung über den Scheincharakter des neuen Reichtums, die zugleich eine Täuschung über den realen Mangel an Gütern ist, wird in der eingeschobenen Mummenschanz-Szene "Weitläufiger Saal mit Nebengemächern" ebenso thematisiert wie das katastrophische inflationäre Verpuffen dieser Täuschung, das den anarchischen Verfall des Reiches noch beschleunigt. Gleich die erste Figurengruppe der Mummenschanz, Gärtnerinnen und Gärtner, präsentiert "reifer Waren/ Fülle" (5172f.), an denen es in der Wirklichkeit gerade mangelt. Blumen und Früchte sind Zeichen von ästhetischem und kulinarischem Genuß: "Über Rosen läßt sich dichten,/ In die Äpfel muß man beißen" (5168f.). Gleich zu Beginn wird darauf hingewiesen, daß die ausgestellten Waren "künstlich" sind: "Seidenfäden, Seidenflocken/ Spielen ihre Rolle hier" (5098ff.). Kommerell spricht vom "Vermögen der Kunst, Gedachtes zu vergegenwärtigen": "Im Maskenfest erklärt das Leben sich selbst, macht

---

451 A.a.O., S.653.
452 A.a.O., S.353.
453 A.a.O., S.464.

es seine eigene Allegorie".[454] Die Selbsterklärung ist allerdings die Erklärung eines Selbst in imaginären besseren Verhältnissen, und genau in dieser Irrealität des Dargestellten kommt der allegorische Charakter des Maskenzugs mit der pejorativen Ausrichtung von Goethes Allegoriebegriff überein: Die Arrangements sind Veranschaulichungen eines *nur* gedachten Reichtums, auf den in der anschaubaren Realität nicht einmal einzelne Erscheinungen hindeuten.[455]

Bereits am Ende der zweiten großen Figurengruppe kehrt mit dem verschuldeten Trinker – wie gezeigt – die höfische Realität in den Maskenzug zurück. Die dritte Figurengruppe, bestehend aus den antiken Lebensmächten Grazien, Parzen und Furien, wiederholt diese Desillusionierung. Während die Grazien ins "Geben" und "Nehmen", also in den geselligen Verkehr, "Anmut" legen (5299ff.) und somit eine angebliche schöne Sittlichkeit der Gesellschaft bezeichnen, zerstören die Furien durch Zwist selbst die kleinste soziale Zelle, "verderbe[n] so das Menschenvolk in Paaren" (5380) und säen Rache und Mord (5390f.). Allein die in der vierten Hauptgruppe folgende "Göttin aller Tätigkeiten" (5456) vermag die Furcht vor der "Vernichtung" (5421) und die Hoffnung auf "das Beste" (5439) zu überwinden. Mit Furcht und Hoffnung hält "Frau Viktoria" die Allegorien zweier Mentalitäten gefesselt, die in der höfischen Gesellschaft des ersten Aktes vorherrschen: das illusionslose, ängstliche Beharren im schlechten Zustand und die Flucht in die Illusion einer besseren Zukunft, die konkret der neue Reichtum ist. Doch auch der Tätigkeits-Göttin Viktoria ist mit Zoilo-Thersites eine Figur beigesellt, die "Das Tiefe hoch, das Hohe tief,/ Das Schiefe grad, das Grade schief" wünscht (5467f.) und so die neuerliche Desorganisation aller durch Tätigkeit erreichten Verbesserungen verkörpert.

Die beiden folgenden Figurengruppen, die zugleich die letzten sind, spiegeln abermals die Bereitschaft der Gesellschaft zur Selbsttäuschung und bringen außerdem die daraus resultierende Unheilsgefahr zur Dar-

---

454 Kommerell (1944), S.55,53.

455 Schlaffer (1981) deutet die "Erzeugung einer künstlichen Sinnlichkeit" (S.73) mit der Marxschen Theorie der Tauschwertabstraktion. Alle Gebrauchswerte werden vom Tauschwert absorbiert; das konkrete Einzelne ist Zeichen eines abstrakten Allgemeinen, des Preises. Auch die Eigenschaften der Menschen, der Anbieter von Arbeitskraft und Produkten, werden zu Darstellungen des Tauschwerts und gerinnen zur "Charaktermaske". Schlaffer sieht im künstlichen Arrangement der Waren, zu deren "Anhängseln" die Figuren der Mummenschanz werden, diese Marxsche Analyse vorweggenommen (S.73). Jedoch spielt in der "Mummenschanz" der Tauschwert überhaupt keine Rolle: "kein Markten finde statt" (5116); es geht dort einzig um die Imagination von Gebrauchswerten. Die These, an dem merkantilistisch ausgerichteten und verarmten Hof, wo es gar keine Waren gibt, ewerde der Kapitalismus inszeniert, ist unhaltbar.

stellung. Dabei stehen sie in einem detaillierten motivischen Bezug zur ökonomischen Staatsaktion, die den Rahmen der Mummenschanz bildet. So wie Mephistos Pläne im versammelten Hofstaat zunächst auf Ratlosigkeit stoßen, ist auch der Herold außerstande, die Bedeutung des Plutuswagens mit Faust als dem Gott des Reichtums "amtsgemäß" zu "entfalten" (5507). In beiden Fällen erscheint ein der höfischen Gesellschaft bis dahin inkommensurables Moment, das vorgreifend bürgerlich genannt werden kann. Was in der Staatshandlung "Begabten Manns Natur- und Geisteskraft" heißt, kehrt in der Mummenschanz wieder als die Einheit von physischer Imposanz des Plutus – "das gesunde Mondgesicht,/ Ein voller Mund, erblühte Wangen" (5563f.) – und geistiger "Verschwendung" des Knaben Lenker, der sich zugleich als "Allegorie" (5531) der "Poesie" (5573) bezeichnet. Der Reichtum, den Plutus ausspendet, ist ebenso wie die Rede von den vergrabenen Schätzen in der vorangehenden Szene an die poetische Imagination gebunden. Die Schatzkiste des Plutus ist auch ähnlich beschrieben wie der sagenhafte Schatz, durch den nach Mephistos Beteuerung das Papiergeld gedeckt ist. Dort der "Goldtopf", die "golden-goldne Rolle" (5010ff.) und "Juwelen" (5028); hier "Gefäße, goldne", "Gemünzte Rollen" und "der Schmuck von Kronen, Ketten, Ringen" (5713ff.). Auch daß Mephisto in der "Kaiserlichen Pfalz" den Schatz in der "Nachbarschaft der Unterwelt" ansiedelt (5017), wird in der Mummenschanz gespiegelt, und zwar mit dem – im zweiten und dritten Akt ebenfalls wichtigen – Verfahren der mythologischen Anspielung. Plutus war der "Gott des in der Erde verborgen liegenden Reichtums" und galt deshalb teilweise auch als "Gott der Hölle".[456] Wie in der Szene "Kaiserliche Pfalz" deutet die 'Nachbarschaft der Unterwelt' hier auf den phantasmagorischen, spukhaften Charakter des Reichtums hin: Durch den Inhalt der Schatzkiste, die zwei Drachen aus Mephistos Gefolge vom Wagen heben – sie ersetzen das Ovidische Pferdegespann des Plutus –,[457] läßt das Volk sich ebenso blenden wie vom Papiergeld in der Rahmenhandlung. "Glaubt ihr, man geb' euch Gold und Wert?/ Sind doch für euch in diesem Spiel/ Selbst Rechenpfennige zuviel./ Ihr Täppischen! ein artiger Schein/ Soll gleich die plumpe Wahrheit sein" (5730ff.) – so muß der Herold scheltend eingreifen. In der Mummenschanz ist es ein anschaulicher, in "Lustgarten" ein unanschaulicher, zeichenhafter Schein – wörtlich der *Geldschein* –, der

---

[456] Hederich, *Lexikon*, Sp.2027.
[457] Ovid, *Metamorphosen* IV,360.

für die Wahrheit des Reichtums genommen wird, obwohl er nicht einmal einen symbolischen Pfennig wert ist.[458]

Wenn die Menge in Mummenschanz und Staatshandlung jeweils den Schein für die Wahrheit nimmt, so werden die beiden Handlungsebenen nicht nur wechselseitig gespiegelt, sondern auch vermischt. "Was soll's ihr Toren? soll mir das?/ Es ist ja nur ein Maskenspaß", ermahnt der Herold die Menge (5727f.), weil sie aus der Rolle fällt und das karnevaleske Spiel für höfische Realität nimmt – so als sei der ersehnte Reichtum wirklich eingetroffen. Umgekehrt erweist sich auf der Ebene höfischer Realität die Papiergeldausschüttung als ein Maskenspaß Fausts und Mephistos – als "Papiergespenst der Gulden" (6198).

Auch in der letzten Figurengruppe der Mummenschanz, wo der Kaiser den "großen Pan" (5804) spielt, existieren deutliche Parallelen zur Rahmenhandlung. Zunächst zum Schatzgräber-Motiv: in der Mummenschanz "entdecken" die Gnomen "Eine Quelle wunderbar,/ Die bequem verspricht zu geben,/ Was kaum zu erreichen war". Es ist "das glänzend reiche Gute", das "Nur der klugen Wünschelrute/ Seine Labyrinthe zeigt" und das die Gnomen für ihren Herrscher heben wollen: "Und an reinen Tageslüften/ Teilst du Schätze gnädig aus" (5898-5913). Hierin kehrt der "Schatz" (4992) aus der Rahmenhandlung wieder, der in "Klüften" und "Gängen" lagert (5015) und dessen "lebend'ge Spur" (4988) geheimnisvoll an die Oberfläche dringt. Als Pan sich über die Quelle brennenden Goldes beugt, entflammt sein Bart; es droht ein "allgemeiner Brand" (5965), den Faust-Plutus löscht – so wie Faust im vierten Akt Krieg führt, um jene "Anarchie" (10261) zu beseitigen, die nach dem Auffliegen des falschen Reichtums vollends entfachte.[459] Nicht allein in dieser Gefährdung des Kaisers und seiner Rettung durch Faust liegt die Parallele der beiden Ebenen, sondern auch in den Illusionen des Kaisers über seine Macht. In der Pansmaske stellt er "das All der Welt" dar (5873); er wird zum "Kosmokrator", zum Herrn über die vier Elemente.[460] In der nachfolgenden Szene "Lustgarten" wird diese Rolle kommentiert. Mephistos Satz, daß "jedes Element/ Die Majestät als unbedingt erkennt" (6003f.), ist zum einen auf Feuer, Wasser, Luft und Erde gerichtet; zum anderen spielt dieser Lobpreis aber auf seine Lüge in

---

458 Emrichs Behauptung, die "Papiergeldszene" habe "gar keinen inneren Bezug zum Flammengaukelspiel" am Ende der Mummenschanz (1964, S.187), wird durch die angeführten Bezüge widerlegt.

459 Kruse (1982) sieht in Plutus' Brandlöschung einen Hinweis auf die Restaurationsperiode (S.120).

460 Requadt (1964), S.160. Die Erhöhung des Hirtengottes zum Allgott findet sich unter anderem in der Orphik.

der Szene "Kaiserliche Pfalz" an, derzufolge des Kaisers "Majestät unweigerlich gebeut" (4879). Durch diese Parallele wird die Pansrolle zugleich zum Zeichen einer angeblichen Macht über alle *gesellschaftlichen* Elemente. Mit der Pans-Illusion verknüpft sich die Vorstellung einer wiederhergestellten und überdies natürlichen Herrschaft des Thrones. Mephisto präzisiert die Ähnlichkeit der beiden Illusionen – von Kosmokratie und intakter Monarchie –, indem er die Herrschaft über das feste Element hervorhebt: "Und, höchster Herr! die Erde hast du schon" (6030). Dieser Vers variiert wiederum Mephistos Rede von den vergrabenen Schätzen: "Das alles liegt im Boden still begraben,/ Der Boden ist des Kaisers, der soll's haben" (4937f.). Damit ist der Bezug zum Papiergeld hergestellt: Die "Zauberblätter", mit denen Reichtum und stabile Machtverhältnisse vorgespiegelt werden, fingieren ebenso wie die Pans-Maskerade eine Absicherung der kaiserlichen Herrschaft durch den Boden bzw. die Erde.

Die Stilisierung des Kaisers zum Herrn über die Elemente und speziell über den Boden entspricht ganz dem rousseauistischen 'Zurück zur Natur', das im vorrevolutionären Frankreich auch Versailles erfaßte und von dem man sich nicht zuletzt eine Gesundung der höfischen Gesellschaft versprach.[461] In den 60er Jahren versuchte der Finanzminister Turgot, den Staatshaushalt mit einer Realisierung der physiokratischen Wirtschaftstheorie zu sanieren.[462] Die Physiokraten gingen von einer "Naturherrschaft des Bodens" aus,[463] dem angeblich alle Reichtümer entstammen und dessen alleinige Produktivität nur dann genutzt werden könne, wenn die Organisation der Gesellschaft diesem Naturgesetz entspreche, d.h. wenn die Basis aller Tätigkeit die Nutzbarmachung des Bodens sei.[464] An der Spitze eines dieser "natürlichen Ordnung" gemäß verfaßten Gemeinwesens steht der Monarch als das Haupt eines lebendigen Wirtschaftsorganismus, dessen "Blutkreislauf" für Turgot übrigens die Geldzirkulation ist.[465] Im *Faust II* wird dieses Denkmodell jedoch nur als eine Ideologie zitiert, unter der sich ganz andere wirtschaftliche Vorgänge verbergen: Das physiokratische Motiv der Wiedergewinnung majestätischer Größe durch den Ackerbau verbrämt den "falschen Reichtum" des Papiergelds (10245), der ebensowenig erarbeitet ist, wie die kaiserliche Herrschaft einer natürlichen Ordnung entspricht. Diese

---

461 Vgl. Elias (1969), S.336.
462 Mahl (1982), S.159.
463 A.a.O., S.204.
464 A.a.O., S.140.
465 A.a.O., S.167.

falsche Natürlichkeit zeigt sich in der Mummenschanz beim Entflammen der Pansmaske; es folgt die beschleunigte anarchische Auflösung der Gesellschaft.[466]

Wie beim Plutus-Schatz läßt sich auch in der Pans-Sequenz die Vermischung der Handlungsebenen von beiden Seiten aus betrachten: zum einen geht das karnevaleske kaiserliche Rollenspiel der Naturherrschaft unmittelbar in die Illusion einer durch unterirdische Schätze gesicherten Herrschaft im Staat über, zum anderen ist die angebliche Deckung des Papiergelds und damit die Stärkung des Kaisers durch Reichtum ein ebensolches "Flammengaukelspiel" (5987) wie in der Mummenschanz das brennende Gold in der Tiefe und die Herrschaft Pans über dieses Element.[467]

Der drohende Staatsbankrott, die Verschärfung der Krise durch den falschen Reichtum des Papiergelds und schließlich die angedeutete Rettung durch bürgerliche Kräfte – dies sind die wichtigsten ökonomischen Motive des ersten Aktes. Zusammenfassend können sie folgendermaßen gedeutet werden: Das moderne bürgerliche Modell eines zunächst nur ideierten und erst noch zu erwirtschaftenden Reichtums bleibt im Rahmen des merkantilistisch wirtschaftenden Staates unproduktiv,[468] weil dieser nicht den Schritt von der Imagination zur Produktion zu gehen vermag und deshalb in eine Gesellschaft mit modernen Wirtschaftssubjekten nicht mehr hineinpaßt. Das alte System verfällt durch die Illusion über nicht erarbeitete Reichtümer nur umso schneller und ist

---

466 Koselleck (1973) sieht das revolutionäre Potential der physiokratischen Idee darin, daß ihr Gesellschaftsmodell eine natürliche Legitimation der Monarchie beinhaltet und damit zugleich den bestehenden, nicht physiokratisch reformierten Staat und die reale Legitimität der Monarchie zum Gegenstand der Kritik macht (S.118f.).

467 K. Mommsen (1960) weist darauf hin, daß der Kaiser die Naturherrschaft selbst als ein Märchen bezeichnet. Sie zeigt, daß Mephistos Ausmalung der kaiserlichen Meeresherrschaft ebenso wie das Motiv des entzündeten Bartes und des drohenden Palastbrands aus *1001 Nacht* stammt (S.199ff./ 222ff.). Während der Kaiser diesen Bezug zunächst mit den Worten kommentiert, Mephisto komme wohl "Unmittelbar aus Tausend Einer Nacht" und gleiche an fabulöser "Fruchtbarkeit Scheherazaden" (6032f.), nimmt er jedoch das Märchen von der intakten Herrschaft und vom verborgenen Schatz sofort für bare Münze, als unmittelbar nach dem Scheherazade-Vergleich der Marschalk auftritt und vom neuen Reichtum berichtet. Der Kaiser erkennt das Märchen zwar in der Inszenierung, nicht aber in seiner Wirklichkeit.

468 Auch die finanzpolitischen Aktionen Jacques Neckers unmittelbar vor der Französischen Revolution schlugen in genau diesem Sinne fehl: Die Wechsel der französischen Diskontbank, die eigentlich den Handel fördern sollten, wurden 1787, so Oppenheimer (1989), "in den Dienst des Staatskredits gestellt" und in "königliche Staatsscheine" verwandelt, um den Bankrott des verschwenderischen Hofes zu verhindern. Die Gläubiger wurden per Erlaß verpflichtet, die Papiere "an Zahlungs statt" anzunehmen (S.168).

zugleich umso stärker auf die Stützung seitens neuer, wirklich produktiver, aber nur zum Schein loyaler Elemente angewiesen. Am Ende dieser Entwicklung zeichnet sich der moderne Staat ab, dessen Aufgabe vor allem darin liegt, autonomen Wirtschaftssubjekten einen Handlungsrahmen zu schaffen.

b) Restauration

Im vierten Akt unterstützt Mephistopheles jene Partei, gegen die er im ersten Akt sein ökonomisches Programm durchsetzen muß. Als er dort mit "begabten Manns Natur- und Geisteskraft" den Staat erneuern will, versucht der Kanzler, diesen neuen bürgerlichen Machtfaktor mit dem Hinweis auf die mittelalterliche Reichsidee abzuwehren: "Kaisers alten Landen/ Sind zwei Geschlechter nur entstanden,/ Sie stützen würdig seinen Thron:/ Die Heiligen sind es und die Ritter;/ Sie stehen jedem Ungewitter/ Und nehmen Kirch' und Staat zum Lohn" (4903ff.). Die prunkvolle Restauration eben dieser Idee des von Klerus und Schwertadel getragenen Reiches erfolgt in der Schlußszene des vierten Aktes; Faust und Mephisto besiegen im vorausgehenden Bürgerkrieg die Partei des Gegenkaisers. Die stabilisierte alte Ordnung ist nach Mephistos Plan der beste Rahmen für Fausts Landgewinnungs-Projekt: Zum Lohn für den kriegerischen Beistand soll er zum Ritter geschlagen und mit einem Landstück am Meeresufer belehnt werden (10304f.). So geschieht es.[469]

Daß der "Parteihaß" (10778) im vierten Akt als Krieg dargestellt ist, entspricht dem Bild, das Friedrich Schlegel in der Schrift *Signatur des Zeitalters* (1820-23) von der politischen Situation vor allem in Frankreich gibt. "Als eine politische Krankheit müssen wir den Parteienkampf zwischen den Ultras und den Liberalen betrachten",[470] schreibt Schlegel über jenen "Krieg", der ein "innerer" sei.[471] Seit dem Wiener Kongreß wurde "der äußere Friede [...] von Tage zu Tage fester und dauerhafter", doch es verstärkten sich die Symptome des "allgemeinen innern Unfriedens".[472] Ein Zeichen der Zeit ist es nach Schlegel, "daß jetzt alles sogleich zur Partei wird, daß selbst das Gute und Rechte in

469 Daß Goethe die Belehnung zugunsten der Erzämter-Szene wegließ, zeigt die Intention, die Fausthandlung in einen größeren historischen und politischen Zusammenhang zu stellen.
470 KA VII, S.556.
471 KA VII, S.559.
472 KA VII, S.486.

Gesinnung und Denkart von diesem schrankenlosen Ultrageiste ergriffen und beherrscht wird, dessen unbedingtes Wesen [...] leicht in das Zerstörerische fallen kann" – worin konservatives und revolutionäres Extrem letztlich konvergieren und zu demselben "chaotischen Ausgang" führen.[473] Schlegel bezieht seine Kritik des konservativen Ultrageistes ausdrücklich nicht auf Deutschland: "Eigentlich Servile gibt es hier wohl nicht".[474] "In Frankreich" jedoch "sehen wir das Übel dieses Ultra- und allgemeinen Parteiwesens zu seiner vollen Riesengröße ausgewachsen".[475] Jenseits des Rheins zeichnet sich nicht nur für Schlegel die politische Signatur des Zeitalters am deutlichsten. Es überrascht daher kaum, daß der 4. Akt, wie schon die Papiergeld-Sequenz, deutliche Bezüge zur französischen Situation enthält.[476] So ist die Rede vom inneren Krieg in einem mehr als metaphorischen Sinne zu verstehen. Wenn Mephisto die drei gewaltigen Gesellen Raufebold, Habebald und Haltefest einsetzt, die mit "ritterlichen Prügeln" (10769) auf die Gegenpartei losgehen und nach der Schlacht das Zelt des Gegenkaisers plündern, muß etwa an den "weißen Terror" gedacht werden – jenen "Rachefeldzug", mit dem die Ultraroyalisten nach dem Ende von Napoleons 100-Tage-Herrschaft vor allem im Süden Frankreichs gegen die Bonapartisten vorgingen.[477] Da der *Faust II* keiner mimetischen Poetik folgt, kann man allerdings nicht sagen, im vierten Akt sei der weiße Terror *dargestellt*. Vielmehr bekundet sich in der historischen Realität eine bestimmte Tendenz – der Umschlag konservativ-restaurativer Politik in rohe Gewalt –, die dann im literarischen Werk eine eigengesetzliche Gestaltung findet.[478]

---

473 KA VII, S492. Gegenüber Zelter stimmt Goethe am 6. Juni 1825 wörtlich in diese Schlegelsche Klage ein: "Alles ist jetzt ultra [...]" (HAB 4, S.146).

474 KA VII, S.544.

475 KA VII, S.522.

476 Goethe folgt einem festen Denkmuster seiner Zeit, wenn er für die politisch-ökonomischen Tendenzen Frankreich als Paradigma nimmt ("the last stage of the work had been accompanied practically throughout by reflection about the current state of France", Boyle (1983, S.31)), sich bei der Gestaltung literarisch-mythologisch-religiöser Tendenzen aber vor allem auf deutsche Texte bezieht. Friedrich Schlegel hatte im 216. Athenäums-Fragment dieses Muster durch die Parallelisierung der Großen Revolution mit der philosophisch-literarischen Entwicklung in Deutschland, nämlich Fichtes *Wissenschaftslehre* und Goethes *Lehrjahren*, geprägt (KA II, S.198).

477 Erbe (1982), S.120.

478 Deshalb ist es auch falsch, den Gegenkaiser einfach als Napoleon zu identifizieren, wie Nicholas Boyle (1983) es in seiner Studie *The Politics of Faust II* tut (S.34). Napoleonische Eigenschaften hat der Gegenkaiser in Mephistos Schilderung (10278-10288) insofern, als er die revolutionäre Anarchie beendet, den inneren Frieden durch eine Erneuerung des Reiches herstellt und die Unterstützung der "Pfaffen" findet. Daß er jedoch von den "Tüchtigen" der Gesellschaft gewählt wird und daß dabei der "Aufstand" zu einem legitimen – "geheiligten" – Mittel der Politik avanciert, verweist schon auf das Ende der Restaurationsphase – auf die

Dieses Verhältnis von Zeitgeschichte und literarischer Gestaltung zeigt sich auch bei der Verleihung der Erzämter am Schluß des Aktes. Die vom Kaiser verkündete Reichsverfassung folgt weitgehend der 1356 von Karl IV. erlassenen "Goldenen Bulle", mit der Goethe sich vor der Ausarbeitung der Szene eingehend beschäftigte.[479] Im Werk geht es aber weder um eine Darstellung des historischen Mittelalters, noch um eine enthistorisierende Symbolik von "Regierungskunst überhaupt", von "Urgeschichte" und "Gesetz", wie Emrich meint.[480] In der Reichsverfassung wird, wie es in einem Vers Mephistos heißt, "das Mittelalter lebhaft aufgestutzt" (10562). Die Restauration der alten Reichsidee ist die zum Sujet gewählte zeitgeschichtliche Tendenz, die ausführliche Zitation der Goldenen Bulle deren autonome poetische Gestaltung. Dabei verbinden sich die Bezüge zur Goldenen Bulle mit bestimmten historischen Fakten der französischen Restauration. Es sind vor allem Anspielungen auf die Regentschaft Karls X., der sich weit konservativer gebärdete als sein Vorgänger Ludwig XVIII. Wenn der Kaiser "vom Erbteil jener, die sich von uns abgewandt", des "Besitztums Grenzen" der Loyalen erweitert (10938f.), so erinnert das an die 1825 von Karl X. und Graf Villèle, einem Führer der Ultras, durchgesetzte Entschädigung des Exiladels auf Kosten der bürgerlichen Besitzer von Staatspapieren.[481] Die Verkündung des Erstgeborenenrechts und der Unteilbarkeit des Landbesitzes im *Faust* (10968ff.) entspricht zwar nicht den Erfolgen, wohl aber den Plänen der Ultras: In der Pariskammer scheiterte ein von Villèle ausgearbeitetes Gesetz, "welches entgegen dem im code civil verankerten Erbrecht, das alle Kinder gleichstellte, bei Adelsgütern nur den jeweils ältesten Sohn begünstigen sollte".[482] Ein weiterer Bezug auf diese Spätphase der Restauration ist die Vollendung und Sicherung des Reichsgebäudes durch den "Schlußstein" (10931f.), zu dem der Kaiser den Klerus stilisiert und diesen damit "stark und fest" macht (10952).[483]

Julirevolution und die Inthronisierung des Bürgerkönigs Louis Philippe. In die Zeichnung der Gegenkaiser-Partei gehen also Züge der ersten und der letzten Gegner der restaurierten Bourbonenherrschaft ein.

479 Frandsen (1967) kommentiert die Bezüge en detail (S.47ff., 59ff.).

480 Emrich (1964), S.384,386.

481 Ziebura (1979), S.113.

482 Erbe (1982), S.123.

483 Die Rede vom Schlußstein kommentiert den Auftritt des Erzbischofs. Daher irrt Arens (1989), wenn er schreibt: "Der alles zusammenhaltende und krönende Schlußstein des Staatsgebäudes kann nur der Kaiser selber sein, er entspricht seiner Funktion: geschmückter Scheitelpunkt, der zugleich Geschlossenheit und Festigkeit symbolisiert" (S.819). Nützlich ist dieser Kommentar allerdings insofern, als er verdeutlicht, daß der Kaiser die Funktion des Schlußsteins an die Kirche abtritt. In der Gebäude-Metapher ist der Monarch selbst nicht enthalten; die Szene zeigt ironisch seine Funktionslosigkeit im eigenen Reich.

Über die entsprechende Entwicklung in Frankreich schreibt Alexander Dru: "Da der König selber an der Monarchie zweifelte, versuchte er, sich um so fester auf die Kirche zu stützen, und der Klerus hinwiederum sah seinen Platz in einer nach Ständen geordneten Gesellschaft am besten gesichert".[484] Die Thronbesteigung Karls X., der sich im Gegensatz zu Ludwig XVIII. wieder feierlich in Reims krönen ließ, markierte den endgültigen "Sieg der Klerikalen".[485] Die Vermischung von Staat und Kirche war grenzenlos und wurde kaum kaschiert: "Der Innenminister, der Abbé de Montesquiou, trug sein geistliches Gewand auch weiterhin, ohne es zu entehren".[486] Auf Fälle wie diesen spielt die Personaleinheit von Erzbischof und Erzkanzler im *Faust II* (vor 10931) an.

Auch Friedrich Schlegel, der als Sekretär Metternichs im Vergleich zu den französischen Ultraroyalisten eine gemäßigte Position vertritt, bezeichnet die "Verstärkung der kirchlichen Institute" und die "entschiedene Rückkehr zu den Katholischen Staatsgrundsätzen" als "das wahre Heilmittel" gegen die gesellschaftliche Polarisierung und Zerstörung.[487] Nur wenn die "Idee des altdeutschen christkatholischen Kaisertums" wieder lebendig werde, könne der innere Krieg der Gesellschaft überwunden werden.[488] In der wechselseitigen Abhängigkeit von König und Klerus in Frankreich kann man tatsächlich eine verzerrte Neuauflage dieser Reichsidee sehen; und wenn Goethe scheinbar widersinnig die zeitgeschichtlichen Anspielungen auf Frankreich mit der Zitation der ältesten deutschen Reichsverfassung verknüpfen konnte, so deshalb, weil die Regentschaft der letzten Bourbonen in vielem "altdeutsch-christkatholisch" erschien und in nichts an das Sonnenkönigtum Ludwigs XIV. erinnerte.

Die Schwäche des Kaisers im *Faust II*, der sich nur halten kann, "solang das treue Blut" die "Adern" der noch Loyalen "regt" (10963), läßt die Wiederbelebung der Reichsidee als bloße Inszenierung erscheinen, mit der die reale Zerbrechlichkeit der Machtverhältnisse in der Restaurationszeit verschleiert und mit der doch zugleich Realität geschaffen wird. In Etienne Dumonts Darstellung der Revolution von 1789 studierte Goethe – Boyles Kommentar der Erzämter-Szene zufolge – "the real power [...] of show, authority confidence, confidence trickery, of names, mere breath, mere paper, mere convention, illusion, appearance" im

---

484 Dru (1967), S.145.
485 A.a.O., S.212.
486 A.a.O., S.153f.
487 KA VII, S.592.
488 KA VII, S.527.

vorrevolutionären Frankreich und übertrug diese Charakterisierung auf die Zeit vor 1830.[489] Der Macht des bloßen Scheins entspricht die Form der Erzämter-Szene: zur starren Ordnung des restaurierten Staatsgebäudes paßt die monotone Symmetrie des Alexandrinerverses, der zur Entstehungszeit ebenso überholt war wie die alte Reichsidee. Vor allem die Saint-Simonisten wiesen unermüdlich darauf hin, daß im Staat der Restauration das längst gestorbene Mittelalter nur noch einmal feierlich aufgebahrt wird.[490] Sie nennen die Restauration "eine Art Parodie der Vergangenheit"[491] und die Aristokratie eine "nur noch in der Geschichte" existierende "Erinnerung".[492] Im *Faust II* bezeichnen entsprechend die Gegner des Kaisers dessen Verlautbarungen als "schale Possen" und seine Macht als Legende: "Märchen sagt: – es war einmal" (10492). Am Ende des Aktes wird das Märchen noch einmal gespielt. Kruse nennt die Erzämter-Szene zurecht eine "Farce" von "gespenstische[r] Struktur".[493]

Wenn Eckermanns Wiedergabe richtig ist, hat Goethe schon 1827 angekündigt, daß es dem im ersten Akt auftretenden Kaiser "später wirklich gelingt", "sein Land zu verlieren"[494] – ohne daß sich hier bereits ein Zusammenhang zur Revolution von 1830 abgezeichnet hätte. Tatsächlich lautet der letzte Vers des Monarchen: "So könnt' ich wohl zunächst mein ganzes Reich verschreiben" (11042). Damit sind Ländereien und Einnahmen gemeint, aber auch die Macht des Kaisers und schließlich seine Herrschaft selbst. Sein Sturz ist nur eine Frage der Zeit. "A political cosmos disintegrating into chaos" nennt Jantz das prunkhaft restaurierte Reich der Alexandrinerszene.[495] Die Pariser Julirevolution wird nicht, wie Heinz Hamm in Verwechslung beider Parteien meint, schon im Bürgerkrieg des vierten Aktes geschildert,[496] sondern sie ist eine Konsequenz der Machtkonstellation, die sich am Ende der Handlung einstellt. Zu dem alten Plan, den Kaiser sein Land verlieren zu lassen, paßte genau der Sturz des letzten Bourbonen 1830; und weil die vielen Bezüge auf das Frankreich der Restaurationszeit kein anderes als dieses Ende implizieren, konnte Goethe es bei der Anspielung belassen.

Wie mit der Papiergeldausschüttung im ersten Akt sorgen Faust und Mephisto mit der Kriegsführung im vierten also für eine trügerische

---

489 Boyle (1983), S.33.
490 Vgl. a.a.O., S.35.
491 *La Doctrine de Saint-Simon*, S.51.
492 So konnte Goethe es 1831 in der "Revue de Paris" lesen; übers. nach Boyle (1983), S.36.
493 Kruse (1982), S.360, 363.
494 1.Oktober 1827; Eckermann, S.491.
495 Jantz (1978), S.100.
496 Hamm (1982), S.83.

Konsolidierung des Staates, deren katastrophische Desillusionierung hier wie dort nicht mehr dargestellt ist. In beiden Fällen gilt der Schein – hier des geordneten Staatswesens, dort des Reichtums – für die Wahrheit, obwohl er auf ein imaginäres Wesen verweist: auf ein noch nicht geschaffenes dort, auf ein längst untergegangenes hier. Sowohl im 1. als auch im 4. Akt wird aber die kurzfristige Macht des bloßen Scheins und der realitätslosen Imagination vorgeführt. Auch Fausts Imagination eines Zukunftsstaats im 5. Akt entspricht dieser Struktur.

c) Kapitalismus, Refeudalisierung und Sozialutopie

Umstritten in der Forschung ist die Frage, wie tief Fausts spätere Karriere als Kolonisator von seinem Attachement an die Restauration geprägt ist. In einigen Deutungen, aus denen das Gründungspathos verschiedener Epochen spricht, wird die Kriegführung für den Kaiser als eine rein zweckrationale Handlung verstanden, mit der Faust sich den Raum zur Errichtung einer völlig neuen Gesellschaft verschafft. So bezeichnet Karl August Meissinger in der Frühphase des Dritten Reiches Fausts Schlußvision als den "Gedanke[n] einer nationalen Volksgemeinschaft", der "dem verotteten Staatswesen der Restauration" entgegengesetzt sei.[497] Hans Rudolf Vaget vertritt zu positiven Deutungen wie dieser eine extreme Gegenposition, wenn er Faust "einen machthungrig gewordenen und deshalb zum Feudalismus entlaufenen Bürgerlichen" nennt.[498] Eine genaue Lektüre des fünften Aktes zeigt, daß sich sowohl in Fausts Besitztum als auch in seiner Schlußutopie feudale und bürgerliche Momente verschränken.

Bernd Mahl bemerkt zu Mephistos Ausspruch "Mußt Du nicht längst kolonisieren?" (11274), Faust sei als "Kolonisator des liberalistischen, historischen Kapitalismus" gezeichnet.[499] Ein Grundprinzip seines Handelns ist der freie "Tausch" (11371), der allerdings in zwei Fällen zu nackter Gewalt wird. Erstens im Seehandel, auf den bezogen Mephisto die Losung ausgibt: "Das freie Meer befreit den Geist" (11177). Für Fausts Begleiter ist Freiheit allerdings identisch mit "Gewalt" (11184), und deshalb kann er sagen: "Krieg, Handel und Piraterie,/ Dreieinig sind sie, nicht zu trennen" (11187f.). Die – in der Forschung übersehene – blasphemische Konnotation dieser Sentenz sagt Näheres über den "befreiten"

---

497 Meissinger (1935), S.108.
498 Vaget (1980), S.348.
499 Mahl (1978), S.1493.

Geist der Seefahrt aus: In der mephistophelischen "Dreieinigkeit" ist der Krieg – mit Heraklit – der Vater, der Handel der Sohn; die Piraterie aber, die gewaltsame Eroberung, ist der beiden gemeinsame und die Welt umfassende Heilige Geist, und eben dieser Geist wird auf dem Meer freigesetzt.[500] Hier wie im folgenden Fall konvergieren "Tausch" und "Raub" (11371). Zweitens nämlich propagiert Faust das Prinzip des Tausches ausdrücklich im Umgang mit seinen Nachbarn Philemon und Baucis, deren Umsiedlung in das gewonnene Neuland anfangs freiwillig geschehen soll: er hat ihnen auf dem trockengelegten Meeresboden ein "schönes Gut" zur Pacht "angeboten" (11135f.). Auch hier geht die liberale Intention bruchlos über in die Anwendung von "Gewalt" (11280): Die Hütte wird niedergebrannt, das alte Paar stirbt in den Flammen. Thomas Metscher erinnert an die "Expropriation des Landvolks" im Frühkapitalismus, die Marx im *Kapital* in dem Abschnitt über die "ursprüngliche Akkumulation" beschreibt. Das Geschehen im *Faust II* ähnelt insbesondere einer Begebenheit in Schottland. Zwischen 1814 und 1820 wurden die Dörfer einer Grafschaft mit Hilfe britischer Soldaten niedergebrannt, wobei auch eine alte Frau in ihrer Hütte umkam. Der vertriebenen Bevölkerung wurde als Ersatz Land am "Seegestad" verpachtet. Grund der Vertreibung war der immens gestiegene Wollpreis: Das geraubte Land wurde in Schafstrift verwandelt.[501]

Im Gegensatz zur Marxschen Analyse ist in Goethes Drama nicht der ökonomische Zwang zur Kapitalakkumulation, sondern vielmehr Fausts unersättlicher Charakter die Ursache dafür, daß aus der Idee des freien Tausches die Realität nackter Gewalt wird. Binswanger irrt, wenn er schreibt: "In Fausts Unternehmen [...] geht es um das Geld".[502] Angesichts der von Faust befohlenen "reichen Schau" erhandelter bzw. eroberter "Kostbarkeiten", die Mephistos Gesellen "Saal an Saal" "ordnen" (11205ff.), spricht Kruse treffend von einem feudalen Zug des Protagonisten.[503] Die Schau geordneter Kostbarkeiten ist eine Parallelstelle zur mittelalterlichen Kreuzritter-Burg des dritten Aktes, wo Faust befiehlt: "Geh und häufe Schatz auf Schatz/ Geordnet an" (9337f.). Und wenn nach Mephistos – zweifellos erneut schmeichlerischen – Worten Fausts "Arm

500 Zur Einheit von Krieg, Handel und Piraterie zitiert Mahl (1982) aus einer Schrift des Ökonomen Gustav von Gülich, die Goethe 1830 las, den Satz, "der Krieg erzeuge und mehre Handel und Verkehr". Außerdem verweist Mahl auf die Bezeichnung der freien Konkurrenz als "Krieg" in einer Abhandlung des mit Goethe befreundeten Georg Sartorius (S.480f.).

501 Marx/Engels (1962ff., Bd. 23), S.758. Vgl. Metscher (1976), S.90.

502 Binswanger (1985), S.137.

503 Kruse (1982), S.394.

die ganze Welt umfaßt" (11226), so ist damit nicht allein die Weltherrschaft des freien Handels gemeint, sondern auch das imperiale Gebaren des Handelsherrn. Seinen Besitz stilisiert er zum "Königsgut" (11195) mit "Palast" und "Ziergarten" (vor 11143).[504] Baucis faßt das aristokratische Verhalten des Bürgers Faust in die Formel: "Wie er sich als Nachbar brüstet,/ Soll man untertänig sein" (11133f.). In dieser Herrscherpose deutet er sein Angebot an das alte Paar, den Dünenbesitz gegen ein Stück Neuland zu tauschen, zu einem Akt "großmütiger Schonung" um (11348). Sein Befehl "So geht und schafft sie mir zur Seite!" (11275) ist nur die Kehrseite der großmütigen Haltung; seine spätere Beteuerung "Tausch wollt' ich, wollte keinen Raub" (11371) ist mit der Schonung so unvereinbar wie mit der Gewalt. Die Alten werden nicht etwa deshalb ermordet, weil ihr Land der Akkumulation von Reichtum zum Opfer fällt, sondern weil ihr "Eigensinn" (11269) Faust, der "ins Unendliche [...] schaun" will (11345), ein Dorn im Auge ist. Symbolisch, nicht real markieren für ihn die eigensinnigen Bewohner ein "Verkümmern" seines "Gewinns" (11270): "Des allgewaltgen Willens Kür/ Bricht sich an diesem Strande hier" (11255f.). Ebensowenig wie hier die kapitalistische Akkumulation mimetisch dargestellt ist, darf in Fausts Herrscherallüren allerdings das Bild eines Feudalherrn alter Prägung gesehen werden. Vielmehr entsteht die poetische Skizze einer bürgerlichen und zugleich neofeudalen Mentalität, in der jene Akkumulation motiviert ist.[505] Fausts Ziel ist die Verunendlichung des "Gewinns" und die Allgewalt seines partikularen Willens. Dahinter steht Goethes Schreckensvorstellung einer von "Selbstheit" regierten bürgerlichen Gesellschaft, in der die vielen einzelnen je für sich nach absoluter Willensfreiheit und Herrschaft streben, also die längst schon zum "Märchen" (10496) gewordene Rolle des absolutistischen Monarchen usurpatorisch spielen möchten. Sinn der Vermischung feudaler und bürgerlicher Motive ist die Kritik an der Verabsolutierung des einzelnen.

Weil Faust sich in der Zukunftsvision seines letzten Monologs nicht mehr als Feudalherr geriert, sondern von "freiem Volke" spricht (11580), das ohne Klassenunterschiede "gleich angesiedelt" ist (11567) und dessen Triebfeder statt Egoismus "Gemeindrang" heißt (11572),

---

504 Abenteuerlich ist der lakonische Satz von Metscher (1976): "Der 5. Akt zeigt Faust in einer post-feudalen Welt" (S.83).

505 Kruse (1982) nennt Faust einen "kapitalistischen Pächter im Innern des Feudalismus", der sich selbst "in der Art eines patriarchalischen Feudalherren" bewegt (S.387f.). Und Mahl (1982) hält es für unentscheidbar, ob Faust "die Inkarnation eines gefräßigen Kapitalisten" ist "oder die Wesensart eines feudalen 'gestrengen Herrn' verkörpert" (S.441).

sagt Mieth über dieses letzte Stadium: "Die Herr-Knecht-Ideologie liegt hinter Faust";[506] in der Diskussion von Mieths Studie wird gar "ein Wandel im poetischen Subjekt" konstatiert.[507] Auch das tyrannische Zur-Seite-Schaffen seiner Nachbarn verbrämt Faust jedoch mit der Idee freier und gleicher Tauschpartner, und genau diese Spaltung in feudale und liberale Bewußtseinsformen konstituiert die widerspuchsvolle Identität des "poetischen Subjekts" im gesamten fünften Akt. Man vergegenwärtige sich nur den äußeren Handlungszusammenhang: Nachdem der vermeintlich freie "Tausch" sich als mörderischer "Raub" erwiesen hat (11371), weil Philemon, Baucis und ihr Gast in der Hütte verbrannt sind, weht aus dem "Scheiterhaufen dieser drei" (11369) ein "Schauerwindchen" mit "Rauch und Dunst" zu Faust "heran" (11380ff.). Es sind die "vier grauen Weiber" Mangel, Schuld, Sorge und Not. Die Sorge, die allein in Fausts Palast einzudringen vermag, ist also aus dem Rauch der getöteten Nachbarn entstanden. Weil Faust ihre Macht nicht anerkennt, blendet sie ihn (11493ff.). Die Blindheit hat zur Folge, daß er das neuerliche Scheitern seiner liberalen Ideologie am Schluß nicht mehr wahrnehmen kann: Die künftig freien, gleichen und brüderlichen Siedler sind schon in der Gegenwart dieser Vision nur "schlotternde Lemuren/ Aus Bändern, Sehnen und Gebein/ Geflickte Halbnaturen" (11512ff.). Die Lemuren errichten ihre schöne neue Welt nicht als Subjekte, sondern als Objekte einer Beglückung – "Es gilt wohl gar ein weites Land,/ Das sollen wir bekommen" (11517f.) – und sie können sich den Sinn dieses Projekts nicht merken: "Warum an uns der Ruf geschah,/ Das haben wir vergessen" (11521f.). Bernd Mahl zitiert hierzu aus Smith's *Wealth of Nations* eine Bemerkung über den Arbeiter des Frühkapitalismus, dessen Beschränkung auf "ein paar einfache Operationen" eine "Verknöcherung seines Geistes" zur Folge habe: "Über die großen und umfassenden Interessen seines Landes weiß er sich gar kein Urteil zu bilden".[508] Die Lemuren sind also eine Überzeichnung des frühen Proletariats. Fausts liberale Vision von "freiem Volk" wird durch die Realität dieser Arbeiterschaft ad absurdum geführt. Wie schon zuvor bei Seehandel und Umsiedlung wird aus Freiheit Gewalt, aus Tausch Raub: Die "Arbeiter", die ihre Arbeitskraft im modernen Sinn gegen Bezahlung eintauschen (11552f.), sind für den feudalen "Herren" Faust zugleich "Knechte" (11502f.), die Mephisto mit mittelalterlichen Methoden zur Arbeit

---

506 Mieth (1980), S.97.
507 A.a.O., S.269.
508 Zit. nach Mahl (1978), S.1500.

"presse[n]" soll (11554), wenn sie durch Bezahlung allein nicht gefügig werden.[509]

Im Jahr nach der Julirevolution beschäftigte sich Goethe mit den Schriften der Saint-Simonisten. Er fand dort die Utopie einer durch Naturbeherrschung befreiten Menschheit; eine Utopie, in der jedoch unterschwellig die alten Herrschaftsstrukturen mit deutlich feudalem Gepräge fortbestehen oder wiederbelebt werden. Diese Verwandtschaft mit der Konstellation des 5. Aktes macht verständlich, warum die 1831 entstandenen Verse Bezüge auf saint-simonistische Ideen enthalten.[510] Diese Anspielungen sollen im einzelnen aufgezeigt werden, zunächst die Aspekte kapitalistischer Modernisierung. In dem Kompositum "tätig-frei" (11564) koppelt Faust das Freiheitsideal an die gesellschaftliche Arbeit und nennt diesen Gedanken "der Weisheit letzte[n] Schluß:/ Nur der verdient sich Freiheit wie das Leben,/ Der täglich sie erobern muß" (11574ff.). Das ist auch ein Zentralgedanke der Saint-Simonisten: die Unfreiheit der Volksmassen könne nur beendet werden, wenn "die Ausbeutung des Menschen durch den Menschen ersetzt wird durch die Beherrschung der Natur durch den Menschen".[511] Die Form der Naturausbeutung ist organisierte industrielle Arbeit, zu deren Voraussetzung Claude-Henri de Saint-Simon 1821 in einem Brief "an die Herren Arbeiter" die verstärkte Nutzung des Bodens erklärt: "Dazu müssen brachliegende Flächen urbar gemacht, Sumpfgebiete ausgetrocknet [...] und all jene Kanäle, die für die Schiffahrt und die Bewässerung von Nutzen sein können, gebaut werden".[512] Diese vorindustrielle Urbarmachung findet im 5. Akt gerade statt; das zukünftige "Erobern" in Fausts Vision entspricht den "Eroberungen der Industrie", von denen Saint-Simons Schüler künden.[513]

---

509 Zur mittelalterlichen Bedeutung von "beipressen" vgl. Mahl (1978), S.1484.

510 Goethe las intensiv die 1822-30 erschienene *Doctrine de Saint-Simon.* Am 30. Mai notiert er ins Tagebuch: "Bemühung dem St. Simonistischen Wesen auf den Grund zu kommen" (WA III, 8, S.83). Schuchard (1935), Sagave (1968), Hamm (1982), und Boyle (1983) kommentieren die wichtigsten Bezüge des *Faust II* auf diese frühsozialistische Schule. Allerdings wird der feudale Aspekt von den Autoren nicht ausreichend berücksichtigt.

511 *Doctrine*, S.58.

512 Saint-Simon, Ausgewählte Schriften, S.321.

513 *Doctrine*, S.45. Umstritten ist die Existenz von Industrie in Fausts Unternehmung. Segeberg (1982) verneint sie und schreibt: "Absolutistische Herrschaft und vormoderne Techniken bedingen [...] einander" (S.240). Mit dem Wunsch "Könnt' ich Magie von meinem Pfad entfernen,/[...]/ Stünd' ich, Natur, vor dir ein Mann allein" (11403ff.) habe Faust sich von der Industrie ab- und der Handarbeit zugewandt. Als "Wirken des großen einzelnen" sei Technik nur in der vormodernen Form darstellbar, deshalb habe Goethe die Handarbeit und nicht die Industrie als "Stoff zur Tragödie" gewählt (S.249f.). Dem widerspricht die Beobachtung der Baucis, alle Handarbeit sei "umsonst" angesichts der magischen "Flämmchen"

In der Schrift *De la Religion St. Simonienne* (1830) stilisiert Abel-Etienne Transon die Eindeichung des Meeres zu einem Sinnbild von Naturbeherrschung überhaupt. An die ganze Menschheit gerichtet schreibt der Autor: "Du bist es, die dem aufgebrachten Meer sagt: du wirst bis hierhin kommen, du wirst nicht weitergehen".[514] Schon in der Handschrift von 1826 ist die Rede von der "Menge", die "den Wellen ihre Gränze setzt";[515] dieses Leitmotiv des 5.Aktes ist also nicht, wie Schuchardt meint,[516] von den Saint-Simonisten beeinflußt, vielmehr fand Goethe es bei ihnen wieder. Er näherte die weitere Ausführung des Deich-Motivs 1831 ihrem Denken an, und zwar in bezug auf die entscheidende Frage, welche Kraft die künftige Menschheit zur Naturbeherrschung und damit zur Arbeit bewegen wird: "Da rase draußen Flut bis auf zum Rand,/ Und wie sie nascht, gewaltsam einzuschießen,/ Gemeindrang eilt, die Lücke zu verschließen" (11570ff.). Wenn Joachim Müller hier von einem Neologismus Goethes spricht,[517] so dürfte er die Arbeit von Schuchard kaum gelesen haben. "Gemeindrang" ist nämlich Goethes Übersetzung jener die Arbeiter künftig beflügelnden "impulsion commune" in der *Doctrine*.[518]

Den Saint-Simonisten gilt der Gemeindrang als ein Kennzeichen aller "organischen" Epochen – der griechischen Antike und des Mittelalters – und als Gegenbegriff zum Egoismus, der die "kritischen" Epochen, die römische Antike und die Gegenwart, kennzeichne: "Die organischen Epochen stellen die Einheit der mehr und mehr entfalteten Gemeinschaften unter den Mitgliedern dar, d.h., sie wirken zusammen auf ein gemeinsames Ziel. In den kritischen Epochen herrscht dagegen völlige Unordnung. Sie sprengen die alten gesellschaftlichen Beziehungen und sind schließlich nur auf den Egoismus abgezielt".[519] Wegen des kontinuierlichen und gesetzmäßigen Wechsels der beiden Epochentypen könne man

---

(11123ff.) – worin Segeberg selbst einen Hinweis auf "die Anfänge der 'Feuermaschinen' im englischen Kanalbau" (S.241) sieht. Die manuelle Urbarmachung des Bodens ist also im Sinne Saint-Simons mit ihrer Folgestufe, der Industrie, schon vermischt. Faust nimmt dies ebensowenig wahr wie die industrielle Zurichtung der Arbeiter und die Eigenmächtigkeit seines "Aufsehers". Er ist kein großer einzelner, der scheitert, sondern ein Abhängiger und Bedingter, der sich über seine Größe täuscht. Das macht die Figur zum Repräsentanten der modernen, auch der industriellen Welt.

514 Übersetzt nach Schuchard (1935), S.271. Daß Goethe den Text gekannt hat, läßt sich nicht mit Sicherheit belegen. Boyle (1983, S.29) weist aber auf die Tagebuchnotiz "Rel. St.Simonienne" vom Juni 1831 hin (WA III, 8, S.269).

515 Vgl. Landeck (1981), S.66.

516 Schuchard (1935), S.271.

517 J.Müller (1977), S.204.

518 A.a.O., S.272.

519 *Doctrine* S.57f.

"aus der Vergangenheit der Menschheit ihre Zukunft lesen",[520] nämlich eine Rückkehr zu der organischen Sequenz: "Das neue Stadium, das wir für die Zukunft ankündigen, wird das dritte Glied in dieser Kette bilden. Es wird nicht identisch sein mit den vorherigen, aber es wird in bezug auf Ordnung und Einheit frappierende Ähnlichkeiten aufzeigen".[521] Der Katholizismus des Mittelalters habe nämlich als "sittliche Lehre" einen Gemeinschaftsgeist hergestellt; seine "Einrichtungen" seien in der Blütezeit "höchst nützlich, höchst moralisch" gewesen,[522] weshalb "auf uns und auf die Römer bezogen" von einer "Superiorität des Katholizismus" gesprochen werden könne.[523] In der Gegenwart entspreche der mittelalterliche Glaube allerdings nicht mehr "den Erfordernissen der Menschheit".[524] Bei diesen neuen Erfordernissen handelt es sich vor allem um "die gegenwärtige Freiheit", die in der herrschenden Unordnung noch als Egoismus erscheine. In Zukunft werde jedoch in der "saint-simonistische[n] Ordnung [...] allein die wahre Freiheit bestehen".[525] Weil die utopische Menschheit der *Doctrine* nicht mehr, wie die mittelalterliche, im passiv empfangenen Dogma vereint ist, sondern – mit den Worten des 5.Aktes – im "tätig-frei" praktizierten "Gemeindrang", werde der künftige "Glauben" an die einende Kraft "eine höhere Bedeutung" haben "als der katholische".[526] In diesem Sinne sagt Saint-Simon, auf die griechische Antike bezogen: "Das Goldene Zeitalter des Menschengeschlechts, es ist nicht hinter uns, es steht uns bevor".[527] In Fausts Diktum "ein paradiesisch Land" (11569) greift Goethe auch diesen Aspekt der Lehre auf und zitiert im Schlußmonolog zudem Momente der Schillerschen Idyllentheorie, in der das kommende elysische Zeitalter gleichfalls als Synthese von antiker Ordnung und moderner Freiheit gezeichnet ist.[528]

Goethe teilte die saint-simonistische Kritik der Gegenwart, unterzog aber die Prophezeiungen dieser "sehr gescheite[n] Leute" einer schroffen Kritik: "Sie kennen die Mängel unserer Zeit genau und verstehen auch das Wünschenswerte vorzutragen; wie sie sich aber anmaßen wollen, das

---

520 A.a.O., S.233.
521 A.a.O., S.36.
522 A.a.O., S.174.
523 A.a.O., S.204.
524 A.a.O., S.174.
525 A.a.O., S.213.
526 A.a.O., S.156.
527 Zit. nach Kool/Krause (1967), S.173. Goethe kannte diesen Ausspruch aus den Zeitschriften "Le Globe" und "Le Temps". Vgl. Boyle (1983), S.15.
528 Vgl. Römer (1976), S.154ff. Zur genaueren Untersuchung dieses Zusammenhangs vgl. Abschitt e) dieses Kapitels.

Unwesen zu beseitigen und das Wünschenswerte zu befördern, so hinkt sie" – nämlich die "Réligion Simonienne" – "überall. Die Narren bilden sich ein, die Vorsehung verständig spielen zu wollen [...]".[529] Warum die Gescheiten sich mit der angemaßten Prophetie zu Narren machen, zeigt der *Faust II*: Das vorausgesagte ganz andere erweist sich als das Uralte. In ihrem Bemühen, die künftige Gesellschaft konkret zu beschreiben und dabei nicht in den Begriffen der "egoistischen" Gegenwart zu verharren, greifen die Saint-Simonisten nämlich auf Vorstellungen der letzten "organischen" Epoche, des Mittelalters, zurück. Sie konzedieren, daß es auch in der Zukunft "Lenker" geben wird; "aber diese Führer werden Euch lieben, und ihr werdet sie in Ehren halten".[530] Genau diese Rückbesinnung auf das persönliche patriarchalische Verhältnis hatte Goethe schon 1826 Faust in den Mund gelegt: "Es ist die Menge, die mir frönet" (11540).[531] Er fand den Gedanken in der *Doctrine* wieder und konnte den Saint-Simonismus somit bruchlos in die neo-feudale Motivik des 5. Aktes einbinden. Weil es in der künftigen Gesellschaft kein Privateigentum an Produktionsmitteln mehr geben soll, beschreibt die *Doctrine* deren Verteilung als "Belehnung".[532] Auch Faust erhält sein "Eigentum" (10187) als "Lehn" (10306). Bei der Motivierung zur Arbeit und deren Verteilung darf im saint-simonistischen Zukunftsstaat das Geld keine Rolle mehr spielen; deshalb "ist es das Oberhaupt, welches billigt und verurteilt, lobt und tadelt, anreizt und zurückhält; es befiehlt und richtet".[533] Auf diese Formulierung dürfte sich Fausts Rückfall von der modernen Bezahlung ins mittelalterlich-patriarchalische Pressen beziehen: "Ermuntere durch Genuß und Strenge,/ Bezahle, locke, presse bei!" (11553f.). Und der alleinigen Sachkompetenz und Befehlsgewalt des saint-simonistischen Oberhauptes entsprechend "genügt ein Geist für tausend Hände" (11510).[534] Im Entwurf der Saint-Simonisten sind moderner Freiheitsgedanke und patriarchalische Befehlsstruktur widersprüchlich verquickt. Die Führer befehlen den Gemeindrang herbei, wenn er sich tätig-frei nicht einstellen will – so wie auch Faust seine "Befreiungs-Vision herbei-

---

529 28. Juni 1831 an Zelter; HAB 4, S.434.

530 *Doctrine*, S.219.

531 Vgl. Landeck (1981), S.66.

532 *Doctrine*, S.212.

533 A.a.O., S.190.

534 Graham (1988) erinnert an das Paulus-Wort: "Es sind mancherlei Gaben; aber es ist *ein* Geist. Und es sind mancherlei Ämter; aber es ist *ein* Herr. Und es sind mancherlei Kräfte; aber es ist *ein* Gott, der da wirket alles in allen" (1 Korinther 12, 4-6). Faust ist für Graham wegen dieses Bezugs "der einzelne, der sich des Ganzen bemächtigt und es also usurpiert" (S.122). Hinzuzufügen wäre, daß sich an Fausts Selbstvergottung – der gängigen Rede vom Entwicklungsdrama zum Trotz – seit der Erdgeistbeschwörung nichts geändert hat.

befiehlt".[535] Die Menschen, heißt es in der *Doctrine,* "müssen einander beistehen, da ihre Geschicke verknüpft sind [...] und sie sich nur in den Gleisen der Liebe, der Wissenschaft, der Macht vorwärtsbewegen können, indem sie unentwegt diese Solidarität ausbreiten".[536] Die Notwendigkeit des freien Sozialimpulses wird also aus dem Fortschritt der Menschheit abgeleitet, aus deren "Perfektibilität".[537] Aus dem aufklärerischen Gedanken der Vervollkommnungsfähigkeit wird fälschlich der kollektive Vervollkommnungswille abgeleitet. Die damit begründbare Zwangsmaßnahme des Beipressens wirft im *Faust II* die utopisch ausgemalte Überschreitung des modernen Egoismus auf das feudale Herr-Knecht-Verhältnis zurück. Diese Verbindung von Fortschrittspathos und sozialer Regression markiert erneut die widersprüchliche Einheit der Faustfigur im gesamten 5. Akt.

Die letzte Pointe des Saint-Simonismus-Bezugs im *Faust II* aber dürfte darin liegen, daß sowohl die utopische Vorstellung der freien und brüderlichen Menschheit als auch deren Kehrseite, die regressive Vorstellung der frönenden Knechte, bloß Überhöhungen der bürgerlichen Realität sind, die den Unternehmer Faust einerseits zum absoluten Herrscher, andererseits zum Menschheitsbefreier aufwerten. Diese Überhöhungen beginnen damit, daß der Küstenstreifen, den Faust sich gegen seine Kriegsführung eintauscht, zum Lehnsgut stilisiert wird, und sie enden mit der Umdeutung des lemurisch-entfremdeten Proletariats zu "freiem Volke" (11580). Daß Fausts Neuerung die bestehende Gesellschaft nicht qualitativ überschreitet, zeigt ein Vergleich mit dem Beginn des 4. Aktes. Dort verwirft Faust den Vorschlag Mephistos, er solle das Regiment in einer Hauptstadt übernehmen, und entscheidet sich statt dessen für die Landgewinnung. Bezeichnenderweise ähnelt das schließlich urbanisierte Neuland stark der von Mephisto beschriebenen Stadt. Hier wie dort herrscht "zu jeder Zeit [...] Tätigkeit" (10142f.) bzw. die Notwendigkeit, sich das Leben "täglich [zu] erobern" (11576). "Weite Plätze, breite Straßen,/ Vornehmen Schein sich anzumaßen" (10144f.) haben ein Gegenstück im "große[n] Vorhof des Palasts" (vor 11511) und im "große[n] geradegeführte[n] Kanal" (vor 11143). Die "Vorstädte grenzenlos verlängt" (10147) kehren wieder in Fausts Schilderung "Vor Augen ist mein Reich unendlich" (11153) und in den "Räume[n]" für "viele Millionen" (11563), die zu beiden Seiten noch besiedelt werden können. Nicht nur in der Realität bleibt das Neue dem Alten gleich,

---

535 Segeberg (1982), S.247.
536 *Doctrine,* S.163.
537 A.a.O., S.238.

sondern auch in Fausts Vision. Eben jenen "Ameis-Wimmelhaufen" (10151) der bürgerlichen Stadt, in dem er anfangs "nur Rebellen" fürchtete (10159), wünscht er sich nun herbei: nämlich das "Gewimmel" (11579) der vermeintlich neuen Menschheit und "des Hügels Kraft,/ Den aufgewälzt kühn-emsige Völkerschaft" (11567f.) – Emsen (Ameisen) beim Hügelbau.[538] Wohl nur wegen seiner buchstäblich blinden Sorglosigkeit erwartet Faust hier keine Aufstände mehr. Zumindest die drei gewaltigen Gesellen fordern jedoch bereits "Gleichen Teil" (11204).

Daß Goethe der Auffassung war, eine saint-simonistische Neuordnung des Grundbesitzes würde die soziale Ordnung nicht qualitativ ändern, belegt die Untersuchung von Nicholas Boyle. In der Phase nach der Julirevolution studierte Goethe mit gleichem Interesse wie die saint-simonistischen Schriften den zweiten Teil von Barthold Georg Niebuhrs *Römischer Geschichte* (1830), "besonders auch Besitz und Eigentum betreffend", wie er am 3. Januar 1831 im Tagebuch notiert. Goethe bemerkt dort, daß Niebuhr "das drucken ließ, was gar viele im Stillen fürchten".[539] Boyle zeigt, daß es sich dabei um eine Erörterung über den römischen "ager publicus" handelt. Auf dieses historische Modell eines freilich nur sehr partiellen Gemeineigentums unter der Aufsicht des Staates rekurrierten, wie Niebuhr schreibt, die Revolutionäre des 18. Jahrhunderts.[540] Auch 1830 war der "ager publicus" wieder paradigmatisch, vor allem für die Saint-Simonisten. Niebuhr weist nun nach, daß das römische Ackergesetz nur kleine Besitzer um ihr Land brachte, wogegen es die Großbesitzer stärkte; und genau dieser Nachweis trägt ihm nach Boyles Ansicht Goethes Beifall ein. "As the instrument of egalitarian utopism, as which it has its contemporary political importance, the *Ackergesetz* is an illusion, without historical foundation; as a historical reality it is the friend of the big private proprietor, in whose violent clearances it does not interfere [...]. Just so, we might say, the Saint-Simonian vision is an illusion, no more real than the erroneous interpretation of the *lex agraria* beloved of such revolutionaries; in so far as it becomes reality it will merely reinforce what is allready all too real in the modern world, without any utopianism – the depredations of the capitalist".[541] In der Tat sind es Industrielle und Bankiers – die bereits herausgebildete Machtelite des Kapitalismus –, die nach saint-

---

538 Vgl. zur Bedeutung von "emsig" auch den "Chor der Ameisen" in der Klassischen Walpurgisnacht: "Allemsig müßt ihr sein/ Ihr Wimmelscharen" (7598f.).

539 WA III,8, S.2.

540 Boyle (1983), S.19f.

541 A.a.O., S.23.

simonistischer Vorstellung die Führerschaft übernehmen sollen[542] und zugleich verklärt werden zu Gleichen unter Gleichen.[543] In dieser Perspektive ist es kein Widerspruch, wenn Faust im 4. Akt sagt: "Herrschaft gewinn' ich, Eigentum!" (10187) und im 5. Akt verkündet, er wolle "auf freiem Grund mit freiem Volke stehn" (11580). In dieser ideologischen Verbrämung seines Privatbesitzes, die zudem feudalistisch konnotiert ist, läßt sich schwerlich das Bild einer Gesellschaft ohne Privatbesitz an Produktionsmitteln ausmachen und folglich auch keine – sei es positive, sei es negative – literarische Vorwegnahme des real existierenden Sozialismus.[544]

Das gemeinsame Gestaltungsprinzip des 4. und 5. Aktes ist die Überzeichnung zeitgeschichtlicher Ereignisse und Positionen mit einer mittelalterlich-feudalen Motivik. Diese Überzeichnung ist aber kein realitätsloses poetisches Spiel, sondern sie nimmt bei den neofeudalen Momenten der Zeitgeschichte selbst ihren Ausgang. Diese Ähnlichkeit zwischen den Akten lenkt den Blick auf ihre Differenz. Im 4. Akt etabliert eine Partei wissentlich den bloßen Schein eines intakten mittelalterlichen Staatsgebildes, um die jeweils *relative* Macht der einzelnen Parteigänger zu sichern und auszubauen, obwohl es den Souverän im unterstellten Sinne gar nicht mehr gibt. Im 5. Akt hingegen nimmt ein einzelner die Fiktion mittelalterlicher Souveränität zum Vorwurf einer Gründung von grenzenlosem Besitz und *absoluter* Macht. Der Schluß des 4. Aktes erwies sich als Farce, weil die Wesenlosigkeit des ostentativen Scheins von denen gewußt wird, die ihn restaurieren. Im fünften Akt hingegen durchschaut Faust die Begrenztheit und Gefährdung seines "Königsguts" nicht. Deshalb ist am Ende die Fallhöhe zwischen seiner Vision des kommenden Reiches und Mephistos Wissen um die Vernichtung (11550) nicht, wie der kleine Schritt von der Restauration zum Untergang des Kaiserreichs, komisch. Man kann aber auch nicht von einer Tragik des blinden Faust wie etwa von der des blinden Ödipus sprechen, denn die von Faust nicht mehr wahrnehmbare Kluft zwischen seiner Utopie und der Realität ist das Produkt der eigenen historischen Unter-

---

542 *Doctrine*, S.207f.,123ff.

543 Marx (1962ff., Bd.25,) wirft Saint-Simon und seinen Schülern im *Kapital* deshalb eine "Verherrlichung der modernen bürgerlichen Gesellschaft" vor (S.618).

544 Inkonsistent ist darum auch Boyles Deutung, die mit der These endet: "Faust's final speech is a prophecy of Marxism" (a.a.O., S.43). Kein Kritiker hat dem Marxismus je vorgeworfen, er verbräme das bürgerliche Privateigentum an Produktionsmitteln mit einer sozialistischen Ideologie. Der *Faust II* dokumentiert so deulich eine Stärkung des Großbürgertums auf Kosten des Staates, daß in der historischen Perspektive des Werks keine Macht erkennbar ist, die den Privatbesitz in Staatsbesitz überführen könnte.

nehmung, nicht einer mythischen Verstrickung. Das Geschehen ist im prägnanten Sinne traurig.[545] Deshalb spricht Mephisto zum erstenmal seit dem *Prolog im Himmel* wieder mitleidsvoll: "Den letzten, schlechten, leeren Augenblick,/ Der Arme wünscht ihn festzuhalten" (11589f.).

Faust hält den falschen Schein, der vom "Licht" seines "Innern" (11505) ausgeht, für die Wahrheit. Das verbindet sein "Vorgefühl" (11585), den – in Blochscher Terminologie – utopischen "Vorschein" einer freien und zugleich geordneten Gesellschaft[546] mit dem Irrtum der Menge im ersten Akt, die den "Schein" des Reichtums für die "Wahrheit" nimmt (5733f.). Im Unterschied zu den Geldscheinen, für die keine Gegenwerte produziert werden, ist Fausts Vor-Schein an gesellschaftliche Arbeit geknüpft. Vision und Produktion gehen hier eine Verbindung ein, und daran hatte es im ersten Akt gerade gefehlt. Die Trostlosigkeit des Trauerspielschlusses besteht nun darin, daß diese Verbindung nicht zum Guten gerät. Weder werden durch den tätigen Weltbezug die Irrtümer der Imagination verhindert noch durch die Imagination einer besseren Welt die Gewalttaten reflexionslosen Handelns überwunden. Statt dessen verbinden sich beide Nachteile zum Verhängnis: Imagination und Tat erscheinen als Täuschung über die konstante Gewalt. Fausts Blindheit für die zerstörerische Kraft der "unbe-

545 So deutet Walter Benjamin (1974ff., Bd.I) in seinem Trauerspielbuch den 5. Akt. Während die Tragödie ihren Helden gegen überhistorische Schicksalsmächte kämpfen lasse und ihre Bühne "als kosmischer Topos" gelte, vollziehe das Trauerspiel eine "naturhistorische Umformung der Geschichte", deren "Schauplatz" die Bühne doch stets bleibe (S.298f.). Schiller habe die Voraussetzung der Tragödie, die überhistorische Macht des Mythos, "in Gestalt der Geschichte erneuern" wollen, indem er "das Schicksal als Gegenpol der individuellen Freiheit" verstand. Da das vermeintliche Schicksal in Wahrheit aber historisches Geschehen und die mythische Basis des Schicksals "unwiederholbar" sei, habe Schillers klassizistisches Drama sich immer "unausweichlicher" dem barocken "Trauerspieltypus" genähert, etwa durch "Calderonsche Wunderwirkungen" und "Eröffnungsmotive". Erst Goethe habe "im Schlusse des 'Faust' mit einer selbst Calderon übertreffenden Wucht *das* bewußt und nüchtern entfaltet[...], wozu Schiller sich halb widerwillig gedrängt, halb unwiderstehlich gezogen fühlen mochte" (S.301f.) – nämlich die Darstellung der "Erde als ein Schauplatz trauriger Vorfälle", wie Benjamin mit einem Wörterbch von 1822 die Aufgabe der "Trauerbühne" bestimmt (S.299).

546 Ernst Bloch (1959) ignoriert in Fausts Schlußmonolog das Moment der Täuschung. Nach seiner Auffassung ist am Ende "in Faust Prometheus lebendig: nicht bloß der titanische, sondern der menschlich zugewendete. Fausts letzte Handlung geschieht ganz in dieser Zuwendung, das heißt menschlichen Nähe, ja ist diese. [...] Alles wirklich Unbedingte landet in der Moralität" (S.1193). Fausts fiktive Moralität gegenüber seinem fiktiven Ameisenstaat wird aus Unbedingtheit, also aus Mangel an Vermittlung mit der Realität, zu Barbarei. In der saint-simonistischen Verkündigung vollkommener Ordnung in Freiheit, in der die Untätigen rechtlos sind, dürfte Goethe eine Wiederkehr des Jakobinismus und des Terrors gefürchtet haben.

dingte[n] Tätigkeit"[547] und für die Zerstörung des Erarbeiteten ist heute aktueller denn je.

d) Analogie von Geschichte und Natur

Der Umschlag der Vision eines harmonisch geordneten Gemeinwesens in Zerstörung enthält – wie Abschnitt e) dieses Kapitels zeigen wird – eine Parallele zur Auflösung der klassischen Ideale im *Faust II.* Wie aber innerhalb der Kunst-Thematik die Dialektik von Setzung und Zerstörung der Ideale beide Seiten nicht nur kritisiert, sondern auch deren jeweilige Notwendigkeit zur Geltung bringt, so herrscht in den politischen Zusammenhängen ein entsprechend komplexes Verhältnis zwischen der idealen, aber falschen Imagination und der zerstörerischen Tat. Dieses gleichfalls dialektische Verhältnis, das einen weniger verhängnisvollen Weltbezug eröffnet als den blinden Umschlag von Utopie in Gewalt, zeigt sich in der Natur-Metaphorik des 4. und 5. Aktes.

Mephistos Prophezeiung der einbrechenden Flut (11544ff.), die das Verhängnis versinnbildlicht, muß in der Semantik des 4. Aktes auch als ein Hinweis auf Rebellion und Umsturz verstanden werden. Zu Beginn des 4. Aktes stellt Faust den motivischen Zusammenhang von Wasserflut und sozialem Aufstand her, wenn er über die Bewegung des Meeres, die "zwecklose Kraft unbändiger Elemente" (10219), sagt: "Und das verdroß mich; wie der Übermut/ Den freien Geist, der alle Rechte schätzt,/ Durch leidenschaftlich aufgeregtes Blut/ Ins Mißbehagen des Gefühls versetzt" (10202ff.). Mephisto beschreibt die Anarchie im Reich – "Der Aufruhr schwoll" (10288) – mit derselben Formulierung wie Faust das Meer: "Es schwoll empor, sich in sich selbst zu türmen" (10199). Das rebellische Volk "fiel, stand wieder auf,/ Dann überschlug sich's, rollte plump zuhauf" (10272f.); "Die Woge stand und rollte dann zurück" (10207). Bevor Faust und Mephisto im 5. Akt das Meer vom Ufer ausschließen, errichten sie im 4. Akt also Dämme gegen die "Flut" der sozialen Anarchie. Diese Metaphorik benutzt auch Friedrich Schlegel in seiner Schrift *Signatur des Zeitalters* (1820-23). Auch ihm geht es um Dämme gegen die "frei gewordenen und verwilderten Elemente" der Gesellschaft und die "Aufwallungen" jenes "Meeres", das "Revolution" heißt.[548] Die "chaotische Flut" der Revolution, schreibt Schlegel, habe

---

547 Vgl. in den *Betrachtungen im Sinne der Wanderer*: "Unbedingte Tätigkeit, welcher Art sie auch sei, macht zuletzt bankerott" (MuR 461).

548 KA VII, S.492,487.

man erst "im Jahre 1813 und 1814 durch die große Reaktion aller legitimen Regierungen, bewaffnet durch die aufgeregte Nationalkraft von ganz Europa, in ihre Quelle zurückgedrängt"; anschließend sei "mit der Rückkehr der Bourbons der alte Thron auf dem frischen Lavaboden wieder aufgerichtet" worden.[549] In Wien fühlt Schlegel sich von der katholischen Kirche, nämlich "vom festen alten Damme gegen die andringende Meeresflut geschützt".[550] Die Parallelen zum *Faust II* sind frappierend und wohl kaum zufällig: Die Partei, die den meeresgleich angeschwollenen Aufstand heiligt (10288) – vermutlich Bonapartisten und Liberale –, wird besiegt und die Herrschaft des alten Kaisers sowie des Klerus wiedererrichtet. An Schlegels Metapher des neuen Lavabodens erinnert die Kriegsführung des Vulkanisten Mephisto, der nach den Worten des Kaisers – wie der Vulkanist Anaxagoras im 2. Akt – einen Meteorensturz herbeiführt (10860; vgl. 7939ff.). Das metaphorisch verwandte Ziel des Landgewinners Faust ist es, die reale Flut "in sich selbst zu drängen" (10231) – "in ihre Quelle zurückgedrängt" steht bei Schlegel. Während im 4. Akt die "stark und fest" gemachte alte katholische Kirche – der "feste alte Damm" Schlegels – die "Macht" des Kaisers über seine aufständischen Gegner zumindest scheinbar "stärkt" (11952), soll im 5. Akt die neue saint-simonistische "Gemeindrang"-Religion – nach Überzeugung ihrer Verkündiger ist sie die um das Freiheitsprinzip bereicherte Erbin des mittelalterlichen Katholizismus – Fausts "Herrschaft" sichern.

Im Werkzusammenhang des *Faust II* überrascht die Analogisierung des aufgebrachten Wassers mit der aufständischen Menge zunächst, weil in der "Klassischen Walpurgisnacht" und zu Beginn des 4. Aktes mit der Revolutionstheorie kein Bild des Wassers, sondern die Vorstellung der vulkanischen Erdentstehung verknüpft ist: "Was ehmals Grund war, ist nun Gipfel./ Sie gründen auch hierauf die rechten Lehren,/ Das Unterste ins Oberste zu kehren", sagt Mephisto (10088ff.). Wenn er den Vulkanisten spielt und dem Zeichen von "Tumult, Gewalt und Unsinn" (10127) die Revolution subsummiert, so tritt Faust ihm als Vertreter des Neptunismus entgegen und preist die Evolution als Prinzip von Natur- und Gesellschaftsgeschichte: Die Natur habe "rein den Erdball abgeründet", dabei "Fels an Fels und Berg an Berg gereiht,/ Die Hügel dann bequem hinabgebildet,/ Mit sanftem Zug sie in das Tal gemildet" (10098ff.). Die Begriffe Reihung und Bildung erinnern an Goethes Metamorpho-

---

549 KA VII, S.512.
550 KA VII, S.496.

senlehre. Die euphemistische Beschreibung der Metamorphose als rein, bequem, sanft und mild macht die Faustische Position jedoch extrem einseitig: sie abstrahiert von Gewalt und Zerstörung. Wie schon im zweiten Akt[551] wird der Dualismus einseitig vulkanistischer und neptunistischer Vorstellungsarten in eine Dialektik verwandelt: Das Wasser als vermeintliches Element der Evolution ist im Ereignis der Flut selbst eruptiv-zerstörend, also mit ihrem Gegenteil identisch. Und die Vulkantätigkeit wird in Fausts Rede – mit einer Wasser-Metapher – zu "tollen Strudeleien" (10104), wobei der Begriff des Strudels die Vorstellung des sinnlosen Tumults relativiert und auf Goethes Gedanken einer Spiralgestalt der Metamorphose anspielt.[552] Dem eruptiven Sprung wohnt in dieser Sichtweise ein geheimes Bildungsgesetz inne, der kontinuierlichen Evolution ein starkes Moment von Gewalt und Zerstörung.

Interessant daran ist nun weniger die "Ambivalenz des Elementaren"[553] selber als vielmehr ihre Bedeutung für die metaphorisch darin gespiegelten Vorstellungsarten von der menschlichen Gesellschaft, die ja wiederum Parallelen der verschiedenen ästhetischen Modelle von Klassik und Romantik sind. Die aufgezeigte Dialektik naturphilosophischer Gedanken prägt zunächst auch die Restaurationsthematik. Einerseits kommt dem Aufstand, eben durch die Meeres-Metaphorik, ein naturwüchsiges, ja organisches Moment zu. Andererseits ist die kaisertreue Partei der Ordnung und der historischen Konstanz zugleich die 'vulkanistische' Partei des Krieges, von "Tumult, Gewalt und Unsinn". Sie antwortet auf das 'evolutionäre' Moment der Gegenpartei mit Ausgrenzung und Vernichtung; ihre 'organologische' Selbstinterpretation wird von dieser gewaltsamen Einseitigkeit widerlegt. Der restaurative Friede markiert ebensowenig eine historische Kontinuität oder eine organische Gesellschaft, wie die Opposition aus der historischen Kontinuität und dem Sozialgefüge herausspringt. Im Zusammenhang der Landgewinnung liegt die Dialektik vor allem darin, daß Fausts Herrschaft über das Meer und über die Anwohner "selbst 'Element' und in das Toben der Naturkräfte gebannt ist", wie Emrich schreibt.[554] Schon der Eindeichungsplan ähnelt in seiner hochfahrenden und selbstischen Bewegung – "Da wagt mein Geist, sich selbst zu überfliegen" (10220) – dem aufgebrachten Meer: "Es schwoll empor, sich in sich selbst zu türmen" (10199). Und als Philemon und Baucis sich widersetzen, schildert Faust

551 Vgl. Kapitel II.3, Abschnitt b).
552 Die Spirale illustriert das Zusammenwirken von Polarität und Steigerung.
553 J. Müller (1981), S.16.
554 Emrich (1964), S.399.

seinen Zustand so, als wäre er selbst das abgedämmte "herrische Meer" (10229): "Des allgewaltigen Willens Kür/ Bricht sich an diesem Strande hier" (11255f.). Er läßt die Widerstehenden schließlich gewaltsam zur Seite schaffen, so wie in seiner Vision die "Flut [...] gewaltsam einzuschießen" droht (11570f.). Und der Widerstand gegen die Flut soll aus dem "Gemeindrang" eben jenes Volks-"Gewimmels" und "Ameis-Wimmelhaufen[s]" potentieller "Rebellen" erwachsen, die Fausts eigener Metaphorik zufolge ihrerseits zerstörerische Flut sind. Die tätige Stiftung einer freien Ordnung verwandelt sich in deren Auflösung; dafür steht der Protagonist ebenso wie sein Volk. Selbst ein Zerstörer, kann Faust im Meer ebenso wie in den Volksaufständen nichts anderes sehen als eine "zwecklose Kraft" (10219) – "Unfruchtbar selbst, Unfruchtbarkeit zu spenden" (10213). Dieser Vers ist die präzise Antithese zu den Worten des Thales aus der Klassischen Walpurgisnacht: "Alles ist aus dem Wasser entsprungen!!/ Alles wird durch das Wasser erhalten!" (8435f.). Thales abstrahiert von der Zerstörungskraft des Fruchtbaren ebenso wie Faust von der Fruchtbarkeit des Zerstörerischen.[555]

Die nicht wahrgenommenen konstruktiven Momente unterwirft Faust gewaltsam seiner Gegenkonstruktion. Deshalb ist das Siedlungsprojekt ebenso destruktiv, wie es angeblich das Meer und der Eigensinn der Anrainer sind. Fausts Sentenz "Es kann die Spur von meinen Erdentagen/ Nicht in Äonen untergehn" (11583f.) deckt sich gerade nicht, wie Hermann Schmitz meint, mit Goethes Satz, "daß eine gründliche Befruchtung auf alle Zeiten hinauswirke".[556] Fausts Tat ist dadurch, daß er dem Objekt ausschließliche Unfruchtbarkeit unterstellt, selbst unfruchtbar. Am Ende der Abschottung gegen das vermeintlich Unfruchtbare steht gleichwohl die trügerische Vision einer "fruchtbar[en]" und von "Gemeindrang" zusammengehaltenen "paradiesisch[en]" Welt (11565ff.). Faust kann die Wiederkehr der ausgegrenzten Zerstörung nicht mehr sehen, obwohl er selbst zu deren Agenten geworden ist. Diese Verblendung läßt ihn das Wort vom "Genuß" des höchsten Augenblicks aussprechen (11586), durch das er die Wette mit Mephisto und auch sofort sein Leben verliert, so wie es im ersten Teil ausgemacht ist: "Kannst du mich mit Genuß betrügen,/ Das sei für mich der letzte Tag!/ Die Wette biet' ich!" (1696ff.).[557] Die Blindheit ist kein dramaturgischer Trick, mit

555 Vgl. Kapitel II.3, Abschnitt b).
556 MuR 264; vgl. Schmitz (1959), S.380.
557 Wenn Mephisto von den Engeln, die Fausts Seele entführen, um sein vertragsgemäß "erworbenes Recht" (11833) gebracht wird, so ändert das nichts an seinem Gewinn der Wette. Daß er und seine Teufel in Liebe zu den Engeln entbrennen und sich selbst um ihr erworbenes Recht bringen, erklärt sich ebenfalls im Deutungs-

dem dieses Ende erreicht wird, auch ist sie nicht allein in Fausts partikularem Charakter begründet, in seinem bedingungslosen "Weiterschreiten" trotz aller Sorgen (11451). Die Unfähigkeit, vermeintlich ausgeschaltete, aber wiederkehrende Zerstörungskräfte wahrzunehmen, ist ein allgemeiner Mangel an Klugheit:

> Die Menschen sind ihr ganzes Leben blind,
> Nun, Fauste, werde du's am Ende! (11497f.)

Die verhängnisvolle Konjunktion von Gewalt und Irrtum ist in der Naturmetaphorik und damit auf der Ebene der werkimmanenten Selbstreflexion aufgehoben, weil dort die Ambivalenz der Kräfte gezeigt wird, die Einheit von Konstruktion und Destruktion. Ein Denken und Handeln, das die Einsicht in diesen Zusammenhang der Gegensätze zur Grundlage hätte, wäre über das blinde Verhängnis des Faust-Schlusses hinaus.

Der werkimmanente Deutungsrahmen des sozialgeschichtlichen Geschehens, die Naturmetaphorik, reduziert Geschichte nicht auf Naturkategorien, wie man meinen könnte. Vielmehr parallelisiert er – wie auch schon im 2. Akt – je zwei "Vorstellungsarten" der beiden Bereiche, was an deren kategorialer Verschiedenheit nichts ändert. Die Konvergenz liegt nicht in den Gegenständen selber, sondern im Denken über sie. Die plane Identifikation von Natur und Geschichte ist übrigens im Werkzusammenhang deutlich als eine relative Position gekennzeichnet – nämlich als die Mephistos, der allzeit auf die naturwüchsige Wiederkehr des Immergleichen hinweist. Durch die Überwindung der starren Polarität von Vulkanismus und Neptunismus, durch die Einsicht, daß diese Positionen ihr Gegenteil jeweils nur ausgrenzen und insgeheim mit ihm identisch werden, kommt der Autor des *Faust* zu einer entsprechend vielschichtigen Reflexion evolutionärer und revolutionärer Geschichtsbilder. Entscheidend ist nicht, ob ein Denken metaphorisch ist, sondern wie weit es zu gehen vermag. Goethes Naturvergleiche, die sich als Vergleiche wissen, dringen jedenfalls tiefer als mancher Empirismus, der es sich verbietet, in Politik und Sozialgeschichte mehr zu sehen als – Politik und Sozialgeschichte. Nun gibt es im *Faust II* eine weitere und für die

---

rahmen der dialektisch vermittelten Naturvorstellungen: Mephistos Bild einer sinnlosen, zerstörerischen und zu zerstörenden Welt ist die abstrakte Sicht, die auch Faust vom Meer hat. Da diese Weltsicht Mephistos, die für seine Wette mit dem Herrn im "Prolog im Himmel" entscheidend ist, in der Wette mit Faust nicht zur Disposition steht, wird sie erst *nach* Fausts Tod widerlegbar, und zwar in der schon bekannten dialektischen Form: der Agent der Destruktion verspürt in sich selbst das Gegenprinzip, die Liebe als Kraft der Schöpfung; aber er bekommt keineswegs unrecht, wenn er die "verschmäht[e]" Liebe "überteuflisch" – doppelt vernichtend – nennt (11754ff.).

Gesamtgestalt des Werkes entscheidende Parallelität: Die von Politik und Kunst. Dem evolutionär-organologischen Geschichtsmodell, das die Gegenkräfte als zerstörerisch ausgrenzt und deshalb selbst abstrakt wird, entspricht eine verhärtete, allegorisch und klassizistisch gewordene Kunst, die der Intention nach klassisch-symbolisch war und die sich nun auf eben das gestellt sieht, worin sie sich von der Romantik zu unterscheiden schien: willkürliche, partikulare Setzungen und Fiktionen.

e) Analogie von Politik und Kunst

Die Parallelität der Gegenstandbereiche Staat/Ökonomie und Kunst zeigt sich zunächst an einzelnen Bezügen: zwischen der Papiergeldausschüttung und der Helenabeschwörung im 1. Akt, zwischen dem Verhältnis von Klassik und Romantik im 3. Akt und der Idee der Treuegemeinschaft im 4. und 5. Akt sowie zwischen dem irdischen und dem himmlischen Ende Fausts im 5. Akt. Parallel gestaltet sind zudem die Entwicklung der beiden Bereiche und ihre interne Dialektik.

Die angebliche Deckung des Papiergelds durch imaginäre Schätze "tief im Boden" (6112) entspricht der Hervorbringung der ersten Helena-Erscheinung aus dem "tiefsten, allertiefsten Grund" (6284) des Mütterreichs, das sich als Reich der Ideen in Fausts Innerem erweist. Über die angeblichen Schätze sagt Faust zum Kaiser: "der weiteste Gedanke/ Ist solchen Reichtums kümmerliche Schranke; /[...]/ Doch fassen Geister, würdig, tief zu schauen,/ Zum Grenzenlosen grenzenlos Vertrauen" (6113ff.); auch "das Grenzenlose" des Mütterreichs sprengt nach Mephisto alle Vorstellungen, selbst die des "Ozeans" (6239ff.). Bei der Papiergeldschöpfung wird die Verstandestätigkeit zugunsten des nächtlichen Mysteriums suspendiert: "Am Tag erkennen, das sind Possen,/ Im Finstern sind Mysterien zu Haus" (5031f.); entsprechend ist bei der Hervorbringung der ersten Helena "durch magisch Wort [...] die Vernunft gebunden" (6416), und Faust holt nach Aussage des "Mystagogen" (6249) Mephisto "Held und Heldin aus der Nacht" (6298). Der Ökonom ist "Zauberer" (6142), der Künstler "Magier" (6436). Der Schatz liegt in der "Nachbarschaft der Unterwelt" (5017); im Mütterreich "wittert's nach der Hexenküche" (6229). In der Mummenschanz ist die Imagination des Reichtums "nur ein Maskenspaß" (5728) und "Flammengaukelspiel" (5987); Mephisto nennt die Erscheinung der Helena ein "Fratzengeisterspiel" (6546). Die "Toren" (5727) nehmen den scheinhaften Reichtum für die "Wahrheit" (5735), der Kämmerer will "doppelt beßre Flasche" trinken (6147), und der "Narr" wähnt sich nach der Verdoppelung der Geldmenge in baldigem Grundbesitz (6171); Faust erweist sich als "Tor" (6544) und "Narr" (6564), weil er in seinen Imaginationen "Wirklichkeiten" (6553) sieht, diesen "seligsten Gewinn" (6489) festhalten möchte und "doppelt mein" (6557) nennt. Schließlich erfaßt der Brand des imaginären Schatzes in der Mummenschanz den Kaiser; am Ende der Helena-Erscheinung heißt es: "Explosion, Faust liegt am Boden. Die Geister gehen in Dunst auf" (nach 6563).

Dorothea Lohmeyer sagt, "daß die beiden getrennten Verrichtungen: das Bilden des Scheingeldes und das Bilden der Scheingestalten, vom Dichter so beschrieben werden, als ob beide Prozesse ein und dasselbe wären". Sie deutet diese Beobachtung folgendermaßen: "Wirtschaft und Kultur sollen als die beiden polaren Aspekte der gesellschaftlichen Ordnung verstanden werden, um deren neue Konzeption durch den modernen, autonom erkennenden Geist es in dem Akt geht".[558] Diese Interpretation trifft den Zusammenhang nicht präzise. Ungenau ist schon die Rede von der Polarität Wirtschaft-Kultur, da sie einen Gegensatz impliziert. Außerdem ist in beiden Fällen gerade nicht von autonomer Erkenntnis die Rede, sondern von einer magischen Tiefen-Schau, zu der ein Mystagoge verführt; darum ist es unrichtig, daß Goethe den modernen Geist schlechthin darstellen wollte. Die von Lohmeyer übersehene satirische Schicht des ersten Aktes fordert eine andere Deutung. In der Hervorbringung der Helena werden, wie gezeigt, kunsttheoretische Positionen der Frühromantik parodiert; Fausts Glaube, im Kunstwerk das real-ideale Doppelreich wirklich zu besitzen, erwies sich als eine Anspielung auf Schellings identitätsphilosophische Variante der romantischen Gedanken. Im mephistophelischen Papiergeld konnte Adam Müllers Idealisierung des Papiergelds zu einem Zeichen und Vehikel der einigenden Nationalkraft und der Macht des Staates wiedererkannt werden. Man kann sowohl in der für die Realität genommenen Idee einer Reichs-Erneuerung durch Papiergeld als auch in der Schelling-nahen Rede vom real-idealen "Doppelreich" des künstlerischen Scheins eine Idealismuskritik erkennen: Der Glaube, Reichtum und Staatskonsolidierung seien ohne tätige Vermittlung schon im Zeichen ihrer Idee, dem Geldschein, realisiert, ist ein ähnlicher Irrtum wie die Annahme, die Gebilde der Phantasie seien ohne die Durchdringung von künstlerischer und nichtkünstlerischer Realität schon das Ideal. Im Unterlaufen der

558 Lohmeyer (1975), S.117f.

Vermittlung von Idee und Realität liegt also die Einheit der im 1. Akt dargestellten Denkformen.

Auch zwischen dem 3. Akt auf der einen, dem 4. und 5. Akt auf der anderen Seite bestehen deutliche Bezüge, wobei die mittelalterliche Sphäre von Fausts Burg, aus der die arkadische Idylle hervorgeht, mit der Restauration des Feudalsystems parallelisiert ist und die Idylle selbst mit Fausts Zukunftsvision. Höhepunkt der Restaurationsdarstellung im 4. Akt ist nicht die Verleihung der Erzämter und die Neuverkündung der alten Reichsverfassung, sondern der Plan für die Errichtung einer Kathedrale an dem Ort, wo der Bürgerkrieg zugunsten des Kaisers entschieden wurde. Der "Schlußstein" (10931) des Staatsgewölbes ist somit in architektonischer Hinsicht nicht der Prunkbau des Kaisers, sondern der des Klerus. Wie schon die gotischen Gebäude des Architekten im 1. Akt, Fausts früheres Studierzimmer im 2. und seine Ritterburg im 3. Akt, sollen auch die Türme der neuen Kathedrale "zum Himmel streben" (11013). Weil es sich noch um einen Plan handelt, sagt der Erzbischof: "Behende steigt *im Geist* Gemäuer stark empor" (11007; Hervorh. T.Z.). Die Lokalisierung des Emporstrebens im subjektiven Geist verknüpft die Restauration mit einem Grundgedanken der Romantik: Die transzendierende Bewegung hat ihren Ursprung in der inneren Vorstellung.

Während des Kriegsgeschehens zitiert der Kaiser einen weiteren romantischen Topos herbei: die Erneuerung der Ritter-Heroik.[559] Er wünscht sich "Gefahr", "Ringspiel", "Turnier" und "Heldentaten" (10412ff.), die er "mit eigner Faust" (10472) bestehen will. Dieses Motiv ist vom Kreuzrittertum des 3. Aktes her bekannt. Es wird nun im 4. Akt direkt auf die neueste Literatur bezogen: "Schon schallt's von ritterlichen Prügeleien,/ Wie in der holden alten Zeit" (10769f.), sagt Mephisto mit Anspielung auf die Inflation der Ritterspiele – man denke an Fouqué –, und er weist auch auf die sprachliche Form der neuen Ritterromantik hin: "Es liebt sich jetzt ein jedes Kind/ Den Harnisch und den Ritterkragen;/ Und, allegorisch wie die Lumpe sind,/ Sie werden nur um desto mehr behagen" (10327ff.). Faust vermag gar die romantische Kategorie des Wunderbaren herauszuhören, zweifelt aber den künstlerischen Wert der Ritterspiele an: "Da droben klappert's

---

559 Requadt (1964) legt ein Paralipomenon (vgl. WA I, 15/2, S.174) dahingehend aus, daß die Figur des Kaisers auf Maximilian I., den "Letzten Ritter", anspielt. Der Kaiser steht jedoch nicht für das Ende des Ritterrums, sondern für dessen historisch obsolete Erneuerung. Deshalb wird sein Begehren widerstandslos vereitelt; nicht nur auf den Kampf, sondern sogar aufs "Kommando" leistet er schließlich "Verzicht" (10501).

rasselt's lange schon,/ Ein wunderbarer falscher Ton" (10766f.). Woher dieser falsche Ton rührt, weiß wiederum Mephisto: "Sonst waren's Ritter, König, Kaiser,/ Jetzt sind es nichts als leere Schneckenhäuser;/ Gar manch Gespenst hat sich darein geputzt,/ Das Mittelalter lebhaft aufgestutzt" (10559ff.). Eine ungefilterte Polemik des Autors: Die romantischen "Nacht- und Grabdichter", deren Personage aus Gespenstern oder auch "einem frisch entstandenen Vampyren" besteht (vor 5299), wenden sich dem Mittelalter zu, füllen dessen Gestalten mit den eigenen Gespenstern und erzeugen aus der Mischung von neuer Phantastik und alter Heroik ihren "falschen Ton". Mephistos Rede vom aufgestutzten Mittelalter verbindet zugleich die literarische Romantik mit der politischen Restauration: Die äußere mittelalterliche Form ist in beiden Fällen tote Hülle, leerer Schein; die Inhalte sind zu Phantomen geworden – zu Phantomen politischer Macht und literarischer Gestalt. Im einen Fall werden das gesellschaftliche Machtvakuum und die Anarchie gewaltsamer Partikularinteressen kaschiert, im anderen Fall die Form- und Gehaltlosigkeit der Hervorbringungen einer – nach Goethes Urteil – dilettantischen Phantasie, die von der Realität entkoppelt ist.[560] Im 3. Akt ist die romantische Neigung zum Rittertum allerdings weit positiver dargestellt als im 4. Akt. Dort geht es um ein literarhistorisches und geschichtsphilosophisches Interesse – etwa August Wilhelm Schlegels – am Mittelalter, nicht um die Wiederbelebung mittelalterlicher Muster in Poetik und Literatur. Die unterschiedliche Wertigkeit ändert aber nichts an den inhaltlichen Parallelen und Übergängen, zumal in der Romantik aus der literaturhistorischen Rückbesinnung auf das Mittelalter die literarische entsprang.

Ein weiterer Bezug zwischen dem 3. und dem 4. Akt verweist bereits auf den Zusammenhang von Idylle und Sozialutopie. Den Abschluß der Ritter-Thematik bildet im Helena-Akt die Aufteilung des Peleponnes an den "ungetrennten Kreis" der fünf "Helden" (9443), die gleichzeitig zu "Herzoge[n]" ernannt werden (9462). Während Helena als Königin in der Mitte, in Sparta, residiert, legen ihr die Herzoge "Berg und Tal zu Füßen", indem sie das Land gegen äußere Feinde verteidigen und sich selbst zugleich "des Reichs Gewinn" sichern (9464f.). Im 4. Akt werden nach der – nicht dargestellten – Belehnung Fausts die fünf Erzämter verteilt; die Fürsten stärken "mit Demut an Gebärde" (10961) die "Macht" des Kaisers und werden dadurch selber "stark" (10952). Der sowohl im 3. als auch im 4. Akt beschworene "ungetrennte Kreis" der Verteidiger

---

560 Zu Goethes Abwehr des Phantastischen vgl. Kapitel II.2, Abschnitt a).

wird aber auch im "Gemeindrang" der utopischen Gesellschaft des 5. Akts variiert: "Und sie beschützen um die Wette,/ Ringsum von Wellen angehüpft,/ Nichtinsel dich" (9510ff.), sagt Faust über die neuen Herzoge Griechenlands; seinem Zukunftsvolk prophezeiht er: "Da rase draußen Flut bis auf zum Rand,/ Und wie sie nascht, gewaltsam einzuschießen,/ Gemeindrang eilt, die Lücke zu verschließen" (11570ff.). Dieser Doppelbezug karikiert abermals den saint-simonistischen Rekurs auf mittelalterliche Muster, indem er den utopisch-freien Gemeindrang mit der Vasallentreue von Fausts Helden und zugleich mit der trügerischen Restauration dieses angeblich loyalen Gemeindrangs im 4. Akt verknüpft. Im 3. Akt ist die heroisch-ritterliche Verteidigung des Peleponnes gegen äußere Feinde die Voraussetzung der arkadischen Idylle, in der dieses konstitutive kriegerische Moment dann verleugnet wird. Im 5. Akt sind die kriegerische Restauration des Mittelalters, die Belehnung Fausts und die Behandlung seiner "Knechte" mit "Genuß und Strenge" die Voraussetzungen für die Vision einer freien, gleichen und brüderlichen Gemeinschaft. Die ausgegrenzte Flut ist in der Bildlichkeit des Werkes zugleich eine Metapher für eben jene Rebellion und Anarchie, die in der Realität durch Strenge, in der Utopie durch Gemeindrang vereitelt werden soll.

Durch die zum "paradiesisch[en]" (11569) Zustand überhöhte Harmonie der Gemeinschaft ist Fausts Vision unübersehbar mit der Idylle des Helena-Aktes verknüpft: "quillt" in Arkadien "laue Milch bereit für Kind und Lamm" (9547) und "entwickelt sich am reinen Tage/ Zur Vaterschaft das holde Kind" (9554f.), so leben in Fausts Utopia "Mensch und Herde/ Sogleich behaglich auf der neuesten Erde" (11565f.), und es verbringt "hier Kindheit, Mann und Greis sein tüchtig Jahr" (11578). Horst Römer sieht in dieser Parallele eine deutliche Anspielung auf Schillers Postulat einer sentimentalischen Idylle. Sie soll, sagt Schiller, die arkadische "Hirtenunschuld auch in den Subjekten der Kultur und unter allen Bedingungen des rüstigen, feurigsten Lebens, des ausgebreitetsten Denkens, der raffinirtesten Kunst, der höchsten gesellschaftlichen Verfeinerung" ausführen und "den Menschen, der nun einmal nicht mehr nach *Arkadien* zurück kann, bis nach *Elysium*" führen.[561] Das "rüstigste, feurigste Leben" kehrt nach Römers Kommentar in Fausts Rede vom "tüchtig Jahr" und vom "tätig-freien" Leben wieder, die "raffinirteste Kunst" in den technischen Errungenschaften des Dammbaus.[562] Zu ergän-

561 NA 20, S.472.
562 Römer (1976), S.153f.

zen wäre, daß Schiller in der sentimentalischen Idylle die Synthese von individueller Freiheit und allgemeiner Ordnung, nämlich von "Mündigkeit" und "Harmonie" gestaltet sehen möchte – im Unterschied zur naiven antiken Idylle, in der die Harmonie an kindliche Unmündigkeit gebunden sei.[563] Aus genau diesem Grund sagt auch Saint-Simon, das Goldene Zeitalter liege nicht in der Vergangenheit, sondern in der Zukunft. Die paradiesische Verbindung von Freiheit und Gemeindrang im *Faust* bezieht sich gleichermaßen auf den Schillerschen wie auf den frühsozialistischen Entwurf eines elysischen oder goldenen Zeitalters, das noch aussteht.

Im 5. Akt werden nun die mittelalterlichen Motive des saint-simonistischen Denkens hervorgehoben und gegen die Utopie gerichtet. Die Vision der Befreiung schlägt um in die Beschwörung vergangener Gewaltverhältnisse. Verstärkt wird diese kritische Wendung durch die drohende Wiederkehr der ausgegrenzten Momente von Eigensinn, Rebellion und Zerstörung, die nicht nur von außen drohen, sondern auch im Innern entstehen können. Analog dazu kehrt in Arkadien die verbannte Heroik in der Figur des Euphorion wieder und löst die Idylle auf. Stärker noch ist die Idyllik in der Schlußutopie unterminiert. So entspinnt Faust in beiden Akten die Paradieses-Vision innerhalb seines Palastes, dem Gegentopos der ländlichen Hütte; doch während er im 3. Akt die poetische Flucht nach Arkadien mit den Worten kommentiert: "Zur Laube wandeln sich die Thronen" (9572), bleibt im 5. Akt der Palast die Mitte des imaginären Landes. Die Hütte von Philemon und Baucis wird zuvor samt der Bewohner und Besucher – bei Ovid heißen die Gäste Zeus und Hermes – niedergebrannt. Die Anspielung darf so verstanden werden, daß in der frühkapitalistischen Welt des 5. Aktes die historisch-naive Idylle einschließlich ihrer Götterwelt zerstört ist,[564] während sich die utopisch-sentimentalische Idylle als Verblendung, als Trug über die Realität erweist. Entsprechend ist in der literarischen Welt des 3. Aktes die sentimentalische Rückgewinnung der naiven Idylle eine willentliche und schließlich scheiternde Abstraktion von Heroik und Tod.

---

563 NA 20, S.472.

564 Römer (1976) kommentiert die sozialhistorische Bedeutung dieser Zerstörung mit dem Satz aus dem *Kommunistischen Manifest*: "Die Bourgeoisie, wo sie zur Herrschaft gekommen, hat alle feudalen, patriarchalischen, idyllischen Verhältnisse zerstört" (S.157); vgl. Marx/Engels (1962ff., Bd. 4, S.464). Genauer gesagt zerstört Faust diese Verhältnisse, um dann in seinem privaten "Königsgut" (11195) den Versuch ihrer Neuerrichtung zu unternehmen.

Miteinander vergleichbar werden auf der Basis dieser Parallelität nun auch die beiden Entwicklungslinien der Staats- und der Kunst-Thematik, nämlich der Schritt von der Staatskonsolidierung durch Papiergeld zu Fausts Schlußvision und der Schritt von der ersten Helena-Erscheinung zur arkadischen Idylle. Im ersten Fall wird die anfangs nur imaginierte Herstellung eines durch Reichtum geeinten und befriedeten Gemeinwesens auf die Basis gesellschaftlicher Arbeit gestellt. Diese Synthese von Imagination und tätigem Weltbezug erbringt aber nicht die in Goethes Altersdenken postulierte Vermittlung von Idee und Realität, von Unendlichem und Endlichem. Statt dessen bleibt die Imagination eine Täuschung, und zwar eine Täuschung über das Gewalt- und Zerstörungsmoment der vermeintlich vermittelnden Tat selbst. Die negative Basis der Utopie, die Niederschlagung der liberalen Partei im 4. und die Verwandlung von Freiheit in Gewalt im 5. Akt, bleibt ausgegrenzt. Im zweiten Fall wird das anfangs subjektivistisch imaginierte Kunstideal mit einer Durchdringung der bereits vorhandenen mythologischen und künstlerischen Welt verbunden. Diese Synthese von Imagination und Bearbeitung der Literaturgeschichte kann aber gleichfalls nicht verhindern, daß die Idyllik eine Abstraktion von ihrer eigenen kunsthistorischen Basis vollzieht, nämlich von der bereits existierenden Ritter-Heroik und dem Streben zur Transzendenz. Darin ist eine Kritik der Weimarer Klassik enthalten, die ihre eigene Vorgeschichte negierte und dem Sturm-und-Drang das Antike-Ideal einer harmonischen Menschheit entgegensetzte, ohne darin das subjektive Streben zwanglos aufheben zu können. Die Romantik bringt die heroische und transzendierende Tendenz wieder zur Geltung, und zwar – wie in der Euphorion-Figur dargestellt – unter anderem durch die christianisierende Umdeutung griechischer Götter (Creuzer).

So wie Euphorions Himmelfahrt die Konsequenz aus der Auflösung der abstrakt bleibenden Idylle ist, folgt Fausts Himmelfahrt aus der Realitätslosigkeit seiner utopischen Schlußvision. Darin liegt die von einigen Forschern angezweifelte dramatische Einheit des 5. Aktes.[565] Das Transzendieren erscheint nämlich in der Schlußszene nicht plötzlich und unvermittelt, sondern es wird im Zusammenhang mit Fausts Erblindung gründlich vorbereitet. Das Motiv der vollständigen Lösung der Seele vom "Erdenrest" durch die jenseitige "ewige Liebe" (11954/64) wird in "Bergschluchten" mit dem Wunsch des Pater profundus nach einer Befrei-

---

565 Burdach (1932) meint, "zwischen der Erlösung Fausts und dem vorangehenden Drama" gebe es keine "künstlerische Einheit" (S.75).

ung von der "Sinne Schranken" (11886) eingeführt und in dem Zurückschrecken der seligen Knaben vor dem "Grauen" der Naturbetrachtung (11918) sowie ihrem Aufstieg zum "freiesten Äther" des "Ewigen Liebens Offenbarung" (11923) entfaltet. Auch Faust als Herrscher über das Neuland wendet sich vom "Graun" der Endlichkeit ab und dem Unendlichen zu: "Doch sei der Lindenwuchs vernichtet/ Zu halbverkohlter Stämme Graun,/ Ein Luginsland ist bald errichtet,/ Um ins Unendliche zu schaun" (11342ff.). Die Ironie dieser Verse liegt darin, daß Faust gerade wegen seines eigenen Zerstörungswerks ins Unendliche schauen muß und nicht – wie der Türmer Lynkeus – in "Ferne" und "Näh'" (11292f.) Gegenstände findet, die "schön" (11303) und somit anschauenswürdig sind. Fausts Modernisierung, die künftige "Äonen" (11584) prägen soll, ist zugleich eine säkulare Vernichtung: "Was sich sonst dem Blick empfohlen,/ Mit Jahrhunderten ist hin" (11336f.).[566] Da nichts mehr Fausts Blick sich empfiehlt, ist dieser auf das Unendliche gerichtet – zunächst auf die Grenzenlosigkeit des Ozeans und nach der Erblindung dann auf die Unabschließbarkeit der Zukunft und die Schrankenlosigkeit seiner inneren Vorstellung. Peter Michelsen kommentiert Fausts Wunsch mit dem Satz: "Die Augen, die ins Unendliche sehen wollen, sehen nichts".[567] Tatsächlich erblindet Faust, weil er auf das Unendliche seines "Königsguts" fixiert bleibt und die Sorge über Mord und Zerstörung in der "Näh" nicht anerkennt. Schon in der Eingangsszene des 1. Aktes ist Faust "geblendet" (4702), als er das "höchste Dasein" (4685), die Sonne, anschauen will. Hier, im Locus amoenus der "anmutige[n] Gegend", kann Faust sich dann dem "Abglanz" (4727) des "ewigen Lichts" (4697) zuwenden, denn: "Ein Paradies wird um mich her die Runde" (4694). Im Locus terribilis des 5. Aktes kann Faust das "paradiesisch Land" (11569) nurmehr in der inneren Vorstellung betrachten, die durch seine Blindheit gegen die sinnlich wahrnehmbare Außenwelt abgeschottet ist.[568] Wenn Faust nach der Erblindung, die dem "Graun" der Zerstörung folgt, ausruft: "Allein im Innern leuchtet helles Licht" (11500) und er in diesem Licht sein Unendliches visionär "schaun" kann,

---

566 Daß Goethe in der Einzelhandschrift das Wort "mit" zunächst strich und "seit Jahrhunderten" schrieb, in der Reinschrift aber wieder die erste Version diktierte (vgl. Landeck (1981), S.104, 33), zeigt eine bewußte Entscheidung für die Mehrdeutigkeit der Präposition "mit": was sich *seit* Jahrhunderten empfahl, ist *zusammen mit* diesen Jahrhunderten dahin. Für die zweite Lesart, die noch stärker den historischen Einschnitt der Tat Fausts markiert, spricht auch das Fehlen des Kommas nach "Jahrhunderten", wodurch sich die Wendung stärker auf "ist hin" als auf "empfohlen" bezieht.

567 Michelsen (1963), S.34.

568 Kruse (1982) bemerkt pointiert: "Die Blindheit ist sein Luginsland" (S.421).

so entspricht das genau dem Verlassen der "Grauen" erregenden "Erdenwege" (11904) in der Schlußszene und dem Eintauchen in das ewige Licht Gottes. "Noch blendet ihn der neue Tag" (12053) heißt es dort, und dieser Blendung folgt die Fähigkeit des "umgearteten" Faust, das Absolute anzuschauen. Entsprechend glaubt Faust nach der Blendung durch die Sorge, im inneren Licht tatsächlich sein Gesellschaftsideal anschauen zu können: "Laßt glücklich schauen, was ich kühn ersann" (11504).[569]

Die motivische Verknüpfung des göttlichen Lichts in der Schlußszene mit dem inneren Licht in der Szene "Mitternacht" ist durchaus als Identifikation in dem Sinne zu verstehen, daß Faust sein inneres Licht vergöttert. Das zeigt sich nicht nur an dem Paulus-Bezug in dem Satz des blinden Faust, es genüge "ein Geist für tausend Hände" (11510),[570] sondern auch an der Parallele zwischen Fausts Licht "im Innern" und dem innerlichen Licht im 2. Akt. Mit der Losung "Das Helle vor mir, Finsternis im Rücken" verfolgt dort der Baccalaureus sein eigenes "innerliches Licht" (6804ff.) und verkehrt damit die Maxime "So bleibe denn die Sonne mir im Rücken" (4715) aus dem Eingangsmonolog des 1. Aktes ins Gegenteil. Er stilisiert seine subjektive Einbildungskraft zur Schöpferin der empirischen Wirklichkeit: "Die Welt, sie war nicht, eh' ich sie erschuf" (6794). Das Demiurgische der Figur kehrt in Faust wieder; auch dieser sieht, indem er das innere Licht verfolgt, die künftige Wirklichkeit als ein Werk seines partikularen, vergötterten Geistes. Das romantische Transzendieren in der Schlußszene ist die Konsequenz aus dieser Verabsolutierung des Subjekts: Dessen angeblich so schöpferisches inneres Licht durchdringt weder die äußere Wirklichkeit produktiv, noch wird es daran gebrochen oder im Reflex als Irrtum durchschaut. Das angeschaute Unendliche hat seinen Ort nur in der Endlichkeit des phantasierenden Subjekts. Durch Fausts Tod wird auch dieser letzte Rest von Endlichkeit überwunden. Das Transzendieren der Schlußszene setzt Fausts Lösung von dem Grauen der Gegenwart und die blinde Konzentration auf das Licht seines Inneren nur fort. Das Transzendieren ist die gesteigerte Verabsolutierung und Abschottung des Inneren.

Die künstlerische und geschichtliche Vermittlung des Subjekts mit der Welt scheitert zum einen an der Übermacht des Subjektivismus, der

---

569 Nicht ganz treffend ist hier Kruses Bemerkung, Fausts "metaphorische Blindheit" gehe so weit, "daß er seine physische Blindheit nicht wahrnehmen kann" (a.a.O., S.404). Faust weiß um seine Blindheit, deutet sie aber positiv, indem er für sein inneres Licht göttliche Unfehlbarkeit und somit auch Realitätshaltigkeit reklamiert.

570 Vgl. Graham (1988), S.122.

noch das Symbol einer allgemeinen, das einzelne beschränkenden Ordnung als sein Werk betrachtet, zum anderen an dem Zustand einer Welt, die vom modernen Subjekt bereits säkular geprägt ist: Eine positive Beschränkung findet nicht statt, weil im selbstgeschaffenen Grauen nur immer wieder die Unvollendetheit des eigenen Projekts erfahren wird. Diese Abweichung des Geschaffenen vom Ideal erzeugt die Neigung, die Weltvermittlung aufzugeben und in die vermeintlich reinen Bezirke des Inneren und des jenseitigen Absoluten einzukehren.

Im Scheitern des klassischen Ideals offenbart sich also die Herrschaft des Individuellen als Wesen der Gesellschaft und die unendliche Sehnsucht als Wesen des modernen Subjekts. Doch dies ist nur ein Moment der Dialektik. Wie der vorige Abschnitt zeigt, schlägt nicht nur Ordnung in Desintegration um, sondern die Kräfte der Zerstörung tendieren zugleich zur Ordnung. Dieses Verhältnis von Ordnung und Zerstörung, das Politik und Kunst umgreift, erinnert an Goethes eingangs zitierte Beschreibung jenes Kampfes, der in Kunst und Politik "derselbe" ist: "Aus aller Ordnung entsteht zuletzt Pedanterie; um diese los zu werden, zerstört man jene, und es geht die Zeit hin, bis man gewahr wird, daß man wieder Ordnung machen müsse".[571] Die dialektische Struktur, die sich bereits am Ende des 3. Aktes und dann erneut am Verhältnis der "Felsbuchten"-Szene des 2. zur Schlußszene des 5. Aktes herauskristallisierte, ist auch in der politischen Thematik bestimmend und prägt somit die Einheit des Dramas: Setzung und Zerstörung der Ideale werden wechselseitig kritisiert und zugleich in ihrer jeweiligen Notwendigkeit zur Geltung gebracht.

---

[571] MuR 346.

III. Folgerungen: Die Modernität der klassisch-romantischen Vermittlung

Die Ergebnisse der *Faust-II*-Interpretation sollen nun auf die in Teil I dargelegten Voraussetzungen zurückbezogen werden. Das 1. Kapitel rekurriert auf die klassische Absicht, das unendliche Streben des modernen Subjekts mit dem Schönheitsideal positiv zu beschränken. Anders als das *Helena-Fragment*, wo das Schöne zur Fratze werden mußte, rettet der *Faust II* das Ideal in der Dialektik von Klassischem und Romantischem, ohne die Realität der nicht zu befriedenden Subjektivität auszublenden. Das 2. Kapitel kommt auf die sozialgeschichtlichen Implikationen des klassischen Symbols und seiner Krise zurück. Analog zur Subjekt-Problematik erscheint in diesem Zusammenhang einerseits die Desintegration als die Wahrheit der modernen Gesellschaft, andererseits wird aber die Idee einer zwanglosen Ordnung und mit ihr das Symbolische gerettet. Das 3. Kapitel untersucht an der Struktur des *Faust II* Übereinstimmungen mit der literarischen Moderne – Phänomene, die sich überraschenderweise gerade aus der Bewahrung der klassischen Ordnungsidee ergeben. Es wird sich zeigen, daß die literarische Modernität des *Faust II* eine Reaktion auf Probleme der gesellschaftlichen Moderne darstellt.

III.1. Sehnsucht und Begrenzung – Romantik und Klassik

Die Gestalten des Klassisch-Schönen erscheinen im *Faust II* stets als Ideale des modernen Subjekts, das in der Begegnung mit ihnen seine unendliche Sehnsucht befriedigen will. All diese Begegnungen scheitern jedoch. Im 1. Akt glaubt Faust, mit der Helena-Chimäre das "Doppelreich" (6555) von Idee und Realität, von Unendlichem und Endlichem zu besitzen; dieses Ideal verpufft, weil es aus dem "Nichts" (6256) der von den "Gebilden losgebundne[n]" (6277) "Phantasei" (6416) hervorgegangen ist. Homunculus, das vom "Denker" (6870) selbst gemachte Denken vor aller Erfahrung, will mit Galatea, die auf klassisch-symbolische Weise göttlich-"würdige Unsterblichkeit" mit natürlicher "Anmutigkeit" (8388ff.) verbindet, zur Einheit von Subjekt und Gott-Natur verschmelzen. Doch dieses Begehren scheitert daran, daß Galatea in Bewegung bleibt, um nicht zum Idol zu erstarren. Sie zieht vorüber, und Homunculus verliert sich im Element. In der arkadischen Idylle des 3. Aktes wird abermals die Synthese der "Welten" von Göttern und Menschen (9557ff.) beschworen; doch "mit Wall und Schutz" (9467) muß der Krieg ferngehalten werden – Kehrseite der Idylle ist die Heroik, die sie folgerichtig in Gestalt des kriegerischen Euphorion wiederum selbst erzeugt. Euphorion zerstört das abstrakte Ideal. Analog dazu erweist sich Fausts Zukunftsvision einer freien und harmonischen Gemeinschaft im 5. Akt als Abstraktion von den zerstörerischen Kräften, die für die "Vernichtung" (11550) des Neulands sorgen werden.

Nach dem Scheitern der klassischen Entwürfe bleibt jedesmal die Disposition des Subjekts unversöhnt zurück. Es zeigt sich, daß "den Modernen ihr Ideal nur als Sehnsucht erscheint", wie Goethe sagt.[1] Der – nach Fichte nicht zu bindende – Überschuß an Sehnsucht macht alle präsenten Kunstgestalten zu unvollkommenen Vorausweisungen auf ein noch ausstehendes, unerreichliches oder transzendentes Ideal. Am Ende des 1. Aktes ist Faust von Sehnsucht nach Helena "paralysiert" (6568). Am Ende des 2. Aktes zeigen sich in Homunculus' "Zerschellen" an Galateas Thron "die Symptome des herrischen Sehnens" (8470ff.). Am Ende des 3. Aktes kehrt mit Euphorion innerhalb der Idylle nicht nur die Heroik wieder, sondern auch eine im christlich-romantischen Sinn "heilige Poesie", die "himmelan" strebt (9863f.). Nachdem sich im 5. Akt Fausts Schlußutopie als falsch erwiesen hat, zeigt die Schlußszene ebenfalls das romantische Transzendieren.

Die Negation des Klassischen treibt Gestalten und Formen hervor, die sich in einer intertextualistischen Lektüre als romantisch zu erkennen geben. Die Romantik ist also Statthalterin der im Klassischen nicht aufgehobenen Subjektanteile. Doch das Romantische ist in der Logik des *Faust II* nicht bloß die Konsequenz aus dem klassischen Projekt, sondern bereits dessen Nährboden. Im ersten Akt wird die klassische Kulisse, "ein alter Tempelbau" (6404), in eine gotische Umgebung integriert, über die der Architekt sagt: "Schmalpfeiler lieb ich, strebend, grenzenlos;/ Spitzbögiger Zenit erhebt den Geist" (6412f.). Im Gegensatz zum klassischen Immanenzdenken, wo das Absolute in der anthropomorphen Tempelstatue erscheint, verweist die Gotik auf das Absolute in der

---

1 19. Oktober 1829 an Zelter; HAB 4, S.346.

Transzendenz[2] und drückt zugleich das Streben vom Dieseits zum Jenseits aus – das romantische Transzendieren. Ein "hochgewölbtes enges gotisches Zimmer" (vor 6566) ist auch im 2. Akt der Ort, wo die Reise in die Antike – Fausts Weg zu Helena und Homunculus' Weg zu Galatea – beginnt. Im dritten Akt entsteht die arkadische Idylle in dem Szenarium der faustischen Ritterburg, über deren Architektur es heißt: "himmelan sie strebt empor" (9023).

Diese Doppelrolle des Romantischen als Ausgangspunkt und Konsequenz des Klassischen hängt damit zusammen, daß die Energie des Subjekts, die von dem klassischen Ideal nicht gebunden werden kann und wieder freigesetzt wird, auch schon am Anfang des klassischen Entwurfs steht. Damit erfährt das Romantische im *Faust II* eine literaturgeschichtliche Einordnung. Der wirkliche 'gotische' Nährboden der Weimarer Klassik war ja der Sturm-und-Drang; dort erscheint – nicht zuletzt im *Urfaust* – auch das unendlich sehnsüchtige, ins Unendliche strebende Subjekt. Die Faust-Figur trägt diesen Ursprung noch in die letzten Szenen des 2. Teils hinein. Innerhalb des Gegensatzes von Klassik und Romantik erscheint der Sturm-und-Drang nun als eine 'romantische' Phase. In umgekehrter Perspektive ist die Romantik Erbin des Sturm-und-Drang, denn sie bringt jene Momente der Subjektivität zur Geltung, die im klassischen Ideal nicht aufgehoben sind, obwohl sie in der vorangehenden literaturgeschichtlichen Phase bereits entfaltet waren.

So schlägt das Klassische ins Romantische um; andererseits zielt aber auch die Romantik auf eine Gestaltung des Ideals. In der Frühromantik postuliert Novalis ein "Romantisieren" der Welt, wobei aber durch die extreme Antithese, die Negation der Welt, zugleich deren Nichtidealität hervortreten soll. Das Kapitel zum 3. Akt kommentierte die intertextuelle Evokation dieses Zusammenhangs. Friedrich Schlegel rückt in der Frühromantik die Vollkommenheit des Ideals in eine Ferne, an die sich die Kunst nur unendlich annähern kann. Die Hochromantik stellt dann das unerreichbare Ideal dar, und zwar – wie an der Schlußszene des 5. Aktes zu sehen ist – im christlichen Jenseits. Am Beispiel der Galatea hatte der 2. Akt gezeigt, daß das klassische Ideal als lebendige Erscheinung innerhalb der Welt die Sehnsucht nicht befriedigen kann. Erst das romantische Ideal, die Maria im Himmel, bewahrt die Idee einer positiven Beschränkung des selbstischen Strebens und der Sehnsucht. Die Polarität von Klassik und Romantik ist eine dialektische.

---

2 Vgl. MuR 1134.

Das hat Konsequenzen für die Form des Dramas. Das *Helena-Fragment* paßte sich noch in die epische Struktur des *Faust I* ein. Diese Struktur ergab sich aus dem Umstand, daß kein Gegenstand dem Faustischen Streben angemessen sein konnte. Auch die Begegnung mit Helena hätte nicht die geplante positive Beschränkung herbeiführen und folglich nicht der dramatische Höhepunkt sein können. Das Schöne hätte Faust nicht bestimmt, sondern wäre umgekehrt in der Begegnung mit Fausts Welt zur häßlichen Fratze geworden. Die "Substantialität" des *Faust* der klassischen Phase war schon in jeder einzelnen Szene enthalten – genau das ist nach Goethes und Schillers Poetik Kennzeichen eines epischen Stoffes.[3] Zwar schildert auch der *Faust II* das Mißverhältnis zwischen Subjekt und Ideal. Doch dieses Verhältnis ist hier so vielschichtig, daß es nicht zu einer Abfolge substanzgleicher Szenen führt. Vielmehr entfaltet sich die Dialektik von Klassik und Romantik vom 1. bis zum 3. Akt in Form einer Steigerung. So spricht auch Goethe selbst von einem "steigenden Terrain", das zum "entschiedenen Ausgleich" beider "Dichtungsformen" im Helena-Akt führe.[4] Der Fortschritt in der Gestaltung besteht darin, daß das Ideal im 1. Akt unmittelbar aus einem im Subjekt lokalisierten Ideenreich hervorgebracht wird, während seine Erzeugung im 2. und 3. Akt durch Mythologie, Kunst- und Literaturgeschichte vermittelt ist. Diese Durchdringung der schon bestehenden poetischen Welt geht über die als "magisch Wort" (6416) bezeichnete Schöpfung aus dem inneren "Nichts" (6256) hinaus, auch wenn die Versöhnung von Subjekt und Ideal im 2. Akt nicht gelingt.

Aus dem Mißlingen folgt das schon aufgezeigte Verhältnis von klassischem und romantischem, immanentem und transzendentem Ideal. Im 5. Akt geht das Transzendieren aber nicht mit einer Rückkehr zum Subjektivismus des 1. Aktes einher. Die Mariengestalt des Schlusses entsteht ebenso wie Galatea und die zweite Helena aus der Aneignung der bestehenden literaturgeschichtlichen Gestaltungen. Beide sind die aufeinander bezogenen Resultate der poetischen Steigerung im *Faust II*: das klassische Ideal, das lebendig bleibt, aber die Sehnsucht nicht stillt, und das romantische Ideal, das die Sehnsucht stillt, aber nicht von dieser Welt ist.

Zwar ist keine der Stellen mit Galatea, Helena und Maria der *eine* dramatische Höhepunkt, auf den die Handlung mit "Kausalität" zuliefe. Dennoch wird in der Dialektik von Klassik und Romantik die epische

---

3 Schiller an Goethe, 25. April 1797; GA 20, S.340. Vgl. Kapitel I.1, Abschnitt d) und e).

4 Eckermann, S.286 (16. Dezember 1829).

Abfolge überwunden, weil sich die "Substantialität" des Verhältnisses von Subjekt und Ideal über die verschiedenen Stufen des *Faust II* hin wandelt.[5] Diese Entwicklung schlägt sich im äußeren Aufbau des Werkes nieder: in der Fünfaktigkeit. Man kann die dramatische Struktur bis zu einem bestimmte Punkt sogar mit den aristotelischen Begriffen beschreiben. Der 1. Akt exponiert den Konflikt zwischen Subjekt und Ideal in zwei Gegenstandsbereichen: Kunst und Politik. Die Entfaltung des Konflikts im Bereich der Kunst gelangt über die Vermittlung von Subjekt und Welt zur Begegnung Fausts mit dem Ideal. Das Ende des 3. Aktes bildet dann die Peripetie, den plötzlichen Untergang des Ideals und das Hervortreten der unbefriedeten Subjektivität Euphorions. 4. und 5. Akt führen den Konflikt weiter, indem sie nunmehr die politische Annäherung Fausts an das Ideal schildern. Am Ende steht die Katastrophe der irdischen Handlung: der Tod Fausts und die kommende "Vernichtung" (11550) seines Werkes durch die ausgegrenzten Kräfte. Auf das Scheitern der Vermittlung von Subjekt und Ideal antworten an verschiedenen Stellen jedoch dialektische Gegenbewegungen. Nach dem Scheitern der klassischen Idylle wird am Ende des 3. Aktes Euphorions Ablösung von der Welt durch die Ankündigung "neue[r] Lieder" negiert, die klassisch "der Boden zeugt" (9935ff.). Nach dem Scheitern des utopischen Gesellschaftsideals wird am Ende des 5. Aktes die Reinigung der Seele überwunden durch die traditionsvermittelte Gestalthaftigkeit des romantischen Ideals, wobei dessen transzendenter Status zugleich durch den ironischen Verweis auf die Lebendigkeit des klassischen "Heiligen" im 2. Akt relativiert wird.

Die epische Struktur des *Faust I* resultierte daraus, daß sich in jedem Punkt das scheiternde Streben nach dem Höchsten als die "Substantialität" erwies. Durch die fortschreitende Negation des Subjektivismus auf den verschiedenen Stufen der Idealbildung transformiert der *Faust II* die epische Struktur in eine dramatische. Nicht einer Kausalität der Handlung kommt dieses Attribut zu, sondern der Steigerung des ästhetischen Niveaus. Indem die verschiedenen Höhepunkte dieser dramatischen Struktur – klassisches und romantisches Ideal – nicht kausal aufeinander folgen, sondern als die Pole eines widersprüchlichen Werksinns aufeinander verweisen, wird die dramatische Struktur, die eine transformierte epische ist, ihrerseits transformiert in eine dialektische.

---

5 Nach Schiller liegt die Wahrheit des Dramas in der "Kausalität" des Ganzen, die des Epos in der "Substantialität" des Einzelnen. 25. April 1797 an Goethe; GA 20, S.340. Vgl. Kapitel I.1, Abschnitt d).

III.2. Zerfall und Ordnung – Allegorie und Symbol

Nachdem das Verhältnis von Klassik und Romantik auf die Subjekt-Problematik zurückbezogen und die dramatische Struktur untersucht wurde, die sich aus dem Verhältnis von Subjektivität und Ideal ergibt, soll nun noch einmal die gesellschaftliche Ordnungsidee thematisiert werden, und zwar im Zusammenhang mit den allegorischen und symbolischen Formen des *Faust II.*

Der gesellschaftliche Gehalt des klassischen Symbols ist keine Sinnschicht, die man in den Gegenstand erst hineinlesen müßte. In Teil I dieser Studie hatte sich vielmehr gezeigt, daß das Schöne nach Goethe und Schiller das Gesellschaftsideal symbolisiert. Indem bestimmte Sujets und das Werk selbst eine aus den Einzelheiten sich zwanglos ergebende Ordnung darstellen, verweist die Kunst auf eine sittliche Gemeinschaft, in der Freiheit und Ordnung vereint sind. Das Symbol negiert einen gesellschaftlichen Zustand, in dem die einzelnen nur ihre voneinander entkoppelten Interessen verfolgen und das Ganze dem Interesse gemäß gestalten wollen. Speziell in der *Natürlichen Tochter* wurde das Verhältnis des Schönen zur gesellschaftlichen Realität selbst zum Thema. Ähnlich im *Faust II.* Hier ist es die parallele Gestaltung von Kunst und Politik, die an das klassische Junktim dieser Bereiche anknüpft. Die arkadische Idylle im 3. entspricht der Gesellschaftsutopie im 5. Akt; die Beschwörung der Helena in Fausts innerem Mütterreich entspricht innerhalb des 1. Aktes der Schöpfung fiktiven Reichtums, der ja zur Konsolidierung des Gemeinwesens führen soll. Wegen dieser Parallelen kann das Verhältnis von Ordnung und Zerfall im folgenden sowohl an den Gesellschafts- als auch an den Kunstidealen reflektiert werden, die der *Faust II* zitiert. Dabei sind inhaltliche Überschneidungen mit der Subjekt-Thematik des vorigen Kapitels unvermeidlich.

Bereits in der *Natürlichen Tochter* zeigte sich die Krise des Gesellschaftsideals. Anstatt zwischen den Partikularinteressen zu vermitteln, wurde es zu deren Spielball. Eugenies Vater, der die Tochter zur symbolischen Repräsentantin eines zwanglos geordneten Gemeinwesens hatte erziehen lassen, stilisierte sich in diesem Zusammenhang zu einem halb göttlichen, halb majestätischen Lenker des Ganzen. Ähnlich verhält es sich im 5. Akt des *Faust II.* Dort erweist sich die Idee einer Ordnung in Freiheit als ideologisches Konstrukt, hinter dem sich die Selbststilisierung des gewalttätigen einzelnen zum Gott und Monarchen verbirgt. Das Ideal steht insgeheim im Dienste jenes Partikularen, dessen Macht es überwinden will.

Weil sich die Erziehung der natürlichen Tochter zur symbolischen Gestalt als eine abstrakte Setzung des Ideals gegen die Kräfte der Desintegration erwies, wurde das vermeintliche Symbol Eugenie zur Allegorie im Sinne der Goetheschen Definition: Die Figur gibt ein "Exempel des Allgemeinen", nämlich des philosophischen "Begriff[s]" vom Ideal,[6] ohne daß diese Repräsentation an die Erfahrung der Realität gebunden und die bloß subjektive Idee an der Objektivität geprüft würde. Auch im *Faust II* erscheinen die künstlerischen und gesellschaftlichen Ideale als Absehung von den Gegenkräften. Faust imaginiert eine Gesellschaft, die von Gemeindrang zusammengehalten wird, doch er ist blind für die Momente der Zerstörung. Die arkadische Idylle stellt ebenso wie die Galatea-Figur eine klassisch-ideale Synthese von Menschlichem und Göttlichem, Anmut und Würde dar, doch die bereits entfalteten romantischen Motive werden gezielt ausgegrenzt: die Erschütterung aller gesetzten Ordnungen und die unendliche Sehnsucht im 2., die Ritterheroik und das gotische Transzendieren im 3. Akt. Die Erweckung von Galatea und Helena aus Kunst- und Literaturgeschichte ist von einem bestimmten gegenwärtigen Begriff des Ideals geleitet; dieser Begriff abstrahiert von dem bereits entfalteten Nichtklassischen. Deshalb ist die Aktualisierung der klassischen Figuren nicht an die volle Gestalt der gegenwärtigen Bedürfnisse gebunden, sondern erscheint im Verhältnis zu ihnen als willkürliche Setzung einer bestimmten Konvention. Auf diesen allegorischen Traditionsbezug läßt sich Goethes Bemerkung aus der *Farbenlehre* beziehen, der Allegorie eigne etwas "Zufälliges", "Willkürliches" und "Konventionelles", bei dem "uns erst der Sinn des Zeichens überliefert werden muß, ehe wir wissen, was es bedeuten soll".[7] Die Konventionalität wird hier als ein Spezifikum der Allegorie nur dann verständlich, wenn man mitbedenkt, daß in Goethes Symbol die grundsätzliche Konventionalität des Zeichens durch die möglichst umfassende Vermittlung mit der Welt reduziert werden soll. Weil diese Vermittlung im Fall Galateas und der arkadischen Idylle vor dem Moment der Zerstörung willkürlich haltmacht, sind es keine symbolischen, sondern allegorische Kunstformen: sie stützen sich ohne zu Ende geführte Weltvermittlung auf eine beschworene Bedeutungstradition. Galatea entgeht der allegorischen Erstarrung freilich dadurch, daß sie beweglich bleibt, daß die Idee im Bild "unendlich wirksam und

6 MuR 279, 1113.
7 HA 13, S.520.

unerreichbar" ist, wie Goethe über das Symbol sagt.[8] Die Figur ist eine resymbolisierte klassizistische Allegorie.

In der *Natürlichen Tochter* wurde die Übermacht des Partikularen nicht nur daran deutlich, daß das Ideal ein willkürlicher, interessegeleiteter Entwurf eines einzelnen ist. Zudem war das Bild der toten Eugenie bestimmt von einer Zerstückelung des harmonisch-organischen Zusammenhangs; diese Fragmentierung beherrschte auch die Sprache. Hierin konnten Rekurse auf die barocke Allegorie aufgezeigt werden. Im *Faust II* geht nun das Scheitern des Ideals mit dem Erscheinen der romantischen Allegorie einher. Euphorion ähnelt zunächst dem Sonnengott Apoll und dem Mittlergott Hermes, wandelt sich dann aber zum sterbenden Gott Dionysos – gemäß romantischer Mythologie Urbild der Christus-Figur. Er negiert die in ihm selbst bestehende ideale Einheit von Gott und Mensch, indem er "himmelan" zum transzendenten Absoluten strebt. Die Kabiren sollen zunächst alle Potenzen des Göttlichen verkörpern, verweisen dann aber als "sehnsuchtsvolle Hungerleider/ Nach dem Unerreichlichen" nicht durch ihre Gestalt, sondern in der philosophischen Interpretation ihres Mangels auf die Sphärenharmonie. An diesen Stellen zeigt sich jeweils der Abstand von Kunstgestalt und Ideal – genau diesen unüberwindlichen Abstand meint der frühromantische Allegoriebegriff. Im 5. Akt schließlich folgt auf die Desillusionierung über Fausts Vision und den Sieg der Zerstörung die Ablösung von der Welt und der Aufstieg zur jenseitigen Maria. Der Schluß transponiert das Ideal in die Unendlichkeit und Ewigkeit und folgt darin der allegorischen Intention der Hochromantik.

Die Selbstkritik der Weimarer Klassik wies den partikularen Kräften einseitig eine bestimmende Rolle zu: das Schöne wandelte sich zur Fratze, das Ideal zur Ideologie und das Symbol zur Allegorie. Im *Faust II* hingegen ist sowohl der politische als auch der ästhetische Bereich von einer dialektischen Bewegung gekennzeichnet. Einerseits ist im 5. Akt Fausts Utopie vom idealen Gemeinwesen zwar die ideologische Vision eines Machthabers: Die Naturmetaphorik der Landgewinnung zeigt, daß die Vision das Moment der bloß ausgegrenzten Zerstörung in sich selber trägt. Andererseits besitzen jedoch Eigensinn, Rebellion und Zerstörung zugleich Tendenzen, die auf Kontinuität und Ordnung zielen. Entsprechend bleibt im Zusammenhang von Kunst und Literatur die zitierte Romantik nicht bei der Fragmentierung und Verunendlichung des Ideals stehen, sondern dringt zugleich auf dessen

---

8 MuR 1113.

Darstellung, was sich vor allem in der Schlußszene zeigt. Die Mater gloriosa zieht die übers Vergängliche hinausstrebende Sehnsucht zu sich hinan (12111) und befriedet sie (12008). Die Schlußszene dokumentiert das romantische Bedürfnis, nach dem Scheitern der klassischen Diesseitigkeit eine Darstellung des jenseitigen Ideals in der Materie der Kunst zu erlangen, auch wenn diese Gestalt weltlos und ästhetisch "unzulänglich" bleibt. Während die klassizistisch-allegorische Setzung des Ideals den Keim seiner romantischen Auflösung in sich trägt, tendiert die transzendierende Bewegung der Romantik auch wieder zur Hervorbringung einer schönen Gestalt. Setzung und Auflösung stehen sich nicht dualistisch gegenüber, sondern sind dialektisch vermittelt: Das eine ist nicht nur jeweils die Abstraktion vom unausweichlich wiederkehrenden anderen, es bringt in seiner eigenen Negation auch die Notwendigkeit des anderen positiv zur Geltung.

Die Dialektik von Setzung und Auflösung der Ideale ist die allgemeine Bewegung des *Faust II.* Sie zeigt sich an mehreren Stellen in unterschiedlichen Zusammenhängen. Dieses Allgemeine wird vom Autor nicht als Begriff oder Formgesetz a priori unterlegt, sondern es stellt sich bei der Gestaltung des Verhältnisses von Klassik und Romantik, Sozialutopie und Desintegration etc. her. Eine solche Allgemeinheit, die während der Versenkung in den Gegenstand offenbar wird, ist nach Goethes eigenem Verständnis symbolisch – was freilich nicht bedeutet, sie habe keinen subjektiven Anteil. Darum soll die Behauptung gewagt werden: Die Allegorien des *Faust II* erweisen sich als "Symbole" im Sinne von Goethes Definition, wenn man in ihnen nicht Bilder des Ideals, sondern Darstellungen des problematischen Verhältnisses zum Ideal sieht.[9] Nicht Helena, Galatea, die Idylle und das harmonische Gemeinwesen sind das übergeordnete Sujet des *Faust II,* sondern die Einstellungen von Faust, Homunculus und anderen Figuren zu diesen Bildern. Das Allgemeine des Werkes ist nicht das Ideal, sondern der vielgestaltige Versuch, es zu erreichen.

So kann bereits Fausts Monolog in der Eingangsszene des 1. Aktes gelesen werden. Dort geht es um das "Beschließen,/ Zum höchsten Dasein immerfort zu streben" (4684f.). Dieses höchste Dasein wird metaphorisch mit der Sonne, "des Lebens Fackel" (4709), verglichen. Die unmittelbare Erfahrung des Höchsten ist jedoch unmöglich. Faust wird

9 Wie schon in der Einleitung erwähnt, gelangt auch Emrich, 1964, in einem ganz anderen Denkzusammenhang zu dem Ergebnis, daß die Allegorien symbolisch vermittelt werden (S.89). Auch Heinz Schlaffer, 1981, erwägt, ob sich nicht "die Goethesche Allegorie 'symbolisch' auffassen ließe" (S.169).

geblendet, wendet sich ab und findet das "Leben" nicht in dessen "Fackel", sondern in den Brechungen des Lichts an der Materie – in der Farbe. Über den Regenbogen sagt Faust: "Am farbigen Abglanz haben wir das Leben" (4726). Der Gedanke ist auf das nachfolgende Drama selbst bezogen, denn dieses schildert ja genau das Streben zum "höchsten Dasein". Die Eingangsszene enthält folglich eine immanente Poetik: Nur im "Leben" ist das höchste Dasein, das Ideal, erfahrbar. Im *Faust II* hat es sein Leben in der Aneignung durch das Subjekt. Die einzelnen Stationen des Dramas sind, wie die einzelnen Farben des Regenbogens, unvollkommene Erscheinungen des "höchsten Daseins". Sie sind Allegorien, die durch Reihung symbolisch werden. So verhält es sich auch mit der Erscheinung des Farbspektrums. Schon bei Betrachtung der einzelnen Farben strebe das Auge stets nach der fehlenden Komplementärfarbe und habe in der Anschauung des Einzelnen immer eine Vorstellung vom Ganzen, heißt es in der *Farbenlehre*. Goethe führt dieses Phänomen der "physiologischen Farben" auf "die zur Opposition aufgeforderte und durch den Gegensatz eine Totalität hervorbringende Lebendigkeit der Netzhaut" zurück.[10] Im Regenbogen erscheinen die polaren und zugleich vermittelten Farben in einer kontinuierlichen Reihe. Er ist ein Urphänomen, symbolisiert also das Allgemeine.[11] Die Regenbogen-Stelle des *Faust II* illustriert im Stil eines Lehrgedichts allgemein die symbolische Erfahrungsweise und lenkt den Blick speziell auf das anschließend durchschrittene Verhältnis von "höchstem Dasein" und "Leben". Die unvollkommenen – allegorischen – Formen werden dadurch symbolisch, daß man zum einen den Blick vom Ideal auf dessen gebrochene Aneignung lenkt und zum anderen eine Reihung dieser Brechungen herstellt.

Damit ist schon die Struktur angesprochen, in der die einzelnen Allegorien zu Symbolen werden. Diese Struktur ist die Symbolik des *Faust II*. Übergänge und Parallelen schaffen eine umfassende Kontinuität und Ordnung der Motive. Das wird allerdings nicht bei einer sukzessiven Lektüre der Szenen deutlich, sondern bei einer synoptischen Sichtung entfernt liegender Einzelstellen und ihrer literarischen Bezüge. "Man muß die Faustdichtung als ein differenziertes Bezugssystem lesen und in dialektischen Kategorien betrachten. Je mehr man das Wiederkehrende in Sprachfiguren wie in analogischen szenischen Situationen verfolgt, desto mehr erschließt sich das strukturbildende Motivgeflecht", schreibt

10 HA 13, S.340.
11 Vgl. MuR 1369.

Joachim Müller.[12] Man kann das oben untersuchte Geflecht der Allegorien wie folgt beschreiben: In einer Reihe von Formen gibt es Polaritäten (zwischen Ideal-Setzungen und Auflösungen, Immanenz und Transzendenz), Steigerungen (von den bloß subjektivistisch erzeugten zu den 'erarbeiteten' künstlerischen und gesellschaftlichen Formen),[13] Spiegelungen (insbesondere der Sujets Kunst und Gesellschaft, weiterhin einzelner Gestalten und Vorgänge wie Galatea und Helena, Faust und Homunculus, der Himmelfahrt Euphorions und Fausts usw.) sowie schließlich die gezeigte dialektische Vermittlung der Polaritäten. Kraft dieser Vermittlung verweist das einzelne Phänomen immer auf seinen Gegensatz und daher auf das Allgemeine, das im *Faust II* eine Bewegung der Gegensätze ist. Reihung, Polarität, Steigerung, Spiegelung und die Anschauung des Allgemeinen im Einzelnen – dies sind Grundbegriffe von Goethes morphologischer Methode der Naturwissenschaft, die er auch "Symbolik" nennt.[14] Über die symbolische Behandlung getrennter Erscheinungen als "Korrelate" schreibt Goethe in den "Betrachtungen im Sinne der Wanderer": "Dies bezieh' ich vorzüglich auf die Natur; aber auch in bezug auf die neueste um uns her bewegte Weltgeschichte ist diese Betrachtungsweise fruchtbar".[15] Man darf davon ausgehen, daß nicht allein die Realgeschichte gemeint ist, sondern auch die Geistesgeschichte, also der im *Faust II* gestaltete Phänomenbereich künstlerischer, philosophischer und politischer Denkformen. Entsprechend bezieht Goethe sein Modell der Spiegelung ausdrücklich auf das, "was in der Geschichte der Künste und Wissenschaften, der Kirche, auch wohl in der politischen Welt sich mehrmals wiederholt hat und noch täglich wiederholt".[16]

Daß die Struktur des *Faust II* den Methoden von Morphologie und Symbolik folgt, ist für sich genommen kein spektakulärer Befund. Schließlich gibt es schon beim klassischen Goethe eine konzeptionelle Nähe von Natur- und Kunstsymbol; beide wiederum sind auf das Engste mit dem Weimarer Gesellschaftsideal verbunden. Bemerkenswert ist jedoch die Verbindung von symbolischer Struktur und einzelnen allego-

---

12 J. Müller (1974), S.34.

13 Mit der Steigerung nimmt der satirische Charakter der Darstellung ab. Die Papiergeldschöpfung, der Gang zu den Müttern und das Erscheinen der Kabiren etwa wirken durch die satirische Behandlung komisch, die Landgewinnung, Helenas Auftritt in Fausts Burg und das Erscheinen der Galatea hingegen nicht.

14 Zur Reihung vgl. z.B. MuR 156; zu Polarität und Steigerung HA 13, S.48; zur Spiegelung HA 12, S.323; zum Verhältnis von Einzelnem, Besonderem und Allgemeinem MuR 314, 571, 558 und 569.

15 MuR 561.

16 HA 12, S.323.

rischen Formen. Dieser nicht ganz einfache Zusammenhang soll noch einmal kurz umrissen werden.

In den einzelnen Stationen des Werkes scheitern jeweils die Versuche, dem "höchsten Dasein", dem Ideal, eine reale Darstellung zu geben. Es werden keine symbolischen Brechungen durchlaufen, in denen das *ideale* Allgemeine im Einzelnen präsent wäre, sondern allegorische Brechungen, in denen jede vermeintliche Idealität als willkürliche Verallgemeinerung eines Partikularen ausgewiesen und zugleich negiert wird. Die Darstellung der idealen harmonischen Ordnung scheitert an der Übermacht des Partikularen, das aber wiederum zur Ordnung tendiert. In diesem dialektischen Verhältnis von Setzung und Scheitern liegt das von den allegorischen Ideal-Bildern zugleich symbolisierte Allgemeine. Die Allegorien werden als Symbole behandelt. Wie Faust sich von der Sonne ab- und dem Leben zuwendet, zielt auch der *Faust II* nicht unmittelbar auf die Ideale selbst, sondern auf ihre Brechung am subjektiven Streben. Das "Leben" ist das des gegenwärtigen Geistes; hier, in der literarisch-künstlerischen, wissenschaftlichen und politischen Welt, erscheint der "farbige Abglanz" des Ideals. Die Materie dieser geistigen Phänomene ist die Sprache.[17]

Die Verlagerung des Symbols von der Darstellung des Ideals hin zur Darstellung von dessen Aneignung gewinnt nun eine bestimmte Bedeutung für die gesellschaftliche Interpretation der Form. Im Gegensatz zum Programm der Weimarer Klassik kann der *Faust II* ein zwanglos geordnetes Gemeinwesen nicht symbolisieren, weil er in verschiedenen Variationen vorführt, daß alle Setzungen eines harmonischen Ganzen, auch wenn es sich um ästhetische Gebilde handelt, an der willkürlichen Ausgrenzung der Gegenkräfte scheitern. Nach der Idee der Weimarer Klassik sollte die Literatur der bürgerlichen Öffentlichkeit ein Bild der Vermitteltheit aller einzelnen Bestrebungen entgegensetzen. Dieses Bild löste sich von den Inhalten her auf. Der *Faust II* reflektiert das gescheiterte symbolische Vermittlungsprojekt der autonomen klassischen Kunst und wahrt in der Darstellung des Resultats, nämlich der Übermacht des Einzelnen über jede Form vermittelnder Allgemeinheit, die Treue zur gesellschaftlichen Realität.

---

[17] Manfred Jurgensen (1968), wundert sich, daß Goethe "es vorgezogen hat, die Farbe statt der Sprache in größter Ausführlichkeit als künstlerisches Medium zu untersuchen" (S.102). Das Medium Sprache ließ sich aber nicht losgelöst von jenem Allgemeinen untersuchen, das in ihm lebte, dem zeitgenössischen Denken – ebensowenig, wie ein Geist der Zeit losgelöst von bestimmten sprachlichen Formen hätte gestaltet werden können. In diesem Sinne ist der *Faust II* ein Kapitel der Goetheschen 'Sprachlehre'.

Zugleich hat die Darstellung des Partikularen nicht das letzte Wort: zwischen den verschiedenen Passagen, in denen ganz disparate Gegenstandsbereiche zur Sprache kommen, wird ein Zusammenhang hergestellt. Statt aber, wie im klassischen Werk, eine symbolische Ordnung der Einzelheiten in einem harmonischen Ganzen zu gestalten, stiftet der Text in oft versteckten Details und mit sehr heterogenen literarischen Mitteln Verbindungen zwischen Diskurstypen, die sich in der bürgerlichen Öffentlichkeit zu verschiedenen Wertsphären ausdifferenziert und voneinander entfremdet haben: Kunst, Mythologie, Religion, Ökonomie, Gesellschaftstheorie und Naturlehre. Zudem werden innerhalb der einzelnen Diskurse Polaritäten, Übergänge, Steigerungen und ähnliche Zusammenhänge gestaltet. Die Syntheseleistung des *Faust II* besteht also darin, daß er die einzelnen Diskurse durch unterschwellige Bezüge ordnet und sie ebenso subtil zu einem übergeordneten Diskurs verbindet. Durch Zitate, Anspielungen und andere Prätext-Gestaltungen wird dabei der Bezug zur diskursiven Realität gewahrt, durch Parallelen, Steigerungen usw. die Ordnungsstiftung.

Hier hat nun die Verlagerung der Symbolik ihre sozialhistorische Bedeutung: So wie nicht das Ideal einer zwanglosen Ordnung, sondern vielmehr die Dialektik von Setzung und Aufhebung der Ideale das symbolisierte Allgemeine ist, kann die Literatur der modernen Öffentlichkeit nicht das Bild einer aufgehobenen Partikularität entgegensetzen, sondern nurmehr auf einer Metaebene zwischen einzelnen Diskursen vermitteln, in denen jeweils das Partikulare und das Ideal in einem ungelösten Konflikt begriffen sind. Nach dem Scheitern der klassischen Ordnungsidee gibt sich die nachklassische Literatur keineswegs mit reduzierten Gestaltungsabsichten zufrieden, etwa mit dem Ausdruck der Innenwelt und dem Geltungsanspruch expressiver Wahrhaftigkeit.[18] Goethes Alterswerk[19] opponiert vielmehr der Entkoppelung von Diskursen in der bürgerlichen Öffentlichkeit. Dabei greift der *Faust II* in die außerkünstlerischen Wertsphären wie Politik und Naturphilosophie nicht einfach nur ein, was dem Werk den Vorwurf einbrächte, mit dem spezialisierten Medium einer ausdifferenzierten und entkoppelten künstlerischen Sprache hinter die wissenschaftlichen und philosophischen Standards für wahre Aussagen ebenso zurückzufallen wie hinter die politischen und moralischen Standards richtigen Handelns. Indem die Litera-

---

18 Dies ist nach Habermas das Spezialgebiet der Kunst. Vgl. z.B. Habermas (1981), Bd. I, S.448.

19 Das hier Gesagte wäre auf die *Wanderjahre* zu übertragen.

tur einen übergeordneten Standpunkt einnimmt,[20] vermag sie vielmehr Zusammenhänge innerhalb der einzelnen Diskurse und zwischen ihnen zu thematisieren. Sie kann Phänomene – wie etwa den Subjektivismus oder den ideologischen Charakter aller Bilder eines versöhnten Ganzen – in verschiedenen Ausprägungen zusammenführen, wie außer ihr nur die philosophische Kritik es vermag. Sie zielt auf die übergreifende diskursive Einheit der Epoche: Die Dialektik von Klassik und Romantik ist im *Faust II* ein Symbol der historischen Gegenwart.

III.3. Die Modernität des *Faust II*

Die moderne Gesellschaft kann, wie Habermas sagt, "ihre orientierenden Maßstäbe nicht mehr aus Vorbildern einer anderen Epoche entlehnen", sondern muß "ihre Normativität aus sich selber schöpfen".[21] An diesem Projekt der Moderne nimmt die Weimarer Klassik teil. Die einzelnen Subjekte und Diskurse der bürgerlichen Welt sollen mit dem Bild einer allgemeinen Ordnung vermittelt werden. Wenn Goethe und Schiller zur Darstellung dieser Ordnung zwar auf die Antike zurückgreifen, so muß doch deren Aneignung, deren Vermittlung mit Subjekt und Gesellschaft, nach neuartigen und im antiken Modell selbst nicht enthaltenen Maßstäben geschehen.

Die Aufhebung der partikularen Subjektivität in einer allgemeinen Ordnung ist auch nach Hegel die Aufgabe der Kunst in der bürgerlichen Gesellschaft. Die *Ästhetik*, die das Postulat einer realistischen Literatur enthält, soll hier gestreift werden, weil im Kontrast dazu die literarische Modernität des *Faust II* deutlich hervortritt. Hegel beschreibt einen in der zeitgenössischen Kunst und Literatur sich vollziehenden Paradigmenwechsel: Während die romantische Kunstform, deren Urbild die Christusfigur ist, die göttliche Suzbstanz allein im Subjekt verortet und dieses "zum Meister der gesamten Wirklichkeit" erhebt,[22] vermittelt die nachromantische Kunst zwischen "dem unendlichen Rechte des Herzens"

---

20 Nach Albrecht Wellmer (1985) "verschränken" sich die Geltungsansprüche "Wahrheit, Wahrhaftigkeit – und sogar normative Richtigkeit – im Kunstwerk *metaphorisch* miteinander" (S.36; Hervorh. T.Z.). Kunst spreche nicht kognitiv wahr, normativ richtig und auch nicht expressiv wahrhaftig, sondern tue in jeder Hinsicht nur, als ob sie so spräche.

21 Habermas (1985), S.16.

22 HW 14, S.222. Für Hegel hat die romantische Kunstform ihre Blütezeit im Mittelalter und geht mit dem romatischen Subjektivismus der Gegenwart unter.

und den "substantiellen Lebensbeziehungen" wie "Familie, bürgerliche Gesellschaft, Staat, Gesetze". Die romantische "Zufälligkeit des äußerlichen Daseins", Resultat der Verabsolutierung des Subjekts, "hat sich verwandelt in eine feste, sichere Ordnung der bürgerlichen Gesellschaft und des Staats". Aufgabe der Kunst, speziell des "Romanhafte[n] im modernen Sinne des Worts", ist es deshalb, darzustellen, wie "sich das Subjekt die Hörner abläuft, mit seinem Wünschen und Meinen sich in die bestehenden Verhältnisse und die Vernünftigkeit derselben hineinbildet, in die Verkettung der Welt eintritt und in ihr sich einen angemessenen Standpunkt erwirbt".[23]

Die Vermittlung von Subjekt und objektiver Ordnung gilt Hegel als die Aufgabe der gegenwärtigen Literatur, weil er die Kunst aller Zeiten an jene Formen gebunden sieht, in denen sich das Absolute manifestiert: Nachdem die Antike es in den objektiven Göttergestalten angeschaut hatte, das Christentum es in der Subjektivität ihres Gottes religiös vorstellte, begreift die Moderne ihr Absolutes in der Vermittlung von Subjektivität und Objektivität. Substantielle Realität hat diese Vermittlung für Hegel in der Sphäre der Sittlichkeit, im gesellschaftlichen Leben, dessen höchste Gestalt der Staat ist. Die Bürger des modernen Verfassungsstaates sind "Privatpersonen, welche ihr eigenstes Interesse zu ihrem Zwecke haben". Die Erfüllung dieser Interessen ist aber immer "durch das Allgemeine vermittelt". Auch wenn das Allgemeine den Individuen nur "als Mittel erscheint", müssen sie doch "ihr Wissen, Wollen und Tun auf allgemeine Weise bestimmen und sich zu einem Gliede der Kette des Zusammenhangs machen", wollen sie als einzelne bestehen. Der Verfassungsstaat schafft nach Hegel die Möglichkeit, "das Prinzip der Subjektivität sich zum selbständigen Extreme der persönlichen Besonderheit vollenden zu lassen", zugleich kann er es "in die substantielle Einheit zurückführen".[24] Der Staat gilt deshalb als "das vorhandene, wirklich sittliche Leben".[25] Er verkörpert die ursprüngliche Vergesellschaftung alles Individuellen; dessen scheinhafte Selbständigkeit bricht sich an ihm als an der allgemeinen gemeinschaftlichen Sphäre, ohne daß die Freiheit des Subjekts außer Kraft gesetzt würde. Die sittliche Ordnung hebt die freie Moralität vielmehr als ein Moment in sich auf. Weil für Hegel die gesellschaftliche Vermittlung von Subjektivität und Objektivität die höchste Erscheinungsform des Absoluten in der Moderne

---

23 HW 14, S.219f.
24 HW 7, S.407.
25 HW 12, S.56.

ist, hat die Kunst hierin und nicht mehr in Götterbildern und -vorstellungen ihren höchsten Gegenstand.

Diese Theorie der zeitgemäßen Kunstform kann heute als geschichtsphilosophische Begründung des poetischen Realismus avant la lettre gelesen werden. Hegel selbst denkt bei seinen Ausführungen über die nachromantische Kunstform an Goethe. Nicht zufällig nennt er den Gehalt des modernen Romanhaften "die *Lehrjahre* [...] des Individuums an der vorhandenen Wirklichkeit";[26] und man sollte die Bedeutung ganz ernst nehmen, die Hegel bei der Betrachtung seiner eigenen philosophischen Lehrjahre, nämlich der Überwindung eines subjektzentrierten Denkens, Goethe zuschreibt: "Wenn ich den Gang meiner geistigen Entwicklung übersehe, sehe ich Sie überall darein verflochten und mag mich einen Ihrer Söhne nennen; mein Inneres hat gegen die Abstraktion Nahrung zur widerhaltenden Stärke von Ihnen erhalten und an Ihren Gebilden wie an Fanalen seinen Lauf zurechtgerichtet".[27] Tatsächlich ist es das Anliegen des mittleren Goethe, seinen "realistischen Tic" jenem subjektiven Idealismus, den Schiller in der Phase der ersten Begegnung vertritt, ausgleichend entgegenzusetzen.[28] In der Nachfolge Hegels hat der frühe Lukács in der *Theorie des Romans* (1916) Goethes *Lehrjahre* zum Paradigma der "subjektive[n] Epopöe" der Neuzeit erhoben, die ihren Protagonisten, ausgehend von individuellen "Stimmungen und Erkenntnisse[n]", zu einem Symbol des Allgemeinen und der "Totalität" des Zeitalters läutert.[29] Ernst Bloch zieht vergleichbare Parallelen zwischen der Entwicklung der Faust-Figur und dem Bildungsgang in Hegels *Phänomenologie des Geistes* (1807).[30]

Schon die Werke des mittleren Goethe unterscheiden sich jedoch von Hegels Postulat einer Synthese von Subjekt und Totalität in der Literatur, ebenso wie von der philosophischen Realisierung dieses Gedankens in der *Phänomenologie*, wo die partikularen Positionen des Geistes im absoluten Wissen aufgehoben werden sollen. *Erstens* bleibt die Vermittlung für Goethe problematisch und wird, wie in Teil I dieser Studie gezeigt, werkimmanent kritisiert: Das Ideal gibt sich als Ideologie zu erkennen, das Symbol als Allegorie. Gerade wegen ihres realistischen Moments transportieren Goethes Werke die Erfahrung, daß eine Aufhebung des Partikularen in einer zwanglosen Ordnung der realen Substanz

26 HW 14, S.220 (Hervorh. T.Z).
27 24. April 1825; BaG 2, S.405.
28 9. Juli 1796 an Schiller; HAB 2, S.230.
29 Lukács (1965), S.110, 135ff.
30 Bloch (1959), S.1194-1201. Mayer (1973, S.144-159) und zuletzt Marotzki (1987) führen Blochs These weiter.

der Gesellschaft widerspricht. Daß Goethes Spätwerk dennoch an der ursprünglichen Vermittlungsidee festhält und diese auf den literarischen Diskurs selbst wendet, liegt an einer weiteren Differenz zu Hegel. *Zweitens* nämlich nimmt die Weimarer Klassik ihren Ausgang nicht, wie Hegel meint, an der realen Substanz einer gesellschaftlichen Vermitteltheit alles Subjektiven. Am Anfang steht vielmehr das Bedürfnis, jene Vermitteltheit, die zunächst nur eine subjektive Idee ist, auch objektiviert zu finden, und zwar in der Natur, in der Gesellschaft und in den Formen der Kunst.[31] Die Literatur reagiert nicht auf eine vorgegebene Substanz symbolischer Erfahrung, sondern sie sucht danach, und diese Suche geschieht autonom. Solche Autonomie kann die Kunst der Moderne für Hegel nicht haben, da seiner Geschichtsphilosophie zufolge das Absolute sich nurmehr im Staat und im philosophischen Begriff in höchster Gestalt zeigt. Gerade weil die Kunst aber unabhängig von der gesellschaftlichen Realität ihre Vermittlungsidee verfolgt, kann diese überwintern, wenn ihre außerkünstlerischen Entsprechungen schwinden: Auch wenn sich die Ordnungsideale als Ideologien und die Kunstsymbole als Allegorien erweisen, bleibt die Symbolintention wirksam und wird reflexiv. Im *Faust II* richtet sie sich auf die künstlerische Suche nach dem Ideal.

Hegel verkennt also den *kritischen* und *autonomen* Modus, in dem die Literatur am Diskurs der Moderne teilnimmt. Deshalb schätzt er auch die Intertextualität in der Literatur seiner Zeit falsch ein. Der Künstler verfüge über einen "Vorrat von Bildern, Gestaltungen, früheren Kunstformen, die ihm, für sich genommen, gleichgültig sind und nur wichtig werden, wenn sie ihm gerade für diesen oder jenen Stoff als die passenden erscheinen".[32] Das Formenrepertoire gilt als bloßes Instrumentarium, weil Hegel die Substanz der neueren Kunst allein in deren Inhalt lokalisiert, wo idealiter "das Subjekt [...] mit seinem Wünschen und Meinen sich in die bestehenden Verhältnisse und die Vernünftigkeit derselben hineinbildet".[33] Der Stoff, in dem die früheren Epochen ihr Absolutes fanden, kann für die nachromantische Kunst nicht mehr substantiell sein: "Wenn wir [...] jetzt einen griechischen Gott oder als heutige Protestanten eine Maria zum Gegenstande eines Skulpturwerks oder Gemäldes machen wollen, so ist es uns kein wahrer Ernst mit solchem Stoffe".[34] Was einst substantiell war, wird dem Künstler in der

---

31 Vgl. Kap. I.2, Abschnitt b).
32 HW 14, S.235f.
33 A.a.O., S.220.
34 A.a.O., S.233.

Moderne "gleichgültig".[35] "Kunstwahrheit" erhalten die alten Stoffe nur dadurch, daß sie zum "Reflex" des neuen substantiellen Stoffes werden, nämlich der "Brust des Menschen" in der Einheit dieses Subjektiven mit der objektiven Ordnung.[36] Die Intertextualität, die Hegel der Kunst seiner Zeit unterstellt, ist – in den von Renate Lachmann vorgeschlagenen Kategorien – eine "tropische": Sie löscht die Spuren der alten Bedeutung und überbietet sie mit einer neuen.[37]

Doch die "Klassiker" und "Romantiker" der Goethezeit nähern sich den älteren Kunstformen nicht, um deren Bedeutung zu löschen, sondern weil sie darin eine partielle Übereinstimmung mit dem eigenen innersten Anliegen sahen. Goethe und Schiller rekurrieren auf die klassische Kunstform, um die vorsubjektive Ordnung des antiken Ideals aufzugreifen und mit der Freiheit des Subjekts zu vermitteln. Die Romantiker aktualisieren hingegen die mittelalterlich-romantische Kunstform, um mit der subjektiven Negation der Welt und der transzendierenden Bewegung alle ungenügenden Ordnungsmodelle zu überwinden – wobei Schlegel, trotz der bestimmten Negation abstrakt bleibender Klassizismen, die Annäherung an eine Ordnung aller Formen zum Ziel der Universalpoesie erklärt. Den Autoren ist es "wahrer Ernst" mit ihren 'Ismen'. Die klassischen und die romantischen Rekurse auf alte Formen partizipieren *qua Form* an dem von Hegel bestimmten substantiellen Interesse der Zeit: an der objektiven Versöhnung von Subjektivität und Objektivität. Diese Versöhnung ist nicht der ganz neue, außerhalb der Zeichen liegende Stoff, dem eine tropisch-löschende Intertextualität nur instrumentell dient, sondern sie ist der teils überlieferte, teils in der intertextuellen Arbeit erst hergestellte Gehalt der Zeichen selbst. Eine solche Intertextualität, die nicht in die beiden Extreme von bloß wiederholender "Teilhabe" an der Tradition und ihrem negierenden "Überbieten" fällt, sondern sich spielerisch zwischen Konstruktion und Destruktion der älteren Sinnzusammenhänge bewegt, nennt Lachmann "Transformation".[38] Während die von Hegel postulierte, tropische Intertextualität durch einen jenseits der Texte liegenden gesellschaftlichen Sinn initiiert würde, stellt sich bei der tatsächlichen, transformatorischen Intertextualität der Goethezeit der gesellschaftliche Sinn erst durch die Aktualisierung und Modifikation älterer Texte und ihrer Sinnpotentiale her.

---

35 A.a.O., S.235.
36 A.a.O., S.239.
37 Lachmann (1990), S.38.
38 A.a.O., S.38f.

Mit einer solchen Intertextualität partizipiert die Literatur an dem Versuch der modernen Gesellschaft, "ihre orientierenden Maßstäbe nicht mehr aus Vorbildern einer anderen Epoche" zu entlehnen, sondern, wie Habermas sagt, "ihre Normativität aus sich selber" zu schöpfen.[39] Weder haben die Maßstäbe und Vorbilder der Tradition konventionelle Gültigkeit, noch werden sie abstrakt negiert. Vielmehr bilden sich in der Transformation von Prätexten die eigenen Formgesetze heraus. In diesem Sinne ist die Weimarer Klassik eine *Literatur der modernen Gesellschaft*. Dennoch entspricht sie nicht dem, was man unter *moderner Literatur* versteht. Erst der *Faust II*, der auf den literarischen Diskurs selbst wieder reflektiert und der im nochmaligen intertextuellen Bezug auf die klassischen und romantischen Versuche der Idealbildung sein Ordnungsgefüge stiftet,[40] weist Parallelen zur literarischen Moderne des 20. Jahrhunderts auf. Sie sollen nun einzeln beschrieben und von der ästhetisch vormodernen Weimarer Klassik abgegrenzt werden. Anschließend wird das Entstehen ästhetischer Modernität aus Problemen der modernen Gesellschaft beleuchtet.

Erstens hat sich im Vergleich zur klassischen Phase der Status von Zitaten und Anspielungen, also der im Werk gestalteten Prätexte gewandelt. Der Idee einer autonomen Literatur gemäß, werden die Vorformen im *klassischen* Werk so eingeschmolzen, daß die einzelnen Stellen auch ohne ihre jeweilige intertextuelle Dechiffrierung eine Bedeutung im Ganzen haben. Eine intertextualistische Lektüre müßte das klassische Kunstwerk gegen den Strich bürsten, also die immanenten Bedeutungen der Einzelstellen durch ihre Außenbezüge in Frage stellen. Im *Faust II* hingegen sprengen die Techniken von Anspielung und Zitat die Einbindung der Einzelstelle ins Werkganze. Die Dechiffrierung wird zur Bedingung der Erfahrung eines Sinnkontinuums, wie sie es zum einen in vorautonomer Literatur ist, wo sich die jeweiligen Bedeutungen aus den vorausgesetzten mythologischen und religiösen Weltbildern sowie deren Auslegungsgeschichte ergeben, und wie sie es zum anderen in solchen Texten moderner Literatur ist, die ohne eine Kenntnis der verdeckten

---

39 Habermas (1985), S.16.

40 Darin, nicht im Verlauf und Resultat der Bildung, ähnelt der *Faust II* Hegels *Phänomenologie des Geistes*. Hegel entfaltet dort sein Denken in der kritischen Darstellung "des erscheinenden Wissens" (HW 3, S.55), nämlich vor allem des in der neueren Philosophie bereits objektivierten Geistes. Die zumindest für den heutigen Leser oftmals kryptische Struktur von Zitaten und Anspielungen zu kommentieren und zu interpretieren ist das Projekt von G. Falke. Zur Auseinandersetzung der *Phänomenologie* mit Jacobi vgl. exemplarisch Falke (1987).

Zitate nicht zu verstehen sind.[41] Die Aufwertung von Zitat und Anspielung im *Faust II* ist modern, weil sie nicht hinter die aus sich selbst verständliche Literatur zurückfällt, sondern diese überschreitet. Grund dieser modernen Heteromorphie der Prätexte im *Faust II* ist die notwendig gewordene Verarbeitung der unterschiedlichsten, voneinander entkoppelten Diskurstypen, deren Zusammengehörigkeit nicht mehr auf *einer* Handlungs- und Sujetebene symbolisiert werden kann. Hier opponiert nun eine intertextualistische Lektüre nicht der Werkidee, sondern wird ihr allererst gerecht, indem sie den Eigensinn Prätexte berücksichtigt.

Zweitens wird auch der Zusammenhang der einzelnen Stellen auf eine andere Weise gestiftet als in Drama und Roman der Klassik. Die Einheit und Entwicklung der Personen ist preisgegeben, ebenso die Kontinuität der Handlung und die Einheit verschiedener Handlungsstränge, die sich im *klassischen* Werk etwa durch die unmittelbar kenntliche Variation von Motiven und Konstellationen herstellte. Statt dessen existiert nun ein doppelt verborgener Verweisungszusammenhang: zum einen auf der Ebene sprachlicher Details – man erinnere z.B. die 'mystische Tiefe' des Goldschatzes und des Mütterreichs im 1. Akt –, zum anderen auf der Ebene hochkomplexer Verläufe – man denke an die Negation der arkadischen Idylle und der faustischen Schlußutopie durch die jeweils ausgegrenzten Momente.[42] Nun gibt es auch in Goethes klassischem Roman, den *Lehrjahren*, eine Schicht esoterischer Bezüge. Doch diese Schicht ist, wie Heinz Schlaffer gezeigt hat, relativierend und kritisch auf das Kontinuum der exoterischen Bedeutungen bezogen. Das Wechselspiel von Esoterik und Exoterik konstituiert den Sinn des Romans.[43] Im *Faust II* ist es allein die apokryphe Schicht, in der sich ein Sinnzusammenhang des Werkes herstellt. Diese Aufwertung der versteckten Bezüge ergibt sich daraus, daß die entkoppelten Gegenstände und Diskurse doch in eine Ordnung gebracht werden. Diese Ordnungsidee ist dem symbolischen Darstellungsprinzip inhärent, das aus der klassischen Phase bewahrt wurde.

---

41 Zur Funktion der "kryptischen Zitate" im "untergründigen Korrespondenzensystem" des *Ulysses* von Joyce vgl. G.R. Kaiser (1972, S.160f.), zu deren gesellschaftlichem Gehalt a.a.O., S.232f.

42 Entsprechend schreibt Jürgen Schramke (1974) über den modernen Roman: "Das unmittelbare Romangeschehen erscheint als aufgelöste, völlig kontingente oder geradezu chaotische Wirklichkeit; das ist gewissermaßen die Ebene der wörtlichen Bedeutung. Darüber entfaltet sich aber ein sorgfältig konstruierter Verweisungszusammenhang mit besonderem, apokryphem Sinngehalt" (S.148).

43 Schlaffer (1978) erteilt dem esoterischen Einspruch allerdings eine nicht begründete Sinnpräferenz in diesem Wechselspiel.

Drittens wird durch die beiden genannten Eigentümlichkeiten die Autorfunktion problematischer. Schon im klassischen Modell sollte sich die Ordnung ja zwanglos aus den Einzelmomenten ergeben und nicht als die willkürliche Veranstaltung eines seinerseits partikularen Autorsubjekts erscheinen. Die Disparatheit der Diskurse zwingt den Autor des *Faust II* jedoch, bei der Hervorhebung von Aspekten in seinen Prätexten und bei der Stiftung von Bezügen willkürlich vorzugehen. Diese Willkür wird nun verdeckt in den beiden schon beschriebenen Modi der Verbergung: Indem die Herkunft und Gestalt der Prätexte rätselhaft bleibt, ist die willkürliche Auswahl eines besonderen Gegenstands ebensowenig erkennbar wie die Hervorhebung eines bestimmten Aspekts an fremden Denkzusammenhängen. Und indem die Bezüge in der apokryphen Schicht sprachlicher Details und abstrakter Strukturen angesiedelt werden, ist die Willkür der Synthese nicht erkennbar.[44] Das Schwanken zwischen der aktiven auktorialen Sinnstiftung und dem zwanglosen Arrangieren des Materials kennzeichnet auch den Autor des modernen Romans.[45]

Am Ende der Interpretation wird nun Goethes zu Beginn der Einleitung zitierte Intention verständlich, "in die neueste Literatur" auf eine Weise einzugreifen, daß "niemand, wer es auch sei, eine Ahnung davon haben durfte", und die "Schlichtung" des Streits so zu verbergen, daß große "Verwirrung" entsteht.[46] Durch die Verbergung von Prätexten und werkimmanenten Verweisungsstrukturen wird den auktorialen Syntheseanstrengungen der Schein von Objektivität verliehen, so als sei die dargestellte Ordnung der Diskurse eine Tendenz der Sache selbst, eine objektive Idee – und das ist ja genau die Intention von Goethes Symbolik. Jedoch ist die Ordnung des Ganzen kaum mehr wahrnehmbar; die Symbolintention wird von der Hermetik untergraben. Das Gelingen des Projekts erweist sich als fraglich, und zwar nicht erst in der Rezeption, sondern bereits in der Perspektive des Autors selbst. Goethe unterließ bekanntlich die Veröffentlichung des *Faust II* zu Lebzeiten wegen der Befürchtung, seine "redlichen, lange verfolgten Bemühungen um dieses

---

44 Von den Kriterien, die Pfister (1985) für die Intensität intertextueller Verweise aufgestellt hat, sind hier *Kommunikativität* und *Autoreflexivität* relevant. Der "Grad der Bewußtheit des intertextuellen Bezugs beim Autor wie beim Rezipienten, der Intentionalität und der Deutlichkeit der Markierung im Text" ist grundsätzlich ebenso hoch wie die Reflexion "über die intertextuelle Bedingtheit und Bezogenheit" des Textes "in diesem selbst" (S.27). In einer Gegenbewegung versucht Goethe jedoch, Kommunikativität und Autoreflexivität zu verbergen und zu reduzieren.

45 Vgl. Schramke (1974), S.159f.; zu Döblin vgl. Zabka (1988), S.416ff.

46 3. Juni 1826 an Zelter; HAB 4, S.193.

seltsame Gebräu würden schlecht belohnt und an den Strand getrieben, wie ein Wrack in Trümmern daliegen und von dem Dünenschutt der Stunden zunächst überschüttet werden". Der Autor erwartet Unverständnis und Fragmentierung. Er nennt dafür zeitgeschichtliche Gründe: "Verwirrende Lehre zu verwirrenden Handel" walte "über die Welt"; der "Tag" sei "absurd und konfus".[47] Verwirrung und Konfusion des Geisteslebens kennzeichnen aber nicht erst die Rezeptions-, sondern bereits die Produktionsbedingungen. Das Werk stiftet in dieser Konfusion eine mitunter kryptische Ordnung und trägt daher selbst die Gefahr in sich, zertrümmert und verschüttet zu werden: Die Rezipienten finden keinen Sinnzusammenhang des Ganzen und überdecken die unverstandenen Einzelbedeutungen mit dem "Dünenschutt" ihrer jeweiligen "Lehre". Anders gesagt: das fragmentierte Wissen, dem das Werk gerade entgegengesetzt wurde, hebt Einzelnes hervor und überdeckt das zertrümmerte Werkganze, anstatt selbst von ihm aufgehoben zu werden. Tatsächlich wurden die Einzelstellen bis zum heutigen Tag für jede nur erdenkliche Lehre in Anspruch genommen.

Die Skepsis gegenüber den Möglichkeiten einer zeitgenössischen Rezeption zeigt, daß Goethe die Frage für undiskutierbar hielt, ob der *Faust II* ein bloß subjektiver Entwurf ist oder ob er sich – dem klassischen Symbol entsprechend – der objektiven Idee seines Gegenstands annähert. Ob das Drama ein adäquates Bild der geistigen Situation seiner Zeit gibt, hätte – dem Denken des Autors zufolge – eben die zeitgenössische Rezeption zeigen können. Goethes generelles Interesse an der Wirkung seiner Schriften ist methodisch in der Überzeugung begründet, daß intersubjektive Verständigung eine Bedingung von Wahrheit ist. Er spricht in Zusammenhängen der Naturbetrachtung von der "Notwendigkeit, alle Vorstellungsarten zusammenzunehmen", um über die Beschränkung der einzelnen Perspektive hinauszukommen.[48] Der Austausch mit den "Nebenmenschen, welche den Vorteil haben, uns mit der Welt aus ihrem Standpunkt zu vergleichen",[49] ist auch für den künstlerischen Weltbezug unverzichtbar. Deshalb war Goethe interessiert, seinen "weitverbreiteten Freunden auch bei Lebzeiten diese sehr ernsten Scherze zu widmen, mitzuteilen und ihre Erwiderung zu vernehmen".[50] Doch nicht einmal das konnte er wagen; die intersubjektive Prüfung des Wahrheitsgehalts mußte ausbleiben.

---

47 17. März 1832 an W. v. Humboldt; HAB 4, S.481.
48 HA 13, S.120.
49 HA 13, S.38.
50 17. März 1832 an W. v. Humboldt; HAB 4, S.481.

Mit der Schiffbruchsmetapher deutet der Autor ein Scheitern seiner Vermittlungsintention an. Die Verselbständigung des Partikularen bedroht das Werk, in dessen Form die Partikularität überwunden werden sollte. Die Syntheseidee des *Faust II* ist schon in der sprachlichen Hermetik des Werks problematisch, in der Rezeption mißlingt sie. Offenbar negiert die literarische Modernität das Projekt der gesellschaftlichen Moderne, aus dem die poetische Aufgabe der Ordnungsstiftung erwuchs. Vermittelt also die literarische Modernität eine nachmoderne Welterfahrung und könnte man sie ebensogut selbst nachmodern nennen?

Ob ein Werk modern oder postmodern ist, entscheidet sich – dies hat die Postmoderne-Diskussion der letzten Jahre gezeigt – nicht an den Inhalten, sondern an der Form: Hält sie am Projekt der Moderne fest oder verläßt sie es? Lyotard versucht, diese Frage zu beantworten, indem er vermeintlich postmoderne Formen mit modernen vergleicht. Bereits die moderne Kunst drücke inhaltlich die Erfahrung aus, daß ein geschlossener, erfüllter Sinnzusammenhang undarstellbar ist, doch tröste sie darüber mit geschlossenen Formen hinweg. Dieser Vorgang werde von der postmodernen Kunst negiert, indem sie auch formal "auf ein Nicht-Darstellbares anspielt" und sich "dem Trost der guten Formen verweigert".[51] Jedes Werk, das moderne Konventionen negiert, gilt hierbei als postmodern, auch wenn es zugleich andere geschlossene Formen etabliert, die eine spätere Rezeption dann wiederum als moderne erkennt. Daher gelangt Lyotard zu der eigenartigen These: "Ein Werk ist nur modern, wenn es zuvor postmodern war".[52] Das Urteil "postmodern" kennzeichnet, so verstanden, nur die frühe, irritierte Rezeption moderner Werke. Es unterstellt Sinn- und Zusammenhanglosigkeit, während die Werke bloß alte Formen verwerfen, um Sinn und Zusammenhang in neuen Formen zu finden. Ein Rezipient des *Faust II* könnte mit Lyotard die Zerstörung des Handlungsgefüges und die Disparatheit der Szenen für postmodern halten, solange ihm die geheime symbolische Ordnung, d.h. die Modernität des Textes, verborgen ist.

Nicht das Verhältnis der Texte zu früheren Konventionen leitet zu einer tragfähigen Unterscheidung von moderner und postmoderner Literatur, sondern das Verhältnis der Texte zur eigenen Form – ihre poeti-

---

51 Lyotard (1990), S.47. Lyotard bezieht die Frage der Undarstellbarkeit auf das Sein oder das Erhabene. Der Zusammenhang mit dem Problem der Goethezeit – die Darstellbarkeit einer symbolischen Ordnung, in der alles Einzelne aufgehoben ist – muß hier nicht erörtert werden, denn es geht um die formalästhetischen Konsequenzen des Problems.

52 A.a.O., S.45.

sche Reflexion oder Metafiktion. Kennzeichen literarischer Postmodernität ist "die strukturelle [...] Reflexion der Texte darauf [...], daß ihre selbstreflexive Bewegung keine semantische Totalität produziert; in der Postmoderne schließt sich der Zirkel nicht mehr". Die moderne Literatur hingegen hält auf der Ebene poetischer Reflexion an einem geschlossenen Sinnentwurf fest.[53] Weil der *Faust II* in seiner metafiktionalen Schicht, der klassisch-romantischen Intertextualität, eine verborgene semantische Ordnung und Sinntotalität erzeugt, weist er nicht auf die literarische Postmoderne voraus, sondern ist ein frühes Dokument moderner Literatur. Die Krise der gesellschaftlichen Moderne, die Gefahr ihres Scheiterns, initiiert diese ästhetische Modernität. Die hermetische Struktur des *Faust II* bringt die Erfahrung zum Ausdruck, daß in der Gesellschaft die einzelnen Positionen und Diskurse faktisch nicht zu einer Synthese tendieren; die Idee ihrer Vermittlung und Übereinstimmung wird jedoch bewahrt durch eine spezifisch ästhetische Stiftung inhaltlicher und formaler Korrespondenzen zwischen disparaten Stilen, Diskursen und Sprachen. Der klassischen Intention zufolge soll die Literatur einen Metastandpunkt zu den Diskursen der Öffentlichkeit einnehmen und deren Disparatheit negieren. Daran hält Goethes Spätwerk fest – um den paradoxen Preis, daß es selbst den extrem partikularen Standpunkt eines von den übrigen Diskursen entkoppelten Ästhetizismus einnimmt.

Dies kann als Depravation und Dilemma der modernen Literatur verstanden werden, als ein Mal ihres melancholischen Scheiterns. Zugleich liegt darin aber die Chance eines freien, lustvollen Spiels mit dem Material. Aus der Differenz zwischen dem disparaten Diskurs der Realität und der subkutanen Ordnung heterogener Formen im Werk gewährt der *Faust II* den Genuß eines solchen Spiels. In dem zitierten Brief Goethes an Humboldt klingen beide Einschätzungen literarischer Modernität an: die melancholische in der Schiffbruchsmetapher, die lustvolle im Wort von den "sehr ernste[n] Scherze[n]".[54]

Dieser Doppelsinn von Scheitern und Spiel in der literarischen Modernität des *Faust II* kann für eine Theorie der Gesellschaft bedeutsam sein, die zwischen Moderne und Postmoderne vermittelt.[55] Das Projekt der Moderne, die zwanglose Aufhebung der partikularen Subjektivität

---

53 Schwalm (1991), S.250. Die Autorin untersucht die postmodern-dekonstruktive Struktur der amerikanischen Romane Vladimir Nabokovs und der Romane Samuel Becketts.

54 17. März 1832 an W. v. Humboldt; HAB 4, S.481.

55 Darauf zielt Wellmer (1985) mit der "Dialektik von Moderne und Postmoderne" (S.115).

in einer Sphäre des Allgemeinen, scheitert ebenso beständig, wie es doch immer wieder von neuem beginnt. Eine Theorie, die – postmodern – allein das Scheitern verkündet, bleibt ebenso abstrakt wie eine Theorie, die sich – modern – im Beharren auf der ursprünglichen Intention gegen die Realität stellt. Diese Abstraktionen sind überwindbar, wo das Projekt der Moderne mit seiner postmodernen Negation, die ursprüngliche Intention mit dem Scheitern gedanklich verbunden wird. Eine solche Dialektik wird nun in der modernen Kunst vorweggenommen: Sie ist ein der ursprünglichen Intention der Moderne verhaftetes Reflexionsmedium, das auf die "Entwirklichung" jener Intention "reagiert, um sie zu parieren". Deshalb kann "eine postmoderne Theorie in der Kunst die Ästhetik dieses Parierens auffinden".[56] Der *Faust II*, dessen Form bestimmt ist von der Absicht, die Subjektivität an eine allgemeine Ordnung symbolisch zu vermitteln, pariert die Entwirklichung der Intention, indem er reflexiv wird und die Verklammerung von Setzung und Verfehlung der Ideale mit melancholischem und zugleich spielerischem Gestus darstellt.

Die ästhetische Modernität findet in der deutschsprachigen Literatur des 19. Jahrhunderts keine Fortsetzung. Zwar zielt auch der Realismus auf die Vermittlung des einzelnen Falles mit dem gesellschaftlich Allgemeinen, doch geschieht das in der Zeichnung repräsentativer Protagonisten und Handlungverläufe – ähnlich wie Hegel es postuliert hatte. Die realistische Kunstform, die auch heute neben anderen existiert, geht ihren Weg – teils naiv, teils programmatisch – unterhalb jener poetischen Reflexion, in der schon die klassischen und romantischen Texte der Goethezeit das Symbolische problematisieren. Die Modernität, die sich im *Faust II* aus dieser Reflexion entwickelt, wird erst wieder nach der Überwindung des poetischen Realismus im modernen Roman bestimmend.

---

56 Fues (1987), S.160f.

Literatur

Verzeichnet ist nur die erwähnte Literatur. Die Grenze zwischen den beiden Teilen bildet das Jahr, in dem der *Faust II* vollendet wurde. Die bis einschließlich 1831 entstandenen Schriften werden in den Fußnoten mit Sigle bzw. mit dem Verfassernamen und dem Titel von Ausgabe oder Werk zitiert, die nach 1831 entstandenen Schriften mit dem Verfassernamen und dem Erscheinungsjahr der benutzten Ausgabe.

1. Bis einschließlich 1831

Siglen

BaG	Briefe an Goethe (Hamburger Ausgabe).
GA	Goethe, Werke, Briefe und Gespräche (Gedenkausgabe).
HA	Goethe, Werke (Hamburger Ausgabe).
HAB	Goethe, Briefe (Hamburger Ausgabe).
HW	Hegel, Werke.
JA	Goethe, Sämtliche Werke (Jubiläums-Ausgabe).
KA	F. Schlegel, Kritische Ausgabe.
KdU	Kant, Kritik der Urteilskraft.
KSB	A.W. Schlegel, Kritische Schriften und Briefe.
MuR	Goethe, Maximen und Reflexionen. In der Anordnung von Max Hecker (=GA 9, S.499-677).
NA	Schiller, Werke (Nationalausgabe).
NS	Novalis, Schriften.
SW	Schelling, Sämtliche Werke.
WA	Goethe, Werke (Weimarer Ausgabe).
WL	Fichte, Wissenschaftslehre.

a) Goethe

— Werke (Weimarer Ausgabe). Hrsg. im Auftrage der Großherzogin von Sachsen. Abt. I-IV. 143 Bde. Weimar 1887-1919. (WA)
— Sämtliche Werke. Jubiläums-Ausgabe in 40 Bänden. In Verbindung mit ... hrsg. v. Eduard von der Hellen. Stuttgart 1902ff. (JA)
— Werke. Hamburger Ausgabe in 14 Bänden. Textkritisch durchgesehen und mit Anmerkungen versehen. Hrsg. von Erich Trunz. Hamburg 1948ff. Ab 1973: München. (HA)
— Briefe. Hamburger Ausgabe in vier Bänden. Textkritisch durchgesehen und mit Anmerkungen versehen von Karl Robert Mandelkow unter Mitarbeit von Bodo Morawe. Hamburg 1962ff. Ab 1973: München. (HAB)
— Briefe an Goethe. Hamburger Ausgabe in zwei Bänden. Gesammelt, textkritisch durchgesehen und mit Anmerkungen versehen von Karl Robert Mandelkow. Hamburg 1965-69. Ab 1973: München. (BaG)
— Gedenkausgabe der Werke, Briefe und Gespräche. Hrsg. v. Ernst Beutler. 27 Bde. Zürich 1949ff. (GA)
Eckermann, Johann Peter: Gespräche mit Goethe in den letzten Jahren seines Lebens. Hrsg. v. H. H. Houben. Wiesbaden 1959.
Müller, Kanzler Friedrich von: Unterhaltungen mit Goethe. Hrsg. v. Renate Grumach. Weimar 1959.
Soret, Frédéric: Goethes Unterhaltungen mit Friedrich Soret. Hrsg. v. C. A. H. Burkhardt. Weimar 1905.

b) Andere

Augustinus, Aurelius: Confessiones. Bekenntnisse. Lat. u. dt. Eingeleitet und erläutert von Joseph Bernhart. München 1955.
Bernhard von Clairvaux: De diligendo Deo. Des heiligen Bernhard von Clairvaux Abhandlung über die Gottesliebe. Verdeutscht von Klaus Hartmann. Mainz 1921.
Calderon de la Barca, Pedro: Das Fegefeuer des heiligen Patrizius. El Purgatorio de San Patricio. In: Calderons größte Dramen religiösen Inhalts, Bd. 4. Hrsg. v. Franz Lorinser. Freiburg im Breisgau 1875.
Creuzer, Friedrich: Symbolik und Mythologie der alten Völker. Zweite, völlig umgearbeitete Ausgabe. 4 Bde. Leipzig und Darmstadt 1819-1821.
— Ders./ Hermann, Gottfried: Briefe über Homer und Hesiodus, vorzüglich über die Theogonie. Heidelberg 1818.
Dante Alighieri: La Divina Commedia. Die göttliche Komödie. Übersetzt von Hermann Gmelin. Stuttgart 1954.
Fichte, Johann Gottlieb: Grundlage der gesammten Wissenschaftslehre. In: Fichtes Werke, hrsg. v. Immanuel Hermann Fichte, Bd. I, S.83-328. Fotomechanischer Nachdruck der Ausgabe von 1845/46. Berlin 1971. (WL)
Fouqué, Friedrich Baron de la Motte: Altsächsischer Bildersaal. Nürnberg 1818.
Hederich, Benjamin: Gründliches Mythologisches Lexikon. Reprographischer Nachdruck der Erstausgabe von 1770, Darmstadt 1967.
Hegel, Georg Wilhelm Friedrich: Werke in zwanzig Bänden. Auf der Grundlage der 'Werke' von 1832-1845 neu edierte Ausgabe. Redaktion Eva Moldenhauer und Karl Markus Michel. Frankfurt am Main 1969ff. (HW)

Hemsterhuis, François: Philosophische Schriften. Hrsg. v. Julius Hilß. 2 Bde. Karlsruhe und Leipzig 1912.
Herder, Johann Gottfried: Sämtliche Werke. Hrsg. v. Bernhard Suphan. Berlin 1877ff.
Kanne, Johann Arnold: Pantheum der ältesten Naturphilosophie, die Religion aller Völker. Tübingen 1811.
Kant, Immanuel: Kritik der Urteilskraft. In: Werke in zehn Bänden, hrsg. v. Wilhelm Weischedel. Bd. 8, S.233-620. 4. Nachdruck Darmstadt 1975. Seitenangaben nach der zweiten Auflage (B) von 1793. (KdU)
Müller, Adam: Die Elemente der Staatskunst. Mit einer Einführung, erklärenden Anmerkungen und bisher ungedruckten Originaldokumenten versehen von Jakob Baxa. Wien/ Leipzig 1922.
Novalis: Schriften. Die Werke Friedrich von Hardenbergs. Hrsg. v. Richard Samuel in Zusammenarbeit mit Hans Joachim Mähl und Gerhard Schulz. Dritte, nach den Handschriften ergänzte, erweiterte und verbesserte Auflage in vier Bänden und einem Ergänzungsband. Darmstadt 1977ff. (NS)
Ovid (Publius Ovidius Naso): Metamorphosen. Stuttgart 1980.
Saint-Simon, Chaude-Henri de: Ausgewählte Schriften. Übersetzt und hrsg. v. Nola Zahn. Berlin 1977.
La Doctrine de Saint-Simon. Die Lehre Saint-Simons. Eingeleitet und hrsg. v. Gottfried Salomon-Delatour. Dt. v. Susanne Stöber. Neuwied 1962.
Scheffler, Johannes (Angelus Silesius): Cherubinischer Wandersmann. In: A.S., Sämtliche poetische Werke in drei Bänden. Hrsg. und eingeleitet von Hans Ludwig Held. München o.J.
Schelling, Friedrich Wilhelm Joseph: Sämtliche Werke. Nach der Originalausgabe (Stuttgart und Augsburg 1858-1861) in neuer Anordnung hrsg. v. Manfred Schröter. München 1927ff. Band- und Seitenangaben nach der Originalausgabe. (SW)
Schenkendorf, Max von: Gedichte. Hrsg. v. E. Groß. Berlin/ Leipzig o.J.
Schiller, Friedrich: Werke. Nationalausgabe. Hrsg. v. Julius Petersen u.a. Weimar 1943ff. (NA)
Schlegel, August Wilhelm: Sämtliche Werke. Hrsg. v. Eduard Böcking. Reprograph. Nachdruck der 3. Auflage, Leipzig 1848. Hildesheim/ New York 1971.
— Kritische Schriften und Briefe. Hrsg. v. Edgar Lohner. Stuttgart 1962ff. (KSB)
Schlegel, Friedrich: Kritische Ausgabe. Hrsg. v. Ernst Behler, Jean-Jacques Anstett und Hans Eichner. München/ Paderborn/ Wien 1958ff. (KA)
Smith, Adam: Eine Untersuchung über Natur und Wesen des Volkswohlstandes (Wealth of Nations). 2 Bde, Gießen 1973.
Steffens, Henrik: Grundzüge der philosophischen Naturwissenschaft. Berlin 1806.
Tieck, Ludwig: Schriften. Berlin 1828ff.
Voß, Johann Heinrich: Anti-Symbolik. 2 Bde. Stuttgart 1824-1826.
— Über den Ursprung der Greife. In: Jenaische Allgemeine Literatur-Zeitung. 1. Jg. 1804, Bd. 3, S.I-IV.

2. Nach 1831

Adorno, Theodor W.: Gesammelte Schriften. Hrsg. v. Rolf Tiedemann. Frankfurt am Main 1970ff.

Arens, Hans: Kommentar zu Goethes Faust II. Heidelberg 1989.

Bayer, Hans: Goethes 'Faust'. Religiös-ethische Quellen und Sinndeutung. JbFDH 1978, S.173-224.

Beckett, Samuel: Endspiel. Frankfurt am Main 1974.

Behler, Ernst: Zum Begriff der europäischen Romantik. In: E.B. (Hg.), Die europäische Romantik. Frankfurt am Main 1972, S.7-43.

Benjamin, Walter: Gesammelte Schriften. Hrsg. von Rolf Tiedemann und Hermann Schweppenhäuser. Frankfurt am Main 1974ff.

Beutin, Wolfgang: Das Weiterleben alter Wortbedeutungen in der neueren deutschen Literatur bis gegen 1800. Hamburg 1972.

Beutler, Ernst: Faust und Urfaust. Erläutert von E.B. 9. Auflage, Wiesbaden 1948.

Bierbach, Christine: Sprache als 'Fait social'. Die linguistische Theorie F. de Saussures und ihr Verhältnis zu den positivistischen Sozialwissenschaften. Frankfurt am Main 1979.

Binder, Wolfgang: Goethes klassische 'Faust'-Konzeption. In: DVjs 42 (1968), S.55-88.

Binswanger, Hans Christoph: Geld und Magie. Deutung und Kritik der modernen Wirtschaft anhand von Goethes 'Faust'. Mit einem Nachwort von Iring Fetscher. Stuttgart 1985.

Bloch, Ernst: Das Prinzip Hoffnung. 3 Bde. Frankfurt am Main 1959.

Böschenstein, Bernhard: Goethes 'Natürliche Tochter' als Antwort auf die Französische Revolution. In: Johann Wolfgang Goethe, Die natürliche Tochter. Frankfurt am Main 1990 (Insel-Taschenbuch), S.346-363 (zit. als 1990a).

— Hoher Stil als Indikator der Selbstbezweiflung der Klassik. A.a.O., S.364-401 (zit. als 1990b).

Böschenstein, Renate: Idylle. Stuttgart 1967.

Boyle, Nicholas: The Politics of 'Faust II': another look at the stratum of 1831. In: Publications of the English Goethe Society, new series 52 (1983), S.4-43.

Brandmeyer, Rudolf: Heroik und Gegenwart. Goethes Klassische Dramen. Frankfurt am Main 1987.

Breuer, Dieter: Goethes christliche Mythologie. Zur Schlußszene des 'Faust'. In: Jahrbuch des Wiener Goethe-Vereins 84-85 (1980/81), S.7-24.

Burckhardt, Sigurd: 'Die natürliche Tochter': Goethes 'Iphigenie in Aulis'? In: GRM, NF 10 (1960), S.12-34.

Burdach, Konrad: Das religiöse Problem in Goethes 'Faust'. In: Euphorion 33 (1932), S.3-83.

Buschendorf, Bernhard: Goethes mythische Denkform. Zur Ikonographie der 'Wahlverwandtschaften'. Frankfurt am Main 1986.

Culler, Jonathan: The Pursuit of Signs. London 1981.

Curtius, Ernst Robert: Europäische Literatur und lateinisches Mittelalter. Bern und München 1967.

Danneberg, Lutz/ Müller, Hans-Harald: Der 'intentionale Fehlschluß' – ein Dogma? Systematischer Forschungsbericht zur Kontroverse um eine intentionalistische Konzeption in den Textwissenschaften. In: Zeitschrift für allgemeine Wissenschaftstheorie 14 (1983), S.103-137 und 376-411.

Delius, Walter: Die Geschichte der Marienverehrung. München/ Basel 1963.

Dick, Manfred: Die Entwicklung des Gedankens der Poesie in den Fragmenten des Novalis. Bonn 1967.
Dreves, Guido Maria: Ein Jahrtausend lateinischer Hymnendichtung. 2 Bde. Leipzig 1909.
Dru, Alexander: Erneuerung und Reaktion. Die Restauration in Frankreich 1800-1830. Dt. v. Irmgard Wild. München 1967.
Elias, Norbert: Die höfische Gesellschaft. Untersuchungen zur Soziologie des Königtums und der höfischen Aristokratie. Frankfurt am Main 1983.
Emrich, Wilhelm: Die Symbolik von Faust II. Sinn und Vorformen. 3. Aufl. Frankfurt am Main 1964 (Erstausgabe 1943).
— Das Problem der Symbolinterpretation im Hinblick auf Goethes 'Wanderjahre'. In: W. E., Protest und Verheißung. Frankfurt am Main 1960, S.48-66.
— 'Die natürliche Tochter'. Zur Ursprungsgeschichte der Modernen Welt. In: W.E., Poetische Wirklichkeit. Studien zur Klassik und Moderne. Wiesbaden 1979, S.47-60.
Engelhardt, Wolf von: Wandlungen des Naturbildes der Geologie von der Goethezeit bis zur Gegenwart. In: Zimmermann, Jörg: Das Naturbild des Menschen. München 1982, S.45-73.
Erbe, Michael: Geschichte Frankreichs von der Großen Revolution bis zur dritten Republik: 1789-1884. Stuttgart/ Berlin/ Köln/ Mainz 1982.
Fähnrich, Hermann: Goethes Musikanschauung in seiner Faust-Tragödie – die Erfüllung und Vollendung seiner Opernreform. In: Goethe XXV (1963), S.259-263.
Falke, Gustav: Hegel und Jacobi. Ein methodisches Beispiel zur Interpretation der Phänomenologie des Geistes. In: Hegel-Studien 22 (1987), S.129-142.
Forget, Pilippe: Aus der Seele geschrie(b)en? Zur Problematik des Schreibens (écriture) in Goethes 'Werther'. In: Ph.F. (Hg.), Text und Interpretation. München 1984, S.130-180.
Frandsen, Ingeborg: Die Alexandrinerszene in 'Faust II'. Diss. Kiel 1967.
Frank, Manfred: Der kommende Gott. Vorlesungen über die Neue Mythologie. Frankfurt am Main 1982.
— Einführung in die frühromantische Ästhetik. Vorlesungen. Frankfurt am Main 1989.
Freier, Hans: Ästhetik und Autonomie. Ein Beitrag zur idealistischen Entfremdungskritik. In: Bernd Lutz (Hg.), Literaturwissenschaft und Sozialwissenschaften 3. Deutsches Bürgertum und literarische Intelligenz 1750-1800. Stuttgart 1974, S.329-384.
Fues, Wolfram Malte: Kunst und fingierte Gesellschaft. Eine theoretische Miniatur. In: Christa und Peter Bürger (Hg.): Postmoderne. Alltag, Allegorie und Avantgarde. Frankfurt am Main 1987, S.144-169.
Gille, Klaus F.: Der Autor und sein impliziter Leser. Zur textexternen Rezeptionssteuerung am Beispiel des 'Faust II'. In: Neophilologus 69 (1985), S.246-259.
Goerres, Joseph: Die Wallfahrt nach Trier. Regensburg 1845.
Graham, Ilse: Goethe. Schauen und Glauben. Berlin 1988.
Grimm, Jacob und Wilhelm (Hg.): Deutsches Wörterbuch. Nachdruck der Erstausgabe 1854-1951. München 1984.
Habermas, Jürgen: Strukturwandel der Öffentlichkeit. Untersuchungen zu einer Kategorie der bürgerlichen Gesellschaft. Neuwied 1962.
— Zur Rekonstruktion des Historischen Materialismus. Frankfurt am Main 1976.
— Theorie des kommunikativen Handelns. 2 Bde. Frankfurt am Main 1981.

— Der philosophische Diskurs der Moderne. Zwölf Vorlesungen. Frankfurt am Main 1985.
Hagestedt, Jens: Freud und Heidegger. Zum Begriff der Geschichte im Ausgang des subjektzentrischen Denkens. München 1993.
Hamm, Heinz: 'Le Globe' und Goethe. In: WB 12 (1977), H.5, S.165-176.
— Julirevolution, Saint-Simonismus und Goethes abschließende Arbeit am Faust II. In: WB 28 (1982), H. 11, S.70-91.
Hertz, Gottfried Wilhelm: Goethes Naturphilosophie im Faust. Berlin 1913.
— Natur und Geist in Goethes Faust. Frankfurt am Main 1931.
Hirsch, Eric Donald jr.: Prinzipien der Interpretation. München 1972.
Hörisch, Jochen: Rezension von Heinz Schlaffer, Faust Zweiter Teil. Die Allegorie des 19.Jahrhunderts. In: Poetica 14 (1982), H.314, S.353-358.
Howald, Ernst (Hg.): Der Kampf um Creuzers Symbolik. Eine Auswahl von Dokumenten. Tübingen 1926.
Jantz, Harold: The Form of Faust. The work of art and its intrinsic structures. Baltimore/ London 1978.
Jurgensen, Manfred: Symbol als Idee. Studien zu Goethes Ästhetik. Bern/ München 1968.
Kaiser, Gerhard: Pietismus und Patriotismus im literarischen Deutschland. Ein Beitrag zum Problem der Säkularisation. Wiesbaden 1961.
Kaiser, Gerhard R.: Proust, Musil, Joyce. Zum Verhältnis von Literatur und Gesellschaft am Paradigma des Zitats. Frankfurt am Main 1972.
Keller, Werner: Der klassische Goethe und sein nichtklassischer Faust. In: GJb 95 (1978), S.9-28.
Kerényi, Karl: Das ägäische Fest. eine mythologische Studie. In: K.K., Humanistische Seelenforschung. München/ Wien 1966, S.116-148.
Kleinschnieder, Manfred: Goethes Naturstudien. Wissenschaftstheoretische und -geschichtliche Untersuchungen. Bonn 1971.
Kobligk, Helmut: Johann Wolfgang Goethe, Faust II. Grundlagen und Gedanken zum Verständnis des Dramas. 3. Aufl. Frankfurt am Main 1977.
Koch, Franz: Goethe und Plotin. Leipzig 1925.
Kommerell, Max: Faust Zweiter Teil. Zum Verständnis der Form. In: M.K., Geist und Buchstabe der Dichtung. Goethe, Schiller, Kleist. 3. Aufl. Frankfurt am Main 1944.
Kool, Frits/ Krause, Werner (Hg.): Die frühen Sozialisten. Freiburg/ Br. 1967.
Koselleck, Reinhart: Kritik und Krise. Eine Studie zur Pathogenese der bürgerlichen Welt. Frankfurt am Main 1973.
Kristeva, Julia: Probleme der Textstrukturation. In: Jens Ihwe (Hg.), Literaturwissenschaft und Linguistik. Bd.II,2. Frankfurt am Main 1971, S.484-507.
Kruse, Jens: Der Tanz der Zeichen. Poetische Struktur und Geschichte in Goethes 'Faust II'. Los Angeles 1982.
Lachmann, Renate: Gedächtnis und Literatur. Intertextualität in der russischen Moderne. Frankfurt am Main 1990.
Landeck, Ulrich: Der fünfte Akt von Goethes Faust II. Kommentierte kritische Ausgabe. Zürich/ München 1981.
Landolt, Stephan: Goethes 'Faust'. Das Verhältnis von Grablegungs- und Bergschluchtenszene zur Kirchen-Lehre. In: Sprachkunst 21 (1990), S.155-194.
Lohmeyer, Dorothea: Faust und die Welt. Zur Deutung des zweiten Teils der Dichtung Potsdam 1940 (Erste Fassung).

— Faust und die Welt. Der zweite Teil der Dichtung. Eine Anleitung zum Lesen des Textes München 1975 (Zweite Fassung).
Lukács, Georg: Die Theorie des Romans. 3. Aufl. Darmstadt 1965.
Lyotard, Jean-François: Beantwortung der Frage: Was ist postmodern? In: Peter Engelmann (Hg.), Postmoderne und Dekonstruktion. Texte französischer Philosophen der Gegenwart. Stuttgart 1990, S.33-48.
Mähl, Hans-Joachim: Die Idee des goldenen Zeitalters im Werk des Novalis. Studien zur Wesensbestimmung der frühromantischen Utopie und zu ihren ideengeschichtlichen Voraussetzungen. Heidelberg 1965.
Mahl, Bernd: Goethes Faust – höllischer Ausbeuter oder himmelstürmender Tatmensch? Zur Deutung der ökonomischen Motive in 'Der Tragödie zweiter Teil'. In: Faust-Blätter 36 (1978), S.1478-1507.
— Goethes ökonomisches Wissen. Grundlagen zum Verständnis der ökonomischen Passagen im dichterischen Gesamtwerk und in den 'Amtlichen Schriften'. Frankfurt am Main/ Bern 1982.
Malsch, Wilfried: Klassizismus, Klassik und Romantik der Goethezeit. In: Carl Otto Conrady (Hg.), Deutsche Literatur zur Zeit der Klassik. Stuttgart 1977, S.381-408.
Mandelkow, Karl Robert: Der proteische Dichter. Ein Leitmotiv in der Geschichte der Deutung und Wirkung Goethes. In: K.R.M., Orpheus und Maschine. Acht literaturgeschichtliche Arbeiten. Heidelberg 1976.
— Goethe in Deutschland. Rezeptionsgeschichte eines Klassikers. Bd. I: 1773-1918, München 1980; Bd. II: 1919-1982, München 1989.
— Natur und Geschichte bei Goethe im Spiegel seiner Rezeption im 19. und 20. Jahrhundert. In: Geschichtlichkeit und Aktualität. Studien zur deutschen Literatur seit der Romantik. Festschrift für Hans-Joachim Mähl, hrsg. v. Klaus-Detlef Müller, Gerhard Pasternack, Wulf Segebrecht und Ludwig Stockinger. Tübingen 1988, S.69-96.
— (Hg.) Goethe im Urteil seiner Kritiker. Dokumente zur Wirkungsgeschichte Goethes in Deutschland. Teil II: 1832-1870. München 1977.
Mann, Thomas: Aus dem Princetoner Faust-Kolleg. In: Maß und Wert 2 (1939), S.590-612.
Marotzki, Wilfried: Der Bildungsprozeß des Menschen in Hegels 'Phänomenologie des Geistes' und Goethes 'Faust'. In: GJb 104 (1987), S.128-156.
Marquardt, Odo: Kant und die Wende zur Ästhetik. In: Zeitschrift für philosophische Forschung 16 (1962), S.231-243 und 363-374.
Marx, Karl: Ökonomische Manuskripte. In: K.M./ Friedrich Engels, Gesamtausgabe (MEGA). Hrsg. vom Institut für Marxismus-Leninismus beim ZK der SED. Bd. II,1, Berlin 1976.
Marx, Karl/ Engels, Friedrich: Werke (MEW). Hrsg. vom Institut für Marxismus-Leninismus beim ZK der SED. Berlin 1962ff.
Mattenklott, Gert: Ästhetische Anthropologie in Goethes zweitem 'Faust'. In: Gunter Gebauer u.a., Historische Anthropologie. Zum Problem der Humanwissenschaften heute oder Versuche einer Neubegründung. Reinbek 1989, S.217-252.
Matussek, Peter: Naturbild und Diskursgeschichte. 'Faust'-Studie zur Reformulierung ästhetischer Terminologie. Stuttgart 1992.
May, Kurt: Faust II.Teil. In der Sprachform gedeutet. Frankfurt am Main/ Berlin/ Wien 1972.
Mayer, Hans: Goethe. Ein Versuch über den Erfolg. Frankfurt am Main 1973.
Meissinger, Karl August: Helena. Schillers Anteil am Faust. Frankfurt am Main 1935.

Metscher, Thomas: Faust und die Ökonomie. Ein literaturhistorischer Essay. In: Das Argument, Sonderband 3 (1976), S.28-155.
Michelsen, Peter: Fausts Erblindung. In: DVjs 36 (1963), S.26-35.
Miegge, Giovanni: Die Jungfrau Maria. Göttingen 1962.
Mieth, Günter: Fausts letzter Monolog – Poetische Struktur einer geschichtlichen Vision. In: Goethe-Jahrbuch 97 (1980), S.90-102.
— Die Szene 'Bergschluchten' in Goethes 'Faust' – spinozistisch verstanden. In: Impulse 9 (1986), S.175-186.
Mommsen, Katharina: Goethe und 1001 Nacht. Berlin 1960.
— Natur- und Fabelreich in Faust II. Berlin 1968.
Mommsen, Wilhelm: Die politischen Anschauungen Goethes. Stuttgart 1948.
Müller, Joachim: Zur Motivstruktur von Goethes 'Faust'. Sitzungsberichte der sächsischen Akademie der Wissenschaften zu Leipzig. Philosophisch-historische Klasse, Bd. 116. Leipzig 1974.
— Die tragische Aktion. Zum Geschehen im 5. Akt von 'Faust II' bis zum Tode Fausts. In: GJb 94 (1977), S.180-205.
— Der vierte Akt im zweiten Teil von Goethes 'Faust'. Aktion und Bezüge. Sitzungsberichte der sächsischen Akademie der Wissenschaften zu Leipzig, philosophisch-historische Klasse, Bd. 122. Leipzig 1981.
Oppenheimer, Wolfgang: Necker. Finanzminister am Vorabend der Französischen Revolution. Stuttgart 1989.
Petersen, Uwe: Goethe und Euripides. Untersuchungen zur Euripides-Rezeption in der Goethezeit. Heidelberg 1979.
Petriconi, Helmuth: Die künstlichen Paradiese. In: Romanistisches Jahrbuch 10 (1959), S.167-199.
Pfister, Manfred: Konzepte der Intertextualität. In: Ulrich Broich/ M.P. (Hg.), Intertextualität. Formen, Funktionen, anglistische Fallstudien. Tübingen 1985, S.1-30.
Pickerodt, Gerhard: Geschichte und ästhetische Erkenntnis. Zur Mummenschanz-Szene in Faust II. In: Das Argument 99 (1976), S.161-167.
Pöggeler, Otto: Hegels Kritik der Romantik. Bonn 1956.
Pott, Hans-Georg: Die schöne Freiheit. Eine Interpretation zu Schillers Schrift 'Über die ästhetische Erziehung des Menschen in einer Reihe von Briefen'. München 1980.
Rasch, Wolfdietrich: Goethes 'Ipigenie auf Tauris' als Drama der Autonomie. München 1979.
Reinhardt, Karl: Die klassische Walpurgisnacht. Entstehung und Bedeutung. In: Jost Schillemeit (Hg.), Deutsche Dramen von Gryphius bis Brecht. Interpretationen II. Frankfurt am Main/ Hamburg 1965, S.102-146.
Requadt, Paul: Die Figur des Kaisers im 'Faust II'. In: JbDSG 8 (1964), S.153-171.
— Goethes 'Faust I'. Leitmotivik und Architektur. München 1972.
Rickert, Heinrich: Fausts Tod und Verklärung. In: DVjs 3 (1925), S.1-74.
Römer, Horst: Idylle und Idyllik in Goethes Faust. In: JbJPG 11 (1976), S.137-163.
Rüdiger, Horst: Weltliteratur in Goethes "Helena". In: JbDSG 8 (1964), S.172-198.
Sagave, Pierre-Paul: Französische Einflüsse in Goethes Wirtschaftsdenken In: Festschrift für Klaus Ziegler, hrsg. v. Eckehard Catholy und Wilfried Hellmann. Tübingen 1968, S.113-131.
Samuel, Richard: Die poetische Staats- und Geschichtsauffassung Friedrich von Hardenbergs (Novalis). Studien zur romantischen Geschichtsphilosophie. Frankfurt am Main 1925.

Schadewaldt, Wolfgang: Faust und Helena. Zu Goethes Auffassung vom Schönen und der Realität im zweiten Teil des 'Faust'. In: Deutsche Vierteljahrsschrift für Literaturwissenschaft und Geistesgeschichte 30 (1956), S.1-40.

Schanze, Helmut: Szenen, Schema, Schwammfamilie. Goethes Arbeitsweise und die Frage der Struktureinheit von Faust I und II. In: Euphorion 78 (1984), S.383-400.

Schillemeit, Jost: Faust und der tragische Trimeter. Zur Vorgeschichte der Klassischen Walpurgisnacht. In: JbFDH 1985, S.33-51.

Schings, Hans-Jürgen: Wilhelm Meisters schöne Amazone. In: JbDSG 29 (1985), S.141-206.

Schlaffer, Heinz: Exoterik und Esoterik in Goethes Romanen. In: GJb 95 (1978), S.212-226.

— Faust Zweiter Teil. Die Allegorie des 19. Jahrhunderts. Stuttgart 1981.

Schmidt, Erich: Danteskes im Faust. In: Archiv für das Studium der neueren Sprachen und Literaturen 107 (1901), S.241-252.

— Anmerkungen zu Goethes 'Faust II'. In: JA 14.

Schmidt, Jochen: Die "Katholische Mythologie" und ihre mystische Entmythologisierung in der Schluß-Szene des 'Faust II'. In: Werner Keller (Hg.), Aufsätze zu Goethes 'Faust II'. Darmstadt 1992, S.384-417.

Schmitz, Hermann: Goethes Altersdenken in problemgeschichtlichem Zusammenhang. Bonn 1959.

Schramke, Jürgen: Zur Theorie des modernen Romans. München 1974.

Schuchard, Gottlieb: Julirevolution, St. Simonismus und die Faustpartien von 1831. In: ZfdPh 60 (1935), S.240-274, 362-384.

Schütz, Wilhelm von: Göthe's Faust und der Protestantismus. Manuskript für Katholiken und Freunde. Bamberg 1844.

Schwalm, Helga: Dekonstruktion im Roman. Erzähltechnisches Verfahren und Selbstreflexion in den Romanen von Vladimir Nabokov und Samuel Beckett. Heidelberg 1991.

Schwerte, Hans: "Umfass' euch mit der Liebe holden Schranken". Zum Faust-Prolog, Vers 347. In: Euphorion 74, 1980, S.417-426.

Segeberg, Harro: Technikers Faust-Erklärung. Über ein Dialogangebot der technischen Kultur. In: Technikgeschichte 49 (1982) Nr.3, S.223-257.

Striedter, Jurij: Die Fragmente des Novalis als 'Präfigurationen' seiner Dichtung (1953). München 1985.

Szondi, Peter: Von der normativen zur spekulativen Gattungspoetik. In: P.S., Poetik und Geschichtsphilosophie II. Hrsg. v. Wolfgang Fietkau. Frankfurt am Main 1974.

Timm, Hermann: Gott und die Freiheit. Studien zur Religionsphilosophie der Goethezeit. Band I: Die Spinozarenaissance. Frankfurt am Main 1974.

— Die heilige Revolution. Das religiöse Totalitätskonzept der Frühromantik. Schleiermacher – Novalis – Friedrich Schlegel. Frankfurt am Main 1978.

Trunz, Erich: Anmerkungen des Herausgebers zu Goethes 'Faust'. In: HA 3.

Uerlings, Herbert: 'Die natürliche Tochter'. Zur Rolle des Bürgertums in Goethes Trauerspiel. In: GJb 104 (1987), S.96-112.

Vaget, Hans Rudolf.: Die natürliche Tochter. In: Walter Hinderer (Hg.), Goethes Dramen. Neue Interpretationen. Stuttgart 1980, S.210-225.

— Faust, der Feudalismus und die Restauration. In: Jahrbuch für internationale Germanistik. Reihe A, Kongressbericht VII/4 (=Akten des 6. internationalen Germanistenkongresses Basel 1980). Bern 1980, S.345-351 (Zit. als 1980a).

Vogel, Martin: Apollinisch und Dionysisch. Geschichte eines genialen Irrtums. Regensburg 1966.

Wachsmuth, Andreas Bruno: Geeinte Zwienatur. Aufsätze zu Goethes naturwissenschaftlichem Denken. Berlin/ Weimar 1966.

Weber, Johannes: Goethe und die Jungen. Über die Grenzen der Poesie und vom Vorrang des wirklichen Lebens. Tübingen 1989.

Weber, Max: Die protestantische Ethik (1904-1910). Eine Aufsatzsammlung. Hrsg. v. Johannes Winckelmann. München/ Hamburg 1965.

Weiss, Walter: Die natürliche Tochter. Metamorphose durch Revolution? In: Poetik und Geschichte. Viktor Zmegac zum 60. Geburtstag. Hrsg. v. Dieter Borchmeyer. Tübingen 1989, S.55-62.

Wellmer, Albrecht: Zur Dialektik von Moderne und Postmoderne. Vernunftkritik nach Adorno. Frankfurt am Main 1985.

Wergin, Ulrich: Einzelnes und Allgemeines. Die ästhetische Virulenz eines geschichtsphilosophischen Problems. Untersucht am Sprachstil von Goethes Roman 'Wilhelm Meisters Wanderjahre oder die Entsagenden'. Heidelberg 1980.

— Symbolbildung als Konstitution von Erfahrung. Die Debatte um den nichtprofessionellen Schriftsteller in der Literatur der Goethe-Zeit und ihre poetologische Bedeutung. In: Jörg Schönert/ Harro Segeberg (Hg.), Polyperspektivik in der literarischen Moderne. Studien zu Theorie, Geschichte und Wirkung der Literatur. Karl Robert Mandelkow gewidmet. Frankfurt am Main/ Bern/ New York/ Paris 1988, S.194-238.

Wieland, Renate: Schein Kritik Utopie. Zu Goethe und Hegel. München 1992.

Williams, John R.: Die Rache der Kraniche. Goethe, Faust II und die Julirevolution. In: ZfdPh 103, Sonderheft Goethe (1984), S.105-127.

Zabka, Thomas: Die Reflexivität der Erzählstile und das Problem des Exemplarischen in Döblins 'Berlin Alexanderplatz'. In: Jörg Schönert/ Harro Segeberg (Hg.), Polyperspektivik in der literarischen Moderne. Studien zu Theorie, Geschichte und Wirkung der Literatur. Karl Robert Mandelkow gewidmet. Frankfurt am Main/ Bern/ New York/ Paris 1988, S.410-430.

Ziebura, Gilbert: Frankreich 1789-1870. Entstehung einer bürgerlichen Gesellschaftsformation. Frankfurt am Main/ New York 1979.

Ziegler, Klaus: Zu Goethes Deutung der Geschichte. In: DVjs 30 (1956), S.232-267.